Wohlbefinden in der Schule

AF210814

Waxmann Verlag GmbH
Steinfurter Straße 555, 48159 Münster
info@waxmann.com

Pädagogische Psychologie und Entwicklungspsychologie

herausgegeben von Detlef H. Rost

Wissenschaftlicher Beirat

Jürgen Baumert (Berlin)
Marcus Hasselhorn (Frankfurt)
Andreas Knapp (Wildbad)
Olaf Köller (Berlin)
Detlev Leutner (Essen)
Sabina Pauen (Heidelberg)
Ulrich Schiefele (Bielefeld)
Wolfgang Schneider (Würzburg)
Christiane Spiel (Wien)
Friedrich Wilkening (Zürich)

Editorial

Pädagogische Psychologie und Entwicklungspsychologie sind seit jeher zwei miteinander eng verzahnte Teildisziplinen der Psychologie. Beide haben einen festen Platz im Rahmen der Psychologenausbildung: Pädagogische Psychologie als wichtiges Anwendungsfach im zweiten Studienabschnitt, Entwicklungspsychologie als bedeutsames Grundlagenfach in der ersten und als Forschungsvertiefung in der zweiten Studienphase. Neue Zielsetzungen, neue thematische Schwerpunkte und Fragestellungen sowie umfassendere Forschungsansätze und ein erweitertes Methodenspektrum haben zu einer weiteren Annäherung beider Fächer geführt und sie nicht nur für Studierende, sondern auch für die wissenschaftliche Forschung zunehmend attraktiver werden lassen. „Pädagogische Psychologie und Entwicklungspsychologie" nimmt dies auf, fördert die Rezeption einschlägiger guter und interessanter Forschungsarbeiten, stimuliert die theoretische, empirische und methodische Entfaltung beider Fächer und gibt fruchtbare Impulse zu ihrer Weiterentwicklung einerseits und zu ihrer gegenseitigen Annäherung andererseits.

Der Beirat der Reihe „Pädagogische Psychologie und Entwicklungspsychologie" repräsentiert ein breites Spektrum entwicklungspsychologischen und pädagogisch-psychologischen Denkens und setzt Akzente, indem er auf Forschungsarbeiten aufmerksam macht, die den wissenschaftlichen Diskussionsprozess beleben können. Es ist selbstverständlich, dass zur Sicherung des Qualitätsstandards dieser Reihe jedes Manuskript – wie bei Begutachtungsverfahren in anerkannten wissenschaftlichen Zeitschriften – einem Auswahlverfahren unterzogen wird („peer review"). Nur qualitätsvolle Arbeiten werden der zunehmenden Bedeutung der Pädagogischen Psychologie und Entwicklungspsychologie für die Sozialisation und Lebensbewältigung von Individuen und Gruppen in einer immer komplexer werdenden Umwelt gerecht.

Tina Hascher

Wohlbefinden in der Schule

Waxmann Münster / New York
München / Berlin

Bibliografische Informationen der Deutschen Nationalbibliothek
Die Deutsche Nationalbibliothek verzeichnet diese Publikation in
der Deutschen Nationalbibliografie; detaillierte bibliografische
Daten sind im Internet über http://dnb.d-nb.de abrufbar.

Pädagogische Psychologie und Entwicklungspsychologie; Bd. 40
herausgegeben von Prof. Dr. Detlef H. Rost
Philipps-Universität Marburg
Fon: 0 64 21 / 2 82 17 27
Fax: 0 64 21 / 2 82 39 10
E-Mail: rost@mailer.uni-marburg.de

ISSN 1430-2977
ISBN 978-3-8309-1354-2

© Waxmann Verlag GmbH, 2004
Postfach 8603, D-48046 Münster

www.waxmann.com
info@waxmann.com

Umschlaggestaltung: Pleßmann Kommunikationsdesign, Ascheberg

Gedruckt auf alterungsbeständigem Papier, DIN 6738

Alle Rechte vorbehalten
Printed in Germany

DANK

Ich danke allen Personen, die zur Realisierung dieses Projekts und dieses Buches beigetragen haben, allen voran den Lehrpersonen und SchülerInnen, den MitarbeiterInnen im Projekt und den KollegInnen aus Deutschland, Tschechien und den Niederlanden.

Dem Kanton Bern und der Universität Bern danke ich für die finanzielle Unterstützung im Rahmen von Forschungsförderungsprogrammen.

Mein besonderer Dank für wichtige inhaltliche Impulse und für die wertvolle Unterstützung gilt Prof. Dr. Fritz Oser, Dr. Jürg Baillod und Prof. Dr. Klaus-Peter Wild. Für die Gestaltung des Layouts danke ich Thomas Suter und für das Lektorat lic. phil. Lorenz Wepf ganz herzlich.

Inhalt

1. Wohlbefinden – mehr als nur ein gesellschaftlicher Kitschbegriff?

1.1 Wohlbefinden ist in!

Der Begriff Wohlbefinden erfreut sich in den letzten Jahren zunehmender Beliebtheit, nicht nur als therapeutischer Fokus, sondern auch als Forschungsgegenstand, als Diskussionsthema, als Fortbildungsziel und vor allem auch als Werbeträger. So möchten uns z.B. die Firmen Knorr, Elsa, Tempur dabei behilflich sein, uns wohl zu fühlen. Es kann zu Recht behauptet werden, dass das Schlagwort ‚Wohlbefinden' im Alltagsleben zu einem Modebegriff geworden ist und allmählich Gefahr läuft, zu einem Kitschbegriff zu verkommen, der nicht nur positive Emotionen auslöst.

Diese Beispiele zeigen, dass Wohlbefinden schlichtweg als ein Verkaufstrick eingesetzt wird. Sie illustrieren aber auch, dass Wohlbefinden offenbar ein Bedürfnis ist, auf
das Menschen in der heutigen Zeit besonders ansprechen – unabhängig davon, wie
oberflächlich der Begriff verwendet und wie ungewiss der Erfolg der angepriesenen
Produkte ist. Wohlbefinden als ein Synonym für positive Emotionen, für Zufriedenheit
und positives Befinden, für körperliche Fitness, Gesundheit, für Entspannung, Stress-
freiheit und Schönheit mag der Alltagssprache entsprechen, im Rahmen der pädagogischen und psychologischen Wissenschaft jedoch kann dies nicht genügen. Mit Bezug
auf definitorische Präzisierungen in diesen Forschungsbereichen wird deutlich, dass
Wohlbefinden, Zufriedenheit, Emotionen und Gesundheit zwar verwandte, jedoch
nicht identische Begriffe sind. Einige Gesundheitsbegriffe schliessen Wohlbefinden
ein (z.B. WHO 2000), müssen dann aber differenziert (z.B. in soziales, psychisches
und physisches Wohlbefinden) oder erweitert werden (vgl. Antonovsky 1987, 1997).

1.2 Was ist Wohlbefinden?

Wohlbefinden basiert auf der Existenz positiver Emotionen und Kognitionen sowie der
Absenz von negativen Emotionen (inkl. Beschwerden) und Kognitionen (z.B. Becker
1994). Es grenzt sich von Zufriedenheit durch seine emotionalen Anteile ab. Die psychologische Wohlbefindensforschung ist seit etlichen Jahren darum bemüht zu erklären, wann sich Menschen wohl fühlen und wie es dazu kommt. Dabei stellen sich jedoch scheinbar unüberwindbare Schwierigkeiten: Die Versuche, das Wohlbefinden an
quasi objektiven Lebensumständen und Kontextfaktoren festzumachen, sind prinzipiell
gescheitert. Viele Wohlbefindenstheorien bemühten sich daraufhin stärker um personenbezogene Erklärungen (vgl. im Überblick Becker 1994). Als ein Beispiel dafür sei-
en die temperamentstheoretischen Ansätze von Costa und McCrae (1980) oder von
Emmons und Diener (1985) zu nennen. Da in etlichen solcher Arbeiten jedoch der
Kontext des Individuums nahezu vollständig ausser Acht gelassen wurde, blieben auch
diese Ansätze nur mässig erfolgreich. In empirischen Studien tauchte ein weiteres Problem auf: Die Forschungsgruppe um Ed Diener z.B. arbeitet seit ca. 30 Jahren nahezu
ausschliesslich mit amerikanischen Studierenden und spricht von der Genese des
menschlichen Wohlbefindens (vgl. z.B. Diener 1984, 2000). In welchem Alltag sich
diese Studierenden bewegen und wie sie ihn erleben, die Spezifität dieses Alltags etc.
wird indessen nicht thematisiert. Es wird stillschweigend angenommen, dass die erhaltenen Ergebnisse nicht kontextgebunden, sondern auf die Menschheit generalisierbar sind. Oder, um zwei andere Beispiele zu nennen: Das Erreichen von Zielen oder
die Sozialbeziehungen eines Menschen werden als wichtige Quelle des Wohlbefindens
angesehen. Ob ein Mensch in seinem Lebenskontext eigene Ziele entwickeln kann,
wird in diesen Arbeiten nicht gefragt. Ob ein Mensch in einem Kontext lebt, in dem
die gesetzten Ziele auch zu verwirklichen sind, ebenso wenig. Dass soziale Beziehungen nicht nur eine Quelle positiver Emotionen, sondern auch vieler negativer Emotionen wie Trauer, Wut, Eifersucht und Scham sein können, wird in der Wohlbefindens-

forschung häufig ausser Acht gelassen. Die Lebensumwelten werden dargestellt, als wären sie vollumfänglich potenziell wohlbefindensfördernd.

Diese Haltung hängt vielleicht mit den Ergebnissen früher Forschungsarbeiten zusammen, die zeigten, dass sich Personen sogar in ungünstigen und unangenehmen Situationen und Lebensverhältnissen wohl fühlen können bzw. dass positive Lebensereignisse auf Dauer nicht zu einem höheren Wohlbefinden führen (z.B. Brickman & Campbell 1971). Ein Grund also, diese aversiven Situationen bei der Analyse des Wohlbefindens zu vernachlässigen? Nein, diese Erkenntnis sollte nun gerade dazu führen, die Frage, wie sich Personen in eben diesen Kontexten wohl fühlen können, nicht aus den Augen zu verlieren (Veenhoven 1991a, b). Die Frage nach der subjektiven Interpretation, der individuellen Bewertung dieser Kontexte muss in den Mittelpunkt der Wohlbefindensforschung gestellt werden. Es geht dabei nicht darum, sich ausschliesslich umweltzentrierten Ansätzen (eine Terminologie von Becker 1994, S. 28) zu verschreiben, indem die objektiven Umweltbedingungen und die subjektive Perzeption dieser Bedingungen allein für die Genese des Wohlbefindens verantwortlich sind, sondern darum, Wohlbefinden kontextspezifisch zu definieren. Von der kausalen Formulierung, „Sie fühlen sich wohl, weil ..." sollte man auch den konzessiven Thesen nachgehen, „Sie fühlen sich wohl, obwohl ..." bzw. „Sie fühlen sich nicht wohl, obschon ..." oder auch konditionalen Aussagen wie „Sie fühlen sich wohl, aber nur wenn...". Insbesondere in Lebenskontexten, in denen man sich nicht freiwillig oder nur partiell freiwillig bewegt (und diese Kontexte machen einen Grossteil unseres Lebens aus), ist zu berücksichtigen, welchen Einfluss dieser Kontext auf das Wohlbefinden eines Menschen ausübt.

Schwierigkeiten der Wohlbefindensforschung ergeben sich auch durch das Unvermögen, allgemeingültige Ursachen und Entstehungsbedingungen eines allgemeinen bzw. globalen Wohlbefindens zu identifizieren. Als mögliche Einflussfaktoren und Grundlagen wird eine Vielzahl von Aspekten diskutiert, die zugleich eine Systematisierung stark erschweren, da selbst diese je nach Individuum und Lebenskontext variieren können. Deshalb weichen Forschende gern auf die Aussage aus, dass zu viele Faktoren das Wohlbefinden eines Menschen potenziell beeinflussen können (Diener 1984; Fend 1997; Headey, Holmström & Wearing 1984a), dass es sich um ein Set von Einflussfaktoren handeln muss (Becker 1994; Diener & Larsen 1993) oder dass zu viele unkontrollierbare Variablen beteiligt sind ... allen voran das Individuum selbst. Selbst in aktuellen Publikationen betont Diener nach ca. 30 Jahren Forschungsarbeit zum Thema Wohlbefinden, wie zentral die Arbeit an theoretischen Modellen des Wohlbefindens und wie wichtig methodische Weiterentwicklungen sind (Diener & Biswas-Diener 2000; Diener & Lucas 2000b). Die damit ausgedrückte Hilflosigkeit erstaunt nicht, wenn man bedenkt, welcher Anspruch hinter vielen Arbeiten steht: Obwohl immer wieder die Bedeutung der Situationsinterpretation durch das Individuum betont wird (z.B. Diener & Lucas 2000b), obwohl die Verschiedenheit der positiven und negativen Dimension von Emotionen nachgewiesen wurde (z.B. Headey et al. 1984a), obwohl Emotionen und Kognitionen als Bestandteile des Wohlbefindens nicht identisch sind (z.B. Grob, Lüthi, Kaiser, Flammer, Mackinnon & Wearing 1991) wird zugleich versucht, das Wohlbefinden des Menschen allgemein zu erklären. Wie nur sollte solch ein Anspruch erfüllt werden können? Wie sollte das Wohlbefinden ein homogenes Allgemeingut in allen Lebenslagen und -bereichen sein, wo doch von anderen psychologischen Konzepten ähnlicher Tragweite bekannt ist, dass bereichsspezifische Ausprägungen bestehen (z.B. beim Selbstkonzept).

Einzelne Forscher/innen geben Hinweise darauf, dass das Wohlbefinden bereichsspezifisch sein könnte (z.B. Becker 1994). Dieser Ansatz ist wertvoll, greift meines Erachtens nach aber noch zu kurz; vielmehr sollte gelten: Wohlbefinden muss bereichsspezifisch definiert werden. Versteht man mit der aktuellen Forschungstradition das Wohlbefinden als ein Konstrukt mit emotionalen und kognitiven Anteilen, mit den Komponenten Gefühl und Bewertung, so kann Wohlbefinden überhaupt nicht Allgemeingültigkeit erreichen. Es ist nicht vorstellbar, dass sich ein Mensch, ein Kind, ein/e Jugendliche/r in allen Bereichen gleich fühlt oder gleich denkt. Es macht auch keinen Sinn, alle Emotionen und Kognitionen zusammenzufügen und danach von Wohlbefinden zu sprechen. Emotionen entstehen aufgrund subjektiver Bewertungen, aufgrund eines bestimmen situativen Kontexts, eines Ereignisses und in Abhängigkeit der involvierten Person (Ulich 1992a). Dies widerspricht der Idee eines allgemeinen Wohlbefindens, zumindest so lange, bis definitiv erwiesen ist, welche Bereiche, welche Lebenskontexte, welche Bewertungen und Gefühle für das ,allgemeine' Wohlbefinden konstitutiv sind.

So steht man gegenwärtig in einer forschungstheoretischen Sackgasse: Einerseits entwickelt sich die Überzeugung, dass Emotionen und im Spezifischen das Wohlbefinden eines Menschen ein wichtiges Gut sind. So z.B. spiegelt sich im Bereich des „social indicators research" (z.B. Andrews & Withey 1976) wider, dass das Wohlbefinden als ein Indikator eines guten Lebens verstanden wird (vgl. auch Becker 1994). Andererseits scheitern etliche Konzepte des Wohlbefindens an ihrer mangelnden Realitätsnähe. Eine Lösung des Problems wird darin gesehen, verschiedene Zugänge zum Wohlbefinden eines Menschen zu postulieren (Diener & Lucas 2000a, b) sowie sein Wohlbefinden in verschiedenen Kategorien darzustellen: Es wird von emotionalem oder subjektivem Wohlbefinden gesprochen, zwischen aktuellem und habituellem Wohlbefinden unterschieden und diskutiert, welches Verhältnis zwischen positiven und negativen Emotionen besteht. Nicht wenige vorhandene Definitionen des Wohlbefindens sind aber nur partiell überzeugend, da sie theoretisch zu wenig abgestützt und differenziert werden. Sie tragen deshalb häufig vor allem zu einer Begriffsverwirrung anstatt zu einer Konzeptualisierung des Begriffsfeldes bei. Auch werden oftmals Komponenten und Quellen des Wohlbefindens miteinander vermischt (vgl. dazu auch Mayring 1991). Wohlbefindensdefinitionen sind zudem immer wieder an Methoden angelehnt (in dem Sinne „what you test is what you get"), indem z.B. bei Verwendung der Affekt-Balance-Scale von Bradburn (1969) von emotionalem Wohlbefinden gesprochen wird – dies auch dann, wenn zugleich das Postulat, Wohlbefinden bestehe gleichermassen aus getrennten emotionalen und kognitiven Anteilen, aufrechterhalten wird. Ebenso wird häufig vernachlässigt zu präzisieren, was unter Emotionen zu verstehen sei. Vielmehr findet man eine nahezu wahllose und synonyme Verwendung von Begriffen wie „Emotionen", „Gefühle", „Affekte", „affektive Reaktionen" etc.

Ein konstruktiver Ausweg aus dieser Sackgasse wird in der vorliegenden Arbeit dadurch eröffnet, dass Wohlbefinden bereichsabhängig untersucht wird und die jeweiligen Charakteristika des untersuchten Bereichs explizit berücksichtigt werden. Dazu ist es notwendig, die Entstehung des Wohlbefindens psychologisch zu betrachten, da Wohlbefinden eine subjektive Konstruktion des Individuums ist, und die Kriterien dieser Konstruktion zu explizieren. Wohlbefinden ist kein emotional-kognitiver Endzustand. Vielmehr bezeichnet es einen mehr oder weniger lang andauernden Zustand in einem Prozess des Teilnehmens am Leben. Es ist ein situativ verankerter Ausdruck der Bewertung des Lebenskontexts und – selbst wenn sich diese Bewertung auf einen längeren Zeitraum bezieht – eng an die aktuelle Situation und an Schlüsselerlebnisse gebunden. Wohlbefinden ist ein Agglomerat aus verschiedenen Komponenten (Ryff & Keyes 1995), die auf je unterschiedliche Ursachen zurückzuführen sind und je unterschiedliche Wirkungen ausüben.

1.3 Wohlbefinden in der Schule – eine neue pädagogische Leitidee?

Woran mag es liegen, dass der Begriff Wohlbefinden auch in pädagogischen Kontexten auffallend vermehrt Einzug gehalten hat? Diese Frage ist schwierig zu beantworten. Fest steht jedoch, dass es zunehmend zu einer pädagogischen Maxime wird, dass sich Kinder und Jugendliche auch in der Schule wohl fühlen können. Dies spiegelt sich z.B. in den Leitbildern verschiedener Berner Schulen wider (vgl. Tab. 1-1). Eine Durchsicht der regionalen Leitbildentwicklung ergibt, dass Wohlbefinden als ein Wert per se verstanden wird, den es in der Schule zu erreichen gilt. Implizit wird davon ausgegangen, dass Wohlbefinden einen Beitrag dazu leisten kann, dass Schüler/innen angemessene Leistungen erbringen, zusammen leben und arbeiten und somit eine Integration in und eine Identifikation mit der Schule möglich wird. Diese Annahme lässt sich durch die Forschungsarbeiten zur Wirkung positiver Emotionen stützen. Auf verschiedenen Wegen konnte gezeigt werden, dass positive Emotionen als Indikatoren für Schulqualität gültig sind und Prozesse stützen, die für den Schulerfolg relevant sind (vgl. dazu ausführlich Hascher 2002).

Tabelle 1-1:   Wohlbefinden als Leitziel einiger Schulen im Kanton Bern (Schweiz)

Schule	
Sekundarstufe I Interlaken	„Unsere Schule ist ein Ort, wo wir uns wohl fühlen."
Mittelstufenschule Oberhofen	„Wir wollen versuchen, in unserer Schule eine Atmosphäre zu schaffen, in der Lernende und Lehrende sich wohl fühlen."
Oberstufenschule Vechigen	„Die Schülerinnen und Schüler sollen sich in der Oberstufenschule Vechigen wohl fühlen."
Oberstufenzentrum Biel-Madretsch	„Wir schaffen zusammen eine Atmosphäre, in der wir uns wohl fühlen und produktiv sind."
Sekundarschule Wiedlisbach	„Die Schule wird von einer Atmosphäre getragen, in der sich alle geborgen, sicher und wohl fühlen."
Real- und Sekundarschule Worb	„Wir helfen mit, dass sich alle wohl fühlen."
Sekundarschule Grosshöchstetten	„Unsere Schule ist eine Arbeits- und Lerngemeinschaft, in der sich alle Beteiligten wohl fühlen sollen: Nur wenn wir uns gegenseitig mit Achtung begegnen, können sich alle wohl fühlen."
Oberstufenschule Thierachern	„Alle an der Schule Beteiligten tragen mit ihrer Persönlichkeit, ihrer Offenheit und Ehrlichkeit dazu bei, dass sich alle wohl fühlen können. ... Alle Zusammenarbeitsformen erhöhen unser Wohlbefinden."
Oberstufenschule Progymatte (Thun)	„Das Wohlbefinden von Schülerinnen und Schülern sowie Lehrerinnen und Lehrern wird durch eine gute Atmosphäre, kulturelle Anlässe und Sport gefördert."
Sekundarschule Langnau	„Zusammen mit ihnen (den Schüler/innen, TH) und den Eltern streben wir nach einem freundlichen Umfeld, in dem sich alle wohl fühlen können. Damit sich die Jugendlichen in unserem Schulhaus wohl fühlen, müssen wir versuchen, Störungen zu verhindern. Das geschieht erstens durch Prävention und zweitens durch die Auseinandersetzung mit störenden Vorkommnissen."

Wie stark positiv der Begriff Wohlbefinden in den Leitbildern besetzt ist, wird auch dadurch deutlich, dass er wiederholt in einen Zusammenhang mit anderen pädagogisch wünschenswerten Prinzipien wie positiver Atmosphäre, gegenseitiger Achtung, individueller Sicherheit und Gemeinschaftsgefühlen gestellt wird. Der Anspruch, Schule solle ein Raum zum Wohlfühlen und der Freude sein, ist sogar in verschiedenen Lehrplänen verankert, z.B. im Lehrplan für die Volksschule des Kantons Bern:

„Lernen wird durch eine Atmosphäre begünstigt, in der sich die Schülerinnen und Schüler wohl fühlen." (Erziehungsdirektion des Kantons Bern 1995, Lehrplan für Volksschulen S. AHB 19. Die Stellen entstammen dem Kapitel 1.3 Unterricht und Schulleben)

Damit Wohlbefinden in der Schule seiner normativen Funktion gerecht werden kann, muss es zunächst einmal aufgebaut, gefördert und damit überhaupt ermöglicht werden. Warum dies wichtig ist und wie dies erfolgen soll, ist in den entsprechenden Unterlagen und Papieren meist nicht ausgeführt. So z.B. werden nur in einigen Leitbildern auch Quellen und Voraussetzungen des Wohlbefindens vage angedeutet. Dies sind z.B. jegliche Formen der Zusammenarbeit in der Schule, unterrichtsübergreifende Aktivitäten und ein konstruktiver Umgang mit Störungen. Müsste nicht zunächst gefragt werden, ob Wohlbefinden in der Schule überhaupt möglich ist? Ohne schulischen Entwicklungen und Reformen Abrede leisten zu wollen, kann Schule[1] jedoch als ein Kontext beschrieben werden, der durch seine Charakteristik eher negative als positive Emotionen auslöst: Die Schule ist eine Pflichtinstitution für die Kinder und Jugendlichen, in der nicht nur von aussen vorgegebene Aufgaben und Anforderungen strikt erfüllt werden müssen, sondern in der Misserfolge, Scheitern und Widerstand sanktioniert werden. Selektion als zentrale Funktion der Schule führt dazu, dass nicht nur Schüler/innen nahezu ständig unter Aufsicht und Kontrolle sowie unter Bewertung und Vergleichen stehen – auch von den Lehrerinnen und Lehrern wird die Förderung des Lernens im Hinblick auf das Erreichen eines Übertrittsniveaus und die Verpflichtung zur Selektion als Leistungsdruck erlebt. Schule hat eine bedeutungsvolle gesellschaftliche Funktion inne, da sie die einzige Qualifikationsinstanz für die weitere berufliche Entwicklung des Individuums darstellt, was für die Schüler/innen aufgrund fehlender Wirklichkeitsnähe vieler Inhalte nicht unmittelbar einsichtig ist. Schule nimmt nur wenig auf die individuellen Bedürfnisse der Schüler/innen Rücksicht, zugunsten von vereinfachenden organisatorischen Strukturen (z.B. Jahrgangsklassen, Lektionsrhythmus). Im schulischen Alltag dominieren vor allem Forderungen: Schülerinnen und Schüler müssen eine grosse Menge an Lernstoff bewältigen, Leistungen erbringen, nahezu allzeit für Leistungskontrollen vorbereitet sein, in bestimmten Lektionen kreativ, in anderen sportlich sein und in weiteren Unterrichtsstunden vor allem analytisch denken, sie müssen viele Fakten auswendig lernen und schnell abrufen können sowie eine eigene Meinung entwickeln. Sie müssen sich den Interaktionsstilen von Lehrpersonen unterordnen, zugleich Sozial- und Selbstkompetenzen erwerben, mit den Klassenkamerad/innen auskommen, die Erwartungen von Eltern und Lehrpersonen erfüllen usw. Mit diesen Fakten vor Augen erscheint der pädagogische Anspruch, dass sich Kinder und Jugendliche unter den gegebenen Bedingungen in der Schule auch unter

---

1 Im Folgenden wird von der Regelschule gesprochen. Alternative Schulmodelle (z.B. die Rudolf-Steiner-Schulen) werden nicht diskutiert, obwohl sie auch eine gewisse Nähe zur Regelschule aufweisen.

langfristiger Perspektive wohl fühlen sollen, nahezu paradox – und ist trotzdem realisierbar und notwendig.

Dieser Anspruch wirft die Grundsatzfrage auf, was unter Wohlbefinden in der Schule zu verstehen ist. Wie in der vorliegenden Arbeit dargestellt wird, ist dies weit weniger klar, als erwartet werden könnte. An dieser Stelle sei vorerst expliziert, was Wohlbefinden in der Schule nicht ist: Wohlbefinden in der Schule darf nicht als ein passiver Gefühlszustand missverstanden werden, der Schüler/innen dazu motiviert, nichts zu tun. Wohlbefinden bedeutet nicht, dass sich eine Schülerin / ein Schüler zurücklehnt und das schulische Geschehen distanziert und aus der Ferne betrachtet. Von Wohlbefinden in der Schule darf nicht gesprochen werden, wenn Schüler/innen von den Lehrpersonen nicht wahrgenommen und übersehen werden. Mit dem Begriff Wohlbefinden ist auch nicht gemeint, dass Harmonie und Konfliktlosigkeit den Schulalltag prägen. Wohlbefinden in der Schule heisst nicht, dass im Unterricht nichts von den Schüler/innen gefordert wird, dass sie sich nicht am Unterricht beteiligen müssen oder dass es genügt, nur das Nötigste zu lernen. Wenn Schule keine Anforderungen an Schüler/innen stellt, wenn Kinder und Jugendliche mit der Institution Schule und den an ihr Beteiligten nichts zu tun haben, dann kann damit nicht Wohlbefinden gemeint sein. Obwohl davon ausgegangen werden kann, dass positive Emotionen einen zentralen Bestandteil des Wohlbefindens ausmachen, sind nicht alle positiven Gefühle pädagogisch wünschenswert. Wohlbefinden in der Schule bedeutet nicht, dass sich Schüler/innen über das Scheitern anderer freuen, auf eine schlechte Leistung in einem unbeliebten Fach stolz sind, Interesse daran haben, die Schwächen einer Lehrperson auszunutzen, oder froh sind, wenn Lektionen ausfallen. Wohlbefinden baut auch nicht darauf, dass Schüler/innen es als angenehm empfinden, wenn sie in der Schule nicht gefordert werden oder wenn Mitschüler/innen ihr destruktives Verhalten missbilligen.

Solche Abgrenzungen haben für eine Definition des Begriffs Wohlbefinden in der Schule eine zweifache Bedeutung inne. Sie weisen auf die spezifische Qualität wohlbefindensrelevanter Emotionen und auf die enge Verknüpfung von Kognitionen und Emotionen hin. Sich in der Schule wohl zu fühlen impliziert deshalb, dass Schüler/innen häufig solche angenehmen Emotionen erleben, die mit der anregenden und erfolgreichen Erfüllung schulischer Anforderungen wie Lernen und Leisten verbunden sind. Dazu gehören eine aktive Auseinandersetzung mit dem schulischen Alltag, Engagement und Involviertsein in das Unterrichtsgeschehen sowie der Beitrag zu einem offenen und sozial verantwortlichen Miteinander. Wie in den anschliessenden theoretischen Ausführungen zu zeigen sein wird, ist Wohlbefinden aber mehr als das blosse Erleben positiver Gefühle. Wohlbefinden in der Schule bedeutet ebenso, dass Schüler/innen gerne zur Schule gehen und eine grundsätzlich positive Haltung gegenüber der Schule und den mit ihr verbundenen Themen und Tätigkeiten entwickeln. Sich in der Schule wohl zu fühlen ist ein Ausdruck eines verantwortungsbewussten Rollenverständnisses als Schüler/in. Wohlbefinden in der Schule ist mit Herausforderung und Aktivität, Auseinandersetzung und Entwicklung verbunden. Wohlbefinden in der

Schule heisst daher auch, sich sicher, akzeptiert und ernst genommen zu fühlen, eine Vielzahl an Lernchancen zu erhalten und umzusetzen sowie davon überzeugt zu sein, Schule und Unterricht mitgestalten zu können und diese Möglichkeiten auch zu nutzen. Der Begriff Wohlbefinden beinhaltet des Weiteren, dass sich Kinder und Jugendliche den Anforderungen des Schulalltags stellen können ohne von negativen Gefühlen, von Sorgen und Beschwerden belastet zu sein. Damit ist nicht gemeint, dass Bewertung und Selektion in der Schule abzuschaffen sind, sondern dass Leistungssituationen und Pflichten für die Schüler/innen zu bewältigen sind, indem z.B. eine gute Vorbereitung, Transparenz, Offenheit und Fairness die pädagogische Grundhaltung der Lehrpersonen prägen und indem z.b. der Lernprozess der einzelnen Schüler/innen im Vordergrund steht. Ebenfalls gehört dazu, dass der Umgang zwischen Schüler/innen innerhalb und ausserhalb der Unterrichtszeit angenehm ist und nicht zu einer persönlichen Bedrohung wird oder mit Gefühlen der Ausgrenzung verbunden ist. Wie Boekaerts (1992, 2001) formuliert, gilt es ein optimales schulisches Umfeld zu schaffen, das den Schüler/innen ermöglicht, sich mit dem Lernen anstatt mit der Bewältigung von (negativen) Emotionen zu befassen.

1.4 Ziele und Aufbau der vorliegenden Arbeit

Es ist das Ziel dieser Arbeit mehr Klarheit darüber zu schaffen, was unter Wohlbefinden in der Schule verstanden werden kann und wie es entsteht. Sie gliedert sich in die folgenden drei Teile und fünf Kapitel:

Teil 1: Wohlbefinden in der Schule – mehr als nur ein flüchtiges Gefühl

Im Sinne einer Begriffsklärung erfolgt ein Überblick über die Forschungsarbeiten zum Wohlbefinden allgemein (Kapitel 2) und spezifisch in der Schule (Kapitel 3). Anschliessend (Kapitel 4) wird die der vorliegenden Arbeit zugrundeliegende Definition des Begriffs Wohlbefinden in der Schule und ihr theoretischer Ansatz expliziert.

Teil 2: Wohlbefinden in der Schule – Mythos oder Realität?

Die durchgeführten empirischen Forschungsarbeiten zur Genese von Emotionen in der Schule und zum Wohlbefinden von Schüler/innen der Sekundarstufe I werden vorgestellt und ihre Ergebnisse dokumentiert (Kapitel 5).

Teil 3: Auf dem Weg zum Wohlbefinden in der Schule

Auf der Basis der Resultate der empirischen Untersuchung wird im Schlusskapitel (Kapitel 6) vor allem der pädagogische Anspruch, Schüler/innen sollen sich in der Schule wohl fühlen (können), thematisiert.

2. Definition und Analyse des psychologischen Konstrukts Wohlbefinden

Eine Theorie des Wohlbefindens in der Schule erfordert die Klärung des Wohlbefindens als psychologisches Phänomen. Im nachfolgenden Kapitel wird deshalb zunächst der Begriff „Wohlbefinden" allgemein erklärt und in seiner breiten Verwendung systematisiert (Kap. 2.1). In einem zweiten Schritt wird dargestellt, was über das Wohlbefinden von Jugendlichen bekannt ist (Kap. 2.2). Dies erwies sich insofern als schwierig, als die Lebensphase Jugend in Bezug auf das Thema Wohlbefinden bisher nur selten im Mittelpunkt des wissenschaftlichen Interesses stand und Jugendliche häufig eine nicht abzugrenzende Teilpopulation einer befragten Gesamtstichprobe bildeten. Der letzte Teil des Kapitels (Kap. 2.3) ist den Forschungsarbeiten zu den Quellen und Ursachen des Wohlbefindens gewidmet. Dazu werden sowohl Grundaussagen erklärt als auch ihre Weiterentwicklungen verfolgt und in einen Zusammenhang gebracht, der eine Basis für die Definition des Begriffs Wohlbefinden in der Schule und für eine Analyse der Entwicklung des Wohlbefindens von Schülerinnen und Schülern liefern kann.

Allgemein kann mit Becker (1994) gesagt werden, dass der im vorliegenden Kapitel dargestellte Forschungszweig relativ jung ist. Wohlbefinden wurde als Forschungsthema erst in den letzten Jahren theoretisch und empirisch explizit aufgegriffen, wobei jedoch die Zahl an Publikationen zum Thema Wohlbefinden in den letzten Jahren sprunghaft angestiegen ist. Dieses neu erwachte Interesse ist darauf zurückzuführen, dass das Wohlbefinden eines Menschen als ein Indikator für ein gelungenes Leben, für die erfolgreiche Bewältigung der Anforderungen des Alltagslebens und für die Fähigkeit, die kleinen Alltagsfreuden zu geniessen, angesehen wird. In diesem Sinne verdient es auch im schulischen Kontext eine besondere Beachtung (vgl. dazu ausführlich Kapitel 3 und 4).

2.1 Zur Definition des Begriffs ‚Wohlbefinden'

Wie bereits in der Einführung angedeutet, spiegelt sich die Komplexität des Phänomens Wohlbefinden in der Vielzahl an theoretischen Konzepten und Ansätzen wider, die Wohlbefinden zu beschreiben versuchen. Auf den ersten Blick eröffnet sich ein nahezu unüberschaubares Feld von Wohlbefindenskonzepten. Wie in anderen Bereichen der Emotionsforschung (vgl. Kuhl 1983), herrschen Begriffsunklarheiten, theoretische Konfundierungen und eine fehlende Verständigung über definitorische und konstitutive Elemente des Wohlbefindens vor. Oft wird Wohlbefinden als synonym zu spezifischen positiven Gefühlen wie Freude oder Glück verstanden. Ebenso wird Wohlbefinden mit Zufriedenheit gleichgesetzt, obschon z.B. immer wieder darauf hingewiesen wird, dass Zufriedenheit die kognitive Dimension des Wohlbefindens darstellt (vgl. z.B. Campbell, Converse & Rodgers 1976; Emmons & Diener 1986;

Schimmack, Radhakrishnan, Oishi, Dzokoto & Ahadi 2002). Ebenfalls findet man seine Verwendung als Sammel- oder Oberbegriff für mehrere Emotionen, d.h. mehrere positive Gefühle werden darunter subsumiert (Diener & Larsen 1993), oder als Begriff für die Gesamtheit des Gefühlserlebens (Smith & Pope 1992).

Wohlbefinden wird aber auch als ein eigenes Gefühl mit eigener Erlebnisqualität, eigenem Ausdruck und eigenen physiologischen Komponenten beschrieben (z.B. Becker 1994). Verstärkt wird die Konfusion der Begriffe, wenn Wohlbefinden nicht erklärt oder wenn neben dem Begriff ‚Wohlbefinden' Gefühle des Wohlbefindens als affektive Komponenten dieses subjektiven Wohlbefindens definiert werden (Mayring 1987, S. 371).

Die bestehende Heterogenität, Diversität und Unsystematik wird von etlichen Autor/innen kritisiert und erfordert Systematisierungen (Diener 1984; Mayring 1991; Ryan & Deci 2001; Veenhoven 1991a; Zautra & Hempel 1984). Um die bestehende Vielfalt konstruktiv zu nützen, wird in der vorliegenden Arbeit eine Unterscheidung in drei Verwendungen des Begriffs Wohlbefinden vorgeschlagen:

1. Wohlbefinden als eine spezifische Gefühlsqualität (Kap. 3.1.1)
2. Wohlbefinden als eine spezifische Kombination emotionaler und kognitiver Faktoren (Kap. 3.1.2)
3. Wohlbefinden als ein Sammelbegriff für positive Emotionen (Kap. 3.1.3)

Bevor jedoch die unterschiedlichen Definitionen des Begriffs Wohlbefinden systematisiert werden, soll das methodische Vorgehen in den meist empirischen Studien kurz kommentiert werden: Es gibt inzwischen eine grosse Anzahl an Möglichkeiten, wie Wohlbefinden (hier im weitesten Sinne verstanden) erhoben wird (vgl. auch den Review von Andrews & Robinson 1991, Dieners Ausführungen von 1984, Diener & Biswas-Diener 2000, den Überblick von Mayring 1991 zu „GlücksInstrumenten" und 1994 zu Messinstrumenten des subjektiven Wohlbefindens; und den Review zum Zusammenhang von Gesundheit und Wohlbefinden von Zautra & Hempel 1984). Es finden sich standardisierte und quasi-standardisierte Methoden wie die „Affect-Balance-Scale" (ABS) von Bradburn (1969), das „Mental Health Inventory" (MHI) von Veit und Ware (1983), den „General Health Questionnaire" (GHQ) von Goldberg (1978)[2], die PANAS Scales von Watson, Clark und Tellegen (1988), den „Berner Fragebogen zum Wohlbefinden" (BFW) von Grob, Lüthi, Kaiser, Flammer, Mackinnon und Wearing (1991) etc. und jährlich nehmen diese zu (vgl. z.B. den „Community Well-Being Questionnaire" von Christakopoulou, Dawson & Gari 2001).

Oft werden verschiedene Indizes gebildet, wie der „Life Satisfaction Index" (LSI) von Neugarten, Havighurst und Tobin (1961), der „Self-fulfillment Index", der „Index of positive affect", „Index of negative affect", „Index of somatic complaints", „Worries

---

2   Vom General Health Questionnaire liegen sogar verschiedenste Versionen vor (vgl. z.B. Siddique & D'Arcy 1984).

Index", „Index of Well-Being" und der „Index of Ill-Being" (Headey et al. 1984a, S. 122ff). Sehr oft allerdings wird das Wohlbefinden anhand von Einzelitems unterschiedlicher Skalierung erhoben, z.b. mit dem „life-as-a-whole"-Index von Andrews und Withey (1976) und Cameron (1975) und mit der „3-Point happy scale" (Headey et al. 1984a). Auch bestehen graphemische Methoden (z.b. die Smilies von Andrews & Withey 1976 und die Lebenslinie von Pressey & Kuhlen 1957) und Interview-Leitfäden (z.b. das qualitative Glücksinterview von Mayring 1991). Problematisch bei dieser zu beobachtenden Vielfalt an Erhebungsmethoden ist, dass die Verwendung der Methode (vgl. auch Lucas, Diener & Suh 1996) oftmals determiniert, was unter Wohlbefinden verstanden wird (vgl. dazu auch Zautra & Hempel 1984). So wird z.b. Wohlbefinden anhand einer Zufriedenheitsskala bzw. eines einzelnen Zufriedenheitsitems erfasst und demzufolge als ein Ausdruck für die kognitive Bewertung des Lebens – im Sinne von Zufriedenheit – definiert.

2.1.1 Wohlbefinden als spezifische Gefühlsqualität

Ein erster empirischer Zugang zum Begriff Wohlbefinden erfolgte durch Bradburn und Caplovitz (1965). Glück, seelische Gesundheit, subjektive (erfolgreiche) Anpassung und psychisches Wohlbefinden – dies sind Begriffe, unter denen sie diskutierten, wie das Wohlbefinden untersucht werden kann. Bradburn & Caplovitz gingen davon aus, dass diese Begriffe weitgehend identisch sind bzw. dass sie die gleiche psychologische Dimension bezeichnen[3]. Ihrer Meinung nach wird das Wohlbefinden eines Menschen durch Emotionen bzw. die emotionalen Tönungen bestimmt: Wenn ein Individuum mehr positive als negative Gefühle erlebt hat, dann fühlt es sich eher wohl und zufrieden. Dominieren dagegen negative Gefühle, so resultiert dies in Unzufriedenheit und Unbehagen. Zur empirischen Erfassung des Wohlbefindens wählten sie einen direkten Weg: Sie fragten fast 2000 männliche Probanden, ob sie sich glücklich fühlen, und legten ihnen 12 weitere Emotionsaussagen vor, z.B. „Fühlten Sie sich stolz, weil jemand Sie für eine Handlung gelobt hat?", „Hatten Sie das Gefühl, dass Sie mehr Dinge zu tun haben, als Sie erledigen können?", „Fühlten Sie sich sehr einsam und entfernt von anderen Menschen?". Die Autoren konnten zwar zwei Cluster, eines für positive und eines für negative Emotionen, bestätigen. Die Proband/innen berichteten aber, ebenso positive als auch negative Emotionen erlebt zu haben. Trotzdem ergaben sich signifikante positive Korrelationen zwischen den positiven Emotionen und der Einzelfrage nach dem Erleben von Glück bzw. zwischen den negativen Emotionen und der Angabe, unglücklich zu sein (vgl. auch Andrews & Withey 1976, Nachberechnungen durch Becker 1982, S. 197f). Die Ursachen für das Erleben positiver Gefühle sahen Bradburn und Caplovitz (1965) in dem Ausmass sozialer Aktivitäten wie Kontakte zu

---

3 Siehe auch Dalbert (1992, vgl. Kap. 3.2.2), welche die Merkmale des subjektiven Wohlbefindens aus den Kriterien erfolgreicher Anpassung definierte und sowohl das subjektive Wohlbefinden als auch die aktuelle Stimmung eines Individuums als Dimensionen seelischer Gesundheit bezeichnete (vgl. auch Becker 1982).

Verwandten und Freunden, Aktivitäten in Vereinen und gemeinsamer Unternehmungen. Bedingungen für die Genese negativer Gefühle wurden nicht diskutiert.

Bradburn (1969) nahm einige Reformulierungen an den ursprünglichen Items vor und reduzierte diese auf je fünf positive und negative Emotionsaussagen, z.B.: Fühlten Sie sich während der vergangenen Wochen jemals ... „erfreut darüber, dass Sie etwas fertiggebracht haben", „ganz obenauf", „gelangweilt" oder „ausser Fassung, weil jemand Sie kritisierte"? (deutsche Übersetzung bei Becker 1982, S. 197). Auch hier bestätigte sich – wie in weiteren Untersuchungen mit dieser Methode (z.B. Costa & McCrae 1980) – die relative Unabhängigkeit der positiven und negativen Affekte (vgl. dazu ausführlicher Hascher 2002). Deshalb revidierte Bradburn seine Ausgangsthese – positive und negative Emotionen seien auf einer Dimension anzusiedeln – und ging künftig von zwei unabhängigen Affektdimensionen aus, die auf unterschiedlichen Kontexten beruhen. Er arbeitete zudem heraus, dass das Verhältnis zwischen den positiven und negativen Emotionen beachtet werden muss. Seinen Auswertungen zufolge treten folgende fünf Kombinationsmöglichkeiten auf:

- Hohe positive Emotionen und hohe negative Emotionen
- Hohe positive Emotionen und niedrige negative Emotionen
- Mittlere positive und mittlere negative Emotionen
- Niedrige positive Emotionen und niedrige negative Emotionen
- Niedrige positive Emotionen oder hohe positive Emotionen

Diese Kombinationen führte Bradburn (1969) zu der Schlussfolgerung, dass die Differenz zwischen positiven und negativen Emotionen, die „affect balance" täglicher Gefühlserlebnisse das zentrale Mass für das psychische Wohlbefinden eines Menschen und damit durch das Verhältnis von angenehmen und unangenehmen Erlebnissen determiniert sein müsse (vgl. auch Andrews & Whithey 1976; Bradburn & Caplovitz, 1965; Lowenthal, Thurner, & Chiriboga 1975). Nicht die absolute Höhe ist entscheidend, sondern die Relation der beiden Affektdimensionen zueinander, die relative Intensität der Gefühle.

Die Berücksichtigung der zwei Dimensionen Häufigkeit und Intensität[4] führte dazu, dass Larsen und Diener (1987) zwischen verschiedenen Qualitäten des Wohlbefindens unterschieden (vgl. Abb. 2-1). Wenn positive Gefühle häufig erlebt wurden, so sprachen die Autoren von Wohlbefinden. Zugleich differenzierten sie zwischen Wohlbefinden niedriger vs. hoher Intensität. Wurden häufig negative Gefühle erlebt, so wurde dies als ein Mangel an Wohlbefinden verstanden, der sich ebenfalls in Bezug auf seine Intensität unterscheiden liess. Heiterkeit und Zufriedenheit wurden als spezifische Formen des gleichen Wohlbefindentyps, Zufriedenheit und Überschwänglichkeit dagegen als unterschiedliche Typen des Wohlbefindens bezeichnet. Melancholie und

---

4 Die Emotionsdimension Dauer wurde nicht berücksichtigt.

Stress stellten verschiedene Ausdrucksformen fehlenden Wohlbefindens dar (vgl. auch Diener 1984). Im Allgemeinen aber schlossen sie sich der Definition von Bradburn an, indem sie annahmen, dass sich ein Individuum umso wohler fühlt, je häufiger und stärker es positive Gefühle erlebt.

		Low Affect Intensity	High Affect Intensity
Relative Frequency	Frequent Positive Affect	SWB[5] experienced as contentment (Zufriedenheit), easygoing composure (leichte Gemütsruhe), serenity (Heiterkeit), and tranquil calmness (Gelassenheit).	SWB experienced as exuberance (Überschwänglichkeit), animated joyfulness (lebhafte Fröhlichkeit), and zestful enthusiasm (lustvoller Ethusiasmus).
	Frequent Negative Affect	Lack of SWB experienced as chronic melancholia (chronische Melancholie), mild but persistent unhappiness (mildes, aber anhaltendes Unglücklichsein), dejection (Niedergeschlagenheit), and discontentment (Unzufriedenheit).	Lack of SWB experienced as acute and agitated negative affect (akute, aufwühlende negative Gefühle), distress (Stress), aggravation (Verärgerung), depression (Depression), and severe episodes of negative affect (heftige Phasen in negativen Stimmungen).

Abbildung 2-1: Typen des Wohlbefindens (Larsen & Diener 1987, S. 27)

Einige Jahre später bemühten sich Diener und Larsen (1993) darum, die emotionale Seite des Wohlbefindens noch expliziter zu beschreiben (sie sprachen deshalb in Anlehnung an Andrews & Withey 1976 auch von „emotional well-being", S. 405). Sie stellten fest, dass Menschen im Alltag recht viele Emotionen – wenn auch zum Teil in geringer Intensität – erleben und meist spontan berichten, sie seien „happy". Emotionen sind ihrer Meinung nach reaktiv, d.h. sie hängen von den Erlebnissen und Erfahrungen eines Individuums ab und fluktuieren in hohem Masse. Auch die Auslöser von Emotionen können, je nach Lebensumständen und kulturellen Hintergründen, variieren. Trotzdem scheint es eine gewisse Stabilität im Wohlbefinden eines Individuums zu geben, ein gewisses individuelles Durchschnittsniveau, das im Verlauf von Monaten und Jahren relativ gleich bleibt (siehe z.B. Costa & McCrae 1988). Larsen & Diener interpretierten dies als eine persönliche „Note" wie Emotionen erlebt werden: Individuen, die angenehme Emotionen stark erleben, fühlen eine ähnlich hohe Intensität bei unangenehmen Emotionen (z.B. Larsen & Diener 1987), und Individuen, die häufig negative Emotionen erleben, kennen eine vergleichbare Häufigkeit positiver Emotionen (Zautra 1991)[6]. Emotionen werden zudem selten einzeln erlebt. Eine Situation

---

5 SWB = Subjective Well-Being
6 Zu berücksichtigen ist dabei allerdings, dass dieses Muster vor allem bei Frauen zu finden ist (vgl. Fujita, Diener & Sandvik 1991).

löst oftmals mehrere Emotionen der gleichen Valenz aus. Für Diener & Larsen waren dies Argumente dafür, dass neben diskreten Einzelemotionen ein solch globales Konzept wie das Wohlbefinden untersucht werden muss.

2.1.2 Wohlbefinden als eine spezifische Kombination emotionaler und kognitiver Faktoren

Je nach Sichtweise, theoretischem Zugang und empirischer Methode werden nicht nur verschiedene positive Emotionen, sondern auch positiv konnotierte Werte und Lebensumstände als Wohlbefinden bezeichnet. Dies wird anhand der Klassifikation von Konzepten des Wohlbefindens von Veenhoven (1991) gut ersichtlich (vgl. Tab. 2-1).

Tabelle 2-1:   Klassifikation von Konzepten zum Wohlbefinden (Veenhoven 1991a, S. 9)

	Objective well-being	Subjective well-being	Mixed conceptions
Individual well-being	personal qualities	self-appraisal	
- aspect	wisdom, stability, hardiness, creativeness, morality, etc.	job satisfaction, self-esteem, control-belief	ego-strength, identity
- overall	need gratification, self-actualization, effectance	life-satisfaction, contentment, hedonic level	(mental) health, adjustment, individual morale
Collective	societal qualities	social (opinion) climate	
- aspect	coherence, justice, equal chances, stability, etc.	acceptance of political order, mutual trust, belief in national progress	social integration, anomy
- overall	viability, capacity	group morale	livability
Mixed conceptions			
- aspects	economic prosperity, safety, freedom, equality, etc.	emancipation	
- overall	welfare, progress	alienation	well-being in broadest sense

Veenhoven (1991a) versuchte, aktuelle Konzepte zum Wohlbefinden bzw. zum Begriff ‚Happiness' anhand von zwei Dimensionen zu systematisieren: objektive vs. subjektive Konzepte, individuelle vs. kollektive Ebene und bestehende Mischformen.

Der gleichberechtigten Bedeutung emotionaler und kognitiver Anteile wird in vielen aktuellen Studien Rechnung getragen. Die Zeiten, in denen sich Campbell (Campbell et al. 1976) sogar darum bemühte, emotionale Aspekte bei der Erhebung des Wohlbefindens explizit zu vermeiden, gehören definitiv der Vergangenheit an. Diener, Diener, & Diener (1995, S. 851) bezeichneten subjektives Wohlbefinden generell als „people's cognitive and affective evaluations of their lives". Ähnlich formulierten es McIntosh und Martin (1992, S. 224): "So, happiness might safely be described as a judgement about one's overall life quality based largely upon the way people feel but also including people's assessments of their past and future and how they think they are doing relative to other people." Emotionen und kognitive Anteile sind jedoch nicht wahllos zu kombinieren, sondern nur bei einer bestimmten Zusammensetzung sollte von Wohlbefinden gesprochen werden (vgl. dazu auch die Kontroverse zwischen Ryff & Keyes 1995 und Kafka & Kozma 2002). Allerdings zeigt sich, dass unterschiedliche Standpunkte bestehen, welche Komponenten konstitutiv für das Wohlbefinden eines Menschen sind[7]. Ohne den Anspruch auf Vollständigkeit erheben zu wollen, werden im Folgenden die Erkenntnisse von Mayring, Becker und Veit & Ware stellvertretend für diese Ansätze dargestellt.

Ausgangspunkt der Ausführungen von Mayring (1991) war die Frage, wie Gefühle des Glücks und das Wohlbefinden eines Individuums zusammenhängen. Es ging ihm darum, Glück als eine Emotion zu definieren und diese zu präzisieren, die Bedeutung von Glück für das Leben eines Menschen herauszuarbeiten und einen breiten Überblick über Abhandlungen und Forschungen zum Thema Glück in vielen verschiedenen Bereichen zu geben (siehe dazu auch den Reviewartikel von Veenhoven 1984b). In diesem Überblick – und ebenso im späteren Überblick über psychologische Glückskonzepte – verwendete Mayring die Begriffe Wohlbefinden und Glück oftmals synonym, z.B. „Das Glück der Menschen, ihr subjektives Wohlbefinden, ist ein gesellschaftspolitisch relevanter Faktor" (Mayring 1991, S. 37), da etliche Glückstheorien auch als Wohlbefindenstheorien (und auch als Zufriedenheitstheorien) bezeichnet wurden. Dies ist z.B. bei Theorien der Fall, die auf dem Konzept des sozialen Vergleichs (z.B. Michalos 1980) basieren (Glück/Zufriedenheit/Wohlbefinden entsteht durch den positiv ausfallenden Vergleich mit anderen Menschen, mit anderen Situationen), bei Theorien zur Zielerreichung (Glück/Zufriedenheit/Wohlbefinden entsteht, wenn man seine Ziele erreicht) und bei persönlichkeitspsychologischen Theorien (extravertierte Menschen sind glücklicher/zufriedener/fühlen sich wohler als introvertierte). Auch werden Bedingungs- und Einflussfaktoren für das Wohlbefinden, die Zufriedenheit und das Glück miteinander vermischt: Spezifische Aspekte werden teils als Einflussfaktoren, teils als Komponenten des Wohlbefindens verstanden, wie z.B. bei den Variablen ‚Selbstwertgefühle' und ‚soziale Einbettung'.

In seinen theoretischen Ausführungen, in denen er Bausteine für eine psychologische Theorie des Glücks entwickelt, spezifizierte Mayring dann den Begriff ‚Glück' und präzisierte die Unterschiede zwischen verschiedenen Faktoren des Wohlbefindens. In Anlehnung an Lawton (1983) und aufbauend auf früheren Arbeiten zur Faktorenstruktur des Wohlbefindens (z.B. Andrews & McKennell 1980; Veit & Ware 1983; Wittkowski 1986; vgl. im Überblick Mayring 1991, S. 72f) sah er Wohlbefinden als einen Oberbegriff für vier psychologische Konstrukte: Glück, Zufriedenheit, Freuden und

---

7 In einer neueren Arbeit unterscheiden Keyes, Shmotkin und Ryff (2002) sogar zwischen subjektivem Wohlbefinden (subjective well-being) und psychologischem Wohlbefinden (psychological well-being).

Belastungsfreiheit (vgl. Abb. 2-2). Er sprach deshalb auch vom „Vier-Faktoren-Ansatz subjektiven Wohlbefindens" (Mayring 1991, S. 69ff): Wohlbefinden besteht somit explizit aus kognitiven und emotionalen, aus kurzfristigen und länger andauernden Anteilen, aus positiven Emotionen und aus dem Fehlen von Beschwerden, Belastungen und negativen Emotionen. Bei den positiven Emotionen definierte Mayring (1) das Glücksempfinden als Erlebnisse höchster Freude und ein allgemeines positives Lebensgefühl, (2) die Zufriedenheit als das Resultat kognitiver Bewertungsprozesse über das Leben bzw. über einzelne Lebensbereiche und (3) Freuden als situationsspezifische Höhepunkte, die mit angenehmen Erlebnissen verbunden sind.

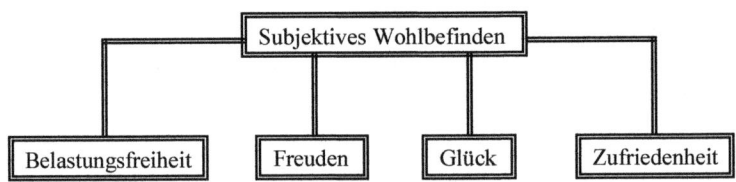

Abbildung 2-2:   Der Vier-Faktoren-Ansatz subjektiven Wohlbefindens
                 (Mayring 1991, S. 74)

Abermals mit Verweis auf Lawton (1983) machte Mayring zudem deutlich, dass das subjektive Wohlbefinden eines Menschen nicht als einziger Indikator für ein gutes Leben verstanden werden darf. Vielmehr muss es mit den Kompetenzen eines Individuums, seinen Lebensbedingungen, mit den Konzepten der psychischen Gesundheit (definiert als Wohlbefinden und subjektiven Kompetenzen) und der Lebensqualität (definiert als Wohlbefinden und objektive Lebensbedingungen) in Beziehung gesetzt werden.

Für die empirische Analyse des Glücks empfahl er eine theoriegeleitete, multidimensionale Methodenwahl (z.B. die Kombination von umfassenden quantitativen und qualitativen Instrumenten, Selbst- und Fremdeinschätzungen), in der verschiedene Aspekte des Wohlbefindens angesprochen werden. Mayrings eigene, vorwiegend qualitative Pilotstudien, z.B. Befragungen anhand des qualitativen Glücksinterviews, führten zu folgenden vier Erkenntnissen, die für eine Theorie des Wohlbefindens zentral sind:

a. Es ist nicht nur zwischen positiven und negativen Aspekten des Wohlbefindens, sondern auch zwischen objektiven und subjektiven Faktoren zu differenzieren. So z.B. wurde Arbeitslosigkeit von betroffenen Lehrer/innen zwar als belastend empfunden, sie erlebten aber durchaus auch zahlreiche positive Emotionen.

b. Wohlbefinden besteht aus emotionalen und kognitiven Anteilen. Mit Glückserlebnissen waren nach Auskunft der interviewten Erwachsenen jeweils auch Erfahrungen wie Harmonieerleben und Erfolg verbunden.

c. Soziale Interaktionen sind eine wichtige Quelle für positive Emotionen. Als Mayring Schüler/innen und Student/innen z.b. um Präzisierungen des Glücksgefühls bat, nannten diese am häufigsten mitmenschliche Gefühle und Liebe.

d. In unterschiedlichen Altersstufen sind verschiedene Bereiche für die Genese des Wohlbefindens zentral. Für die betagten Menschen, die Mayring befragt hatte, waren die Familie und die Gesundheit zentraler als für die jüngeren, bei denen eher die Freizeit, die Schule und die Freunde ausschlaggebend waren (vgl. auch Palmore & Luikart 1972).

Bereits in einer frühen Arbeit nahm Becker (1980, 1982) eine Erweiterung des Standpunkts von Bradburn (1969, vgl. Kap. 2.1.1) vor. Seiner Auffassung zufolge fliessen neben emotionalen und kognitiven auch handlungsorientierte Komponenten ein. Entsprechend deklarierte er folgende vier Faktoren als konstitutiv für das Wohlbefinden:

1. Die Häufigkeit positiver Gefühle
2. Die Abwesenheit negativer Gefühle
3. Die Selbstakzeptierung
4. Die Fähigkeit zur Bedürfnisbefriedigung.

Aufbauend auf diese Konzeptualisierung entwickelten Becker und seine Mitarbeitenden den ersten Fragebogen zur Erfassung der seelischen Gesundheit von Jugendlichen (Lill, Dröschel & Gross 1981, vgl. Becker 1982, S. 261ff). Grundannahme war dabei, dass seelisch gesunde Menschen sich sowohl durch eine hohe psychische Kompetenz und ein hohes psychisches Wohlbefinden auszeichnen. Nach verschiedenen empirischen Studien konnte ein Modell mit 10 Faktoren wie folgt interpretiert werden:

(A) Eigenständiges Meistern von Schwierigkeiten, psychische Kompetenz
1. Kein Ausweichen vor Schwierigkeiten infolge geringer Ängstlichkeit
2. Fähigkeit zur andauernden, eigenständigen Problemlösung sowie Frustrationsbewältigung
3. Soziale Durchsetzungsfähigkeit
4. Geringes Bedürfnis nach sozialer Billigung und sozialer Unterstützung
5. Seltenheit negativer Gefühle

(B) Selbstaktualisierung
6. Freisein von Kontaktproblemen und von Feindseligkeit
7. Freisein von Perfektionismus und irrationalen Gedanken (kognitive Kompetenz)
8. Häufigkeit positiver Gefühle
9. Selbstakzeptierung
10. Selbstkontrolle

In dieser Einteilung wird deutlich, dass der Begriff des Wohlbefindens in Beckers Analysen nicht mehr erwähnt, sondern durch den Begriff ‚Selbstaktualisierung‘ ersetzt wurde. Dies ist nach Becker insofern sinnvoll, als das Konstrukt der Selbstaktualisierung umfassender sei als das des Wohlbefindens und als die beiden Teilkomponenten des Wohlbefindens nach Bradburn (1969), nämlich die Häufigkeit positiver und die Seltenheit negativer Gefühle, auf unterschiedlichen Faktoren zweiter Ordnung laden.

Einige Jahre später wendet sich Becker (1994) dann aber wieder stärker dem Wohlbefinden zu und betont ausdrücklich: Nur bei der Existenz positiver Emotionen, Stimmungen[8] und Sinneswahrnehmungen und bei gleichzeitigem Fehlen negativer Emotionen, Stimmungen und körperlicher Beschwerden sollte von Wohlbefinden gesprochen werden (vgl. Abb. 2-3). Das Erleben positiver Gefühle bzw. deren Dominanz reicht nach dieser Definition also nicht aus, ebenso wenig die Absenz negativer Komponenten[9]. Dies bedeutet, bei einem Menschen, der sich wohl fühlt, müssen z.B. Empfindungen der Freude, der Gemütlichkeit, der Entspanntheit, des Glücks etc. bestehen, ohne durch Kummer, Wut, Angst etc. getrübt zu sein. Becker (1994, S. 14) sprach von „Beschwerdefreiheit“.

Des Weiteren schlug Becker (1994) die Unterscheidung zwischen aktuellem und habituellem Wohlbefinden (vgl. auch Mayring 1994, S. 53), analog zur Trait-State-Differenzierung bei anderen psychologischen Konstrukten vor (vgl. Abb. 2-3). Unter aktuellem Wohlbefinden versteht er ein momentanes Erleben einer Person, das primär von positiven Empfindungen bestimmt ist. Aktuelles Wohlbefinden kann man z.B. auch beim Ausüben einer Lieblingstätigkeit in einem entspannten Umfeld oder beim Aufgehen in einer beruflichen Tätigkeit beobachten. Habituelles Wohlbefinden dagegen wird als ein Trait-Konstrukt definiert, als ein kognitives Aggregat von positiven und negativen emotionalen Erlebnissen über einen längeren Zeitraum. Becker (1994) beschrieb dies als ein für eine Person typisches Wohlbefinden (vgl. kritisch dazu Schimmack, Oishi, Diener & Suh 2000): „Eine Person mit stark ausgeprägtem HW (habituellem Wohlbefinden, Anmerkung T.H.) befindet sich relativ häufig (bzw. im allgemeinen) in einem Zustand des Wohlbefindens.“ (Becker 1994, S. 15). Wird ein

---

8 Der Begriff ‚Gefühl‘ wird in der vorliegenden Arbeit als ein Oberbegriff verstanden und schliesst Emotionen und Stimmungen mit ein. Emotionen und Stimmungen jedoch werden nicht synonym verwendet (vgl. auch Schmidt-Atzert 1981; Schwarz 1987), sondern unterschieden in (a) Gefühlsregungen, die auf eine bestimmtes Objekt bezogen sind und ein spezifisches Gefühl bezeichnen (Emotion), und (b) Gefühlsregungen, die eher unbestimmter Ursache und häufig eher schwacher Intensität sind (Stimmung).

9 Die Abwesenheit von negativen Emotionen und Beschwerden ist nur eine Komponente des subjektiven Wohlbefindens (siehe dazu Kap. 3.1.4). Trotzdem findet man wiederholt unzulässige Generalisierungen von Ergebnissen auf die Existenz des Wohlbefindens. Bei Mansel (1996) kann dies besonders gut illustriert werden: Der Titel seiner Arbeit lautet „Lebenszufriedenheit und Wohlbefinden bei Jugendlichen und Erwachsenen im Vergleich ...“. Untersucht wurden aber nur die Häufigkeit negativer Gefühle (z.B. Angst, Einsamkeit, Wut, Stress) und psychosomatischer Beschwerden (Händezittern, Übelkeit, Schlafstörungen etc.). Keine einzige Frage wurde zur Zufriedenheit oder zum Wohlbefinden gestellt. Ähnliches findet sich bei Davis, Morris und Kraus (1998).

Mensch z.B. gefragt, ob er sich an seinem Arbeitsplatz wohl fühlt, so denkt er über die positiven und negativen Erlebnisse nach und urteilt dann. Ein Individuum, das häufig und hauptsächlich positive Gefühle am Arbeitsplatz erlebt (z.B. Gefühle der Kompetenz, der Achtung, der Freude etc.) wird demnach von einem hohen habituellen Wohlbefinden berichten.

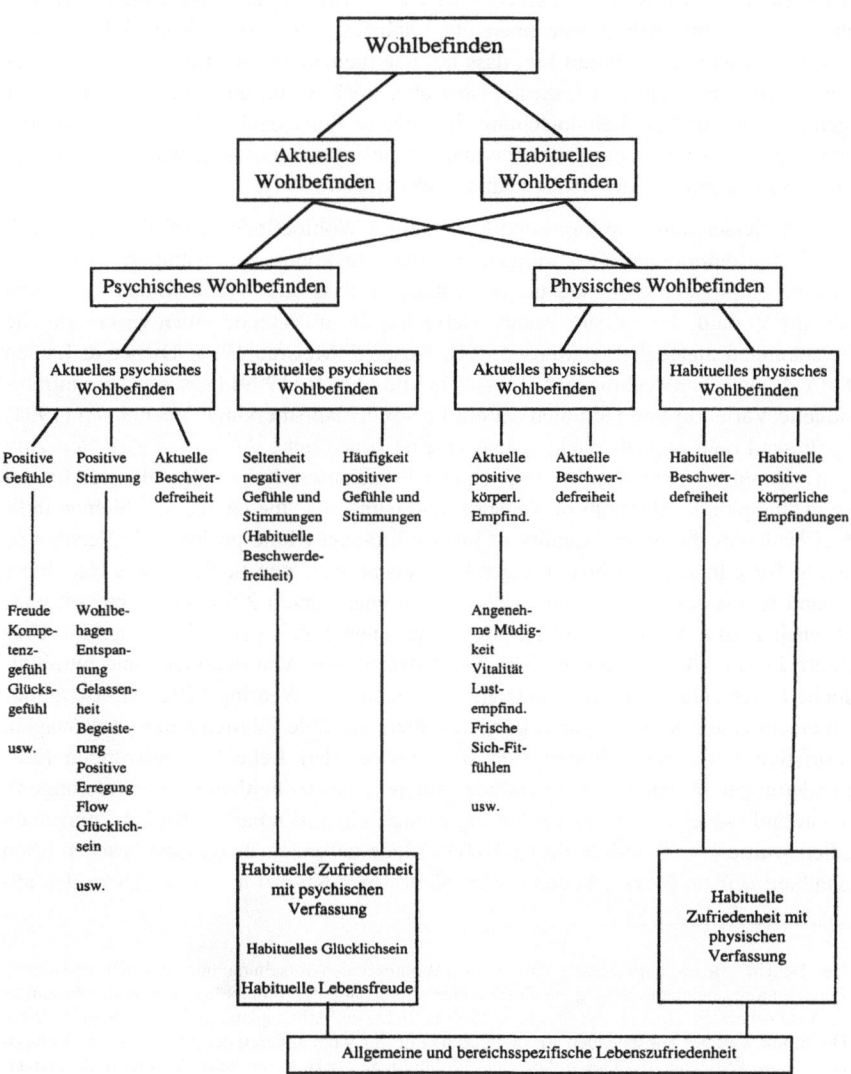

Abbildung 2-3:   Strukturmodell des Wohlbefindens (Becker 1994, S. 14)

Aus dieser Konzeption wird einerseits ersichtlich, dass aktuelles und habituelles Wohlbefinden verschiedene Ausprägungen des Wohlbefindens sind, die unterschiedlich erhoben werden müssen (vgl. dazu auch Diener, Scollon, Oishi, Dzokoto & Suh 2000). Andererseits ist anzunehmen, dass beide Formen sowohl von Faktoren der Person (z.B. Selbstüberzeugung, Optimismus, individuelle Ziele und Normen) als auch von Aspekten der Umwelt (z.B. Über- oder Unterforderung am Arbeitsplatz, Arbeitsklima, Kontakt mit Mitarbeiter/innen etc.) abhängig sind (vgl. Kap. 3.3). Becker (1994, S. 15) wies auch darauf hin, dass bei habituellem Wohlbefinden mit einer Bereichsspezifität zu rechnen ist, diese bisher aber noch wenig untersucht wurde[10] – im Gegensatz zur Zufriedenheitsforschung, in welcher Zufriedenheit bereits früh als bereichsspezifisches Konzept verstanden und als dieses auch bestätigt wurde (vgl. Bruggemann, Groskurth & Ulich 1975; Glatzer 1984; Ulich 1994).

Beckers Unterscheidung in kurz- und langfristiges Wohlbefinden wirft die Frage nach der Stabilität emotionaler Erfahrungen auf, die sehr kontrovers diskutiert wird. Verschiedene empirische Untersuchungen bestätigen, dass das Wohlbefinden von Menschen im Verlauf des Lebens relativ stabil ist, da auftretende situative emotionale Schwankungen ausgeglichen werden (z.B. Costa & McCrae 1984; Diener & Larsen 1984; vgl. auch Schwenkmezger 1994). Eid und Diener (1999) äusserten, die intraindividuelle Variation von Gefühlen sei ein Persönlichkeitsmerkmal. Veenhoven (1994) ging dieser Frage explizit nach, indem er eine beachtliche Anzahl an Arbeiten zum Begriff Happiness[11] analysierte und eigene Forschungsarbeiten durchführte. Er definierte "happiness" als "sum of pleasures and pain", als "the degree to which an individual evaluates the overall quality of his/her life-as-a-whole positively" (Veenhoven 1994, S. 106). In seinen Abhandlungen kam Veenhoven zum Schluss, dass Happiness nur dann relativ stabil ist, wenn es über einen eher kurzen Zeitraum betrachtet wird (vgl. auch Bostic & Ptacek 2001). Über eine längere Zeitspanne besehen (d.h. über mehrere Jahre), können dagegen zum Teil beträchtliche Abweichungen und intraindividuelle Unterschiede vorkommen (vgl. auch Headey & Wearing 1992). Glücksgefühle zu einem ersten Messzeitpunkt können spätere Gefühle folglich kaum vorhersagen. Kurzfristige Differenzen finden sich bei gravierenden Lebensveränderungen (z.B. Veränderungen in wichtigen Sozialbeziehungen, gesundheitlichen Veränderungen). Bei interindividuellen Unterschieden ergab sich ein diskrepantes Bild. In einzelnen Studien wurde eine Stabilität dieser Unterschiede gefunden: Insgesamt besehen blieb jemand auf seinem / ihrem höheren oder niedrigeren Niveau im Vergleich zu den an-

---

10 Der Begriff ‚Bereichsspezifität' wird in der Wohlbefindensforschung uneinheitlich verwendet. Zum einen bezeichnet er analog zur Zufriedenheitsforschung das Wohlbefinden in einem bestimmten Lebensbereich, einem Lebenskontext (Wohlbefinden am Arbeitsplatz, in der Schule etc.). Diese Definition wird der vorliegenden Arbeit zugrunde gelegt. Zum anderen bezeichnet er eine Komponente, eine Teilmenge des Gesamtkonzepts Wohlbefinden (z.B. körperliches Wohlbefinden, soziales Wohlbefinden etc.).

11 Wie viele andere Autoren differenziert Veenhoven (1994) nicht zwischen happiness, satisfaction und well-being. Vielmehr verwendet er den Begriff ‚happiness' als einen Oberbegriff.

deren in der jeweils untersuchten Stichprobe. In anderen Studien dagegen konnten sogar über einen kürzeren Zeitraum sehr grosse Veränderungen in Bezug auf die Zufriedenheit nachgewiesen werden. Landua (1992) kam aber zu dem Ergebnis, dass Unglücklichsein insgesamt weniger stabil ist als Glücklichsein. Veenhoven formulierte deshalb folgendes Resümee: "Though happiness may be a slowly reacting instrument, it does reflect long-term change for better or worse." (Veenhoven 1994, S. 146). Diese Erkenntnis erstaunte Wissenschaftler/innen aus der Sozialpsychologie wenig, die das Wohlbefinden und die Zufriedenheit eines Menschen unter dem Aspekt des sozialen Urteils betrachteten. So stand für Schwarz, Strack, Kommer & Wagner (1987) ausser Diskussion, Wohlbefinden als ein stabiles Konstrukt zu definieren, denn "... reports about happiness and satisfaction with one's life do not necessarily reflect stable inner states. Rather, they are judgments which, like other social judgments, are subject to a variety of transient influence ..." (Schwarz et al. 1987, S. 70). Die Ursachen für Schwankungen im Wohlbefinden sind nach Veenhoven (1994) noch weitgehend ungeklärt. Zweifelsohne spielen externe Bedingungen und interne Faktoren eine Rolle. Welchen Einfluss welche Faktoren im Spezifischen besitzen und wie diese zusammenwirken, ist jedoch unklar.

Abschliessend soll kurz der Ansatz von Autor/innen beschrieben werden, die Wohlbefinden mit mentaler Gesundheit gleichsetzen (z.B. Robinson 1969) oder als eine ihrer Komponenten verstehen (Compton 2001). Brown (1993) sprach im Zusammenhang mit Wohlbefinden sogar von optimaler mentaler Gesundheit. Veit & Ware (1983) entwickelten – aufbauend auf die „General Well-Being Schedule" von Dupuy (1972) – das sog. „Mental Health Inventory", einen Fragebogen, bestehend aus 38 Items zu Stress und Wohlbefinden. Nach wiederholten Messungen mit verschiedenen Stichproben kamen die Autor/innen zum Schluss, dass das Konzept der mentalen Gesundheit durch Wohlbefinden sowie der Absenz von psychischem Stress definiert werden muss und dass das Wohlbefinden eines Individuums durch allgemeine positive Gefühle und emotionale Bindungen beschrieben werden kann. Dies bedeutet: Stress und Wohlbefinden sind getrennte Faktoren, die jedoch eng miteinander korrelieren. Für Becker und Minsel (1986) würde diese Definition jedoch zu kurz greifen. Wie bereits bei Becker (1982) angedeutet, gingen sie davon aus, dass seelische bzw. psychische Gesundheit die Summe aus psychischer Kompetenz und psychischem Wohlbefinden darstellt. Ein gesunder Mensch muss sich nicht nur wohl fühlen, sondern auch Fähigkeiten für die Bewältigung von Anforderungen und zur Selbstaktualisierung besitzen.

2.1.3 Wohlbefinden als ein Sammelbegriff für positive Emotionen

Im bunten Feld der Wohlbefindensforschung bestehen auch Ansätze, die Wohlbefinden und positive Emotionen als weitgehend synonym verstehen. So z.B. erweiterte und modifizierte Mayring (1992b) in einer späteren Arbeit seine Ausführungen zum Glück (1991; vgl. Kap. 2.1.2), indem er sich nicht mehr allgemeinen Konzepten, sondern spezifischen Gefühlen zuwandte. Die Emotionen Lustgefühl, Freude, Erleichterung/Entspanntheit, Zufriedenheit und Glück wurden unter dem Oberbegriff „Wohlbefindensgefühle" zusammengefasst. Bei allen fünf Einzelemotionen handelt es sich um positive Gefühle, die auch als positive Bewertungsemotionen (Mayring 1992b, S. 135) klassifiziert werden: (1) Lustgefühle (auch Genusserleben genannt) werden bei starken positiven Sinneserfahrungen empfunden. Dazu gehören sämtliche angenehme Erlebnisse, die mit Hören, Sehen, Riechen, Tasten, Bewegen etc. verbunden sind. (2) Freude ist ein positives Gefühl, das weniger von bestimmten Sinneseindrücken als von der unmittelbaren Situation abhängt. Ein Individuum freut sich über einen Sachverhalt, ein Geschenk, eine Begegnung, eine Begebenheit, einen Erfolg usw. (3) Erleichterung bzw. Entspanntheit drückt sich durch Ruhe und Leichtigkeit aus und ist ebenfalls unmittelbar auf die aktuelle Situation bezogen. Nur wenn das Umfeld reizarm ist oder Umweltreize ausgeblendet werden können, ist es möglich, Entspannung aktiv herbeizuführen. (4) Zufriedenheit resultiert aus einer Mehrzahl emotionaler Erlebnisse und der Verarbeitung dieser Erlebnisse im Vergleich zu Erlebnissen anderer Individuen. Die Zufriedenheit kann sich auf das Leben im Allgemeinen oder auf bestimmte Lebenssituationen beziehen (und damit bereichsspezifisch sein). (5) Glück (Happiness)[12] ist das stärkste positive Gefühl und wird als das „umfassendste Gefühl tiefen Wohlbefindens, das Menschen im Lauf ihres Lebens entwickeln" (Mayring 1992b, S. 166) definiert. Zugleich ist es ein eher „stilles" Gefühl. Sich glücklich zu fühlen kann mit einer bestimmten Situation verbunden sein, Glücksgefühle können aber auch als überdauernde Gefühle bestehen. Campbell (1976) betonte, dass Glücksgefühle vor allem bei jungen Menschen sehr hoch sind und im Laufe des Alters abnehmen. Bei der allgemeinen Zufriedenheit zeigte sich ein genau entgegengesetztes Bild.

Der Zusammenhang des Wohlbefindens mit anderen Gefühlsqualitäten kann auch von Mees (1991) abgeleitet werden, der eine Struktur der Emotionen ebenfalls auf der Grundlage von Bewertungen des Individuums (vgl. auch Scheele 1990) entwickelte. Dazu teilte er Emotionen in drei Hauptkategorien ein:

a. Ereignisfundierte Emotionen, die auf der Bewertung eines Ereignisses durch das Individuum in Bezug zu seinen Wünschen und Zielen basieren, z.B. Freude.

b. Attributions- und Verbindungsemotionen, die sich vorwiegend auf die Ursachenzuschreibung einer Handlung, eines Ereignisses beziehen, z.B. Stolz.

c. Beziehungsemotionen, in denen sich die Beziehung zwischen Individuen bzw. die Beziehung zwischen einem Individuum und einem Objekt widerspiegelt, z.B. Liebe.

Was Mees (1991, S. 86ff) unter der Kategorie ,ereignisfundierte Emotionen' als „Freude-Emotionen" darstellt, entspricht den Wohlbefindensgefühlen nach Mayring (1992b). Sich wohl zu fühlen erscheint zudem in dieser Kategorisierung als eine Va-

---

12 Es ist problematisch, Glück und Happiness gleich zu setzen (vgl. auch Mayring 1991). Dies macht z.B. eine Analyse der Wortbedeutungen von Veenhoven (1984a) deutlich. Im Folgenden wird daher nicht von Glück als solchem, sondern von Gefühlen des Glücks gesprochen.

riante der Freude-Emotionen analog zu begeistert, entzückt, erfreut, ekstatisch, euphorisch, freudig erregt, freudig überrascht, froh, fröhlich, gerührt, glücklich, zufrieden[13]. Die Gleichsetzung von Wohlbefinden mit anderen Emotionsbegriffen dient der Wohlbefindensforschung allerdings wenig, da sie begriffliche Unschärfen unterstützt. Wohlbefinden, Glücksgefühle, Zufriedenheit etc. sind zwar verwandte Konzepte, aber ebenso wenig identisch wie Wohlbefinden und positive Emotionen.

2.1.4 Zusammenfassung und Ausblick

Trotz zum Teil sehr unterschiedlicher Zugänge zum Begriff Wohlbefinden kann folgende Annäherung der aktuellen Terminologien, Definitionen und Konzepte festgestellt werden: Es besteht Einigkeit darüber, dass Emotionen einen wichtigen Kern des Wohlbefindens ausmachen (vgl. kritisch dazu Ryff & Keyes 1995). Versteht man Emotionen ihrerseits als aus mehreren Komponenten bestehend (vgl. z.B. Scherer 1990), dominiert – zumindest implizit – auch die Überzeugung, dass sich das Wohlbefinden aus emotionalen und kognitiven Elementen zusammensetzt. Welche Komponenten dies sind, wird allerdings unterschiedlich definiert. Eine kritische Durchsicht der Forschungsarbeiten zeigt des Weiteren, dass der mit Mehrkomponenten-Ansätzen verbundene Anspruch, nämlich das Wohlbefinden nicht auf ein einzelnes Urteil oder ein momentanes Gefühlserleben zu reduzieren, oftmals nicht eingehalten wird. Einerseits bestehen nach wie vor verkürzte Definitionen des Wohlbefindens (siehe z.B. Myers & Diener 1995). Andererseits finden sich methodische Einschränkungen insofern, als häufig nur Teilskalen und Einzelitems eingesetzt werden.

Aus den o.g. Definitionen wurden für die vorliegende Arbeit folgende vier Dimensionen als Konstituenten des Wohlbefindens ausgewählt:

1. Wohlbefinden besteht aus positiven und negativen Gefühlen bzw. Bewertungen. Damit ist Wohlbefinden nicht eine Reinform positiver Eindrücke, sondern wird als eine Mischung aus verschiedenen Emotionen und Kognitionen angesehen. Wohlbefinden ist aber ebenso nicht nur die Absenz negativer Emotionen.
2. Die Berücksichtigung sowohl kognitiver als auch emotionaler Aspekte ermöglicht es, das Konzept Wohlbefinden von eher kognitiven Begriffen wie ‚Zufriedenheit‘ oder Einzelemotionen wie ‚Freude‘ abzugrenzen.
3. Der Anteil seelischer und körperlicher Komponenten kann bei einer Definition des Wohlbefindens variieren und zu einer Differenzierung zwischen verschiedenen Formen des Wohlbefinden führen.
4. Wohlbefinden kann in Bezug auf verschiedene Zeitdimensionen definiert werden, was eine Unterscheidung zwischen aktuellem und habituellem Wohlbefinden und Wohlbefinden als Prozess zulässt.

---

13 Zufriedenheit bzw. Unzufriedenheit wird bei Mees sowohl als eine kognitive Bewertung, eine Art der Bewertungsreaktion als auch als eine Emotion bezeichnet.

2.2 Das Wohlbefinden von Jugendlichen

Die Frage, wie wohl sich Kinder und Jugendliche fühlen, war bisher überwiegend durch die Suche nach geeigneten Methoden (z.B. Grob et al. 1991; Lill et al. 1981) und Zusammenhängen (siehe Mayring 1991) bestimmt. Eine Durchsicht bestehender Arbeiten zeigt des Weiteren, dass nicht immer problemlos zwischen dem Wohlbefinden Jugendlicher und Erwachsener differenziert werden kann, da ein Grossteil der Befragungen – vor allem anglo-amerikanischer Provenienz – zwar auf die allgemeine Beschreibung und Erklärung des Wohlbefindens von Menschen abzielte, aber überwiegend mit Studierenden aus unteren Semestern durchgeführt wurde (siehe dazu auch die kritischen Anmerkungen von Campbell 1976), die etwa zwischen 17 und 22 Jahren alt sind – eine Altersphase also, die nach Fend (2001) als späte Adoleszenz (18–20 Jahre) bzw. als Postadoleszenz (21–25 Jahre) bezeichnet wird.

Um eine neue Perspektive auf die Wohlbefindensforschung zu ermöglichen, werden die Ergebnisse in den nachfolgenden Ausführungen nach dem Alter der untersuchten Stichprobe selektioniert. Damit kann auch umgangen werden, dass die Darstellung mit dem internationalen Hintergrund konfundiert ist. Im Kapitel 3.2.1 wird das Wohlbefinden Jugendlicher thematisiert (Altersbereich $\leq$ 20 Jahre), anschliessend (Kap. 3.2.2) das der älteren Jugendlichen und jungen Erwachsenen bis etwa 23 Jahre. In beiden Teilkapiteln werden nur solche Studien referiert, die auf einem zweidimensionalen Verständnis des Begriffs Wohlbefinden basieren, d.h. das Wohlbefinden anhand positiver und negativer (Gefühls-)Aspekte untersuchten. Arbeiten, die ausschliesslich auf die Genese negativer Gefühle und auf die Häufigkeit (bzw. Seltenheit) von (psychosomatischen) Beschwerden fokussieren (z.B. Butz & Boehnke 1997; Mansel 1996; Siddique & D'Arcy 1984) oder das körperliche Befinden analysieren (Satow & Bäßler 1998), werden nicht dargestellt. Auch werden solche Studien ausgeschlossen, deren Stichproben über den nahezu gesamten Altersbereich streuen (z.B. die repräsentativen Studien von Andrews und Withey (1976) und Robinson (1969), die amerikanische Bürger/innen zwischen 16–65 Jahre untersucht haben).

Inwiefern die hier dargestellten Ergebnisse wirklich altersspezifisch sind, ist jedoch unklar, da noch nicht abschliessend beantwortet wurde, ob das subjektive Wohlbefinden vom Alter abhängig ist. Mayring (1987) stellte die Untersuchungen zusammen, die dieser Frage nachgegangen sind. Die Mehrzahl der Studien konnte keine signifikanten Effekte nachweisen (vgl. auch Staudinger, Fleeson & Baltes 1999). Allerdings gibt es nur wenige Studien, in denen der Altersbereich so weit gespannt wurde, dass entwicklungsbedingte Veränderungen zwischen Generationen untersucht werden konnten. Zudem scheinen Kohorteneffekte zu bestehen und der Einfluss der Lebensbedingungen sowie der Persönlichkeitsaspekte als Mediatoren stark zu sein (vgl. auch Mroczek & Kolarz 1998; Westerhof, Dittmann-Kohli & Thissen 2001). Die entwicklungspsychologische Perspektive soll hier nicht konsequent verfolgt werden. Die Ergebnisse könnten aber vor dem Hinterrund interpretiert werden, dass das Wohlbefinden in verschiedenen Altersphasen eine subjektiv unterschiedliche Bedeutung haben kann. So z.B. spricht Mayring (1987) davon, dass das Wohlbefinden ein wichtiges Entwicklungsziel im Alter und ein Kriterium erfolgreichen Alterns darstellt (siehe im Überblick auch Mayring 1991, S. 39–48). Ob und in welcher Art dies z.b. auch für die Lebensphase Jugend (vgl. z.B. Hurrelmann 1997) zutreffen könnte, ist jedoch offen, wenn auch hedonistische Theorien davon ausgehen, dass das Erleben von angenehmen Gefühlen, das Streben nach Glück das Lebensziel eines jeden Menschen und mit dem Alltagsbegriff eines guten Lebens verbunden ist (Becker 1994; King & Napa 1998).

2.2.1 Das Wohlbefinden von Kindern und Jugendlichen

Sieht man von einigen älteren Arbeiten ab, die positive Emotionen und die Zufriedenheit von Jugendlichen untersuchten (z.b. Tuddenham 1962), so finden sich erstaunlich wenige Studien. In den Jahren 1989 und 1991 dokumentierten Grob et al. in einem Manuskript die Entwicklung des Berner Fragebogens zum Wohlbefinden Jugendlicher (BFW). Der Fragebogen basiert auf zwei Hauptzugängen, (a) Wohlbefinden als kognitive Erfahrung (z.B. die kognitive Dissonanztheorie nach Cantril 1965; Festinger 1957) und (b) als emotionales Erlebnis, und besteht aus den folgenden sechs Faktoren:

(A) Zufriedenheit
1. Positive Lebenseinstellung
2. Selbstwert
3. Lebensfreude
4. Depressive Stimmung (rekodiert)

(B) Negative Befindlichkeit
5. Problembewusstheit
6. Körperliche Beschwerden und Reaktionen

Die nachfolgenden Arbeiten von Grob und Kolleg/innen zum Wohlbefinden Jugendlicher stützten sich alle auf die Skalen des BFW. In manchen Studien wurde der BFW komplett (d.h. alle sechs Skalen) eingesetzt. Die Darstellung der Ergebnisse bezog sich dann oftmals auf die beiden Hauptfaktoren Zufriedenheit und negative Befindlichkeit. Andere wiederum verwendeten nur Teilskalen und sahen diese als repräsentativ für das Wohlbefinden an, obwohl dies nie geprüft wurde.

In einer umfassenden Befragung von über 1500 Jugendlichen erhielten Grob et al. (1991) die folgenden statistischen Werte für Schweizer Jugendliche zwischen 14 und 20 Jahren aus den schweizerischen Kantonen Aargau, Bern und Solothurn (Tab. 2-2):

Tabelle 2-2: Statistische Werte des BFW, min=1, max=6 (Grob et al. 1991, S. 74)

	Arithmeti-sches Mittel	Median	Modal	Schiefe	Standard-abweich.
Zufriedenheit					
Positive Lebenseinstellung	4.49	4.50	4.50	-.50	.61
Selbstwert	4.70	4.80	4.80	-.36	.77
Lebensfreude	3.93	4.00	4.33	-.26	1.01
Depressive Stimmung[14] (invers)	5.02	5.20	6.00	-.88	.77
Negative Befindlichkeit					
Problembewusstheit	2.35	2.25	2.13	.68	.80
Körperl. Beschwerden[15]	1.89	1.62	1.00	1.30	.85

Wie später noch ausführlicher dargestellt wird (vgl. Kap. 2.3.3), waren Grob, Flammer, Kaiser und Lüthi (1989) in einer weiteren Studie davon ausgegangen, dass bestimmte Lebensverhältnisse (im Spezifischen: eine Heimverwahrung für delinquente Jugendliche) einen negativen Einfluss auf das Wohlbefinden Jugendlicher haben können. Differenziert nach den Hauptfaktoren Zufriedenheit und negative Befindlichkeit ergab sich, dass delinquente Jugendliche (insbesondere delinquente Mädchen) signifikant weniger zufrieden waren als die Kontrollgruppe (nicht straffällig gewordene Jugendliche, die zu Hause wohnten). Vielmehr zeigten delinquente Jugendliche signifikant höhere Werte der negativen Befindlichkeit, wobei die Mädchen auch hier die negativsten Werte aufwiesen. Die Analyse von Teilstichproben in Abhängigkeit ihrer wahrgenommenen Kontrollmöglichkeiten deutete darauf hin, dass delinquente Jugendliche ohne Kontrollmöglichkeiten besonders unzufrieden sind und ihr negatives Befinden erhöht ist. Bei den nicht-delinquenten Jugendlichen fanden sich keine Zusammenhänge zwischen den wahrgenommenen Kontrollmöglichkeiten und ihrem Befinden.

In Anschluss an diese Arbeiten von Grob et al. erfolgten weitere Studien. So z.B. untersuchte Fuchs (1995) das Wohlbefinden von knapp 150 Schüler/innen (10. und 11. Schuljahr) in einem Gymnasium und einer Gewerbeschule in der Stadt Bern. Da die statistischen Kennwerte nicht ausführlich dokumentiert wurden, werden in der folgenden Tabelle (Tab. 2-3) nur die Mittelwerte (arithmetisches Mittel) dargestellt. Sie sind aber insofern interessant, als sie getrennt für die beiden Schultypen dargestellt und zu zwei Messzeitpunkten (die zweite Befragung fand drei Wochen später statt) erhoben wurden. Mit Fettschrift markiert sind signifikante Unterschiede in Abhängigkeit des Zeitpunkts bzw. des Schultyps (nach T-Tests für abhängige bzw. unabhängige Stichproben).

---

14 Diese Skala ist nicht normalverteilt.
15 Diese Skala ist nicht normalverteilt.

Tabelle 2-3:   Wohlbefinden von Gymnasiast/innen und Gewerbeschüler/innen in Bern, min=1, max=6 (Fuchs 1995, S. 60f)

	Gymnasium		Gewerbeschule	
	t1	t2	t1	t2
Zufriedenheit				
Positive Lebenseinstellung	4.66	4.75	4.64	4.59
Selbstwert	**4.82**	**4.98**	4.77	4.76
Lebensfreude	4.06	4.07	**4.08**	3.89
Depressive Stimmung (invers)	5.14	5.05	5.11	5.04
Negative Befindlichkeit				
Problembewusstheit (invers)	4.63	4.68	4.63	4.66
Körperl. Beschwerden (invers)	5.09	5.14	*4.72*	*4.79*

Einige wenige Studien verglichen Jugendliche aus unterschiedlichen Ländern. Tschanz (1997) zeigte, dass die aggregierten Werte des Wohlbefindens sowohl in der Schweiz als auch in Norwegen recht hoch lagen. Dzuka und Dalbert (1996) verglichen das Wohlbefinden niederösterreichischer und ostslowakischer Jugendlicher anhand von vier, teilweise modifizierten Skalen des BFW. Sie konnten nur einen signifikanten Unterschied zwischen den Ländern feststellen, der zudem mit dem Alter der befragten Jugendlichen interagierte: Die 17-jährigen Mädchen in der Ostslowakei berichteten über häufigere psychische Beschwerden als gleichaltrige Mädchen in Niederösterreich. Als dominanter Effekt erwies sich der Unterschied zwischen Jungen und Mädchen. Stets wiesen Mädchen die ungünstigeren Werte auf. Tabelle 2-4 beinhaltet die von Dzuka und Dalbert angegeben Werte. Auch in dieser Tabelle wurden die signifikanten Unterschiede in Abhängigkeit des Geschlechts oder der Stichprobe mit Fettdruck markiert.

Tabelle 2-4: Ausgewählte Ergebnisse zu Teilaspekten des Wohlbefindens Jugendlicher in Niederösterreich und der Ostslowakei, min=1, max=6; ausser körperliche Beschwerden: max=4 (Dzuka & Dalbert 1996, S. 286f)

| | Niederösterreich | | Ostslowakei | |
	Mädchen	Jungen	Mädchen	Jungen
Habituelle Lebenszufriedenheit	3.99*	4.25*	siehe NÖ	
	(.80)	(.77)		
Habituelle psychische Beschwerden				
16 Jahre		2.59°		2.45°
		(1.16)		(.87)
17 Jahre	2.16		2.64	
	(.78)		(1.01)	
Aktuelle psychische Probleme	2.53*	2.29*	siehe NÖ	
	(.80)	(.76)		
Aktuelle körperliche Beschwerden	1.96*	1.50*	siehe NÖ	
	(.69)	(.53)		
Selbstwert		4.56°		4.16°
		(1.05)		(.84)

*gemittelte Daten für Niederösterreich und Ostslowakei, da keine Länderunterschiede
°gemittelte Daten für Mädchen und Jungen, da keine Geschlechtsunterschiede

Kleine und Schmitz (1999) wählten einen anderen Zugang. Sie gingen davon aus, dass Stimmungen, d.h. „Gefühle von geringerer Intensität" (1999, S. 205), als wichtige Indikatoren des allgemeinen Wohlbefindens angesehen werden können. Deshalb befragten sie in ihrer Studie knapp 6000 Schüler/innen aus vier deutschen Bundesländern im Verlauf des 7. Schuljahres nach der Häufigkeit verschiedener Stimmungen und zu Rahmenbedingungen ihres Gefühlslebens. Die Ergebnisse legten den Schluss nahe, dass weniger der schulische Kontext, sondern vielmehr Aspekte der Lebensbedingungen und der Person für die emotionale Gestimmtheit der Jugendlichen verantwortlich waren (vgl. Abb. 2-4). So z.B. berichteten ausländische Schüler/innen häufiger über negative und seltener über positive Stimmung und es fand sich bei Schüler/innen aus den westlichen Bundesländern und aus Familien mit höherem Bildungsabschluss der Eltern eine etwas bessere Stimmung. War ihre Familie von Arbeitslosigkeit betroffen, so fühlten sich die Jugendlichen schlechter. Ebenfalls wiesen Schüler/innen aus grösseren Familien eine etwas schlechtere Stimmung auf als Jugendliche aus kleineren Familien. Es ergab sich folgender Schuleffekt, der teilweise mit den Bundesländern interagierte: Die positive Stimmung von Gymnasiast/innen war durchwegs höher als die von Jugendlichen in Haupt-, Real- und Gesamtschulen, zugleich lagen die Werte der positiven Stimmung von Ostschüler/innen durchwegs unter den entsprechenden Werten der Schüler/innen im Westen. Dagegen ergaben sich bei der eher geringen, negativen Stimmung keine Unterschiede.

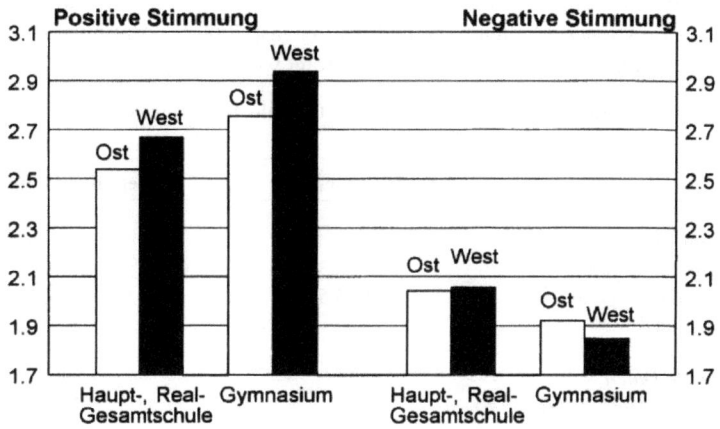

Abbildung 2-4: Stimmung in Abhängigkeit von Schulform und Region, min=1[16]
(Kleine & Schmitz 1999, S. 212)

2.2.2 Das Wohlbefinden älterer Jugendlicher und junger Erwachsener

Im folgenden Abschnitt werden drei Studien mit studentischen Stichproben dargestellt, die dazu beitragen sollen, das Betrachtungsspektrum und die Informationen zum Wohlbefinden Jugendlicher zu erweitern: eine Studie aus Norwegen erweitert um Daten einer internationale Vergleichsstudie unter der Leitung von Ed Diener und zwei Studien, die mit deutschen Student/innen durchgeführt wurden. Diese Auswahl erfolgte vor dem Hintergrund, dass auch hier Studien überwiegen, mit deren Hilfe strukturelle Fragen des Wohlbefindens geklärt werden sollten.

Vittersø (1998) unternahm an norwegischen allgemeinbildenden Schulen eine methodisch sehr umfassende Befragung zum Wohlbefinden von knapp 270 Jugendlichen. In Anlehnung an das Konzept von Bradburn operationalisierte er das subjektive Wohlbefinden als ein Konstrukt, das sich vorwiegend aus positiven Gefühlen (wie Zufriedenheit und Vergnügen) und negativen Affekten (z.B. Angst, Trauer) zusammensetzt (vgl. Kap. 3.1.1). In seiner Befragung setzte er verschiedene Ratingformate (unipolar vs. bipolar), Selbst- und Fremdbeurteilungen ein und liess das Wohlbefinden in Bezug auf drei unterschiedliche Kontexte (generelles, situatives oder episodisches Wohlbefinden) und zu drei Messzeitpunkten innerhalb von zwei Jahren einschätzen. Je nach Zeitpunkt und Art der Erhebung ergaben sich Unterschiede: So lagen z.B. die Werte für positive Gefühle höher, wenn sie unipolar erhoben, für negative Gefühle, wenn sie bipolar erfragt wurden (vgl. Tab. 2-5). In der nachfolgenden Tabelle finden sich auch Werte, die

---

16 Die Skalierung wurde von Kleine und Schmitz (1999) nicht dokumentiert. Aus der Abbildung ist anzunehmen, dass sie bei 1 begann. Das Maximum kann allerdings nicht erschlossen werden.

Vittersø durch die Teilnahme an einer der internationalen Vergleichsstudien unter der Leitung von Ed Diener erhalten hatte und bei der fast 7000 Studentinnen und Studenten aus 41 Ländern zu ihrem Wohlbefinden befragt worden waren[17]:

Tabelle 2-5: Mittelwerte positiver und negativer Gefühle, min=1, max=7
(Vittersø 1998, S. 207)

	Positive Gefühle	Negative Gefühle
Norwegische Stichprobe		
1995 – unipolar / bipolar	6.0 / 5.3	2.5 / 3.4
1996 – unipolar / bipolar	6.4 / 5.5	2.2 / 3.1
1997 – unipolar[18]	6.2	2.2
Internationale Daten		
Gruppe 1 (z.B. Deutschland, USA)	3.9	2.7
Gruppe 2 (z.B. Bachrain, Italien)	4.1	3.4
Gruppe 3 (China und Honkong)	2.7	2.5
Gruppe 4 (z.B. Kolumbien, Slowenien)	4.6	2.9

Dalbert (1992) ging es darum, theoretisch und empirisch eine mehrdimensionale Struktur des subjektiven Wohlbefindens zu entwickeln, die

a. sowohl emotionale als auch kognitive Anteile integriert,

b. zwischen aktuellen und habituellen Formen des Wohlbefindens unterscheidet,

c. das Wohlbefinden als eine eigenständige Dimension neben weiteren Dimensionen der seelischen Gesundheit (vgl. dazu Becker 1982) versteht und

d. die Bedeutung des habituellen Wohlbefindens für die aktuelle Stimmung erklärt.

Demzufolge erhob Dalbert bei 200 Student/innen das habituelle Wohlbefinden anhand von zwei Komponenten: die emotionale Komponente Stimmungsniveau (deutsche Fassung der Teilskala Stimmungsniveau aus dem ‚Mood-Survey‘ von Underwood & Froming 1980, adaptiert von Bohner, Hormuth & Schwarz 1991) und als kognitiven Aspekt die allgemeine Lebenszufriedenheit (‚Skala Lebenszufriedenheit‘ mit acht Items von Dalbert, Montada, Schmitt & Schneider 1984). Zudem sollten die Studierenden über ihre aktuelle Stimmung in den letzten Tagen Auskunft geben. Dies erfolgte mit Hilfe des Stimmungsfragebogens, der als eine deutsche Kurzversion des ‚Profile of Mood States‘ (ursprünglich von McNair, Lorr & Doppleman 1971) von Dalbert entwickelt wurde. Ausserdem wurden 12 Aussagen zu den Beschwerden in der letzten Woche (deutsche Formulierung des General-Health-Questionnaire von Goldberg 1972) und die Skala Lebenszufriedenheit aus dem Freiburger Persönlichkeitsinventar (Fahrenberg, Hampel & Selg 1984) mit 12 Items vorgelegt.

---

17 In der Schweiz wurden keine Daten erhoben.
18 Beim dritten Messzeitpunkt wurden die Items nur unipolar erhoben.

Tabelle 2-6: Habituelles Wohlbefinden und Teilaspekte der aktuellen Stimmung bei jungen Erwachsenen (Dalbert 1992, S. 216), (Anmerkung: Trait-Masse; (1) bedeutet starke Merkmalausprägung; (6) bedeutet geringe Merkmalsausprägung. State-Masse: (7) bedeutet stark ausgeprägte Stimmung; (1) bedeutet gering ausgeprägte Stimmung)

	Oktober 1990		drei Monate später	
	Mittelwert	SD	Mittelwert	SD
Trait-Masse				
Lebenszufriedenheit	2.67	(.87)	2.74	(.94)
Stimmungsniveau	3.33	(.88)	3.52	(.99)
State-Masse: aktuelle ...				
Trauer	3.30	(1.42)	4.01	(1.41)
Hoffnungslosigkeit	2.29	(1.39)	3.07	(1.48)
Müdigkeit	3.36	(1.29)	3.99	(1.42)
Zorn	2.80	(1.46)	3.41	(1.66)

Wie aus Tabelle 2-6 ersichtlich, dokumentierte Dalbert (1992) einige Angaben zum Ausmass des habituellen Wohlbefindens und der aktuellen Stimmung bei der Stabilitätsprüfung der Skalen, die ein zweites Mal drei Monate nach der ersten Befragung durchgeführt worden war. Die Trait-Werte lagen eher im hohen Bereich der Skala (Maximum war 1), die State-Werte zur negativen Stimmung dagegen waren eher niedrig (Maximum war 7).

Brunstein (1993) überprüfte, inwiefern das Erreichen persönlicher Ziele das Wohlbefinden eines Individuums beeinflusst (vgl. auch Kap. 2.3.3). Im Rahmen einer kurzen Längsschnitt-Studie mit vier Erhebungszeitpunkten innerhalb von 14 Wochen erhielt Brunstein Informationen von knapp 90 Studierenden über ihre persönlichen Ziele, ihre Stimmungen während dieser Zeit und über ihre Lebenszufriedenheit. Für die Erfassung der Stimmung sollten die Studierenden beurteilen, in welchem Ausmass sie verschiedene Gefühle in den vergangenen Tagen erlebt hatten. Die kognitive Dimension des Wohlbefindens wurde ebenfalls viermal anhand von zwei Items zur aktuellen Lebenszufriedenheit erhoben.

Tabelle 2-7: Stimmung und Lebenszufriedenheit von Student/innen über einen Zeitraum von 14 Wochen während des Semesters, min=1, max=28 bei Stimmung, min=1, max=14 bei Lebenszufriedenheit (Brunstein 1993, S. 1065)

	2. Woche	4. Woche	10. Woche	14. Woche
Positive Stimmung	18.39	18.63	19.25	18.69
	(4.03)	(3.90)	(4.69)	(5.05)
Niedergeschlagene Stimmung	12.97	13.24	12.26	12.66
	(5.12)	(5.34)	(4.87)	(5.55)
Lebenszufriedenheit	8.34	7.67	8.47	8.45
	(2.46)	(3.11)	(3.08)	(3.44)

In der Tabelle 2-7 sind die durchschnittlichen Werte zum jeweiligen Messzeitpunkt dargestellt. Die Studierenden berichteten stets häufiger über positive Stimmung als über niedergeschlagene Stimmung. Die Werte der Lebenszufriedenheit lagen jeweils nahe bei der Skalenmitte.

2.2.3 Zusammenfassung und Ausblick

Die einzelnen, bestehenden Studien zum Wohlbefinden Jugendlicher geben insgesamt besehen nur wenige Hinweise. Die dokumentierten Werte sind insofern schwierig zu interpretieren, als jeder Studie ein anderes Verständnis des Begriffs Wohlbefinden zugrunde liegt. Implizit wird zwar in allen Studien davon ausgegangen, optimaler Wert und Ziel müsse das höchste Wohlbefinden eines Individuums sein, unklar bleibt allerdings, was unter einem hohen vs. niedrigen Wohlbefinden zu verstehen ist. Da Referenzwerte für die Altersgruppe der Jugendlichen fehlen, beantworten die dargestellten Studien nicht, was die erhaltenen Werte aussagen. Die Ergebnisse insgesamt können im Sinne Bradburns nur dahingehend interpretiert werden, dass positive Gefühle eher überwiegen. Weitere Erkenntnisse sind aber künftig zu erwarten, da das zunehmende Interesse am Wohlbefinden Jugendlicher insbesondere im Kontext der Gesundheitsförderung zu neuen Forschungsarbeiten führte (z.B. Bergmann & Scott 2001; Call, Riedel, Hein, MyLoyd, Petersen & Kipke 2002; Land, Lamb & Mustillo 2001; Steptoe & Wardle 2001).

2.3 Korrelate, Quellen und Ursachen des Wohlbefindens

Wodurch entsteht Wohlbefinden und welche Faktoren hängen mit dem Wohlbefinden eines Menschen zusammen? Diese Fragen sind zentral, sollen wohlbefindensförderliche Rahmenbedingungen hergestellt oder gar ein (positiver) Einfluss auf das Wohlbefinden von Menschen ausgeübt werden. Hierzu gibt es eine Vielzahl an Ansätzen und Antworten und es besteht Konsens diesbezüglich, dass viele verschiedene Faktoren auf das Wohlbefinden wirken können (z.B. Diener 1984; Headey et al. 1984a, Veenhoven 1991a). So existieren motivationstheoretische Konzepte (z.B. Brunstein 1993; Emmons 1986, 1989; Little 1983, 1989; Maslow 1977) neben Ansätzen, welche die Genese von Wohlbefinden in einen engen Zusammenhang mit bestimmten Faktoren der Persönlichkeit bringen (z.B. Emmons & Diener 1985), und theoretischen Ausführungen zur Beziehung zwischen der Bewältigung von Lebensereignissen und positiven Emotionen (z.B. Argyle 1987; Becker 1986; Havighurst 1948). Zudem gibt es Theorien, die den Einfluss von Umweltfaktoren wie z.B. Lebensbedingungen betonen (Freedman 1978). Eine weitere Gruppe von Konzepten fokussierte auf die Interaktion bzw. die Passung zwischen Person und Umwelt (z.B. French, Rodgers & Cobb 1974; Pervin 1968). Wohlbefinden kann aber auch durch angenehme Erlebnisse und Sinneserfahrungen (Apter 1984; Berlyne 1976), durch die Erfüllung von Grundbedürfnissen (Reis, Sheldon, Gable & Ryan 2000), durch erfolgreiches Handeln (Csikszentmihalyi 1985), durch soziale Zuwendung und Nähe (Schwarzer & Leppin 1994) oder durch glückliche Umstände (z.B. Brickman, Coates & Janoff-Bulman 1978) entstehen. Kognitive Konzepte (z.B. Campbell et al. 1976; Michalos 1980, 1985, 1991) stellen die Bedeutung von individuellen Bewertungen in den Mittelpunkt.

Weitgehend einig ist man sich darüber, dass das Zusammenwirken von Faktoren der Umwelt und der Person beachtet werden muss (vgl. im Überblick Becker 1994; Csikszentmihalyi & Wong 1991). Dies wird bereits deutlich in frühen Theorien, welche in der Befriedigung von Bedürfnissen die Quelle des Wohlbefindens sehen (z.B. Campbell 1981; Maslow 1977), da Bedürfnisse sowohl von Anreizen der Umwelt als auch vom Individuum abhängen. Unterschiede bestehen aber in der jeweiligen Bedeutung, die der Umwelt oder der Person zugemessen wird. Je nach konzeptueller Grundlage wurden deshalb unterschiedliche Einflussfaktoren fokussiert. Die Wohlbefindensforschung hatte zuerst den Schwerpunkt auf den Einfluss von situativen Variablen[19] (soziale Indikatoren) und demographischen Variablen gelegt (vgl. dazu Kap. 2.3.1). Da sich dieser Zugang jedoch als wenig erfolgversprechend erwies, rückte die Bedeutung persönlichkeitsspezifischer Variablen in den Mittelpunkt der Betrachtungen (vgl. Kap. 2.3.2). Auch hier stiess man aber bald an Grenzen. Diener (1984, S. 554) sprach deshalb von einer „confusing nature of findings". In neueren Arbeiten dominieren Konzepte, die auf die Interaktion zwischen Person und Umwelt und die Variabilität von Persönlichkeitsaspekten aufbauen (vgl. Kap. 2.3.3).

In den nachfolgenden Ausführungen werden die bestehenden Überblicksarbeiten (z.B. Becker 1994; Diener 1984) aktualisiert und die Erklärungsansätze erstmals nach ihrem Entwicklungsverlauf systematisiert. Dazu wird jeweils das Grundmodell einer Erklärung illustriert und begründet, um schrittweise erweitert zu werden. In den nachfolgenden Teilkapiteln muss vor allem auf Studien mit Erwachsenen zurückgegriffen werden[20]. Die vereinzelten Studien zur Wohlbefindensgenese bei Kindern und Jugendlichen werden einbezogen, sofern sie nicht auf den Kontext Schule fixiert sind, denn die Einflussfaktoren auf das Wohlbefinden in der Schule werden im anschliessenden Kapitel separat behandelt (vgl. dazu Kap. 3).

2.3.1 Situative Bedingungen des Wohlbefindens

Zum Einfluss situativer Faktoren auf das Wohlbefinden lassen sich zwei grundlegende Argumentationslinien herausarbeiten (Abb. 2-5a; vgl. auch Diener et al. 1995):

1. Einerseits wurde angenommen, dass bestimmte aktuelle Lebensbedingungen wie z.B. das Einkommen einen Einfluss auf das Wohlbefinden ausüben, inso-

---

19 Die Definition von sog. situativen Variablen ist nicht einheitlich. So ordneten z.B. Diener und Lucas (2000) dieser Kategorie folgende Variablen zu: Einkommen, Gesundheit, physische Attraktivität und Intelligenz.

20 Campbell (1976) weist zu Recht darauf hin, dass viele Ergebnisse der Wohlbefindensforschung nicht repräsentativ sind, weil sie überwiegend aus Untersuchungen mit Studierenden stammen. Auf der anderen Seite zeigen Diener et al. (1995) aber, dass die von ihnen analysierten Daten im Rahmen eines College-Students'-Survey den Daten aus Gesamtpopulationen weitgehend entsprechen.

fern es sich um Bedingungen mit hohem Ansehen und mit einer zentralen Bedeutung für das Individuum handelt.

2. Andererseits sind (objektive) Situationsvariablen (z.B. sozio-ökonomischer Status) mit bestimmten Ressourcen (z.B. Einkommen, soziale Einbettung) verknüpft, die das Erreichen von Zielen und Ansprüchen (z.B. Bildungsaspiration) und damit das Wohlbefinden beeinflussen können.

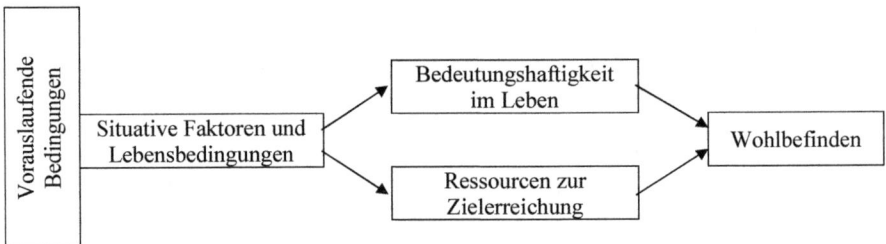

Abbildung 2-5a: Einfluss situativer Faktoren auf das Wohlbefinden eines Individuums

„Als situative Bedingungen von Wohlbefinden allgemein hat die Wohlbefindensforschung empirisch drei Hauptfaktoren herausgestellt (vgl. Mayring 1991): eine positive sozio-ökonomische Situation (Finanzen, Status), Gesundheit und enge Sozialbeziehungen." (Mayring 1992b, S. 163). Becker (1994) zählte den Lebensstandard, die Arbeitsbedingungen und soziale Beziehungen zu den zentralen situativen Bedingungsvariablen des Wohlbefindens. Untersucht wurden darüber hinaus auch die Variablen Geschlecht, Alter, kulturelle Herkunft (race[21]), Bildung und Beschäftigung. Auch kann der Einfluss von Stimmungen dieser Kategorie zugeordnet werden.

Nachfolgend soll ein kurzer Überblick über den Stand der Forschung zu den folgenden Themenbereichen gegeben werden: die sozio-ökonomische Situation, die Gesundheit, die berufliche Tätigkeit und die Freizeitaktivitäten, die Sozialbeziehungen, die kulturelle Zugehörigkeit und die Stimmung eines Menschen. Die Zusammenhänge bzw. das Fehlen von Zusammenhängen wird anschliessend diskutiert und das Modell zur Erklärung des Wohlbefindens anhand situativer Variablen erweitert.

Sozio-ökonomische Situation

Am meisten umstritten wurde jahrelang der Einfluss der sozio-ökonomischen Situation, da intuitiv die Überzeugung vorherrschen mag, dass ein Leben in Wohlstand mit hohem Wohlbefinden verbunden ist. Viele Studien, die vor allem in den USA durchgeführt wurden, konnten aber nur eine geringe Bedeutung dieser Variablen nachweisen. Zwar lassen sich in der Regel korrelative Zusammenhänge aufzeigen, die Effekte sind

---

21 Den englischen Begriff ‚race' mit ‚kultureller Herkunft' zu übersetzen, ist nicht vollständig entsprechend, jedoch im vorliegenden Forschungskontext inhaltlich passend und politisch korrekt.

jedoch schwach. So z.B. erklärten Wohlstand, Familiensituation und Bildung nur einen kleinen Teil der Varianz des Wohlbefindens von Amerikaner/innen (vgl. z.B. Andrews & Withey 1976; Campbell et al. 1976; Diener et al. 1995; siehe auch die neueren Arbeiten von Diener & Biswas-Diener 2002 zum Zusammenhang von Einkommen und Wohlbefinden). In einigen Arbeiten wurde das Wohlbefinden in verschiedenen Ländern miteinander verglichen (z.B. Diener et al. 1995; Diener & Suh 1999; Veenhoven 1994; Vitterso 1998). Die Grundhypothese war dabei, dass sich die unterschiedlichen Lebensbedingungen in einem unterschiedlichen Wohlbefinden widerspiegeln sollten. Es zeigte sich, dass in reicheren Ländern zwar ein etwas höheres Wohlbefinden angegeben wird. Die Unterschiede sind aber gering und die Varianz innerhalb der Gruppe ist höher als zwischen verschiedenen Nationen. Auch liessen sich in den Wohlstandsländern kaum Veränderungen des Wohlbefindens zu Zeiten wirtschaftlichen Aufschwungs nachweisen (Diener et al. 1995). Diener, Sandvik, Seidlitz und Diener (1993) fanden zudem keinen An- oder Abstieg des Wohlbefindens einzelner Individuen, wenn ihr Einkommen zu- oder abnahm. Folglich ist davon auszugehen, dass sich sozio-ökonomische Faktoren nicht auf das Wohlbefinden einzelner Individuen auswirken, sondern – wenn überhaupt – die gesamtgesellschaftliche Lage das Wohlbefinden eines Menschen beeinflusst.

Gesundheit

Etliche Studien untersuchten die Bedeutung des aktuellen (physischen) Gesundheitszustands bzw. des Krankheitsbilds eines Menschen und seinem/ihrem Wohlbefinden (vgl. im Überblick Abele 1994; Zautra & Hempel 1984): Die Gesundheit eines Individuums sowie die positive Bewertung des Gesundheitszustands sollte sich positiv, die Krankheit negativ auf das Wohlbefinden auswirkten (Diener 1984). Palmore & Luikart (1972) z.B. konnten zeigen, dass die Einschätzung der Gesundheit einen wesentlich besseren Prädiktor für die Lebenszufriedenheit von Erwachsenen zwischen 45 und 69 Jahren darstellt als ihre Aktivitäten (z.B. gemeinsame Unternehmungen im Freundeskreis), ihre sozial-psychologische (z.B. Kontrollüberzeugungen) oder ihre sozio-ökonomische Situation (z.B. Einkommen). Dieser Zusammenhang erwies sich besonders bei älteren Menschen als stabil (vgl. auch Mayring 1987; 1991). Bedenkt man jedoch die Schwierigkeiten, die mit der korrekten Erfassung der Gesundheit eines Menschen zusammenhängen (vgl. z.B. Antonovsky 1997; Bengel & Belz-Merk 1997), so erstaunt nicht, dass sich zwar meist signifikante, aber auch hier teilweise nur schwache Zusammenhänge nachweisen liessen. Die Ergebnisse empirischer Studien sind folglich nicht eindeutig, was nach Zautra & Hempel (1984), die einen Review über 81 Studien verfassten, nicht nur auf methodologische Differenzen zurückzuführen ist. So ist zu berücksichtigen, dass die Bedeutung der Gesundheit in unterschiedlichen Lebensphasen und -situationen variieren kann. Solange die Beziehung zwischen Gesundheit und Wohlbefinden nicht geklärt ist (es ist sowohl ein Einfluss der Gesundheit auf das Wohlbefinden als auch umgekehrt zu finden), deutliche Diskrepanzen zwischen der Relevanz objektiver vs. subjektiver Gesundheitsbeurteilungen bestehen (vgl.

Zautra & Hempel 1984) und der Gesundheits- und Wohlbefindensbegriff unzureichend differenziert ist (vgl. z.B. die Gesundheitsdefinition der WHO 1946), sollten die gefundenen Zusammenhänge nicht überbewertet werden.

Freizeitaktivitäten

Auch die Tätigkeiten, die eine Person in der Freizeit ausübt, können einen Einfluss auf das Befinden eines Individuums ausüben. Deshalb untersuchte Tschanz (1997), was Kinder und Jugendliche in ihrer Freizeit unternehmen und wie sie sich dabei fühlen (Zufriedenheit und depressive Verstimmtheit). Da insbesondere sportdidaktische Konzepte der Bewegung und Gesundheitsförderung eine wichtige Funktion für die Genese des Wohlbefindens zuschreiben (z.B. Hotz 1997; vgl. auch Zautra & Hempel 1984) und Sport einen wesentlichen Anteil im Freizeitverhalten von Kindern und Jugendlichen ausmacht, analysierte Tschanz, ob sich sportlich aktive Jugendliche wohler fühlen als ihre inaktiven Peers. Die Ergebnisse lassen auf einen leichten positiven Zusammenhang zwischen der sportlichen Aktivität und der Zufriedenheit sowie auf eine leicht negative Beziehung zur depressiven Verstimmtheit[22] schliessen.

Die gefundenen Unterschiede sind aber zu schwach, um von einem klaren Effekt des Sporttreibens zu sprechen, insbesondere da die Dauer der sportlichen Aktivitäten keinen Einfluss auszuüben scheint. Auch ergaben sich bei anderen Freizeitaktivitäten, z.B. beim ausserschulischen Musikunterricht, ähnliche Korrelationen. Am meisten zufrieden waren die Kinder und Jugendlichen, die in ihrer Freizeit sowohl Sport treiben als auch ein Instrument spielen, im Vergleich zu denjenigen, die keinerlei solche Freizeitaktivitäten ausüben. Es bleibt fraglich, inwiefern die höhere Zufriedenheit in der Tat den Aktivitäten in den Bereichen Sport und Musik zuzuschreiben ist. Es müsste genauer geklärt werden, ob die gefundenen Unterschiede mit der Art der Tätigkeit verbunden sind oder durch die Aktivität an sich bzw. durch die damit verbundenen Sozialkontakte determiniert werden.

Berufliche Tätigkeit

Relativ stabile Effekte zeigten sich bei der Arbeitslosigkeit (z.B. Kunzendorff 1991; Warr 1987; Ybema, Buunk & Heesink 1996). Das heißt, fehlende Erwerbstätigkeit und die damit verbundene Verschlechterung von Zukunftserwartungen wirken sich generell negativ auf das Befinden eines Menschen aus, wenn auch nicht auf alle Menschen in gleichem Masse (vgl. auch Schumacher 1986). Vor allem Jugendliche scheinen unter Lehrstellenmangel und Erwerbslosigkeit zu leiden. Neben Entwicklungsbeeinträchtigungen – vor allem im Bereich der Identitätsentwicklung – wird ihre Psyche stark belastet, was sich in „persönlicher Wertlosigkeit, verminderter Lebenszufrieden-

---

22 Tschanz (1997) spricht hier von Depressiver Verstimmtheit ohne zu erklären, wie dieser Begriff operationalisiert wurde. Es ist jedoch anzunehmen, dass er diesen Begriff synonym zur Skala ‚Depressive Stimmung' verwendet, da er später in einem anderen Zusammenhang) von dieser Skala spricht.

heit und Selbstzweifeln" (Klink & Kieselbach 1990, S. 8) verbunden mit Gefühlen der Hoffnungslosigkeit, Resignation und Einsamkeit äusserte. Diese Beeinträchtigungen nehmen mit der Dauer der Arbeitslosigkeit zu und verstärken den Missmut der Jugendlichen. Feather & O'Brien (1986) wiesen aber auch darauf hin, dass eine berufliche Tätigkeit nicht zwingend das Wohlbefinden fördern muss, da bei den in ihrer Studie befragten Jugendlichen kein Anstieg im Wohlbefinden zu verzeichnen war, als sie von der Volksschule in ihren Lehrbetrieb wechselten.

Stimmungen

Ewert (1983) beschrieb Stimmungen als Gefühlserlebnisse, welche die Gesamtbefindlichkeit eines Menschen widerspiegeln. Wenn diese Definition so akzeptiert werden kann und wenn Stimmungen beeinflussbar sind, so sollte sich auch das Gesamtbefinden des Menschen, sein Wohlbefinden und seine Zufriedenheit über Stimmungsinduktion beeinflussen lassen. Wirkt sich die aktuelle Stimmung auf die subjektive Einschätzung des Befindens und der Zufriedenheit eines Menschen aus? Gibt es Einflüsse auf das habituelle Wohlbefinden? In Bezug auf die Trennung in eine state- und eine trait-Dimension des Wohlbefindens (vgl. Kap. 2.1.2) erscheint eine Klärung dieses Zusammenhangs wichtig. Fällt die Einschätzung des Befindens eines Menschen je nach Stimmungslage anders aus, würde das Wohlbefinden Schwankungen unterliegen,

a. die schwierig zu kontrollieren sind, da Stimmungen als Gefühlstönungen schwacher Intensität ohne konkrete Ursachen definiert sind (vgl. z.B. Frijda 1993) und sich weitgehend dem Bewusstsein eines Menschen entziehen (Abele 1994), und

b. welche die bisherigen theoretischen Konzepte und empirischen Befunde der Wohlbeindensforschung in ein anderes Licht und teilweise gar in Zweifel stellen würden.

Schwarz (1987) wies darauf hin, dass ein solches Ergebnis z.B. die Grundannahmen der Sozialindikatorenforschung erschüttern würde, indem die momentane Situation und die aktuellen Urteile eines Individuums noch stärker berücksichtigt werden müssten. Auch theoretische Konzepte, die das Wohlbefinden und die Zufriedenheit eines Menschen als relativ stabil bezeichnen, würden sich als fehlerhaft erweisen, da das Wohlbefinden von temporären Variablen wie der momentanen Stimmung und aktuellen Beurteilungsprozessen abhängig wäre und Stimmungen nicht als eine Komponente des Wohlbefindens definiert werden dürften. Die durchgeführten Laborstudien weisen generell auf einen potenziellen Einfluss der Stimmung hin, der aber nicht überschätzt werden darf. Schwarz und Clore (1983) führten Experimente durch, in denen sie den Einfluss der Stimmung auf die Beurteilung der Zufriedenheit und des Wohlbefindens eines Menschen untersuchten (siehe dazu auch Schwarz 1987). Die Ergebnisse zeigten eine unterschiedliche Wirkungsrichtung, -stärke und -stabilität bei positiver und negativer Stimmung: Die Effekte der positiven Stimmung erwiesen sich als konstant, da Versuchsteilnehmer/innen in guter Stimmung durchwegs angaben, mit ihrem Leben zufrieden und generell glücklich zu sein. In schlechter Stimmung jedoch hing die Lebenseinschätzung damit zusammen, wie die Existenz der negativen Stimmung erklärt wurde: Wenn die bestehenden negativen Gefühle auf externe Faktoren attribuiert werden konnten, so verminderte dies eine affektkongruente, negative Beurteilung der Lebenszufriedenheit und des Wohlbefindens. Schwarz (1987) bezeichnete deshalb die fehlende Objektgebundenheit von Stimmungen als eine zentrale Voraussetzung für ihren potenziellen Einfluss. Werden negative Gefühle dagegen als Emotionen, d.h. mit Objektbezug, wahrgenommen, beeinflussen diese die Urteile einer Person nicht, da erklärt werden kann, worauf die unangenehmen Gefühle in der aktuellen Situation zurückzuführen sind.

Die Studien von Schwarz und Mitarbeiter/innen machen auf drei weitere, zu präzisierende Effekte der Stimmung aufmerksam: (a) Die aktuelle Stimmung eines Menschen schlägt sich laut Schwarz et al. (1987) nur in der Einschätzung der allgemeinen Zufriedenheit, nicht jedoch in Teilbereichen nieder. Es kann folglich nicht davon ausgegangen werden, dass ein momentanes Stimmungshoch generell höhere Zufriedenheit erklärt, sondern muss auf solche Situationen eingeschränkt werden, in denen die Stimmungsinformation nicht durch andere Informationsquellen wie Attributionen, bestimmte Lebensumstände oder Bewertungskriterien konkurrenziert oder abgeschwächt wird. Insbesondere wenn Stimmungen in schwacher Intensität bestehen, sind Menschen für konkurrierende Informationen besonders empfänglich. (b) Die Fokussierung auf positive oder negative Erfahrungen induziert nicht immer stimmungskongruente Beurteilungen des Gesamtbefindens. Vielmehr ergaben sich systematische Effekte dahingehend, dass der Zeitpunkt des Erlebens die Stimmung determiniert und die Art der Stimmungsinduktion die Höhe des Wohlbefindens beeinflusst (vgl. auch Strack, Schwarz & Geschneidinger 1985). (c) An mehreren Stellen musste beobachtet werden, dass die befragten Probanden zwar von einem hohen Wohlbefinden berichteten, ihre aktuelle Stimmung aber nicht höher war als bei Probanden mit niedrigem Wohlbefinden (Schwarz 1987).

Interessanterweise kann die Beziehung zwischen Stimmung und Wohlbefinden auch in umgekehrter Richtung nachgewiesen werden, wenn Stimmungen unter einer anderen zeitlichen Perspektive betrachtet werden. Diesen Weg beschritt Dalbert (1992). Sie untersuchte das habituelle Stimmungsniveau und die – hier eher als stabil zu verstehende – Lebenszufriedenheit eines Menschen und versuchte daraus, sein momentanes Erleben zu erklären. Wurde das Stimmungsniveau und die Lebenszufriedenheit zu einem Faktor ‚subjektives Wohlbefinden‘ zusammengefasst (dies ist nach Dalbert methodisch vertretbar, da die beiden Dimensionen 63% gemeinsame Varianz aufweisen), konnte das Wohlbefinden 57% der Varianz der aktuellen Stimmung erklären.

Sozialbeziehungen

Sowohl die Quantität und die Qualität von Sozialbeziehungen stellen wichtige Bedingungsfaktoren für das Wohlbefinden dar (z.B. Campbell 1976; Costa & McCrae 1980;

Diener 1984; Emmons & Diener 1986; Veenhoven 1984a, 1991a; Wilson 1967)[23]. Dies mag eine Ursache dafür sein, dass sich verheiratete Paare von Ledigen durch ein etwas höheres Wohlbefinden unterschieden (z.B. Scott 1991). Erklärt wurde dieses Ergebnis damit, dass eine Ehe aus einer sehr intensiven, intimen Beziehung besteht, die wichtig für das Wohlbefinden ist. Forschungsarbeiten zu Interaktionen in Ehe und Familie ergaben aber auch, dass eine Vielfalt von ehelichen Beziehungen möglich ist und dass diese nicht zwingend positive Emotionen auslösen (vgl. z.B. Gottman 1993). Zudem sind Emotionen und soziale Interaktionen oftmals so eng miteinander verwoben, dass nicht von einer Ursache-Folge-Beziehung ausgegangen werden kann. Diskutiert wurde deshalb auch, ob glückliche Menschen eher heiraten als unglückliche – so dass nicht der Zivilstand das Wohlbefinden bestimmt, sondern umgekehrt (Veenhoven 1989b).

Theoretisch relevant im Kontext der Sozialbeziehungen ist die Frage, ob ‚Social Support' eine Umweltvariable (nach Cohen & Syme 1985) oder eine Persönlichkeitsvariable im Sinne von ‚Vertrauen in die Anerkennung durch andere' (Sarason, Potter, & Sarason 1986) darstellt. Nach Schwarzer & Leppin sind beide Ansätze zulässig, da ‚Social Support' eher als eine sog. „Transaktionsvariable" und weniger als ein „kognitiv-situatives Schemata" (Schwarzer & Leppin 1994, S. 181) definiert werden sollte. Unabhängig von der theoretischen Einbettung (vgl. auch House & Kahn 1985) kamen sie zu dem Schluss, dass soziale Unterstützung und das Gefühl, auf andere zählen zu können, einen positiven Effekt auf das Wohlbefinden haben kann. Dies wird folgendermassen erklärt: Durch die Integration in soziale Netze werden Grundbedürfnisse des Menschen erfüllt (sog. basic needs, vgl. auch Deci & Ryan 1993), was in einer Zunahme des positiven Befindens resultiert. Zudem beinhalten Sozialbeziehungen ein Potenzial zur Bewältigung von Konflikten, Sorgen und Problemen (Lazarus & Folkman 1987; Ruehlman & Wolchik 1988), auch wenn soziale Kontakte ebenfalls eine Quelle für negative Erfahrungen sein können (Schwarzer & Leppin 1994). Hotard, McFatter, McWhirter und Stegall (1989) konnten sogar zeigen, dass soziale Beziehungen den z.B. von Emmons und Diener (1984) angenommenen Einfluss von Persönlichkeitsvariablen wie Introversion bzw. Extraversion auf das Wohlbefinden relativieren können (vgl. Kap. 3.3.2, siehe auch Schwenkmezger 1994). Allerdings ist laut Ruehlman und Wolchik (1988; vgl. auch Kap. 2.3.3) nur der Einfluss der wichtigsten sozialen Bezugsperson für die Erklärung des subjektiven Wohlbefindens relevant. Wirkt diese z.B. unterstützend, motivierend, wertschätzend und bestärkend, so kann dies zu einer Steigerung des Wohlbefindens führen, wirkt sie hemmend, destruktiv und abwertend („social hindrance"), so kann das in eine Reduktion des Wohlbefindens münden. Nach Schwarzer und Leppin (1989; 1994) müsste zudem für die Genese des Wohlbe-

---

23 Bei diesem Themengebiet besteht die besondere Gefahr, dass Platitüden und Mythen im Alltag als Fakten verbreitet werden. Ohne die Bedeutung von sozialen Beziehungen in Frage zu stellen, muss sie kritisch hinterfragt werden. Dies zeigten z.B. Veenhoven und Verkuyten (1989), indem sie das Vorurteil, Einzelkinder wären weniger glücklich, dafür eher unsicher und unbeliebt, widerlegten.

findens die Art der Unterstützung und das Verhältnis von wahrgenommener und tatsächlicher Unterstützung geklärt werden. Auch gilt es nachzuweisen, welchen Einfluss positive Stimmung und Ausstrahlung auf die Quantität und Qualität von Sozialkontakten hat (z.B. Berry & Hansen 1996).

Die Notwendigkeit einer differenzierten Betrachtung sozialer Unterstützung lässt sich auch aus einer Studie von Bodmer (1997) ableiten, in welcher die Zufriedenheit von deutschschweizer Jugendlichen in verschiedenen Familienstrukturen untersucht wurde. Weder der Familientypus noch der sozio-ökonomische Status der Familie ergaben Unterschiede in der Zufriedenheit, jedoch das Familienklima und die Beziehung zu Gleichaltrigen. Gohm, Darlington, Diener und Oishi (1998) dagegen fanden, dass sich Kinder in intakten Familien besser fühlten als Kinder aus Scheidungsfamilien. Interessant ist ebenso, dass Schmitz und Wurm (1999) bei einem Grossteil der von ihnen befragten Jugendlichen keine signifikanten Korrelationen zwischen sozialen Interaktionen und positiven Gefühlen nachweisen konnten. Wenn dieser Zusammenhang doch bestand, dann war er abhängig vom Geschlecht, von Zeitpunkt des Kontakts und von den Interaktionspartnern. Wurden die erhobenen Einzelwerte zu einem Wert habituellen Wohlbefindens aggregiert, so sind sowohl Eltern als auch Freund/innen für die Genese positiver Gefühle bedeutsam.

Kulturelle Zugehörigkeit

Eine erste kulturvergleichende Studie zum Wohlbefinden führten Andrews und Inglehart (1979) durch, in der die Struktur des Wohlbefindens in mehreren europäischen Ländern und den USA gute Übereinstimmungen aufwies. Vor allem in der Arbeitsgruppe um Ed Diener wurde nun in den letzten Jahren vermehrt der Frage nachgegangen, ob kulturelle Unterschiede in Bezug auf die Höhe und die Ursachen des Wohlbefindens bestehen (z.B. Diener & Suh 1999; Diener et al. 2000; Diener 2000). Für die Existenz solcher Differenzen sprechen mehrere Gründe (vgl. Diener & Lucas 2000): Einerseits bestehen ökonomische und soziale Unterschiede zwischen Nationen, die insofern zu unterschiedlichem Wohlbefinden führen können, als dadurch die Grundbedürfnisse des Menschen unterschiedlich erfüllt werden (z.B. Diener 2000; Schimmack et al. 2002; Staudinger et al. 1999). Andererseits wird angenommen, dass das Wohlbefinden eines Individuums von der Bewertung seiner Lebenssituation (Diener & Suh 1999) und von Adaptionsprozessen (Staudinger et al. 1999) abhängt, welche kulturell geprägt sind. Als weitere Referenzkriterien kultureller Unterschiede dienen politische und soziologische Differenzen (z.B. individualistische vs. kollektive Gesellschaftsstruktur) sowie unterschiedliche Einstellungen zum und Wertvorstellungen über das Leben (Suh, Diener, Oishi & Triandis 1998). Ein Anliegen kulturvergleichender Studien ist darüber hinaus, nationale Daten und Ergebnisse zu validieren, um Aussagen zum Wohlbefinden generalisieren zu können (Vitterso 1998). Die wachsende Zahl an kulturvergleichenden Studien ohne überzeugende Argumentation bezüglich der zu erwartenden Länderunterschiede erweckt jedoch den Eindruck, dass etliche sog. kulturvergleichende Studien eher ein Symbol internationaler Forschungskooperation als inhaltlicher Bemühungen sind.

Unter entwicklungspsychologischer Perspektive untersuchten Grob, Wearing, Little und Wanner (1996), ob sich Jugendliche in 14 Ländern (Westeuropa, Osteuropa und den USA) in Bezug auf ihre Kontrollüberzeugungen und ihr Wohlbefinden unterschieden[24], und kamen zu folgendem Schluss: „In general, Western adolescents had more personal self-esteem and positive attitudes towards life than Eastern adolescents. The mean-level differences in both well-being concepts may reflect the economic conditions of the respective settings." (Grob et al. 1996, S. 792). Sie betonten aber auch, dass die französischen Jugendlichen – und teilweise auch die Jugendlichen in der französisch-sprachigen Schweiz – ein niedrigeres Wohlbefinden aufwiesen als ihre Peers in anderen westlichen Ländern. Niedrigere Werte fanden sich auch bei den Mädchen und bei Jugendlichen aus Familien mit tieferem sozio-ökonomischen Status. Diese Differenzen waren in den westlichen Ländern stärker als in den östlichen.

Bei Suh et al. (1998) wurden die Affektbalance und die Lebenszufriedenheit von ca. Personen aus 41 Nationen verglichen. In einer zweiten Studie wurden Studierende in 40 Ländern danach befragt, in welcher Häufigkeit sie im letzten Monat je vier positive und negative Emotionen (z.B. Freude oder Angst) gefühlt hatten, und sie wurden gebeten die Skala zur Lebenszufriedenheit von Diener, Emmons, Larsen und Griffin (1985) auszufüllen. Die Ergebnisse machten darauf aufmerksam, dass unterschiedliche Kulturen verschiedene Informationen beiziehen, um ihre Lebenszufriedenheit einzuschätzen (z.B. individuelle Gefühlserlebnisse vs. kulturelle Normen bezüglich der Erwünschtheit von Lebenszufriedenheit als Quelle der Zufriedenheit).

Zusammenfassung und Erweiterung

Wie lässt sich erklären, dass bisher nur wenige Einflussfaktoren klar identifiziert werden konnten (vgl. auch Mroczek & Kolarz 1998)? Neben methodischen Schwächen (vgl. dazu Diener 1984) werden folgende Argumente insbesondere dann angeführt, wenn die Diskrepanz zwischen einem einerseits plausiblen (möglichen), andererseits empirisch nicht nachweisbaren Einfluss demographischer und sozio-kultureller Variablen thematisiert wird:

- Die schwache Prädiktorenfunktion der Situationsbedingungen liegt darin, dass situative Faktoren kein absolutes Mass sind, sondern im Sinne von Adaptions-

---

24 Wohlbefinden wurde anhand von zwei Skalen aus dem Berner Fragebogen zum Wohlbefinden Jugendlicher (BFW, vgl. Grob et al. 1991) operationalisiert: Wiesen Jugendliche eine positive Einstellung zum Leben auf und besassen sie ein gutes Selbstwertgefühl, so wurde davon ausgegangen, dass sie sich auch wohl fühlen. Damit ist bei den Arbeiten von Grob wiederholt festzustellen, dass Wohlbefinden uneinheitlich und reduziert erfasst wird (vgl. auch Tschanz 1997), obwohl die Entwicklung des Berner Fragebogens zum Wohlbefinden Jugendlicher auf Grob (Grob et al. 1991) zurückzuführen ist. An keiner Stelle der Arbeiten findet sich eine Begründung für die Selektion von Skalen, was eine Interpretation der Ergebnisse erschwert.

niveau- und Diskrepanztheorien (vgl. Brickman & Campbell 1971; Helson 1964) sehr individuell und subjektiv bewertet werden können (vgl. Kap. 3.3.3). Campbell et al. (1976) arbeiteten heraus, dass der Unterschied zwischen Aspiration und Ergebnis einen wichtigen Einfluss auf das Glücksempfinden eines Individuums hat: Wenn dieser Unterschied zu gross ist, d.h. das Ergebnis weit unter den Erwartungen liegt, so führt das zum Unglücklichsein. Werden Erwartungen erfüllt oder übertroffen, so löst dies Gefühle des Glücks aus (vgl. auch Michalos 1985). Grundsätzlich jedoch passt sich ein Individuum den bestehenden Bedingungen an. Dies kann so weit führen, dass ein Individuum – im Sinne einer Lebensstrategie – eine Trennung objektiver und subjektiver Lebensaspekte vornimmt, so dass das subjektive Empfinden trotzdem gut sein kann, wenn die Umstände eher schlecht sind.

- Möglicherweise kann nicht eine einzelne Variable, sondern nur eine Kombination von Faktoren das Wohlbefinden eines Menschen erklären, da Individuen mehrere zentrale Werte haben (Diener & Larson 1993). So ist denkbar, dass z.B. eine hohe Bildung zusammen mit einem guten Arbeitsplatz und Erfolg im Beruf das Wohlbefinden dann mitbestimmen, wenn eine Person berufliche Ziele und Erfolg als sehr wichtig in ihrem Leben erachtet. Eine komplexe Vernetzung von intrinsischen und extrinsischen Faktoren wäre daher nötig, um das Wohlbefinden erklären zu können. Diener (1984; Diener & Larsen 1993) sprach von einem relativen Einfluss des Einkommens, der meist nicht direkt, sondern über andere Faktoren wie Status, Perspektiven, Möglichkeiten ein Ziel zu erreichen, wirksam wird (Diener & Biswas-Diener 2002; Diener et al. 1995).

- Situationsbedingungen beeinflussen das Wohlbefinden nur in spezifischen Lebenskontexten, nur bis zu einem bestimmten Niveau und nur unter gewissen Verhältnissen. So z.B. kann das Einkommen wohlbefindensfördend sein, wenn die physischen Grundbedürfnisse eines Menschen aufgrund von Geldnöten nicht gesichert sind und die Existenz eines Menschen bedroht ist. Sobald diese Probleme jedoch überwunden sind und der Wohlstand gesichert ist, haben monetäre Bedingungen keinen Einfluss mehr (Diener, Suh & Oishi 1997).

- Generell ist davon auszugehen, dass weniger objektive Faktoren, sondern die subjektiven Bedürfnisse und Ziele das Wohlbefinden eines Menschen determinieren (Diener et al. 1995; vgl. Kap. 2.3.3).

Zusammenfassend lässt sich ein Überblick erstellen, wie die Grundargumentation zum Einfluss situativer Komponenten auf das Wohlbefinden eines Individuums (vgl. Abb. 2-5a) durch empirische Belege erweitert werden muss (Abb. 2-5b):

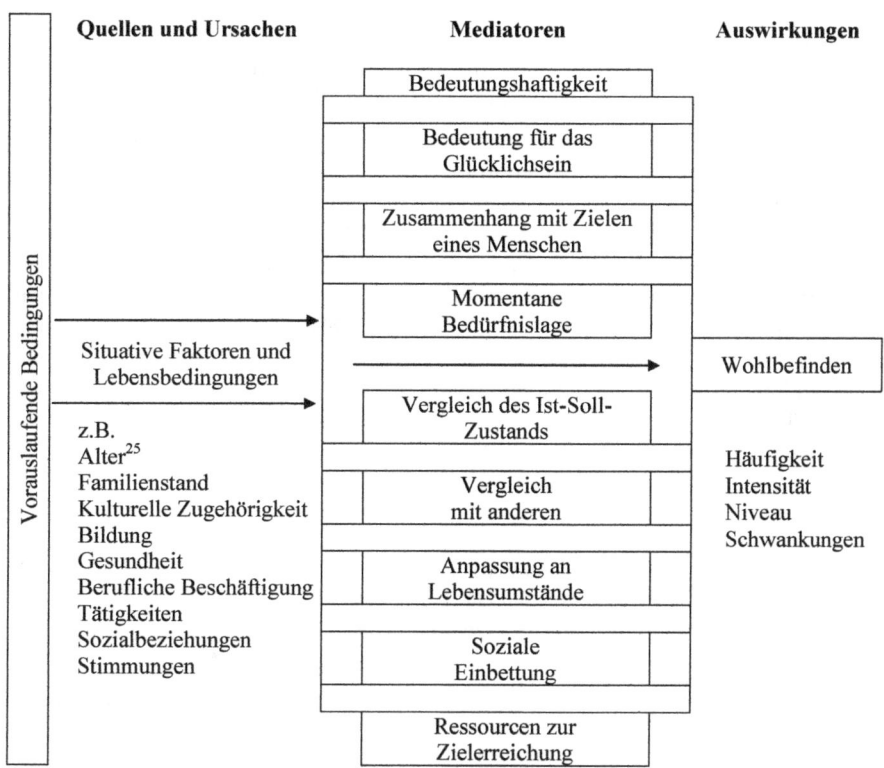

| Quellen und Ursachen | Mediatoren | Auswirkungen |

Bedeutungshaftigkeit

Bedeutung für das Glücklichsein

Zusammenhang mit Zielen eines Menschen

Momentane Bedürfnislage

Situative Faktoren und Lebensbedingungen

Wohlbefinden

z.B.
Alter[25]
Familienstand
Kulturelle Zugehörigkeit
Bildung
Gesundheit
Berufliche Beschäftigung
Tätigkeiten
Sozialbeziehungen
Stimmungen

Vergleich des Ist-Soll-Zustands

Vergleich mit anderen

Anpassung an Lebensumstände

Soziale Einbettung

Ressourcen zur Zielerreichung

Häufigkeit
Intensität
Niveau
Schwankungen

Vorauslaufende Bedingungen

Abbildung 2-5b: Erweitertes Modell zum Einfluss situativer Faktoren auf das Wohlbefinden eines Individuums

2.3.2 Personenspezifische Bedingungen des Wohlbefindens

Da kontextuelle und situative Bedingungen nur wenig zur Erklärung des Wohlbefindens beitragen, lag es nahe, die Bedeutung von Aspekten des Individuums zu überprüfen. Eine Variable ist dabei das Geschlecht des Individuums. Die Analysen in Bezug auf Geschlechtsunterschiede ergaben immer wieder folgendes Bild: Frauen erleben negative Gefühle, aber auch positive in stärkerer Intensität. Deshalb wurde angenommen, dass Frauen generell mehr intensive affektive Reaktionen zeigen (z.B. Diener, Sandvik & Larsen 1985; Fujita, Diener & Sandvik 1991; Myers & Diener 1995). Bedeutet dies nun, dass Frauen sich wohler fühlen? Die Antwort auf diese Frage dürfte je nach Konzeption des Wohlbefindens unterschiedlich ausfallen: Eindimensionale Mo-

---

25 Alter wird oftmals als sozio-demographische Variable bezeichnet (vgl. Mroczek & Kolarz 1998; Staudinger et al. 1999).

delle des Wohlbefindens, die nur auf die Existenz positiver Emotionen achten, würden dies bejahen. Bei Konzepten, die sowohl positive als auch negative Gefühle berücksichtigen, müsste das Verhältnis bzw. die Differenz der affektiven Pole in Betracht gezogen werden (vgl. auch Roysamb, Harris, Magnus, Vittersø & Tambs 2002).

Häufiger als mit geschlechtsspezifischen Unterschieden wurde Wohlbefinden mit folgenden zwei Persönlichkeitsvariablen in Beziehung gesetzt: Extraversion und Neurotizismus. Grundsätzlich können sog. top-down- vs. bottom-up-Theorien (vgl. Abb. 2-6a) unterschieden werden (vgl. Diener & Larsen 1993; Vittersø 1998). Dabei geht es um die Frage, wodurch der Einfluss der Persönlichkeit für die Genese des Wohlbefindens vermittelt wird (als kritischen Beitrag zum Zusammenhang von Wohlbefinden und Persönlichkeitsvariablen vgl. Schmutte & Ryff 1997). Top-down-Theorien gehen davon aus, dass glückliche Individuen die Tendenz haben, ihre Umwelt auf positive Weise zu interpretieren und auf Ereignisse mit positiven Emotionen zu reagieren. Bottom-up-Theorien sehen das Wohlbefinden als ein Resultat positiver Ereignisse, die ein Individuum erlebt. Sinnvollerweise sind beide Ansätze für die Erklärung des Wohlbefindens zu berücksichtigen (Staudinger et al. 1999).

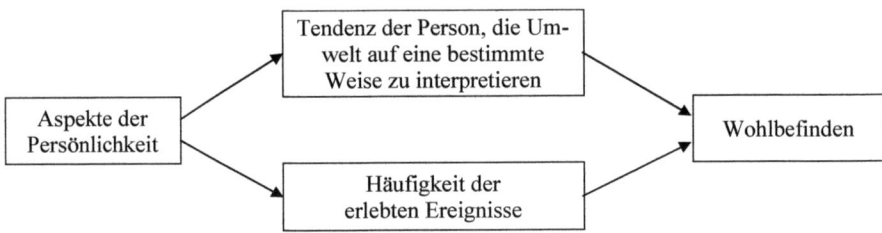

Abbildung 2-6a: Einfluss von Persönlichkeitsfaktoren auf das Wohlbefinden eines Individuums

Bereits 1967 hatte Eysenck den Zusammenhang zwischen positiven Gefühlen und Extraversion, negativen Gefühlen und Neurotizismus betont (Eysenck & Eysenck 1967). Ein erster Überblick und ein Erklärungsmodell zum Einfluss von Extraversion und Neurotizismus auf das subjektive Wohlbefinden wurden von Costa und McCrae (1980) vorgelegt. Die Autoren führten eine umfassende Literaturrecherche und eigene empirische Studien durch. Das Resumé aus diesen Arbeiten liest sich folgendermassen „The bulk of the literature on the personality correlates of happiness can be summarized by saying that more extraverted and more adjusted people are happier." (Costa & McCrae 1980, S. 674).

In Nachfolgeuntersuchungen bemühten sich Costa und McCrae darum, ihre Ergebnisse zu bestätigen. Dazu gingen sie der Frage nach, inwiefern markante Lebensveränderungen (Änderungen im Zivil- und im Berufsstand) sich in einem veränderten Wohlbefinden widerspiegeln (Costa, McCrae & Zondermann 1987). Da die befragten Personen eine recht hohe Stabilität des Wohlbefindens aufwiesen, unabhängig davon, ob sich ihr Leben markant verändert hatte (z.B. durch Heirat, Scheidung, Tod des Ehepartners oder Arbeitslosigkeit), schlussfolgerten Costa et al. (1987, S. 304): „Stability (in well-being, Anmerkung T.H.) thus appears to be attributable to enduring dispositions in the individual rather than to continuities in these life circumstances." Sie gaben zu bedenken, dass es demnach problematisch ist, das Wohlbefinden eines Menschen als einen Indikator der Lebensqualität zu verstehen (vgl. kritisch dazu Hascher 2002).

Die Aussagen und Ergebnisse von Costa und McCrae blieben nicht unbestritten. Der Hauptpunkt der Kritik aus der Sicht der Persönlichkeitspsychologie lag zudem in der Tatsache, dass es Costa und McCrae unterlassen hatten, die Extraversion eines Menschen differenziert zu analysieren und zwischen den beiden Komponenten der Extraversion, Kontaktfähigkeit und Impulsivität zu unterscheiden. Emmons und Diener (1986) griffen diesen Mangel auf und verfolgten in ihrer Studie vier Ziele:

1. Sie wollten nachweisen, dass sich die beiden Komponenten von Extraversion unterschiedlich auf das Wohlbefinden auswirken: Kontaktfähigkeit sollte stärker mit positiven, Impulsivität stärker mit negativen Gefühlen korrelieren.

2. Das affektive Erleben der Proband/innen sollte unmittelbarer und aktueller erfasst werden.

3. Ebenfalls wollten Emmons und Diener den Zusammenhang der Subskala ,Impulsivität' aus dem Eysenck-Personality-Inventory mit der Impulsivitätsskala von Buss & Plomin (1975) überprüfen.

4. Schliesslich ging es den Autoren auch darum, die bereits mehrfach erhaltenen Unterschiede in den Korrelationen der positiven und negativen Gefühle mit anderen Variablen zu testen (vgl. Kap. 2.1.4).

Emmons und Diener konnten die Ergebnisse von Costa und McCrae weitgehend bestätigen: Extraversion korrelierte signifikant mit positiven, aber nicht mit negativen Emotionen. Für Neurotizismus traf genau das Gegenteil zu. Verglichen sie jedoch die Korrelationen der beiden Extraversionsdimensionen, so konnte der gefundene Zusammenhang nur für eine Dimension bestätigt werden: Dies war die Kontaktfähigkeit. Sie korrelierte sowohl mit den täglichen positiven Gefühlen als auch mit der Skala der positiven Gefühle von Bradburn. Die Autoren deuteten ihre Resultate als eine Bestätigung der Studien, die auf den engen Zusammenhang sozialer Variablen (z.B. soziale Integration, Kontakte, soziale Aktivitäten) mit dem Wohlbefinden hinweisen (vgl. Schwarzer & Leppin 1994). Ihre Interpretation lautete daher, dass die Aufmerksamkeit und das Interesse anderer Menschen ein Grundbedürfnis des Menschen nach sozialer Anerkennung erfüllen würden – ähnlich wie Deci und Ryan (1993) in ihrer Motivationstheorie von sozialer Einbindung als ,basic need' sprachen. Dies wiederum würde zum Wohlbefinden eines Indivuums beitragen.

Folgerichtig untersuchten Hotard et al. (1989), wie Persönlichkeitsmerkmale unter Berücksichtigung von sozialen Beziehungen mit dem Wohlbefinden zusammenhängen.

Dazu analysierten sie die Beziehungen ihrer Versuchsteilnehmer/innen zu Bekannten, Freunden und Bezugspersonen. Die Grundthese für ihre empirischen Arbeiten lautete wie folgt: Der Zusammenhang zwischen Extraversion und Wohlbefinden ist durch die Sozialbeziehungen eines Individuums bestimmt, da sich extra- und introvertierte Personen genau in diesem Punkt klar unterscheiden. Das Wohlbefinden von introvertierten Menschen mit weniger Sozialkontakten ist stärker an die Nähe zu Bezugspersonen gebunden, wogegen extravertierte Menschen vielseitigere Kontakte brauchen und ihr Wohlbefinden daher eher von der Anzahl an Beziehungen mit Bekannten und Freunden beeinflusst wird. Nach Regressionsanalysen zeigte sich, dass Extraversion einen wichtigen Prädiktor für das Wohlbefinden darstellte. Ebenso wichtig waren die Sozialbeziehungen zu Bekannten, Freunden und Bezugspersonen. Ein Index der gesamten Sozialbeziehungen und die Interaktion dieses Indexes mit der Variablen Extraversion erwiesen sich ebenfalls als bedeutende Prädiktoren. Ein Blick auf die Ergebnisse machte deutlich, dass die Anzahl an Sozialbeziehungen eine stärkere Bedeutung für das Wohlbefinden von introvertierten Menschen haben, denn nur introvertierte Personen mit wenigen Sozialbeziehungen besassen ein relativ niedriges Wohlbefinden.

Im Anschluss an diese Ergebnisse berücksichtigten Hotard et al. (1989) zusätzlich die Bedeutung des Neurotizismus für die Genese des Wohlbefindens. Mit Bezug auf die Theorie von Eysenck (in Eysenck & Eysenck 1985) – er ging davon aus, dass introvertierte neurotische Menschen ein besonders niedriges Wohlbefinden zeigen – prüften sie, ob introvertierte Personen mit wenigen Sozialbeziehungen auch eher neurotisch sind. Die Ergebnisse bestätigten die These von Eysenck: Vor allem die introvertierten und zugleich neurotischen Personen fühlten sich nicht wohl. Dies waren jedoch nicht zwingend diejenigen, die wenige Sozialkontakte hatten. Sowohl Introversion und wenige Sozialkontakte als auch Introversion zusammen mit Neurotizismus waren folglich ausschlaggebend für ein tiefes Wohlbefinden.

Auch Larsen und Ketelaar (1991) modifizierten die Studie von Costa und McCrae und erweiterten deren Ansatz. Mit Bezug auf die Ausführungen von Tellegen (1985) überprüften sie die Frage, ob die Sensitivität für Emotionen mit den bis anhin untersuchten Persönlichkeitsfaktoren zusammenhängt. Sie nahmen an, dass extrovertierte Personen eher auf die Induktion positiver Emotionen ansprechen, wogegen bei neurotischen Personen die Induktion von negativen Emotionen wirksamer ist. Die Analysen verschiedener Versuchsgruppen – je nach Induktion von positiven, negativen oder neutralen Gefühlen, und je nach Mass der Extra- bzw. Introversion, nach Mass des Neurotizismus bzw. der Stabilität einer Person – ergaben folgendes Bild:

1. Nach positiver Stimmungsinduktion befanden sich die untersuchten Personen in einer signifikant positiveren Stimmung als Probanden mit neutraler oder negativer Stimmungsinduktion. Ebenso wurden nach negativer Stimmungsinduktion signifikant mehr negative Gefühle beschrieben als in neutraler oder positiver Stimmung.

2. Positive Stimmung liess sich häufiger bei extravertierten Personen induzieren als bei introvertierten, bei der Induktion von negativen Emotionen zeigten sich keine Unterschiede. Neurotische Personen sprachen im Vergleich zu stabilen Personen auf die Induktion von negativer Stimmung besser an, jedoch nicht stärker auf die Induktion von positiver Stimmung.

Larsen und Ketelaar (1991) werteten die Ergebnisse als eine empirische Bestätigung der Aussage von Costa und McCrae (1980) und interpretierten ihre Resultate im Hinblick auf die Genese des Wohlbefindens folgendermassen: Individuen mit hohem Wohlbefinden sind weniger beeinflussbar von negativen Emotionen und/oder besonders sensitiv für positive Stimmungen. Dies könnte gehirnphysiologische Ursachen haben (z.b. Meehl 1975) und durch entsprechende Umwelteinflüsse verstärkt werden.

Neben der Bedeutung von Extraversion und Neurotizismus wurde der Einfluss von weiteren Persönlichkeitsvariablen untersucht: Optimismus, Wärme, emotionale Stabilität (z.B. Smith 1961), Geselligkeit und Selbstwert (Diener & Larsen 1993) korrelierten mit dem Wohlbefinden einer Person: "happier people are well-adjusted, high in ego-strength, and high in self-esteem, as well as being socially involved" formulierten Costa und McCrae (1980, S. 670). Bandura (1982) wies darauf hin, dass die Selbstwirksamkeit eines Menschen seine emotionalen Reaktionen auf Erfolg und Misserfolg beeinflussen könne. Weitere Korrelate stellten das bisherige subjektive Wohlbefinden (Stones & Kozma 1986) bzw. die Zufriedenheit vergangener Zeiten (Diener 1984; Palmore, Busse, Maddox, Nowlin & Siegler 1985; Vittersø 1998), die individuellen Interessen (z.B. Campbell 1981) und der Lebensstil einer Person (Reichhard, Livson & Peterson 1962) dar. Diese Vielzahl an Aspekten führte Mayring (1987) dazu, von biographischen Voraussetzungen des Wohlbefindens zu sprechen, in denen diese Variablen nebeneinander bestehen (vgl. Kap. 2.3.4).

Zusammenfassung und Erweiterung

Als gesicherte Ergebnisse zum Verhältnis von persönlichkeitsspezifischen Merkmalen zum Wohlbefinden können folgende Zusammenhänge gelten (vgl. auch Diener & Lucas 1999; Lucas & Diener 2000):

- Glück bzw. Wohlbefinden korreliert positiv mit den prosozialen Einstellungen eines Individuums, mit dessen Wärme und Optimismus, mit der emotionalen Stabilität und mit dem Selbstbewusstsein.
- Mangelndes Wohlbefinden korreliert mit der Ängstlichkeit und der Depressivität eines Individuums, mit psychosomatischen Auffälligkeiten und mit Besorgtheit (siehe auch Wessmann & Ricks 1966; Wilson 1967).
- Der Zusammenhang von Extraversion/Introversion und Wohlbefinden ist jedoch weder unmittelbar noch eindeutig. Averill und More (1993) sind sogar der Meinung, die Frage: „Sind extrovertierte Menschen glücklicher als introvertierte?" sei unsinnig bzw. falsch gestellt. Man müsse eher fragen, welche Verhaltenssys-

teme für die jeweiligen Persönlichkeitsmerkmale charakteristisch sind und unter welchen Bedingungen sich diese optimal entfalten können. Man müsse zudem berücksichtigen, dass sich hoch-extrovertierte und niedrig-introvertierte Menschen gleichermassen wohl fühlen können (vgl. dazu auch Larsen & Diener 1987).

- Extraversion trägt zwar zur Genese positiver Erlebnisse und zur Lebenszufriedenheit bei, sie reduziert jedoch nicht die negativen Aspekte, die mit unangenehmen Erfahrungen verbunden sind. Ebenso fördert Neurotizismus das Erleiden negativer Situationen, beeinträchtigt aber nicht zwingend das Erleben von Freude und Vergnügen (vgl. auch Vitterso & Nilsen 2002).

- Weniger extreme Positionen suchen nach Mediatorvariablen zwischen den untersuchten Persönlichkeitsvariablen und dem Wohlbefinden eines Individums. So z.B. scheint das Wohlbefinden durch die Quantität und Qualität der Sozialbeziehungen eines Menschen (vgl. auch Hotard et al. 1989) und durch Stimmungen beeinflussbar. Pavot, Diener und Fujitsa (1990) und Diener, Sandvik, Pavot und Fujitsa (1992) können allerdings nachweisen, dass extrovertierte Menschen auch dann glücklicher sind, wenn sie alleine sind, und dass sie generell glücklicher sind als Introvertierte (unabhängig davon, ob diese sozial gut eingebettet bzw. beruflich sozial engagiert sind oder nicht).

- Die aktuelle Stimmung eines Individuums scheint eine Mediatorvariable zwischen Persönlichkeitsfaktoren und dem Wohlbefinden zu sein (Costa & McCrae 1980). Weitere Mediatoren können z.B. der Status und die Entwicklungspotenziale eines Menschen sein (Diener et al. 1995).

- Aktuelle Zufriedenheit bzw. Unzufriedenheit, resultierend aus Extraversion bzw. Neurotizismus, beeinflusst allgemeines Glücksempfinden und die emotionale Stabilität eines Menschen bzw. die persönliche Einschätzung dieser Gefühle.

Das ursprüngliche Modell (vgl. Abb. 2-6a) sollte deshalb folgendermassen erweitert werden:

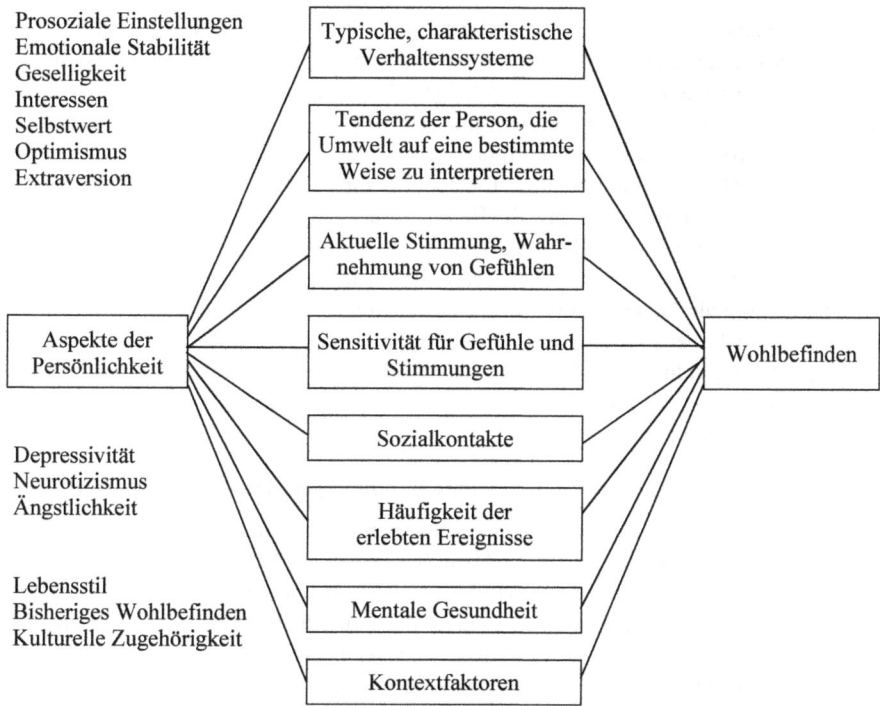

Prosoziale Einstellungen Emotionale Stabilität Geselligkeit Interessen Selbstwert Optimismus Extraversion	Typische, charakteristische Verhaltenssysteme	
	Tendenz der Person, die Umwelt auf eine bestimmte Weise zu interpretieren	
	Aktuelle Stimmung, Wahr- nehmung von Gefühlen	
Aspekte der Persönlichkeit	Sensitivität für Gefühle und Stimmungen	Wohlbefinden
Depressivität Neurotizismus Ängstlichkeit	Sozialkontakte	
	Häufigkeit der erlebten Ereignisse	
Lebensstil Bisheriges Wohlbefinden Kulturelle Zugehörigkeit	Mentale Gesundheit	
	Kontextfaktoren	

Abbildung 2-6b: Erweitertes Modell zum Zusammenhang von Persönlichkeitsfaktoren und Wohlbefinden eines Individuums

Von all den erhaltenen Korrelationen kann noch nicht auf Kausalitäten geschlossen werden, denn es ist sowohl plausibel, dass ein hoher Selbstwert das Wohlbefinden beeinflusst, als auch, dass das Wohlbefinden zum Aufbau eines hohen Selbstwertgefühls beiträgt – ebenso wie Bradburn (1969) von einem „dynamic cycle" zwischen positiven Gefühlen und sozialen Aktivitäten spricht. Zudem sollte davon ausgegangen werden, dass gewisse Persönlichkeitsvariablen auf spezifische Bereiche des Wohlbefindens wirken. So kann Extraversion zwar zu Freude und angenehmen Erfahrungen beitragen, hat aber zugleich keinen Einfluss auf die Erfahrung unangenehmer Erlebnisse (Costa & McCrae 1980). Zu bedenken ist auch der Hinweis von Allport (1937), dass Persönlichkeitseigenschaften kontextsensitiv sind, d.h. je nach Kontext und Situation stärker oder schwächer zum Tragen kommen, und dass solche Kontextfaktoren ebenfalls als Mediatoren wirken können (vgl. Diener & Suh 1999; Schimmack et al. 2002).

Hervorzuheben ist bei diesen Ergebnissen zum Einfluss von Persönlichkeitsvariablen, dass die Qualität und Quantität sozialer Beziehungen eine zentrale Rolle bei der Genese des Wohlbefindens auszuüben scheinen. Betrachtet man ausschliesslich Aspekte der

Person, so ist davon auszugehen, dass nicht einzelne Persönlichkeitsvariablen, sondern eine Kombination aus mehreren Komponenten einen Einfluss auf das Wohlbefinden eines Menschen ausüben, so wie Diener und Larsen (1993) dies für den Einfluss situativer Variablen annahmen. Becker (1994) formulierte deshalb das Konzept der positiven Triade: „... Ausgehend von diesem mit dem TPF (Trierer Persönlichkeitsfragebogen, T.H.) gewonnenen Ergebnissen führen wir das Konzept der ‚positiven Triade‘ ein. Darunter verstehen wir eine positive Einstellung zur eigenen Person (Selbstachtung, hohes Selbstwertgefühl), zur Umwelt (Bejahung der Umwelt, Liebesfähigkeit) sowie zur Zukunft (Optimismus; vgl. auch Bray & Howard 1980; Reker & Wong 1985). Festzuhalten ist, daß Personen mit ausgeprägter positiver Triade sich häufig wohlfühlen. Die emotionale Qualität dieser Form des habituellen Wohlbefindens läßt sich am treffendsten als Lebensfreude charakterisieren." (Becker 1994, S. 27, Hervorhebungen im Original). Individuen, die sich selbst zu positiv bewerteten (Taylor & Brown 1988, S. 193 sprechen von „illusions") weisen sogar eine höhere mentale Gesundheit auf und sind glücklicher und zufriedener.

2.3.3 Individuenzentrierte, interaktionale Bedingungen des Wohlbefindens

Spezifische Lebens- und Alltagsereignisse können einen wichtigen Einfluss auf das Wohlbefinden eines Individuums ausüben (Campbell 1976; Suh, Diener & Fujita 1996). Allerdings beruht der Einfluss von Ereignissen und Erfahrungen weniger auf den quasi-objektiven Gegebenheiten, sondern das individuelle, subjektive Erleben und die kognitive Beurteilung dieser Ereignisse (vgl. Abb. 2-7a) ist für das Wohlbefinden relevant. Wie Campbell (1976, S. 118) treffend formulierte: "the quality of life lies in the experience of life ..." (vgl. auch Smith & Pope 1992).

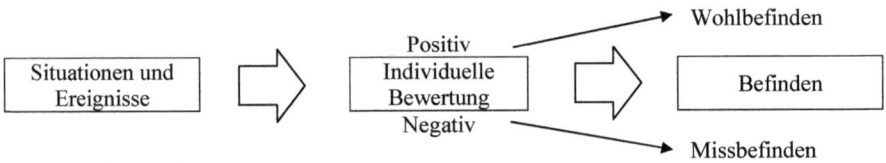

Abbildung 2-7a: Interaktionale Konzepte zum Wohlbefinden eines Individuums

Die Grundlagen für das Modell in Abbildung 2-6a liefern die Thesen kognitiver Emotionstheorien: Wird ein Ereignis positiv bewertet (z.B. als angenehm, als gelungen, als erwünscht, passend, erfolgreich), so entstehen positive Gefühle. Eine negative Bewertung dagegen löst unangenehme Gefühle aus. Diese Globalbewertungen müssen folglich weiter differenziert werden und es ist wichtig, die Bezugsquellen der Bewertung zu identifizieren (vgl. auch Stein, Trabasso & Liwag 1992; Stein, Folkman, Trabasso & Richards 1997). Diese können z.B. sein: die Vergleiche mit anderen Menschen, die Adaptionsprozesse an neue Lebenssituationen, die Ziele, Wünsche und Bedürfnisse eines Individuums, seine/ihre Kontrollüberzeugungen und die Attributionen zum Ereignis. Die folgenden Ausführungen sind nach diesen kognitiven Kriterien geordnet.

Soziale Vergleiche

Soziale Vergleiche werden von Michalos (1985) sowohl für inter- als auch intraindividuelle Unterschiede im Wohlbefinden geltend gemacht. Er geht davon aus, dass subjektive Erwartungen und Aspirationen ebenso relevant für die Genese des Wohlbefindens sind wie reale Ergebnisse. Der Vergleich mit anderen Menschen und der Vergleich mit früheren Erlebnissen dienen als Grundlage zu Interpretationen des Verhältnisses von Aspiration und Leistung. Werden die Leistungen anderer Personen oder eigene, vorangegangene Leistungen als besser beurteilt, so führt das zu einem Graben zwischen der Aspiration und der Leistung und hat einen negativen Einfluss auf die Zufriedenheit. Den Ergebnissen der empirischen Untersuchungen von Michalos (1985) zufolge war die Zufriedenheit in den untersuchten Bereichen (z.B. Gesundheit, Sicherheit, Familienleben) am höchsten, in denen sich die befragten Personen ihren Zielen am nächsten und im Vergleich zu anderen Menschen am besten fühlten. In Pfadanalysen zeigte sich des Weiteren, dass Vergleiche zur früheren Lebenssituation und Vergleiche mit anderen Menschen den Graben zwischen Zielen und Ergebnissen vorhersagen konnten und dass dieser wiederum den stärksten Prädiktor für die Zufriedenheit eines Individuums darstellte. Herausragende Bedeutung kam dem Familienleben zu: War ein Mensch zufrieden mit dem Familienleben, so wirkte sich das deutlich auf seine allgemeine Zufriedenheit und seine Lebensfreude aus. Freundschaften spielten auch eine Rolle, aber mit wesentlich geringerer Bedeutung.

Soziale Vergleiche lagen implizit auch einer Studie zugrunde, die Diener, Colvin, Pavot und Allman (1991) zur Leistungsbeurteilung durchgeführt hatten. In Anlehnung an die „range-frequency"- Theorie von Parducci (1984) nahmen sie an, dass nicht nur die absolute Leistung die Valenz und Intensität eines Gefühls bestimmt. Auch die relative Position einer Leistung, die ihrerseits von sozialen Vergleichen abhängig ist, sollte sich auf das Gefühlserleben eines Menschen auswirken. Die Hypothese lautete, dass individuelle Leistungen weniger Freude auslösen, wenn andere noch bessere Leistungen erzielen. Die Ergebnisse bestätigten dies weitgehend und wurden von Diener et al. (1991, S. 497) folgendermassen zusammengefasst: "Our results suggest that an extremly positive event will not necessarily make bad events seem worse, but an extremly positive event might lower the value of moderately good events."

Mit sozialen Vergleichstheorien sind eine Anzahl von Fragen und Schwierigkeiten verbunden, die bis heute nicht geklärt werden konnten (vgl. Averill & More 1993; Frijda 1993; Veenhoven 1991a): Wie kann man (in nicht experimentellen Studien) herausfinden, welche Bezugsgruppen und welche Normen als Basis des Vergleichs dienen? Was wird als sog. „Standard" gesehen? Welche Abweichungen werden als negativ, welche als positiv bewertet? Wie konstant sind diese Wertungen, wie werden sie von aktuellen Situationsbedingungen beeinflusst? Reicht es bereits, einen Standard zu erreichen, um sich wohl zu fühlen, oder muss dieser Standard – und wenn ja, um wieviel – übertroffen werden? Hat man einen Standard übertroffen – ist er dann noch ein Standard? Wie wichtig sind soziale Vergleiche bei der Entstehung von positiven Gefühlen? Passen sich Menschen an ihre jeweiligen Lebensumstände an?

Adaption

Vor allem die Kritiker/innen sozialer Vergleichstheorien (z.B. Veenhoven 1991a) unterstützten die Grundzüge von Adaptionsniveau- und Diskrepanztheorien, die auf Brickman und Campbell (1971), Brickman et al. (1978) und Helson (1964) zurückgehen. Aber auch die schwachen Zusammenhänge zwischen sozio-demographischen Daten, objektiven Lebensbedingungen und dem Wohlbefinden legten mögliche Adaptions- bzw. Habituationsprozesse nahe. Ausgangspunkt für die Formulierung von Adaptionstheorien im Rahmen der Wohlbefindensforschung waren u.a. die Beobachtungen, dass sich (a) Lotteriegewinner nur kurzfristig wohler fühlten und dann auf ihr ursprüngliches Niveau zurückkehrten, (b) behinderte Menschen trotz massiver Lebensbeeinträchtigungen nicht weniger wohl fühlten als gesunde Menschen (Brickman et al. 1978) und (c) selbst so wichtige Erlebnisse wie kritische Lebensereignisse (im Sinne von Havighurst 1948) meist nur einen kurzfristigen Einfluss auf das Wohlbefinden ausüben (Grob 1995; Grob et al., 1992). Die empirisch belegten Ergebnisse erlauben die Schlussfolgerung, dass Menschen auf neue Lebensereignisse zwar unmittelbar stark (emotional) reagieren können, sich aber relativ schnell an neue Lebensumstände gewöhnen und allmählich wieder bei ihrer Ausgangslage in Bezug auf Emotion und Kognition angelangen (vgl. Veenhoven 1991a). Dies traf sowohl für positive als auch für negative Ereignisse und die damit verbundenen Emotionen zu. Diener et al. (1997, S. 32) sprachen deshalb von einer „long-term baseline of well-being", die dominant und nur kurzfristig beeinflussbar ist (vgl. auch Cohler & Boxer 1984; Myers & Diener 1995; Suh et al. 1996), Headey und Wearing bezeichneten dieses Phänomen als „dynamic equilibrium" (1989), das Schwankungen nur bis zu einem begrenzten Mass unterliegt.

Es ist jedoch nicht zu beobachten, dass sich alle Menschen gleich wohl fühlen. Für interindividuelle Abweichungen machten McIntosh & Martin (1992) einerseits die Vor-Erfahrungen eines Menschen verantwortlich. Waren diese z.B. negativ, so kann dies zu erhöhten Wohlbefindenswerten, zu einer besseren aktuellen Bewertung der Lebensqualität führen (Strack et al. 1985). Andererseits betonten McIntosh und Martin (1992, S. 227), wie wichtig es sei, die individuelle Wahrnehmung und Interpretation aktueller Ereignisse zu beachten: „... happiness may be as much, if not more, a function of what people think is happening than of what is actually happening." Auch Adaptionstheorien greifen demnach zu kurz, da z.B. ungeklärt blieb, an welche Bedingungen sich Menschen anpassen können ohne ihr Wohlbefinden langfristig zu beeinträchtigen. Welche Prozesse und Lebensumstände unterstützen die Adaption? Es ist erforderlich Bewertungs- und Erwartungsprozesse bei der Beurteilung und Genese des

Wohlbefindens genauer zu analysieren (vgl. auch Oishi, Diener, Suh & Lucas 1999). Das heißt, um ein bestimmtes Niveau des Wohlbefindens verstehen zu können, muss man wissen, was einen Menschen glücklich macht, welche Ziele, Wünsche und Bedürfnisse er hat.

Ziele, Wünsche und Bedürfnisse

Diener (1984) arbeitete die Bedeutung von sog. „telic theories", also teleologischen Theorien heraus. Er verstand darunter Theorien, die das Wohlbefinden mit dem Erreichen individueller Ziele in Verbindung bringen: Erfolge führen zu positiven Gefühlen und können die Selbstwirksamkeitsüberzeugungen eines Individuums erhöhen (Bandura 1982). Werden Ziele allerdings nicht erreicht, löst dies negative Emotionen aus, welche sich sogar intensivieren können, wenn sich ein Individuum gedanklich stark mit dem Scheitern beschäftigt. McIntosh und Martin (1992, S. 227) nannten dieses Phänomen „rumination", das dann auftritt, wenn Menschen davon überzeugt sind, ihr Glück hänge vom Erreichen des jeweiligen Ziels ab. Teleologische Theorien entsprechen den kognitiven Konzepten zur Genese von Happiness: "Pleasure without purpose is no prescription for happiness." (Averill & More 1993, S. 625).

Emmons (1986, 1989) untersuchte das Wohlbefinden eines Menschen als eine Funktion eines hierarchisch höheren Konstrukts der Motivation, der Bedürfnisse und der persönlichen Bestrebungen (vgl. dazu auch Ryan & Deci 2000). Ähnlich wie Little (1983, 1989) bezeichnete er „personal strivings" als einen Prozess individueller Zielverfolgung[26], der anhand seiner Bedeutsamkeit, seines Aufwands, seiner Klarheit, seiner Schwierigkeit, seines Einflusses etc. charakterisiert werden kann. Emmons ging davon aus, dass positive und negative Gefühle und die Lebenszufriedenheit eines Menschen mit unterschiedlichen Aspekten seiner Ziele verbunden sind. Er stellte die Hypothese auf, dass

a. positive Emotionen mit einer hohen Wahrscheinlichkeit, ein Ziel zu erreichen, mit vorhergegangenem Erfolg, mit Wert und subjektiver Bedeutung eines Ziels und mit dem Grad des Commitments gegenüber einem Ziel zusammenhängen.

b. negative Emotionen negativ mit vorhergegangenem Erfolg und Erfolgswahrscheinlichkeit, aber positiv mit der Schwierigkeit und Ambivalenz eines Ziels und der aufgewendeten Anstrengung korrelieren.

c. die Lebenszufriedenheit positiv mit der Erfolgswahrscheinlichkeit, der Klarheit der Mittel, den Möglichkeiten, ein Ziel zu erreichen, und seiner prinzipiellen Erreichbarkeit, jedoch negativ mit der Schwierigkeit eines Ziels assoziiert ist.

---

26 Sheldon und Elliot (1999) stehen dieser Definition von individuellen, persönlichen Zielen allerdings kritisch gegenüber, denn sie zeigten, dass persönliche Ziele nicht immer persönlich sind und dass nicht jeder Fortschritt, jeder Schritt in Richtung Zielerfüllung wohltuend sein muss.

Die Ergebnisse bestätigten Emmons These, denn es fanden sich klare Zusammenhänge zwischen den persönlichen Bestrebungen eines Menschen und seinen Gefühlen. Wie erwartet, waren diese Zusammenhänge aber je nach Gefühlsvalenz verschieden. So z.B. korrelierten positive Gefühle positiv mit dem Wert des Ziels, mit vergangener Zielerreichung und dem Grad der aufgewendeten Anstrengung. Negative Gefühle dagegen korrelierten am höchsten (positiv) mit geringer Erfolgswahrscheinlichkeit, Konflikten zwischen Zielen und Zielambivalenz. Individuen mit einer hohen Lebenszufriedenheit beurteilten ihre Bestrebungen als wichtig, wertvoll, konfliktfrei und waren davon überzeugt, dass sie ihre Ziele auch erreichen können. Es zeigte sich auch, dass Personen zufriedener mit ihrem Leben waren, wenn sie in ihrem Ziel aufgingen – unabhängig davon, ob sie auf frühere Erfolgserlebnisse zurückblicken konnten.

Ruehlman und Wolchik (1988) konnten mit der Kontrolle über und der Eingebundenheit in persönliche Ziele sowie mit Anspannungen bezüglich der Zielerreichung („project strain") sogar 25% der Varianz des Wohlbefindens erklären. Folgerichtig gelangte Brunstein (1993; Brunstein, Schultheiss & Grässmann 1998; Maier & Brunstein 1998) in Anlehnung an die theoretischen Konzeptionen von Little (1983, 1989; Palys & Little 1983) und Emmons (1986, 1989) zu der Überzeugung, dass Eigenschaften von persönlichen Zielen (z.B. ihre Erreichbarkeit) inter- und intraindividuelle Unterschiede im Wohlbefinden eines Menschen erklären können. Veränderungen im Wohlbefinden hingen in seinen Studien signifikant mit den Zielen der untersuchten Personen zusammen: Wenn sie sich einem für sie sehr erstrebenswerten Ziel näherten, so steigerte dies ihr Wohlbefinden. Wurde das Erreichen eines bedeutsamen Ziels erschwert oder gar verhindert, reduzierte sich das Wohlbefinden. Dass sich sogar experimentell generierte Ziele und Wünsche im emotionalen Erleben eines Menschen widerspiegeln, konnten Diener et al. (1991) nachweisen. Sie fanden heraus, dass die Stärke eines Wunsches, ein bestimmtes Ergebnis zu erreichen oder zu vermeiden, bzw. die Bewertung von Erfolg oder Misserfolg das Affektniveau verändert: Je stärker die Bedeutung eines Ziels hervorgehoben und je negativer das Scheitern bewertet wurde, desto eher konnte das Wohlbefinden beeinflusst werden.

Ziele können durch biologische oder psychologische Bedürfnisse entstehen, kulturell übernommen oder bewusst gesetzt sein (vgl. Diener & Larsen 1993). Auf den ersten Blick scheint es plausibel, dass ein Individuum sich z.B. freut, wenn es ein Ziel erreicht, dass es frustriert ist, wenn es das Ziel verfehlt oder nur teilweise erreicht. Dieser Zusammenhang konnte auch empirisch mehrfach bestätigt werden (z.B. Pomerantz, Saxon & Oishi 2000). Die Affektwirksamkeit von Zielen ist jedoch nicht gleich stark für positive und negative Gefühle und es gibt Unterschiede in der Bedeutung der Ziele für die Genese des Wohlbefindens (vgl. Fuchs 1995; Sheldon & Elliot 1999). Wie Diener und Larsen (1993, S. 411) dies erläuterten: "Because needs and goals depend on learning, life cycle, and biological factors, emotional well-being may result from quite different telic states for different people at different times in their lifes." Trotz der oben dargestellten Untersuchungen ist bisher noch zu wenig geklärt, wie das

Erreichen von Zielen und das Wohlbefinden genau zusammenhängen (Stein et al. 1997). Werden Ziele mehrmals erreicht, sind diese dann für das Wohlbefinden gleichermassen wichtig? Ist nur das Erreichen von Zielen wichtig oder kann schon der Prozess zum Ziel angenehme Emotionen auslösen? Welche Relevanz besitzen individuelle Ziele im Vergleich zu aktuellen Situationsbewertungen? Epstein (1984) und Schwarz und Clore (1983) machten zudem darauf aufmerksam, dass Emotionen selbst eine Quelle für die Beurteilung von Situationen darstellen können: Fühlt man sich z.B. in einer Situation wohl, so ist diese angenehm und erwünscht; erlebt man negative Emotionen, so ist sie besser zu vermeiden.

Kontrollüberzeugungen

Die Kontrollmeinung, d.h. die subjektive Überzeugung, Einfluss auf das eigene Leben zu haben, wurde von der Arbeitsgruppe um Grob als eine zentrale Einflusskomponente für das Wohlbefinden angesehen und über mehrere Jahre sowie an verschiedenen Stichproben überprüft (Flammer, Grob & Lüthi 1987; Flammer, Grob, Lüthi & Kaiser 1989; Grob et al. 1992). So z.B. verglichen sie (Grob et al. 1989, vgl. auch Kap. 2.2.1) delinquente Jugendliche, die sich im Massnahmenvollzug befanden, mit nicht-delinquenten Gleichaltrigen, die aus einer grossen Stichprobe einer anderen Untersuchung (vgl. Flammer et al. 1987, 1989) nach ihrer Übereinstimmung bezüglich Geschlecht, Alter, Schulbildung und sozio-ökonomischem Status des Vaters ausgewählt wurden. Auf den ersten Blick liess sich der postulierte Zusammenhang nicht bestätigen: Jugendliche, die in Heimen verwahrt wurden, fühlten sich durchwegs weniger wohl als die gleichaltrige Kontrollgruppe. Detailauswertungen zeigten aber, dass hohe Kontrollüberzeugungen für bestimmte Lebensbereiche (z.B. Entwicklung der Persönlichkeit und der Arbeitsplatz) mit einer höheren Zufriedenheit (als einer Teilkomponente des Wohlbefindens) einhergingen. Kontrollüberzeugungen schienen daher eher mit der kognitiven, weniger mit der emotionalen Komponente des Wohlbefindens zusammenzuhängen. Möglicherweise kann die subjektive Kontrollüberzeugung davor schützen, dass die Unzufriedenheit noch grösser wird.

Inwieweit von einer Beeinflussung des Wohlbefindens bzw. der Zufriedenheit durch das individuelle Kontrollgefühl gesprochen werden kann, ist noch offen, obwohl z.B. Lachman und Waever (1998) glauben, dass Kontrollüberzeugungen sogar gesundheitliche Probleme und eher ungünstige Wohlbefindenswerte von Personen in sozial schwachen Klassen mildern können. Grob et al. (1989, S. 84) sprachen von einer Kausalbeziehung in dem Sinne, „dass (die) Wahrnehmung persönlicher Kontrollmöglichkeiten eine positive Wirkung auf die Zufriedenheit haben kann". Diese Annahme erscheint plausibel, und es zeigten sich wiederholt positive Zusammenhänge zwischen diesen beiden Konzepten (z.B. auch Fuchs 1995; Lachman & Weaver 1998). So konnten Grob et al. (1996) bei Jugendlichen aus 14 verschiedenen Ländern, trotz zum Teil starker (länderspezifischer) Unterschiede in den Merkmalsausprägungen, signifikante, schwache bis mittlere Korrelationen zwischen den Kontrollvariablen und den beiden untersuchten Zufriedenheitsskalen Selbstwertgefühl und positive Einstellungen zum Leben nachweisen. Siddique und D'Arcy (1984) dagegen waren der Meinung, dass Kontrollüberzeugungen eher als Mediatorvariablen im Zusammenhang von sozialem Stress und Wohlbefinden dienen können. Sie fanden heraus, dass Stress in der Schule und mit der Familie (definiert durch Angst, Depression, soziale Dysfunktionen und Energielosigkeit) von solchen Jugendlichen als psychisch belastend erlebt wurde, deren Kontrollüberzeugung eher extern orientiert war, d.h. die ein geringes Vertrauen in ihre eigenen Kontrollmöglichkeiten besassen. Dies erklärte nach Siddique und D'Arcy auch, warum das Wohlbefinden der Mädchen signifikant niedriger war als das der Jungen: Sie wiesen eine signifikant höhere externale Kontrollüberzeugung auf. Die Mediatorfunktion von Kontrollüberzeugungen war jedoch thematisch gebunden bzw. bereichsspezifisch begrenzt: Stresserfahrungen innerhalb der Familie wurden nicht über Kontrollüberzeugungen vermittelt, sondern erklärten direkt 10% der Varianz des psychologischen Stresses von Jugendlichen.

Es ist aber durchaus auch denkbar, dass ein hohes Wohlbefinden eine Wirkung auf die Beurteilung der subjektiven Einflussmöglichkeiten ausüben kann. Zudem müssen – so legten die Ergebnisse der Studie von Grob et al. (1989) nahe – die Lebensverhältnisse eines Individuums stärker berücksichtigt werden, um die Genese des Wohlbefindens erklären zu können (vgl. z.B. Diener et al. 1995). Weitere kritische Hinweise ergaben sich aus folgenden drei empirischen Resultaten:

1. Die Zufriedenheit eines Menschen konnte am besten durch seine Zufriedenheit zu einem früheren Zeitpunkt vorhergesagt werden (Fuchs 1995).
2. Es bestanden deutlich höhere Korrelationen zwischen Teilaspekten der Zufriedenheit als zwischen Zufriedenheitskomponenten und Variablen zur Kontrollüberzeugung (Grob et al. 1996).
3. Der soziale Status der Eltern stellt einen wichtigen Prädiktor für das Wohlbefinden Jugendlicher dar (Grob et al. 1996).

Attributionen

Als ein letztes Beispiel für affektwirksame Interaktionsprozesse zwischen dem Individuum und seiner Umwelt soll die Attributionstheorie kurz skizziert werden. Der Zusammenhang von Attributionen und Motivation wurde zunächst von Weiner (1972; Weiner, Russel & Lerman 1978, 1979) thematisiert und dann von Heckhausen (1980, 1989) in der Leistungsmotivationsforschung aufgegriffen (für eine allgemeine Übersicht vgl. Heckhausen 1989; Zimbardo 1992). Emotionen wurden in einem ersten Ansatz als unmittelbare Auswirkungen von Attributionen verstanden, die sogar den Rückschluss auf bestimmte Attributionen erlauben.

Weiner (1980) differenzierte diese Definition weiter, indem er mehrere Arten von emotionalen Reaktionen unterschied. So z.B. führen die (intern variablen) Kausalattributionen „ausreichende Prüfungsvorbereitung" zu der Erwartungsemotion „Zuversicht", zur Zustandsemotion „Gelöstheit" und zu einem Emotionswandel im Sinne von Erleichterung (vgl. Heckhausen 1980, S. 547; vgl. auch Kap. 4.5.1). Grundlage der Theorie bleibt, dass bestimmte Attributionsmuster spezifische Emotionen und Wohlbefinden auslösen (vgl. auch Cheng & Furnham 2001). Heckhausen (1989) ging sogar so weit, Emotion und Attribution als zwei Seiten des gleichen Prozesses zu definieren, weil das Erleben von Emotionen seiner Auffassung nach stets impliziert, dass eine Informationsverarbeitung mit Bezug auf Attributionsprozesse stattfindet.

Diesbezüglich lassen sich etliche Kritikpunkte anbringen. Es muss einerseits zugestanden werden, dass Emotionen nicht zwingend von den Ursachenzuschreibungen, sondern vielmehr vom Ergebnis direkt (Erfolg vs. Misserfolg) abhängen können. Polyvalente Emotion wie Freude und Trauer oder Frustration, die auf einer sehr allgemeinen Basis als Grundemotionen mit Erfolg und Misserfolg verbunden sind (vgl. Izard 1981), werden ausgeklammert. Ebenso wird die Tatsache übersehen, dass Erfolge und Misserfolge je nach subjektiver Bedeutung weitgehend wertungsfrei bleiben können. Die Ursachenzuschreibung bestimmt folglich weniger die Valenz, sondern bestenfalls Aspekte der Qualität des Gefühlserlebens. Andererseits gibt es Emotionen, die Attributionen vorauslaufen, wie dies beispielsweise bei Überraschung der Fall ist. Eine wichtige Einschränkung gründet ausserdem in der Tatsache, dass Emotionen nicht nur am Ende eines Leistungsprozesses im Hinblick auf das Ergebnis entstehen, sondern auch den Leistungsprozess selbst begleiten.

Zusammenfassung und Erweiterung

Der kurze Überblick über interaktionale Konzepte zum Wohlbefinden zeigt, dass die Wechselwirkung zwischen Mensch und Umwelt überwiegend anhand kognitiver Prozesse wie Vergleiche, Bewertungen, Ziele etc. charakterisiert wurde. Deshalb besteht ein enger theoretischer Zusammenhang mit kognitiven Emotionstheorien. Integriert man nun die o.g. Ergebnisse der oben dargestellten Studien, so wird in der vorliegenden Arbeit vorgeschlagen, das einfache Grundmodell kognitiver Emotionstheorien zu erweitern, indem die Kriterien für die individuelle Bewertung stärker einbezogen werden (Abb. 2-7b):

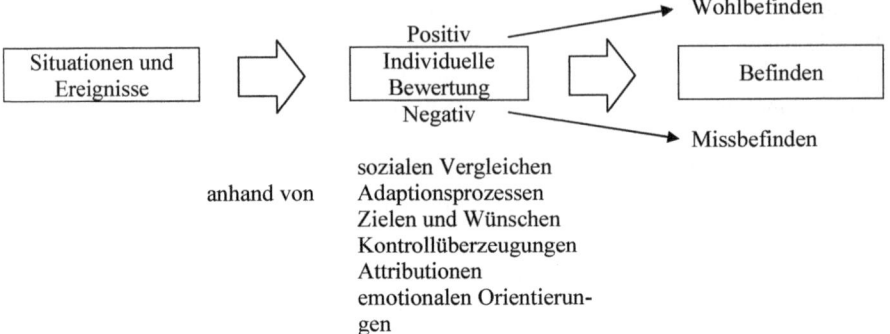

Abbildung 2-7b: Erweitertes Modell über interaktionale Konzepte zum Wohlbefinden eines Individuums

Auch hier ist wiederum anzunehmen, dass mehrere Bewertungskriterien gleichzeitig wirken können. Ebenfalls ist davon auszugehen, dass Kompetenzen und Ressourcen des Individuums einen Einfluss auf die Bewertung eines Ereignisses bzw. direkt auf die Genese des Wohlbefindens haben. Dies soll an folgenden zwei Beispielen veranschaulicht werden:

1. Becker, Krieger, Kamm und Schoerer (1989) hatten den Verlauf des Wohlbefindens über einen Zeitraum von drei Monaten untersucht und festgestellt, dass sich die untersuchten Personen aktiv darum bemühten, starke emotionale Schwankungen, die durch Alltagsereignisse entstanden, zu kompensieren. Dies bestätigte die Ergebnisse anderer Forschungen, die ebenfalls gezeigt hatten, dass auftretende situative emotionale Schwankungen vom Individuum ausgeglichen werden (z.B. Costa & McCrae 1984; Diener & Larsen 1984; vgl. auch Schwenkmezger 1994; vgl. auch Kap. 3.1.2).

2. Grob (1997b) konnte nachweisen, dass der Grad an Belastungen und die Bewältigungsstrategien, die Kinder und Jugendliche für den Umgang mit schwierigen Lebenssituationen zur Verfügung hatten, mit dem Wohlbefinden zusammenhingen (vgl. auch Bodmer 1997): „Jeder zusätzliche Belastungsgrad führt zu einem deutlichen Wohlbefindenseinbruch." (Grob 1997b, S. 161). Es gab aber auch Jugendliche, die sich trotz hoher Belastungen noch wohl fühlten. Grob (1997b, S. 162) sprach von „resilienten Jugendlichen". Ihre Resilienz schienen sie daraus zu schöpfen, dass sie im Vergleich zu allen anderen befragten Jugendlichen über Strategien verfügten, die sowohl eine problemorientierte als auch eine emotions- und ablenkungsorientierte Bewältigung von Alltagsbelastungen ermöglichten. Auch erlebten sich diese Jugendlichen als gleichermassen selbstwirksam und wiesen sogar eine höhere Kontrollüberzeugung auf als die anderen Jugendlichen.

2.3.4 Korrelate, Quellen und Ursachen des Wohlbefindens – Überblick und kritischer Ausblick

Der Überblick über die Korrelate, Ursachen und Einflussfaktoren des Wohlbefindens hinterlässt ein sehr vielseitiges und auch heterogenes Bild. Es werden viele Erklärungsfaktoren und verschiedene theoretische Erklärungen angeführt. Dies spiegelt die Ohnmacht wider, Wohlbefinden auf einer weniger komplexen Basis zu erklären:

"People's sense of well-being may be derived from many sources. (....) We should explicitly recognise that people's life priorities and ways of pursuing well-being are diverse." (Headey et al. 1984a, S. 117)

Oder wie Diener (1984, S. 561) formulierte:

"... it seems likely that subjective well-being will not be accounted for by a handful of potent variables, because of the immense number of factors that can influence it. Variables from the weather to beliefs to interactions between personality and environment will probably play a part, and it is unrealistic that anyone will be prepotent."

Mayring (1987) strukturierte deshalb die Einflussfaktoren des Wohlbefindens. Dazu lehnte er sich an ein Modell aus der psychologischen Stressforschung von Ulich, Mayring und Strehmel (1983) an. Gesellschaftliche Rahmenbedingungen wurden dabei ebenso in Betracht gezogen wie individuelle, intern ablaufende kognitive Prozesse, objektive Faktoren wie Aspekte der Persönlichkeit. Aufgrund der allgemeinen Formulierung der Einflussbereiche kann diese Darstellung (Abb. 2-8) als eine Zusammenfassung bestehender Arbeiten betrachtet werden:

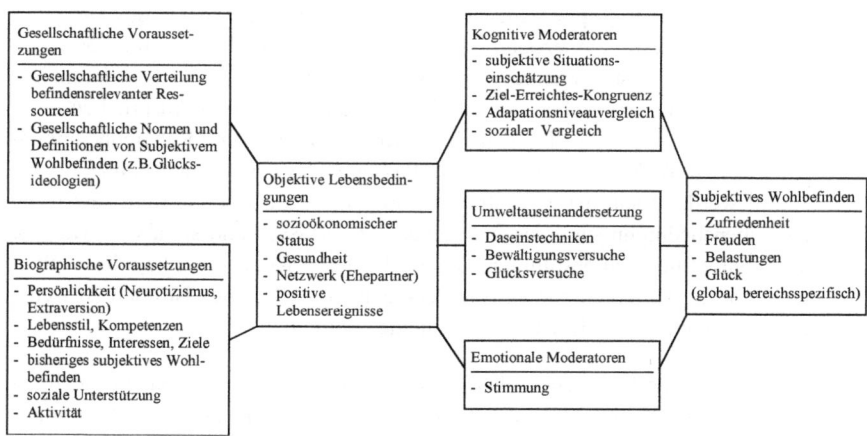

Abbildung 2-8:   Einflussfaktoren subjektiven Wohlbefindens (Mayring 1987, S. 372)

In aktuellen Publikationen wies Diener abermals darauf hin, wie wichtig es sei, an den theoretischen Grundlagen des Konzepts Wohlbefinden weiterzuarbeiten, da sehr viele, zum Teil widersprüchliche Konzepte bestehen und es bis heute an einer Gesamttheorie fehlt (Diener & Biswas-Diener 2000; Diener & Lucas 2000). Generell wurde von drei Haupteinflussbereichen ausgegangen (vgl. auch Becker 1994), die im Folgenden nochmals kurz resümiert werden:

1. Manche Theorien sehen die Umweltbedingungen und Kontextfaktoren als verantwortlich für die Genese des Wohlbefindens. So z.B. werden die Bedingungen des Arbeitsplatzes analysiert (vgl. Becker 1994, S. 28). Dies erfordert eine Erfassung des Umfeldes und eine Bestimmung der Relevanz dieser Bedingungen für die Entwicklung des Wohlbefindens. Es erwies sich jedoch nicht als möglich, solche Aspekte des Umfeldes zu identifizieren, die eine generelle Bedeutung für das subjektive Wohlbefinden besitzen. Am ehesten konnte bestätigt werden, dass soziale Beziehungen besonders wichtig sind.

2. Andere Theorien definieren personenspezifische Bedingungen als Ursachen. Es wird davon ausgegangen, dass bestimmte Personengruppen eher dazu neigen, sich wohler zu fühlen als andere, bzw. dass Individuen mit unterschiedlichen Mitteln erreichen, dass sie sich wohl fühlen. Extravertierte Individuen z.B. erleben mehr positive Emotionen und haben häufiger positive Erlebnisse in Interaktionen und sozialen Beziehungen (Argyle 1987; Costa, McCrae & Norris 1981; Warr, Barter & Brownbridge 1983), wogegen z.B. ein hoher Neurotizismus negativ mit dem Wohlbefinden von Individuen korreliert. Zu klären bleibt bei diesen Ansätzen nach wie vor, welche Persönlichkeitsaspekte eine Rolle für die Genese des Wohlbefindens einnehmen, welche Wirkung sie ausüben und welche intra- und interpersonellen Unterschiede bestehen.

3. Die dritte Theoriengruppe geht davon aus, dass sowohl Aspekte des Umfeldes als auch der Person einbezogen werden müssen. Diese Überzeugung lässt sich z.B. durch den passungstheoretischen Ansatz von Pervin (1968) illustrieren: Die Übereinstimmung zwischen den Motiven, Bedürfnissen und Ansprüchen eines Individuums mit seinen Möglichkeiten, Kontextfaktoren und Rahmenbedingungen führt zu Wohlbefinden. Da diese Passung von aussen nicht eindeutig bestimmt werden kann, ist es zentral, die subjektive Beurteilung und Bewertung der Lebensbedingungen eines Individuums zu erfassen und sie als relevant für das Wohlbefinden zu bestimmen. Die Stärke dieser Konzeption liegt im expliziten Einbezug variabler, subjektiver Perspektiven. Allerdings ist noch zu wenig darüber bekannt, wie diese Urteile zustande kommen.

Als Ursachen des Wohlbefindens – das je nach Ansatz z.B. als Agglomerat positiver Emotionen (Veit & Ware 1983), als Verhältnis positiver und negativer Emotionen (Bradburn 1969), als positive Emotionen bei gleichzeitigem Fehlen negativer Emotionen (Becker 1994), als kognitive und affektive Beurteilung des Lebens (Diener et al.

1995) angesehen wird – sollten gegenwärtig vermehrt Einflussfaktoren auf die subjektive und individuelle Situationswahrnehmung und -interpretation diskutiert werden (McIntosh & Martin 1992). Demzufolge ist zu erwarten, dass klare inter- und intraindividuelle Unterschiede bestehen. Dies erklärt möglicherweise nicht nur, warum eine generelle Theorie des Wohlbefindens bisher zum Scheitern verurteilt war (und wohl auch bleiben wird), sondern auch, warum gezielte Trainings- und Förderungsprogramme – z.B. die Förderung zufriedenstellender Aktivitäten und der kognitiven Selbstkontrolle, soziale Verbesserungen und psycho-therapeutische Behandlungen – nur wenig zur Genese des Wohlbefindens beitragen konnten (Veenhoven 1991a, 1994). Die Linien der Zusammenhänge und Erklärungen für die Entstehung des Wohlbefindens sollen für die vorliegende Arbeit wie folgt systematisiert werden (Abb. 2-9):

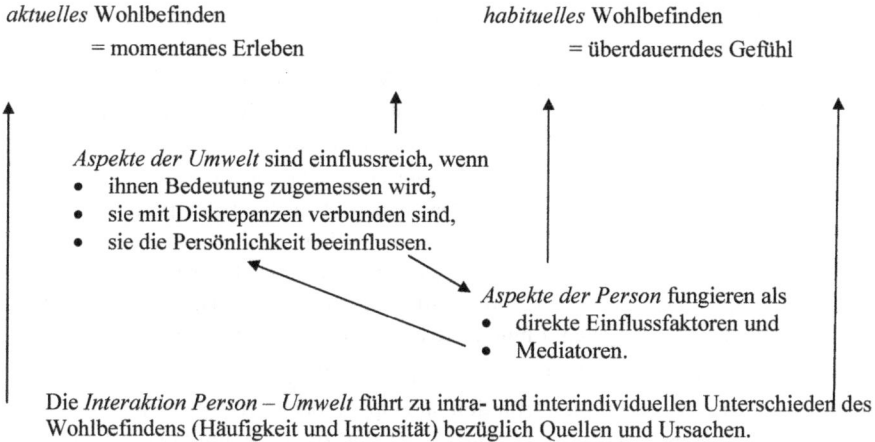

Abbildung 2-9:   Erklärung der Genese des Wohlbefindens auf der Grundlage bestehender Arbeiten der allgemeinen Wohlbefindensforschung

Neben der Vielseitigkeit und Komplexität der Einflussbereiche stellen sich weitere, sowohl theoretisch als auch methodisch basierte Probleme, die es in der vorliegenden Arbeit zu berücksichtigen gilt:

1. Häufig findet man eine Vermischung von Korrelaten, Komponenten und Indikatoren in der Wohlbefindensforschung (Mayring 1994, S. 63), d.h., es besteht eine Vermischung der Frage „Wie drückt sich Wohlbefinden aus?" mit der Frage „Womit hängt das Wohlbefinden zusammen?" bzw. „Wodurch wird das Wohlbefinden beeinflusst?". Ein Überblick von Mayring (1987) über Untersuchungen zur Faktorenstruktur des subjektiven Wohlbefindens macht dies deutlich: Manchmal sind Sozialbeziehungen – repräsentiert durch Konzepte wie soziale Integration, Qualität von Sozialbeziehungen und emotionale Bindungen (vgl. Lawton 1972; Closs & Kempe 1986; Veit & Ware 1983) – Komponenten

des Wohlbefindens. Andernorts werden Sozialbeziehungen als Einflussfaktoren auf das Wohlbefinden angesehen (z.B. Schwarzer & Leppin 1994). Ähnliches trifft für das Erreichen von Zielen zu. So z.B. definierte Lawton (1984) vier Faktoren des subjektiven Wohlbefindens: (1) ein negativer emotionaler Faktor (z.B. Angst, Unruhe, Depression), (2) ein positiver emotionaler Faktor (Lust und Freude), (3) Glück und (4) Zielkongruenz (einerseits ein Gefühl der Zufriedenheit, andererseits die Überzeugung, Ziele erreicht zu haben). Teleologische und motivationale Theorien des Wohlbefindens dagegen verstehen Ziele und das Erreichen von Ziele als die zentrale Quelle positiver Gefühle (siehe dazu ausführlicher Kap. 2.3.3).

2. Die Richtung der Kausalbeziehung kann oftmals nicht festgelegt werden. Bei den meisten sog. Einflussfaktoren muss einschränkend gesagt werden, dass sie eine Wirkung auf das Wohlbefinden haben können, dass aber zugleich auch das Wohlbefinden eine Wirkung auf eben diese Faktoren haben kann. So z.B. ist die soziale Unterstützung von nahestehenden Menschen wichtig für die Genese des Wohlbefindens. Diese Unterstützung ist aber ihrerseits wiederum abhängig von dem emotionalen Befinden der Person, die Unterstützung benötigt.

3. Des Weiteren ist bis heute zu wenig geklärt, welche Faktoren welche Wirkung auf welche Aspekte des Wohlbefindens haben. Plausible Effektpostulate gibt es viele, konkrete Kausalanalysen jedoch sind selten. Zudem ist unklar, ob von einer Langzeitwirkung gesprochen werden kann, welche Teilwirkungen bestehen und welche weiteren Wirkungsdifferenzierungen (z.B. durch die Bedeutung der Kontaktfähigkeit, Emmons & Diener 1986) getroffen werden müssen.

Diese Unklarheiten lassen sich nicht einfach aus dem Weg räumen. Eine Möglichkeit ist, ein besonderes Auge auf die Definition und Operationalisierung des Wohlbefinden und der in Abhängigkeit dazu untersuchten Variablen zu haben, um die erhaltenen Ergebnisse und Zusammenhänge im rechten Licht betrachten zu können. Eine andere Möglichkeit besteht darin, Wohlbefinden weniger generalisiert als ein einheitliches Gesamtkonstrukt, sondern differenzierter zu untersuchen. Dieser Vorschlag wird in den nachfolgenden Kapiteln (Kap. 3 und 4) erläutert. Die Bedeutung von Korrelaten und Einflussfaktoren ist in Bezug auf die verschiedenen Komponenten des Wohlbefindens zu prüfen, wie dies bereits von Costa und McCrae (1980) vorgeschlagen, aber bisher zu wenig beachtet wurde. Da sich das Wohlbefinden aus kognitiven und emotionalen Aspekten zusammensetzt, erscheint eine differenzierte Betrachtung dieser beiden Dimensionen bedeutungsvoll.

Trotz der bestehenden Schwächen sind zwei Grundannahmen der oben dargestellten Arbeiten besonders hervorzuheben, da sie eine wesentliche Grundlage für die vorliegende Arbeit darstellen:

1. Die dargestellten Konzepte weisen auf die Überzeugung hin, dass Wohlbefinden gefördert werden kann, denn die Ansätze, die eine Steigerung des Wohlbefindens für unmöglich halten, lassen sich empirisch nicht bestätigen. Es scheint je-

doch, dass Wohlbefinden bzw. Happiness ein eher träges Konstrukt ist (Veenhoven 1991a, S. 18): "Rather than saying happiness 'is' fixed, we should say that 'it tends to get fixed'." Von welchen Aspekten diese Fixierung abhängt und wie sie sich vollzieht, ist aber noch völlig ungeklärt und wohl auch nur mit – in diesem Forschungsgebiet bisher raren – Längsschnittstudien zu beantworten.

2. Das Wohlbefinden der Menschen sollte sichergestellt bzw. gefördert werden, denn es hängt mit einer Reihe erwünschter Aspekte zusammen, z.B. eine erweiterte Wahrnehmung, vermehrte Sozialkontakte, verbesserte Gesundheit, aktives Leben, starkes Selbstwertgefühl: "... there is sense in trying to improve human happiness", denn "There is no evidence for the idea that happiness is harmful. Happiness does not numb or lead to apathy. Rather, it seems to activate people, to foster social contacts and to benefit health. Therefore, happiness is a matter worth promoting." (Veenhoven 1991a, S. 22 und S. 24).

In den nachfolgenden Ausführungen wird zu zeigen sein, wie diese Grundlagen für das Wohlbefinden von Jugendlichen in der Schule umgesetzt werden können.

3. Forschungsüberblick zum Wohlbefinden in der Schule

Das Ziel des nachfolgenden Kapitel ist, den Begriff ‚Wohlbefinden in der Schule' aus der Perspektive der Schul- und Unterrichtsforschung zu konkretisieren. Deshalb beinhaltet es einen detaillierten Forschungsüberblick zum Thema Wohlbefinden in der Schule (Kap. 3.1), auf dessen Basis Forschungsdesiderate dargestellt und präzisiert werden (zusammenfassend Kap. 3.5). Da Wohlbefinden häufig mit positiven Emotionen und mit Zufriedenheit gleichgesetzt wird (vgl. dazu Kap. 2), wird im vorliegenden Kapitel der Blick erweitert und es werden im folgenden Forschungsüberblick auch Arbeiten dargestellt, die Zufriedenheit, Freude und positive Einstellungen erhoben (Kap. 3.2), die generell positive Emotionen in schulischen Kontexten thematisiert bzw. untersucht (Kap. 3.3) und die Emotionen in schulrelevanten Kontexten in einen Zusammenhang mit der Motivation der Lernenden gestellt haben (Kap. 3.4). Das Kapitel dient auch dazu, Grundlagen für eine Theorie schulischen Wohlbefindens zu schaffen, die in Kapitel 4 entwickelt wird.

3.1 Wohlbefinden in der Schule – ein Forschungsüberblick

So zahlreich die Publikationen und Forschungsarbeiten zum Thema Wohlbefinden im anglo-amerikanischen Raum sind, so selten finden sich Arbeiten zum Wohlbefinden von Schüler/innen. Die wenigen vorhandenen Studien stammen nahezu ausschliesslich aus dem deutschen Sprachraum. Gemeinsam ist den Arbeiten dieses Teilkapitels, dass sie explizit vom Wohlbefinden in der Schule sprechen und empirische Ergebnisse dazu präsentieren. Es wird sich aber auch zeigen, dass etliche Autoren zwar von Wohlbefinden in der Schule reden, dieses aber gar nicht erfassen bzw. nur einzelne Teilbereiche streifen.

3.1.1 Wohlbefinden in der Schule – aktueller Forschungsstand

Die Sozialisationseffekte der Schule und die damit verbundenen latenten Lernprozesse der Schülerinnen und Schüler standen im Mittelpunkt der Ausführungen von Fend, Knörzer, Nagl, Specht & Väth-Szusdziara (1976): „Kein Schüler kann sicher sein, ob er das Lernziel erreicht, keiner weiß, ob nicht viele andere besser sind als er. Schulische Lernprozesse sind deshalb meist mit affektiven Begleitprozessen verbunden, mit Angst oder mit Erfolgszuversicht." (Fend et al. 1976, S. 144f). Zwei pädagogische Ziele müssten demnach sein,

    a. die Angst zu vermindern, da sie – ebenfalls wie die Misserfolgsorientierung – das subjektive Wohlbefinden einer Schülerin / eines Schülers einschränkt (vgl. Fend et al. 1976, S. 145), und

    b. das Wohlbefinden, d.h. die Erfolgszuversicht und die Schulfreude, zu erhöhen, das zu leistungsunterstützenden Attributionsmustern führen und damit zur Leistungssteigerung beitragen kann.

Fend et al. untersuchten die Emotionen von Schüler/innen (a) anhand der Erfolgsorientierung in der Schule vs. Misserfolgsorientierung und Angst sowie (b) anhand des sog. Schulinvolvements, das sich z.B. durch Freude an der Schule repräsentiert[27]. Sie führten eine umfangreiche Querschnittstudie mit Jugendlichen aus deutschen Gesamtschulen, Haupt- und Realschulen[28] sowie Gymnasien durch, in der die Erfolgszuversicht mit Bezug auf Prüfungssituationen und auf neue, schwierige Aufgaben erhoben wurde. Die Auswertungen zeigten, dass Mädchen weniger erfolgszuversichtlich als Jungen sind, Schüler/innen auf dem Land weniger als in der Stadt. Die höchsten Werte in der Erfolgszuversicht wiesen Gymnasiast/innen und Gesamtschüler/innen auf im Vergleich zu Real- und Hauptschüler/innen, die sich nicht voneinander unterschieden. Dieses Resultat muss allerdings durch den Mediatoreffekt des Leistungs- bzw. des Kursniveaus in der Gesamtschule relativiert werden: Mit einem Absinken des Niveaus nahm auch die Erfolgszuversicht ab (und die Schulangst zu), unabhängig von der Schulform bzw. dem Schulniveau. Dies führte Fend et al. (1976, S. 153f) zu der Annahme, „daß für Angst und Erfolgszuversicht die relative Stellung innerhalb der Leistungshierarchie der Bezugsgruppe der entscheidende Faktor ist". Aber auch diese Schlussfolgerung musste noch differenziert werden, da Erfolgszuversicht auch mit anderen Variablen, z.B. einem positiven Begabungsselbstbild, mit angenehmen Sozialbeziehungen zwischen Lehrer/innen und Schüler/innen und mit sozialer Anerkennung in der Klasse verbunden war.

Das Schulinvolvement wurde von Fend et al. definiert als „...Bedingungsgefüge, das gegenüber der allgemeinen Leistungsmoral eher schulbezogen ist und zudem eher affektive Elemente (Wohlbefinden, Freude an der Schule, positive Einstellungen gegenüber den Lehrern) impliziert, ..." (Fend et al. 1976, S. 70). Es wurde repräsentiert durch die individuellen kognitiven und emotionalen Bewertungen der Schule, welche wichtig sind für die Einstellungen der Schüler/innen zum Lernen und für die pädagogische Wirksamkeit von Lehrpersonen und welche einen Indikator für Schulqualität darstellen. Als theoretische Grundlage bezogen sich Fend et al. auf das Annäherungs- bzw. Meidungsverhalten, das aus biologistischen Lerntheorien bekannt ist: Wenn Schüler/innen die Schule positiv bewerten und positive Emotionen empfinden (positives Schulinvolvement), so gehen sie gerne zur Schule, fühlen sich der Schule wohl und erledigen die Anforderungen und Aufgaben willig und aus Eigenmotivation. Eine Abneigung gegenüber der Schule, d.h. ein negatives Schulinvolvement, drückt sich in minimalisiertem, ausweichendem oder gar leistungsverweigerndem Lernverhalten aus. Über die Hälfte der Jugendlichen fühlte sich in der Schule eher wohl (siehe Tab. 3-1). Diese Prozentwerte variierten zwischen Hauptschüler/innen (63%), Gesamtschüler/innen (62%), Realschüler/innen (58%) und Gymnasiast/innen (55%). Ca. ein Drit-

---

27 Der Schwerpunkt der Ausführungen von Fend et al. (1976) liegt jedoch auf den Resultaten zur Schulangst.
28 Zur Begriffsklärung: Hauptschulen sind Sekundarschulen mit Grundanforderungen, Realschulen stellen erweiterte Anforderungen an die Schüler/innen.

tel aller befragten Schüler/innen fühlte sich in der Schule weder wohl noch unwohl. Es gab aber auch Schüler/innen, die ihr *mangelndes* Wohlbefinden zum Ausdruck brachten. Dies waren 7% der Jugendlichen in Hauptschulen, 11% in Gesamtschulen, 14% in Realschulen und immerhin 19% in Gymnasien.

Tabelle 3-1:   Wohlbefinden in der Schule bei Schülern des 9. und 10. Schuljahrs, aufgeteilt nach Schulformen und Prozentsätzen (Fend et al. 1976, S. 448)

	Gesamtschule (N=1889)	Hauptschule (N=452)	Realschule (N=722)	Gymnasium (N=687)
Fühle mich eher wohl (+4 bis +1)	62.4	62.7	58.0	54.5
Fühle mich weder besonders wohl noch besonders unwohl (0)	27.1	30.3	28.4	26.7
Fühle mich eher unwohl (-4 bis -1)	10.5	6.9	13.5	18.7

Damit besassen die Hauptschüler/innen ein relativ hohes Wohlbefinden, das zugleich mit einer hohen Zufriedenheit mit den eigenen Leistungen einherging. Dieses Ergebnis war nach Fend et al. insofern überraschend, als Hauptschüler/innen im traditionellen, dreigliedrigen Schulsystem die niedrigste Stellung in der Bildungshierarchie einnehmen und somit – objektiv gesehen (damit meinen Fend et al. die eher schlechten beruflichen Chancen der Jugendlichen, das niedrige gesellschaftliche Ansehen dieses Bildungszweigs, unzureichend ausgebildete Lehrer/innen etc.) – benachteiligt sind. „Insgesamt könnte man diese Ergebnisse auf die Formel ‚benachteiligt, aber zufrieden' und ‚bevorzugt, aber unzufrieden' bringen" (Fend et al. 1976, S. 450). Weitere Auswertungen zeigten aber, dass auch diese Formel differenziert bzw. revidiert werden muss, da wiederum soziale Leistungsvergleichsprozesse innerhalb der primären Bezugsgruppe Schulklasse bzw. Schultyp einen Einfluss auf das subjektive Wohlbefinden ausübten. So fühlten sich die leistungsschwachen Gymnasiast/innen in der Schule am wenigsten, die leistungsstarken Hauptschüler/innen am meisten wohl. Auch ergaben sich Unterschiede in Abhängigkeit von Geschlecht und Lebensraum der Jugendlichen: Mädchen in Realschulen und Gymnasien fühlten sich wohler als ihre Mitschüler; Hauptschüler/innen auf dem Land signifikant wohler als in der Stadt; Schüler/innen mit positiven Sozialbeziehungen wohler als Jugendliche, die wenig Unterstützung durch die Lehrperson erfuhren und die Schule als eher anonym erlebten[29].

Gut 20 Jahre später kam Fend (1997) wieder zurück auf das Thema Wohlbefinden in der Schule. Abermals verstand er das Wohlbefinden als einen Ausdruck der emotiona-

---

29 In verschiedenen Tabellen gaben Fend et al. (1976) die Mediane des Wohlbefindens von Teilstichproben an. Diese Werte müssen offensichtlich so verstanden werden: das Wohlbefinden ist umso höher, je niedriger der Wert. Wie dies errechnet wurde, wird aus den Angaben nicht ersichtlich.

len Distanz bzw. Nähe zur Schule. Die Auswertungen seiner Ergebnisse im Rahmen einer breit angelegten Studie zur Entwicklung der Lernmotivation in der Adoleszenz legten den Schluss nahe, dass das Wohlbefinden in der Schule nur bei Teilstichproben in der Hauptschule (z.B. bei den deutschen und den Schweizer Mädchen in den 9. Klassen) mit ihrer Anstrengungsbereitschaft korrelierte, aber weitgehend unabhängig von der Arbeitszeitdauer für die Schule, von den Aggressionen gegen Lehrpersonen und vom Fernbleiben vom Unterricht war. Im Laufe der Schuljahre liess sich eine deutliche Abnahme des Wohlbefindens verzeichnen, die in der deutschen Stichprobe insbesondere im Querschnitts-Vergleich mit 6. Klassen (in der sich – ähnlich wie in der Primarschule – noch fast 70% der Schüler/innen wohl fühlten) und 7. Klassen zum Ausdruck kam. Deutsche Hauptschüler/innen fühlten sich am Ende ihrer Pflichtschulzeit (9. Klasse) wohler als ihre Kolleg/innen in anderen Schulformen, dennoch wesentlich weniger wohl als einige Monate später an ihrem Arbeitsplatz (Fend 1997, S. 162, 179). Weitere Gruppeneffekte ergaben sich im Vergleich zwischen Bildungsniveaus und zwischen den untersuchten Ländern (Deutschland – Schweiz): Bei Schülerinnen und Schülern im Gymnasium war der Zusammenhang zwischen Wohlbefinden und Anstrengungsintensität stärker als bei Jugendlichen in der Hauptschule. In schweizerischen Schulen schien wesentlich mehr Anlass zum Wohlbefinden zu bestehen als in Schulen in Deutschland (vgl. Abb. 3-1).

In Bezug auf die Lern- bzw. Schulfreude ergaben sich mittlere Korrelationen mit den Anstrengungsinvestitionen. Die Querschnitt-Daten von Schüler/innen der 7. und 9. Klasse in Deutschland und der Schweiz legten den Schluss nahe, dass sowohl die Leistungsbereitschaft als auch die Schulfreude – vor allem bei den Jungen – abnahm, d.h. die emotionale Distanz zur Schule grösser wurde.

Nicht allen Schülern geht es in der Schule gleich gut. Wenn du deine gesamte Lage in der Schule betrachtest, wie wohl fühlst du dich dann?

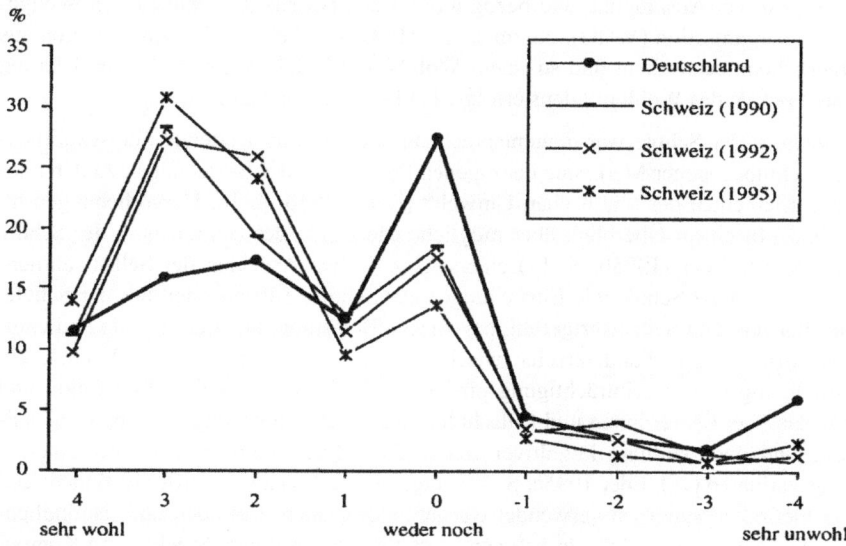

Abbildung 3-1:   Unterschiede im Wohlbefinden der Schüler/innen in der Schweiz und in Deutschland (Fend 1997, S. 158)

Eder (1995a) legte mit einer repräsentativen Befragung von österreichischen Kindern und Jugendlichen die bisher wohl umfassendste Studie zum Befinden[30] in der Schule vor. Das Befinden in der Schule setzt sich nach Eders Definition (1995c) aus den Komponenten Wohlbefinden, Zufriedenheit, Angst, depressive Verstimmung, psychische Belastung, emotionale Selbstsicht, Selbstkonzept und Selbstwertgefühl zusammen. Er betonte, dass dieses durch die subjektiven Aspekte des Denkens und Fühlens bestimmt ist. Das Befinden eines Menschen definierte Eder zunächst in Anlehnung an Tewes und Wildgrube (1992) als „die Gesamtheit der *relativ* überdauernden emotionalen Zustände einer Person" (Eder 1995b, S. 16, Hervorhebung im Original). Dann ergänzte er diese Definition mit Bezug auf Lewin (1963) um die Aspekte der Subjektivität, Individualität und Selbstwahrnehmung: Befinden wurde verstanden „als affektivwertende Selbstwahrnehmung einer Person in ihrem Lebensraum. ... Für das Befinden ist demnach konstituierend, wie sich eine Person selber wahrnimmt und wie sie ihre

---

30 Eder (1995) differenzierte zunächst zwischen Befinden und Befindlichkeit im Sinne der Unterscheidung von trait und state. Der Begriff Befindlichkeit repräsentiert demnach emotionale Erlebnisse, die von der jeweiligen Situation abhängig und damit auch eher temporär und veränderbar sind. Im Verlauf der Ausführungen verwendete er diese Begriffe dann aber doch synonym.

Beziehungen zu den Elementen in ihrem Lebensraum wahrnimmt ..." (Eder 1995b, S. 16, Hervorhebungen im Original). Den Begriff ‚Wohlbefinden' beschrieb er als Befinden in positiver Ausprägung und bezog ihn auf den Begriff ‚Gesundheit' der Weltgesundheitsorganisation (WHO), die im Jahr 1946 Gesundheit als eine Kombination aus körperlichem, seelischem und sozialem Wohlbefinden definiert hatte[31]. Eine Klärung dieser Formen des Wohlbefindens erfolgte bei Eder jedoch nicht.

Befinden in der Schule war dementsprechend „die affektiv-wertende Selbstwahrnehmung schulbezogener Merkmale der eigenen Person und der Beziehungen zu den relevanten Elementen der schulischen Umwelt" (Eder 1995b, S. 16, Hervorhebungen im Original). In einem Überblick über mögliche Merkmale des Befindens in der Schule differenzierte Eder (1995b, S. 17) einerseits zwischen Aspekten der Selbstwahrnehmung im Kontext Schule wie Einstellungen zur Schule, Zufriedenheit mit der Schule, Selbstkonzept und Selbstwertgefühl, psychische Belastung durch die Schule und emotionale Stimmung und andererseits zwischen Aspekten der Umweltwahrnehmung, d.h. Befriedigung bzw. Beeinträchtigung physischer Bedürfnisse, soziale Integration und Akzeptanz bei Lehrer/innen und Mitschüler/innen, Möglichkeiten zur Selbstverwirklichung und der Erfüllung kognitiver Bedürfnisse. Ein Überblick über die Untersuchungsvariablen (vgl. Eder 1995c, S. 27) zeigte dann, dass die Begriffe ‚Befinden' und ‚Wohlbefinden' synonym verwendet wurden, später auch ‚Befinden und ‚Befindlichkeit'. Für Eder war wichtig zu betonen, dass die ausgewählten Aspekte und Komponenten für die jeweilige Stichprobe subjektiv bedeutsam sind, wobei er paradoxerweise zugleich davon ausging, dass diese Auswahl für sämtliche Gruppen von Schüler/innen einheitlich erfolgen kann.

Die Auswertungen ergaben, dass über die Hälfte der Kinder und Jugendlichen (63% der befragten Mädchen und 55% der befragten Jungen) gerne bis sehr gerne in die Schule ging. Gefallen an der Schule fanden 76% der Mädchen und 73% der Jungen. Die Angaben der Schüler/innen waren jedoch sehr von der *Schulstufe* und vom *Schultyp* abhängig (vgl. Abb. 3-2): Während jüngere Kinder (4. Klasse) noch eher gerne in die Schule gingen (23% gaben sogar an, sehr gern zur Schule zu gehen), nahm dies bei den älteren Kinder nahezu kontinuierlich ab (Werte zwischen 14% in der 5. Klasse und 3% in der 12. Klasse). Auffallend waren die Antworten der über 1000 Hauptschülerinnen, bei denen nur 5% sehr gern zur Schule gingen. In der gymnasialen Sekundarstufe I waren dies immerhin 11%.

---

31 Dieser Begriff der Gesundheit ist in der Zwischenzeit überholt. Neuere Konzepte sprechen von salutogenen Ressourcen in diesen drei Bereichen. Eine Diskussion dieser Thematik würde an dieser Stelle aber zu weit führen. Interessierte Leser/innen seien z.B. auf Antonovsky (1997), Franzkowiak (1999), Hascher, Suter und Kolip (2001), Kolip (1994) sowie Schwarzer (1997a, b) verwiesen.

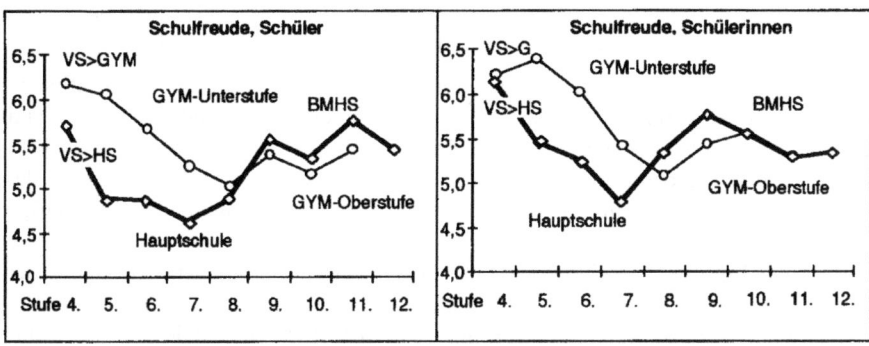

Anmerkungen: N = 1897 (m) bzw. 2263 (w). VS > GYM = Volksschüler mit der Absicht, ins Gymnasium zu gehen. VS > HS = Volksschüler mit der Absicht, in die Hauptschule zu gehen. BMHS = berufsbildende mittlere und höhere Schulen.

Abbildung 3-2:   Veränderung der Schulfreude bei Schülern und Schülerinnen während der Schulzeit (Eder 1995c, S. 36)[32]

Da die Antworten auf die Fragen „Gehst du gerne in die Schule?" und „Wie gefällt es dir in der Schule insgesamt?" recht hoch miteinander korrelierten, fasste Eder in weiteren Auswertungen diese beiden Fragen zu einem Indikator ‚Schulfreude' zusammen. Dabei liess sich zeigen, dass – sowohl bei Jungen als auch bei Mädchen – die Schulfreude bis zur 7. Klassenstufe deutlich absank, danach aber wieder anstieg. Ein ähnliches Bild ergab sich für die Einschätzung der Zufriedenheit mit der Schule. Die meisten Schüler/innen waren mit der Schule nicht unzufrieden, jedoch nahm dies im Laufe der Schuljahre ab und variierte je nach Schultyp: 61% der Schüler/innen waren mit der Primarschule sehr zufrieden, jedoch nur 25% mit der Oberstufe des Gymnasiums: Sehr zufrieden waren 61% der Schüler/innen in der 4. Klasse, nur 27% in der 7. und der 8. Klasse und nur noch 20% in der 12. Klasse.

Werden die Gesamtdaten im Hinblick auf Negativ-Aussagen gelesen, ergibt sich, dass

- 36% der Mädchen und 45% der Jungen ungern oder sehr ungern zur Schule gingen,

- es 24% der Mädchen und 28% der Jungen in der Schule nicht besonders oder gar überhaupt nicht gefiel und dass

- 12–15% der Schüler/innen nicht zufrieden mit der Schule waren.

Unterstützt wurde dieses unerfreuliche Bild durch die Antworten der Jugendlichen zu ihrer depressiven Verstimmtheit: 45% der Befragten in den Klassenstufen 8–12 bejah-

---

32 Eder gab nur die Werte der beiden Extremgruppen „sehr gerne" vs. „sehr ungern" an. Die Werte für die beiden anderen Kategorien „gerne" und „ungerne" fehlten. Eine Berücksichtigung dieser Kategorien würde die Ergebnisse möglicherweise differenzieren oder gar modifizieren.

ten Merkmale für hohe bis extreme Verstimmung. Diese hohe Zahl stimmt nachdenklich, wird zudem berücksichtigt, dass 38% der Jugendlichen unter Schulstress litten.

Über die Vorgabe von Einzelemotionen versuchte Eder des Weiteren herauszufinden, welche Emotionen von den Schüler/innen erlebt wurden. Die Gefühle der Kinder und Jugendlichen stellten für ihn einen „Ausdruck der langanhaltenden schulischen Einflüsse ..." und „... chronifizierte Reaktionen auf die schulischen Erfahrungen" dar (Eder 1995c, S. 52). Er ging in Anlehnung an Becker (1994) davon aus, dass häufige negative Gefühle ein Indikator für dauerhaftes Unglücklichsein und häufige positive Gefühle ein Indikator für eine dauerhafte Lebensfreude sein können. Über 50% der Schüler/innen fühlten sich oft zufrieden, glücklich oder fröhlich. Häufig energiegeladen oder unbeschwert waren dagegen nur 30% bzw. 19% der Kinder und Jugendlichen. Eder folgerte zwar: „Die positive Gefühlslage ist ohne Zweifel die dominierende emotionale Grundhaltung bei den SchülerInnen." (Eder 1995c, S. 54). Dieses Ergebnis musste jedoch im Hinblick auf die Unterschiede in der Schulstufe differenziert werden, denn: „... es scheint ..., als ob die Sekundarstufe vor allem durch das Erlernen negativer Emotionen geprägt wäre." (Eder 1995c, S. 54). Die positiven Gefühle stiegen nur bei den Jungen an, so dass diese am Ende der Sekundarstufe in etwa das gleiche Niveau wie das der Mädchen (die mit einem günstigeren Ausgangswert starten) erreichten. Es bleibt jedoch unklar, inwiefern diese Gefühlslagen das Erleben in der Schule repräsentierten, da aus den Angaben von Eder nicht hervor ging, ob die Schüler/innen die Häufigkeit der Gefühle auf den schulischen Kontext beziehen sollten. Vielmehr ist davon auszugehen, dass sie diese generell einstuften („Die Befragten sollten angeben, wie häufig sie sich entsprechend den vorgegebenen Begriffen fühlten." Eder 1995c, S. 52), da Eder die Antworten auf diese Emotionsfragen später nicht dem Wohlbefinden in der Schule, sondern der Skala ‚Selbstwertgefühle' zuordnete. Er nahm an, dass die Schule der zentrale Lebensbereich für Kinder und Jugendliche ist und dass Emotionen in diesem Lebensbereich mit der Zeit habitualisiert werden, schränkte aber ein, dass – entwicklungsbedingt – vor allem in der Adoleszenz andere Emotionsauslöser wirken können[33].

Anschliessend versuchte Eder, relevante Einflussfaktoren auf das Befinden von Schüler/innen empirisch nachzuweisen. Mittelwertsvergleiche zeigten, dass das Wohlbefinden[34] von Mädchen höher war, aber dass sie sich auch mehr belastet fühlten als die Jungen. Mittels Regressionsanalysen konnte Eder (1995c, S. 155) Zusammenhänge mit den folgenden Variablen nachweisen: soziale Integration bei Mitschüler/innen und Lehrpersonen, Schul- und Klassenklima, Kontakte zu Gleichaltrigen, Freizeitverhalten

---

33 Dieses Argument von Eder müsste empirisch überprüft werden. Es sollte analysiert werden, wodurch die eher negative Befindlichkeit in der Sekundarstufe zustande kommt. Sollte dies weniger durch die Schule als vielmehr durch entwicklungspsychologische Veränderungen bedingt sein, so würde dies z.B. die mehrfach bestätigten Ergebnisse zum Abfall der Schulfreude in der Sekundarstufe relativieren.

34 Eder wechselte hier vom Begriff ‚Schulfreude' zum Begriff ‚Wohlbefinden'.

der Schüler/innen, Leistungsniveau und -zufriedenheit, Zeitaufwand für die Schule und Arbeitsplatz in der Schule, Bildungsstatus und Erziehungsverhalten der Eltern. Die Bedeutung dieser Aspekte jedoch variierte nach Schulstufen (vgl. Tab. 3-2).

Tabelle 3-2:   Prädiktoren des Wohlbefindens (Eder 1995c, S. 155)

Jüngere Schüler/innen (Stufen 4–7)	Ältere Schüler/innen (Stufen 8–12)
(1) Schüler/innen-zentrierter Unterricht	(1) Passung zur Schule
(2) Zufriedenheit mit den Leistungen	(2) Bedeutsamkeit des Unterrichts
(3) Leistungen[35]	(3) Wärme der Schule
(4) Soziale Integration bei den Lehrpersonen	(4) Leistungen
(5) Fehlende Müdigkeit	(5) Integration bei den Mitschüler/innen
(Beta-Koeffizienten zwischen .20 ≥ x ≥.10)	(Beta-Koeffizienten zwischen .26 ≥ x ≥ .13)

Zusätzlich zu den schriftlichen Befragungen war es Eder ein Anliegen, einen möglichst detaillierten, differenzierten und individuenorientierten Einblick in die täglichen Gefühlserlebnisse von Schüler/innen zu gewinnen. Deshalb motivierten Bergmann & Eder (1995) Schüler/innen im Alter zwischen 15 und 19 Jahren dazu, über einen Zeitraum von vier Wochen ein Befindenstagebuch zu führen. Im zeitlichen Abstand von vier Stunden sollten die Jugendlichen

a. angeben, welche Gefühle sie im Moment erleben,

b. die gegenwärtige Situation beschreiben und

c. erklären, wodurch die Gefühle ihrer Meinung nach zustande kommen (zur Methode siehe Bergmann & Eder 1995, S. 170ff; vgl. auch Brandstätter 1977).

Die Aussagen der Schüler/innen zu den Quellen ihres Befindens bezogen sich nicht nur auf den Kontext Schule, sondern auf den gesamten Tagesablauf. Generell zeigte sich, dass Schule und Unterricht per se keine eigene Kategorie für die sog. Quellen des Befindens ergaben. Vielmehr erwähnten die Schüler/innen ihre in Unterricht und Schule zum Ausdruck kommenden Fähigkeiten und Kompetenzen sowie ihre Sozialkontakte. Ihre Antworten entsprachen damit weitgehend den Aspekten, die von Deci und Ryan (z.B. 1993) als motivationsrelevante Faktoren definiert wurden. In Bezug auf Sozialkontakte wurden Mitschüler/innen und vor allem auch Lehrpersonen genannt. Die Lehrerin / der Lehrer nahm also im Tagesverlauf eine nicht unbedeutende, aber problematische Rolle für die Gefühlsgenese von Schüler/innen ein: „Fühlten sich die SchülerInnen eher schlecht, dann wurde dies in erster Linie auf den Einfluß des Lehrers oder auf den eigenen Gesundheitszustand zurückgeführt." (Bergmann & Eder 1995, S. 193). Zwei schulische Tätigkeiten wurden vor allem genannt: schulische

---

35 Erhoben als Notensummen (vgl. Eder 1995c, S. 73ff).

Unterrichtsteilnahme und schulbezogene Hausarbeiten, die im Vergleich zu anderen Bereichen wie Alltagsverrichtungen, ausserschulischen Tätigkeiten oder Einzelaktivitäten mit einem eher niedrigen Wohlbefinden assoziiert waren.

Aus den Tagebuchaufzeichnungen wurde deutlich, dass in der Schule eher selten positive Gefühle aufkamen. Bergmann und Eder (1995, S. 195) schlussfolgern daher: „Die Gegenwart von Schulkollegen, LehrerInnen und anderem Schulpersonal sowie von unbekannten Personen hat ein reduziertes durchschnittliches Wohlbefinden zur Folge. ... Die Schule ist von den in der Analyse berücksichtigten Kategorien jener Ort, an dem das Befinden der SchülerInnen am ungünstigsten ist." Diese (ernüchternden) Ergebnisse scheinen jedoch nicht vom Schulbesuch an sich, sondern vielmehr vom jeweiligen Unterrichtsfach, dem Schultyp und von den Möglichkeiten zur Mitarbeit im Unterricht abzuhängen:

a. Die analysierten Fächer variierten in Bezug auf ihre Affektvalenz. So z.B. war das Befinden von Gymnasiast/innen in Sport, Bildnerischer Erziehung und Philosophischer Einführung recht hoch, in den Sprachen Französisch, Latein und in den naturwissenschaftlichen Fächern Biologie und Physik am niedrigsten.

b. In der Handelsakademie wurden diese Fächer nicht gleichermassen negativ bzw. positiv beurteilt.

c. Passive Teilnahme am Unterricht und Prüfungssituationen wurden als besonders negativ erlebt, aktive Mitarbeit im Unterricht dagegen weckte ein eher positives Befinden.[36]

d. Wenn Schüler/innen – insbesondere wenig belastbare Schüler/innen mit schlechten Noten – Arbeiten für die Schule erledigen mussten, so führte dies ausserhalb der Schule sogar zu noch schlechterem Befinden.

e. Aktivitäten in der Schule, die nicht in einem unmittelbaren Zusammenhang mit Lernen und Unterricht standen, wurden von Schüler/innen mit hoher Kontaktbereitschaft positiver bewertet als von weniger extravertierten Jugendlichen.

„Qualität von Schule äussert sich nicht nur in fachlichen Leistungsergebnissen, sondern auch in der gegenwärtigen Lebensqualität der Schüler wie Gesundheit, Gerechtigkeit und ihrem sozialen Wohlbefinden (vgl. u.a. Helmke & Dreher 1979)." Mit diesem Zitat plädierte Plath (1997, S. 91) für eine Analyse der Frage, wie wohl sich Kinder und Jugendliche in der Schule fühlen und wovon dieses Wohlbefinden abhängt. Im Rahmen einer grösseren Studie in Schulen Thüringens wurden im Schuljahr 1992/1993 Schüler/innen auf den Stufen 5, 7 und 9 gebeten zu sagen, wie gerne sie zur Schule gehen, wie sie das Verhalten ihrer Lehrpersonen einschätzen, welches Verhältnis sie zu ihren Mitschüler/innen haben und wie hoch ihre Leistungsängste sind. Die Einzelantwort „In die Schule gehe ich grundsätzlich gerne bzw. sehr gerne" wurde als Indikator für das Wohlbefinden der Schüler/innen verstanden. Plath ging davon aus,

---

36 Vgl. dazu auch die Ausführungen von Wild & Krapp (1996) in Kapitel 3.4.

dass die Leistungsangst einen negativen Einfluss ausübt, ein angenehmes Verhältnis zu den Mitschüler/innen und positive Bewertungen der Lehrpersonen eine fördernde Wirkung auf das Wohlbefinden besitzt.

Die Ergebnisse zeigten, dass über 40% der Schüler/innen gerne bzw. sehr gerne zur Schule gehen. Darunter befanden sich – unabhängig von Schulstufe und Schulart – mehr Mädchen als Jungen. Schüler/innen in der 5. und 9. Klasse fühlten sich wohler als Schüler/innen der 7. Klassen. Ein eher hohes Wohlbefinden besassen Schüler/innen aus Gymnasien, die tiefsten Werte waren bei Hauptschüler/innen (Sekundarstufe I mit Grundanforderungen) zu verzeichnen, dies in segregierten und noch stärker in integrierten Schulmodellen. Hauptschüler/innen in integrierten Schulmodellen (Haupt- und Realschüler/innen – Sekundarstufe I mit erweiterten Anforderungen – besuchen die gleichen Klassen) erlebten auch das soziale Miteinander in der Klasse als ungünstiger. Jugendliche, die gern bzw. sehr gern zur Schule gingen, hatten im Vergleich zu Schüler/innen mit tieferem Wohlbefinden eher Vertrauen in ihre Lehrpersonen, beurteilten ihre Lehrpersonen eher als fördernd und schätzten die Konformitätserwartungen der Lehrkräfte niedriger ein. Zugleich erlebten diese Jugendlichen ihre Mitschüler/innen eher als unterstützend und nur wenige von ihnen waren der Meinung, dass es häufig Streit gibt. Ihre Leistungsangst war niedriger als diejenigen der Schüler/innen, die nicht gerne zur Schule gingen.

Es müssen allerdings die Unterschiede zwischen einzelnen Schulen berücksichtigt werden, da in den fünf Schulen mit dem höchsten Wohlbefinden der Jugendlichen (von der Autorin als „gute Schulen" bezeichnet) auch die Hauptschüler/innen eher gerne zur Schule gingen – sogar lieber als Realschüler/innen in den fünf sog. „schlechten" Schulen (tiefste Wohlbefindenswerte der Schüler/innen). Es stimmt nachdenklich, dass in 15 von 42 untersuchten Schulen nur ein Drittel der Schüler/innen gerne oder sehr gerne zur Schule gingen. Besonders erfolgreich scheinen zwei Gymnasien zu sein, in denen sich über 60% der Schüler/innen wohl fühlten.

Die Verbindung von fachübergreifenden und -spezifischen Zugängen und der Versuch, unterschiedliche Zeitebenen emotionalen Erlebens zu kombinieren, findet sich bei Bleicher, Fix, Fuß, Gläser-Zikuda, Laukenmann, Mayring, Melenk und von Rhöneck (1999). Mit ihrem ersten Forschungsbericht stellten Bleicher et al. Ergebnisse aus einem fachdidaktischen Forschungsprojekt vor, das dem Einfluss von Emotionen der Schüler/innen auf ihren Lernprozess und ihr Lernergebnis (Leistungen) in den Fächern Physik und Deutsch nachging. Als theoretischen Hintergrund wählten sie Motivationskonzepte, Arbeiten zur Stimmungsforschung, zu Emotionen in Lern- und Leistungssituationen, psychologische Theorien und Forschungsarbeiten zum Wohlbefinden aus. Die Untersuchung wurde in deutschen Schulklassen der Sekundarstufe I, Klassenstufe 8 mit drei Messzeitpunkten durchgeführt: Zu Beginn des Projektes wurden als eher stabile emotionale Variablen das allgemeine Wohlbefinden, die allgemeine Schulzufriedenheit und die fachspezifische Leistungsangst erhoben. Aufschluss über soziokognitive Faktoren sollten Skalen zum Interesse an ausgewählten Inhalten der Fächer

Physik und Deutsch (Elektrizitätslehre und Aufsatzschreiben), zum fachspezifischen Selbstkonzept, zu Aspekten des Sozialklimas und zu Lernstrategien geben. Im Verlauf mehrerer Unterrichtseinheiten wurden die Interessen und Emotionen der Schüler/innen situationsspezifisch erfasst, indem die Jugendlichen am Ende der Unterrichtsstunden in einem Kurzfragebogen über ihr Interesse am Fach, ihre Freude und Zufriedenheit (als Indikatoren des aktuellen Wohlbefindens), ihre Aufregung und Besorgnis (als Komponenten der Angst) und ihre Langeweile Auskunft gaben. Das Lernen bzw. die Leistung der Schüler/innen wurde anhand von Vor-, Zwischen- und Endtests erhoben.

Unterschieden sich Schüler/innen in Schulen mit unterschiedlichem Anforderungsniveau (in aufsteigender Reihenfolge: Hauptschulen, Realschulen und Gymnasien) bezüglich emotionaler und motivationaler Aspekte? Diese Frage konnte generell mit „Ja" beantwortet werden, da sich wiederholt signifikante Unterschiede zeigten. Interessant war dabei die Qualität der Unterschiede. Auf den ersten Blick bzw. mit dem Blick auf die überdauernden Emotionsvariablen schienen die Schüler/innen im Gymnasium bevorteilt zu sein. Sie berichteten über ein höheres allgemeines Wohlbefinden als die Jugendlichen aus der Hauptschule und waren mit der Schule allgemein zufriedener als Realschüler/innen. Ihr Selbstkonzept im Fach Deutsch war höher als bei Hauptschüler/innen, ebenso ihr Selbstkonzept bezüglich Physik im Vergleich zu den Schüler/innen der beiden anderen Schulniveaus. Auch waren die Angstwerte der Gymnasiast/innen im Vergleich zu den anderen Jugendlichen niedriger (vgl. Tab. 3-3, links).

Der entstandene Eindruck muss aber relativiert werden, wenn zum einen die stabilen Interessen der Schüler/innen und zum anderen die situativen Emotionen in den einzelnen Fächern (bzw. die gemittelten Werte der erhobenen Variablen im Verlauf der Unterrichtssequenzen) in Betracht gezogen werden (vgl. Tab. 3-3, rechts). Die Hauptschüler/innen bekundeten nämlich im Vergleich zu Gymnasiast/innen ein höheres Interesse sowohl am Physik- als auch am Deutschunterricht. Gemäss der situationsspezifischen Auswertung fühlten sich Haupt- und Realschüler/innen nach den Physikstunden wohler als die Schüler/innen aus Gymnasien, d.h., sie hatten häufiger Anlass zu Freude und Zufriedenheit. Auch erlebten sie weniger Langeweile und das Interesse an den jeweiligen Unterrichtssequenzen war bei Hauptschüler/innen am höchsten. Die Angst jedoch war bei den Realschüler/innen am stärksten – insgesamt gesehen war diese aber generell sehr niedrig. Ein ähnliches Bild ergab sich für den Deutschunterricht, wobei sich die Effekte zugunsten der Hauptschüler/innen noch verstärkten: Sie hatten ein signifikant höheres Wohlbefinden, langweilten sich weniger als Schüler/innen in Realschulen und Gymnasien, zudem hatten sie weniger Angst als Realschüler/innen. Letztere zeigten hier etwas höhere Angstwerte – auch im Vergleich zu Gymnasiast/innen.

Tabelle 3-3:   Unterschiede in den sozio-emotionalen Variablen in Abhängigkeit
des Schultyps (nach Bleicher et al. 1999)

Emotionale Trait-Variablen		Emotionale State-Variablen und motivationale Orientierungen	
Allgemeines Wohlbefinden	Gym > Haupt	Aktuelles Wohlbefinden nach Deutsch-Unterricht	Gym < Haupt Gym < Real
Allgemeine Schulzufriedenheit	Gym > Haupt	Aktuelles Wohlbefinden nach Physik-Unterricht	Gym < Haupt Gym < Real
Selbstkonzept Fach Deutsch	Gym > Haupt	Interesse Fach Deutsch	Gym < Haupt
Selbstkonzept Fach Physik	Gym > Haupt Gym > Real	Interesse Fach Physik	Gym < Haupt
Angst	Gym < Haupt Gym < Real	Langeweile Fach Deutsch	Gym > Haupt Gym > Real
		Langeweile Fach Physik	Gym > Haupt Gym > Real

Gym=Gymnasium, Real=Realschule (Sekundarstufe I mit erweiterten Anforderungen),
Haupt=Hauptschule (Sekundarstufe I mit Grundanforderungen)

In einem zweiten Schritt wurde untersucht, ob der Zusammenhang und die Bedeutung kognitiver und emotionaler Faktoren je nach Schulfach differenzierten. Dazu wurde anhand von LISREL-Analysen für die Fächer Physik und Deutsch getrennt berechnet, wie stark Lernstrategien, Interesse, Angst, Zufriedenheit und situatives Wohlbefinden[37] die Leistungen der Schüler/innen in einer Lernphase (unbenoteter Zwischentest) und einer Leistungsphase (benoteter Endtest) beeinflussten:

a. Im Fach Physik ergaben Korrelationen zunächst, dass nur die fachbezogene Angst und die situative Langeweile bedeutungsvoll mit der Leistung der Schüler/innen zusammenhingen. Andere Korrelationen waren zwar auch signifikant, aber nur sehr niedrig. Die Leistungen der Schüler/innen in der Lern- vs. Leistungsphase wurden durch *unterschiedliche* Faktoren beeinflusst. Fachspezifische Angst (trait) hemmte sowohl die Leistung in der Lern- als auch in der Leistungsphase, situative Angst (state) dagegen förderte die Leistung – jedoch nur in der Leistungsphase. Allgemeine Schulzufriedenheit hatte keinen Einfluss, das situative Wohlbefinden (d.h. Freude und Zufriedenheit) dagegen unterstützte die Leistung in der Lernphase etwas mehr als in der Leistungsphase und entsprach damit dem Einfluss des situativen Interesses auf die Leistungen in Physik.

---

37 Da sich der BFW auf das Leben im Allgemeinen bezieht, wird die Schule nicht explizit erwähnt. Es wäre deshalb an dieser Stelle nicht sinnvoll gewesen, die Ergebnisse aus dem BFW mit den fachspezifischen Leistungen der Jugendlichen zu vergleichen.

b. Für die Leistungen im Deutschunterricht[38] war angenommen worden, dass positive Emotionen vor allem am Anfang, negative Emotionen primär am Ende der Lernphase einen Einfuss haben würden. Die Analysen zeigten: Das situative Wohlbefinden förderte die Leistung (nur) in der Lernphase – in etwa gleichem Ausmass, wie die fachspezifische Schulangst die Leistung in der Lern- und Prüfungsphase hemmte. Weder das aktuelle Wohlbefinden noch die Zufriedenheit mit der Schule hatten einen Einfluss auf die Leistungen.

Um die kognitiven und emotionalen Prozesse im Unterricht und während der Lernphase noch besser nachvollziehen zu können, wurde mit Schüler/innen aus allen drei Schulformen eine qualitative Studie durchgeführt (vgl. Gläser-Zikuda & Mayring 1999; Gläser-Zikuda 2000). Die Jugendlichen wurden in Hinblick auf emotionale (Schulfreude, Schulzufriedenheit und Schulängstlichkeit), motivationale (z.B. Interesse an einem Fach) und kognitive Aspekte (z.B. zu ihren Lerngewohnheiten) interviewt und führten ein sog. Lern- und Emotionstagebuch. In diesem Tagebuch hielten sie nach jeder Physik- bzw. Deutschstunde schriftlich fest, was sie in dieser Stunde gelernt hatten und ob dies interessant gewesen war, was sie verunsichert oder gefreut hatte, wie sehr sie mit dem Unterricht zufrieden gewesen waren und wie wohl sie sich in dieser Lektion gefühlt hatten. Erste Auswertungen dieser qualitativen Daten am Beispiel des Physikunterrichts machten deutlich, dass es wichtig war, sowohl zwischen Lernenden verschiedener Leistungsniveaus als auch zwischen den Orten des Lernens (in der Schule oder zu Hause) zu differenzieren. Generell kann festgehalten werden, dass sich – theoriekonform – das Interesse der Jugendlichen eher auf die Inhalte als auf die Prozesse bezog und dass leistungsstarke Schüler/innen generell mehr Interesse an Physik bekundeten. Freude dagegen war eher mit dem Lernprozess verbunden, wobei gute Physik-Schüler/innen Freude am Lernprozess eher in der Schule, Schüler/innen mit Leistungsmisserfolgen am ehesten beim Lernen zu Hause entwickelten.

Die zeitgleich publizierte Studie von Jerusalem und Mittag (1999) erweiterte die bisherigen Arbeiten insofern, als sie neben Aspekten der Lernumwelt die Schüler/innen-Persönlichkeit einbezog und sowohl nach den Leistungen, der Lernfreude und dem Wohlbefinden von Schüler/innen als auch dem Stress und dem Wohlbefinden von Lehrpersonen fragte[39]. Die Lernumwelt wurde anhand von Aspekten des Sozialklimas und durch die – von Schüler/innen wahrgenommene – Bezugsnormorientierung untersucht. Als zentraler Aspekt der Persönlichkeit wurde die Selbstwirksamkeit erhoben, eine in Anlehnung an Bandura (1977) persönliche Ressource, welche die Interpretation von Aufgabenstellungen und Anforderungen beeinflusst. Individuen mit hoher Selbstwirksamkeit sind davon überzeugt, dass sie mit Ausdauer und Anstrengung Heraus-

---

38 Im Deutschunterricht wurde zusätzlich zwischen zwei Formen von Klassenarbeiten, nämlich Inhaltsangabe und Freies Schreiben, unterschieden. Die Ergebnisse waren jedoch nahezu identisch und wurden deshalb in den Auswertungen gemeinsam behandelt.
39 Die Ergebnisse zur Befragung von Lehrpersonen werden im Folgenden nicht dargestellt.

forderungen und Probleme meistern können und diese Überzeugung beeinflusst das Ergebnis oftmals positiv. Erfolgserlebnisse wiederum stabilisieren die Einschätzung der Selbstwirksamkeit. Es ist nun anzunehmen, dass in Lern- und Leistungssituationen eine hohe Selbstwirksamkeit mit positiven Emotionen verbunden ist, indem die positive Bewertung solcher Situationen zum Erleben angenehmer Gefühle führt: „Wenn Selbstwirksamkeitserwartungen für Leistungen und Lernfreude von Schülern bedeutsam sind, dann sollten sie sich auch im allgemeinen Wohlbefinden niederschlagen, das sich infolge von Schulleistungen und deren persönlichen Bewertungen verändern kann." (Jerusalem & Mittag 1999, S. 225). Unter Wohlbefinden verstanden Jerusalem und Mittag folgende Komponenten: „Zufriedenheit mit der schulischen Situation und Gefühle von Hilflosigkeit gegenüber schulischen Anforderungen, aber auch Depressivitätstendenzen und optimistische oder pessimistische Lebenseinstellungen ...", sobald die Schule eine zentrale Rolle im Leben eines Kindes und Jugendlichen einnimmt (Jerusalem & Mittag 1999, S. 225). Auch die Bewertung der Lern- und Schulumwelt wurde im weiteren Sinn als ein möglicher Indikator des Wohlbefindens angesehen. Je älter Schüler/innen sind, desto eher sollten sich Zusammenhänge zwischen Selbstwirksamkeit und Wohlbefinden nachweisen lassen, da sich nach Meinung der Autoren mit zunehmendem Alter die Bedeutung schulischer Erfolge bzw. Misserfolge verstärkt. Weitere Thesen betrafen den Zusammenhang von Bezugsnormorientierungen der Lehrpersonen und des Befindens der Schüler/innen: Es wurde angenommen, dass eine individuelle Bezugsnormorientierung mit einem guten Sozialklima, der Lernfreude und dem Wohlbefinden der Jugendlichen zusammenhängt.

An der schriftlichen Befragung nahmen Schüler/innen der Klassenstufen 7 bis 12 aus verschiedenen deutschen Bundesländern teil. Das Wohlbefinden der Jugendlichen wurde durch vier Komponenten bestimmt, die sich teilweise auf die Schule, teilweise auf das Leben im Allgemeinen bezogen und sowohl die Existenz positiver Gefühle als auch die Abwesenheit negativer Gefühle berücksichtigten. Leistungsmasse wurden aus den letzten Zeugnisnoten in den Fächern Deutsch, Englisch und Mathematik gebildet.

Nach Varianzanalysen zeigte sich zwar eine generelle Abnahme der Lernfreude. Wie aus Abbildung 3-3 deutlich wird, liess sich diese aber durch die sinkenden Werte der Schüler/innen mit nur ausreichenden Noten und Leistungsmisserfolgen erklären.

Lernfreude in Mathematik

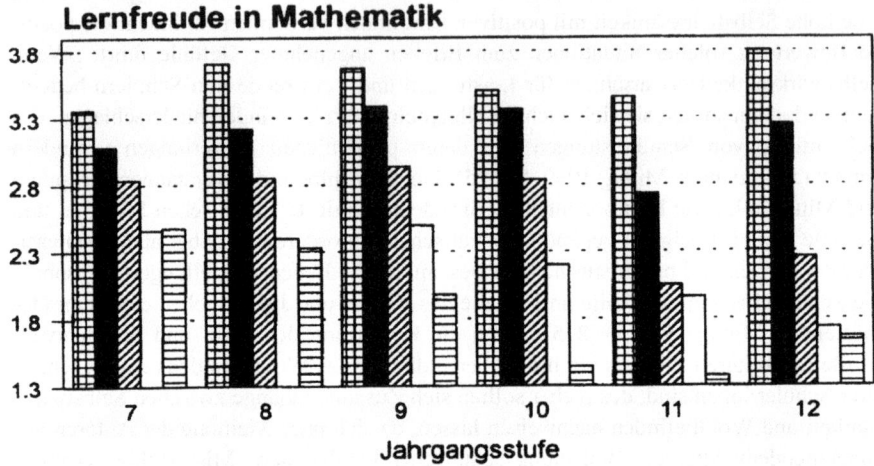

Abbildung 3-3: Lernfreude in Mathematik in Abhängigkeit von Leistungsunterschieden für verschiedene Jahrgangsstufen (Jerusalem & Mittag 1999, S. 231)

Weitere Differenzierungen erfolgten in Bezug auf das Geschlecht der Jugendlichen: Mädchen hatten lieber Englisch und Deutsch und erzielten in diesen Fächern auch bessere Noten; Jungen hatten lieber Mathematik, auch wenn sie darin nicht leistungsstärker waren als die Mädchen. Schüler/innen mit hoher Selbstwirksamkeit hatten nicht nur bessere Noten, sondern empfanden in allen drei erfragten Fächern auch mehr Freude als Schüler/innen mit niedriger Selbstwirksamkeit. Entsprechendes galt für die Indikatoren des Wohlbefindens: Hoch selbstwirksame Schüler/innen berichteten eine höhere Zufriedenheit mit der Schule und hatten eine optimistischere Lebenseinstellung, zugleich fühlten sie sich weniger depressiv und hilflos. Signifikante Unterschiede in Abhängigkeit der Selbstwirksamkeit zeigten sich auch im Vergleich von Schüler/innen mit guten vs. sehr guten bzw. zwischen Jugendlichen mit ausreichenden vs. mangelhaften Schulnoten: War die Selbstwirksamkeit niedrig, so war die Lernfreude von guten und sehr guten Schüler/innen etwa gleich. Bei denjenigen allerdings, die eine hohe Selbstwirksamkeit besaßen, lag die Lernfreude bei sehr guten Noten noch höher. Bei Schüler/innen mit mangelhaften Noten und niedriger Selbstwirksamkeit dagegen war nur wenig Freude am Fach vorzufinden. Des Weiteren mochten Schüler/innen mit ausreichenden vs. mangelhaften Noten das Fach Mathematik etwa gleich gerne, wenn sie eine hohe Selbstwirksamkeit aufwiesen.

Als zweite relevante Einflusskomponente wurde die Bezugsnormorientierung der Lehrpersonen untersucht. Die Autoren fragten einerseits nach der sozialen Bezugsnorm, die auf Leistungsvergleichen zwischen den Schüler/innen einer Klasse basiert, dadurch Leistungsunterschiede verschärft und bei schwächeren Schüler/innen auf längere Sicht zu einem negativen Selbstbild (z.B. Zugehörigkeit zur erfolglosen Gruppe in einer Klasse) und zu einer negativen Haltung gegenüber der Schule (z.B. niedrige Lernmotivation) führt. Andererseits wurde die individuelle Bezugsnorm angesprochen, welche die Schüler/innen im Lern- und Leistungsprozess insofern unterstützt, als Erfolge und Misserfolge mit ihrer Anstrengung und dem Lernkontext in Verbindung gebracht werden können, die Motivation über individuelle Leistungsrückmeldung gefördert und negative Leistungsemotionen (insbesondere z.B. Hoffnungslosigkeit und Hilflosigkeit) verhindert werden können.

Der empirische Vergleich ergab Folgendes: Schüler/innen, welche die Bezugsnorm ihrer Lehrkraft eher als individuell einschätzten, mochten sowohl Mathematik als auch Deutsch lieber als Schüler/innen mit sozialer Bezugsnorm. Die Lernfreude in Mathematik liess sich zu 20% aus der individuellen, zu 14% aus der sozialen Bezugsnorm erklären. Für das Fach Mathematik fand sich zudem eine Wechselwirkung von Bezugsnorm und Leistung auf die Lernfreude, denn die Lernfreude war bei Schüler/innen mit mangelhaften Leistungen und sozialer Bezugsnorm deutlich am niedrigsten. Bei genügenden Leistungen gestalteten sich die Unterschiede wesentlich geringer, bei sehr guten Noten drehte sich der Effekt sogar um[40], d.h., leistungsstarke Schüler/innen berichteten dann über höhere Lernfreude in Mathematik, wenn ihre Lehrer/innen eher eine soziale Bezugsnorm aufwiesen. Die individuelle Bezugsnorm zeigte auch positive Zusammenhänge mit dem Wohlbefinden der Schüler/innen – dies aber ausschliesslich mit den Variablen Zufriedenheit mit der Schule und optimistische Lebenseinstellung. Zudem hatten diese Schüler/innen höhere Werte bei der Einschätzung der Fürsorglichkeit der Lehrperson, der Hilfsbereitschaft unter Schüler/innen und der Unterrichtszufriedenheit. Die Bezugsnormorientierung einer Lehrerin / eines Lehrers schien folglich bestimmte positive Aspekte der Schule zu fördern ohne zugleich eine mildernde Wirkung auf die negativen Aspekte ausüben zu können.

Peetsma, Wagenaar und De Kat (2002) analysierten die Qualität von integrierten vs. segregierten Schulen anhand des wahrgenommenen Schulklimas durch die Schüler/innen. Ausgangspunkt ihrer Studie war die Frage, wie sich Schüler/innen unterschiedlicher kultureller Herkunft in den verschiedenen Schulformen fühlen. Die Autor/innen postulierten, dass das Schulklima – hier mit dem Begriff Wohlbefinden gleichgesetzt – für die Schulkarriere von Kindern und Jugendlichen bedeutungsvoll ist. Nach Annahme der Autor/innen können sich Lernende in der Schule nur dann gut entfalten, wenn die Schule einen Lebensraum darstellt, in dem Freiheit, Alternativen, aussercurriculare Aktivitäten und Projektarbeiten möglich sind und in dem moralische Standards hochgehalten werden (vgl. dazu auch Oser & Althof 1992). Auch zeigten

---

40 Ob diese Unterschiede jeweils signifikant waren, wurde von Jerusalem und Mittag (1999) nicht angegeben und war aus der Abbildung (Abb. 5, S. 236) nicht abzulesen.

Untersuchungen in den Niederlanden, dass ausländische Jugendliche in sog. weissen niederländischen Schulen mehr emotionale Probleme haben als inländische (Vollebergh & Huiberts 1997 nach Peetsma et al. 2002). Deshalb wurden Schüler/innen der Sekundarstufe I im unteren Leistungsniveau (Stufe 2 von 4) aus drei verschiedenen Schulformen (integriert, segregiert weiss, segregiert farbig) zu ihrer Zukunftsperspektive befragt und danach, wie sie das Zusammenleben mit den Mitschüler/innen und den Lehrpersonen und die Schule im Allgemeinen beurteilen. Eine gute Bewertung, d.h. eine hohe Qualität des Kontakts zu den Mitschüler/innen, zu den Lehrer/innen und positive Einstellungen gegenüber der besuchten Schule bezeichneten sie als synonym zum Wohlbefinden der Schüler/innen.

Generell zeigte sich, dass sich das ‚Wohlbefinden‘ der Schüler/innen weder im Hinblick auf ihr Alter, ihr Geschlecht noch auf ihren sozio-ökonomischen Status unterschied. Sehr wohl aber fanden sich Differenzen in Abhängigkeit des Schulsystems, des sozio-kulturellen Status und der ethnischen Identität der Jugendlichen. Die Schüler/innen in integrierten Schulen fühlten sich wohler als Jugendliche in getrennten Schulen – sowohl in getrennt weissen als auch in getrennt farbigen Schulen. Der soziokulturelle Hintergrund der Schüler/innen war eine gute Prädiktorvariable für ihr Wohlbefinden. Dies traf sowohl für die inländischen Schüler/innen als auch die Jugendlichen aus Migrantenfamilien zu. Das höchste Wohlbefinden gegenüber Lehrpersonen zeigten Jugendliche mit ausländischer Familienherkunft, die sich als bikulturell bezeichneten.

3.1.2 Wohlbefinden in der Schule – zusammenfassende Wertung, theoretische Schwächen und Forschungsdesiderate

Im vorhergehenden Kapitel wurde ein Überblick über bestehende Arbeiten zum Wohlbefinden gegeben. Zweifelsohne leisten diese Arbeiten einen wesentlichen Beitrag zu der Frage, wie sich Schüler/innen in der Schule fühlen. Generell musste ein Rückgang positiver Emotionen im Laufe der Schuljahre festgestellt werden, der aber nicht erklärt werden konnte. Als affektdifferente Faktoren und Quellen des Wohlbefindens (Tab. 3-4) konnten – zumindest bei Teilstichproben – folgende Variablen bestätigt werden:

Tabelle 3-4: Einflussfaktoren und Quellen des Wohlbefinden in der Schule

Affektdifferente Faktoren	Quellen des Wohlbefindens
• Alter • Geschlecht • Schultyp • Schulort • Unterrichtsfach	• Leistungsniveau • Leistungszufriedenheit • Anstrengungsbereitschaft • Zeitaufwand für die Schule • Selbstwirksamkeit • Soziale Vergleichsprozesse • Gestaltung des Arbeitsplatzes • Gestaltung des Unterrichts • Bezugsnormorientierung der Lehrpersonen • Sozialkontakte mit den Lehrpersonen • Sozialklima • Kontakte zu den Gleichaltrigen

Zugleich jedoch weisen die dargestellten Arbeiten theoretische Schwächen auf und lassen Forschungsfragen offen. Bei der Durchsicht der Arbeiten wird deutlich, dass diese zwar empirisch fundiert sind, aber kaum Aussagen über das Konstrukt Wohlbefinden formulieren. Theoriegeleitete Annahmen oder Hypothesen sind kaum zu finden. Nur bei Bleicher et al. (1999) wurden theoretische Grundkonzepte teilweise umgesetzt, bei Jerusalem & Mittag (1999) spiegelte sich in der Wahl der Wohlbefindensitems Wissen über das psychologische Konzept Wohlbefinden wider. Die Studien beschränkten sich meist auf eine Darstellung empirischer Ergebnisse, die aber nicht zur Konstruktbildung verwendet wurden. Dies soll nachfolgend anhand einiger Beispiele problematisiert werden:

1. In der Studie von Fend et al. (1976) wurden affektive Komponenten des Alltags von Schüler/innen wie Schulfreude, Zufriedenheit, Angst, Wohlbefinden und Erfolgszuversicht einerseits als Indikatoren einer humanen Schule (vgl. auch Kap. 2.1), andererseits als latente Lernprozesse definiert. Dahinter steht die Idee, dass Schüler/innen in der Schule nicht nur fachliche Kompetenzen erwerben, sondern auch lernen, dass Schule Spass machen und langweilig sein kann, dass Schule Angst einjagen, aber auch Freude auslösen kann, dass man in der Schule auf gute Leistungen hoffen kann etc. Dies ist ein sehr wertvoller Ansatz, da die Schule viele Jahre ein zentraler Lern- und Lebensraum von Kindern und Jugendlichen ist und nicht auf den Erwerb kognitiver Fähigkeiten und den Lernprozess kognitiver Sachverhalte reduziert werden darf. Damit erfuhr der Begriff ‚Heimlicher Lehrplan' (vgl. auch Henry 1973; Jackson 1973; Lauer, Rechsteiner & Ryter 1997) zwar eine wichtige Erweiterung und die Emotionen der Schüler/innen erhielten als Lerninhalte eine zentrale Bedeutung im Schulalltag, *wie* sich affektives Lernen vollzieht wurde von Fend et al. aber nicht beschrieben. In der Arbeit von Fend et al. ist ausserdem zu kritisieren, dass die Emotionen von Schüler/innen nur mangelhaft theoretisch fundiert und operationalisiert wurden: Zum einen ist zu fragen, ob Erfolgszuversicht und Angst als komplementär angesehen werden

dürfen. Die negative Korrelation der beiden Konstrukte (Fend et al. 1976, S. 148) ist zwar ein Hinweis, jedoch kein Beleg für ihre Komplementarität. Erfolgszuversicht ist ein eher kognitives Konstrukt, Angst dagegen beinhaltet eine starke affektive Komponente, die sich oftmals der kognitiven Kontrolle entzieht. Zuversicht und Angst schliessen sich in komplexen Kontexten – und dazu gehören auch Lern- und Leistungssituationen in der Schule – nicht zwingend aus, sondern können miteinander verknüpft sein, z.B. wenn eine Schülerin / ein Schüler auf Erfolg hofft und zugleich Angst hat, dass sich diese Hoffnung nicht erfüllt. Zum anderen beinhaltet das Konzept des Schulinvolvements eine starke Vermischung von Emotionen und Einstellungen und eine völlig uneinheitliche Verwendung emotionaler Begrifflichkeiten. So sprachen z.B. Fend et al. immer wieder von Schulfreude, ohne dass diese explizit erhoben wurde, und es bleibt unklar, ob damit das Schulinvolvement oder das Wohlbefinden oder die positiven Einstellungen zur Schule gemeint waren. In der späteren Arbeit wurde Wohlbefinden von Fend (1997) zunächst als Resultante der Lernmotivation (S. 140), später als Indikator der Schulorientierung (S. 147) oder der Leistungsbereitschaft (S. 148) bezeichnet. Dies bedeutet, Wohlbefinden ist einerseits eine Folge der Motivation, andererseits aber einer ihrer Indikatoren. Solche begriffliche Vermischungen führten dazu, dass unklar blieb, wie die untersuchten motivationalen, emotionalen und kognitiven Faktoren zusammenhängen.

2. Eders Studien (1995a, b, c) beinhalten zwar ein sehr umfassendes Datenmaterial, eine Vielzahl an Hinweisen für die Erklärung der Gefühle von Schüler/innen und eine sinnvolle Kombination von quantitativen und qualitativen Methoden, die einen detaillierteren Einblick in die emotionalen Erfahrungen von Kindern und Jugendlichen ermöglichte. Es wurde jedoch versäumt, die erhaltenen Ergebnisse zu interpretieren und so miteinander in Beziehung zu setzen, dass konzeptuelle Aussagen über die Genese des Wohlbefindes in der Schule formuliert werden könnten. Vielmehr sind die von Eder verwendeten Begrifflichkeiten oftmals unklar und undifferenziert. So z.B. spricht er von Wohlbefinden, persönlichem Wohlbefinden[41], dann wieder von Schulfreude, wenn es um die (kombinierten) Ergebnisse der drei Einzelitems („Gehst Du gerne in die Schule?", „Wie gefällt es Dir in der Schule?" und „Wie zufrieden bist Du mit der Schule insgesamt?") geht. Wie schon bei anderen Autor/innen erwähnt, ist es problematisch, die Aussagen zum Wohlbefinden von Schüler/innen aus Werten von Einzelitems abzuleiten, insbesondere da die Schüler/innen nicht explizit nach ihrem Wohlbefinden gefragt wurden. Es kann auch gefragt werden, wodurch sich das Item zur Zufriedenheit von den beiden Items zum Wohlbefinden unterscheidet. Wenn Schüler/innen gern zur Schule gehen und es ihnen dort gefällt, so kann dies ebenso gut ein Ausdruck der Zufriedenheit sein bzw. ein Ausdruck für situationsübergreifendes

---

41 Dieser Begriff wurde von Eder theoretisch nicht begründet bzw. abgeleitet. Es kann aber davon ausgegangen werden, dass der Begriff ‚persönliches' Wohlbefinden an den amerikanischen Begriff ‚subjective' well-being angelehnt ist. Er wurde hier als ein state-Begriff verwendet, obwohl die Items eher auf einen trait hinweisen.

Wohlbefinden und nicht – wie von Eder angenommen – für momentanes Wohlbefinden. Auch darin spiegelt sich ein theoretisches Problem in Eders empirischen Arbeiten: Generelle Aussagen werden als state-Variablen, Häufigkeiten von Antworten zu vorgebenen Einzelemotionen dagegen als trait-Variablen verstanden. Diese werden dann mit Selbstkonzeptskalen zu einem Faktor „Selbstwertgefühl" zusammengefasst und verhindern so die Analyse emotionaler Aussagen in Zusammenhang mit den Items zum Wohlbefinden. Theoretisch problematisch erscheint zudem, dass der Schwerpunkt der Studien wie bei Fend auf den negativen Emotionen von Schüler/innen liegt. Zwar zeichnen die Ergebnisse der Tagebuchstudie von Bergmann & Eder (1995) ein eher negatives Bild der Schule: Im Vergleich zu anderen Kontexten war die Schule eher mit negativen Emotionen behaftet – sowohl im kognitiven als auch im sozialen Bereich. Einzelne Fächer schienen nahezu ständig mit Unmut verbunden zu sein bzw. diesen auszulösen. Eder selbst weist aber zu Recht darauf hin, dass sich Schülerinnen und Schüler nicht zwingend gut fühlen, wenn sie keine Ängste, Sorgen oder Beschwerden haben oder frei von Stress und Belastungen sind. Forschungsarbeiten zur Genese negativer Emotionen haben folglich nur eine eingeschränkte Relevanz für Erkenntnisse zum Wohlbefinden in der Schule.

3. Einen neuen und sehr differenzierten Zugang zu den Emotionen von Schüler/innen eröffneten Bleicher et al. (1999), indem sie zwischen verschiedenen Lernphasen, unterschiedlichen Fächern und verschiedenen Emotionsqualitäten differenzierten. Dabei ist wertvoll, dass die Autor/innen mit Bezug auf Emotions- und Wohlbefindenstheorien zwischen sog. habituellen (d.h. länger andauernden) vs. situativen Emotionen unterschieden, die eine je unterschiedliche Wirkung auf den Lern- und Leistungsprozess haben konnten. Wichtig wäre bei solchen Analysen allerdings, die untersuchten Emotionen auf die gleichen Kontexte zu beziehen und analog zu definieren. Die Vergleiche zwischen dem allgemeinem Wohlbefinden und dem situativen Wohlbefinden sind insofern problematisch, als „in das Trait-Wohlbefinden mehr als nur die Erfahrungen aus einzelnen Schulstunden" einfliesst (Bleicher et al. 1999, S. 6) und auch situatives Wohlbefinden mehr ist als das Erleben von Freude und Zufriedenheit. Die sog. negative Dimension des Wohlbefindens (z.B. die Absenz von Sorgen und Beschwerden) blieb hier gänzlich unberücksichtigt. Die Probleme dieser Ausführungen liegen folglich ebenfalls in der theoretischen Konzeption des Begriffs Wohlbefinden bzw. Emotion. Sollen situative Emotionen differenziert erfasst werden, so müssten ausserdem neben der zeitlichen Dauer auch die Intensität von Emotionen und deren Interaktion explizite Berücksichtigung erfahren. So z.B. kann ein leichtes andauerndes Wohlbefinden durchaus über sehr intensive Zufriedenheit verstärkt werden, ebenso wie Angst und Scham dieses vermindern kann. Dies berücksichtigten Bleicher et al. in ihrer Studie in ersten Ansätzen. Künftige Arbeiten werden sowohl analysieren müssen, wie verschiedene Emotionen den Lernprozess beeinflussen, als auch, welche Effekte das Zusammen-spiel dieser Emotionen auslösen.

4. Der Beitrag von Jerusalem und Mittag (1999) beinhaltet eine Vielzahl von theoretischen und empirischen Anregungen, wie der Schulalltag, die Emotionen und Kognitionen von Schüler/innen differenziert erforscht werden sollten. Die Selbstwirksamkeit der Schüler/innen und die Bezugsnormorientierung ihrer Lehrpersonen erwiesen sich bei ihrer Studie als relevante Variablen für die Genese des Wohlbefindens. Nur wenige Zusammenhänge jedoch besassen einen Anspruch auf breite Gültigkeit und die Ergebnisse mussten wiederholt situations- und fachspezifisch differenziert werden. Die erwarteten Effekte fanden sich vor allem in der Mathematik. In anderen Bereichen, z.B. in den Fächern Englisch und Deutsch, und in einzelnen Leistungsgruppen liessen sich die Annahmen wiederholt nicht bestätigen.

Obwohl es ein Anliegen von Jerusalem und Mittag war, das Wohlbefinden in der Schule in Bezug auf die theoretischen Grundlagen der Wohlbefindensforschung zu definieren, lag auch in dieser Arbeit eine Schwierigkeit in der Definition der emotionalen Variablen. So wurde die Lernfreude dadurch erhoben, dass die Schüler/innen angeben sollten, wie gerne sie ein bestimmtes Fach (hier Mathematik, Deutsch und Englisch) haben, und damit als Emotion nur partiell, d.h. vor allem in ihren kognitiven Anteilen angesprochen. Dies lag vermutlich daran, dass Lernfreude als habituelles Konstrukt bestimmt worden war. Es ist zu fragen, ob (auch hier von der Problematik eines Einzelitems einmal abgesehen) überhaupt Lernfreude untersucht wurde – oder vielmehr eine Einstellung der Schüler/innen gegenüber einem Fach. Um Mayring (1992b, S. 162f) zu zitieren: „Freude wird als warmes, angenehmes Wohlbefinden erlebt. ... man fühlt sich sorgenfrei, leicht, entspannt, man fühlt sich verbunden mit dem Gegenstand der Freude ... Hinter der Freude steht immer eine positive Bewertung." Freude setzt folglich zwar eine positive Bewertung voraus, ist mit dieser aber nicht identisch. Wenn eine Schülerin / ein Schüler ein Fach gern mag, so muss das – emotionstheoretisch gesehen – nicht der Lernfreude in einem Fach entsprechen. Lernfreude (entspricht dies nach Auffassung der Autoren der Freude am Lernen oder der Freude durch das Lernen oder der Freude beim Lernen?) kann auch entstehen, wenn eine Schülerin den Unterricht einer Lehrperson und damit das Fach (oftmals sind diese Aspekte eng miteinander verbunden) nicht so gerne mag, z.B. wenn man in einer guten Arbeitsgruppe ist oder das aktuelle Thema spannend findet.

Die bestehenden theoretischen und empirischen Schwächen der o.g. Arbeiten lassen sich wie folgt zusammenfassen: Dem Forschungsschwerpunkt ‚Wohlbefinden von Schülerinnen und Schülern' fehlt es an

- einer theoretisch abgesicherten Definition des Begriffs ‚Wohlbefinden in der Schule',
- einem validen, generell einsetzbaren Instrument zur Erfassung des Wohlbefindens in der Schule,
- umfassenden Analysen zur Genese des Wohlbefindens in der Schule,
- empirisch abgesicherten Ergebnissen zu Quellen und Ursachen des Wohlbefindens in der Schule und

- an Modellen, welche die Richtungen von Einflussvariablen erklären können und die Effekte von Mediatorvariablen berücksichtigen.

Im Folgenden soll daher der Blickwinkel erweitert werden, denn es finden sich einzelne Studien zu weiteren affektiven und affektiv-getönten Faktoren wie Zufriedenheit, Schulfreude und positive Einstellungen zur Schule. Welchen Beitrag können diese Studien zur Klärung des Wohlbefindens in der Schule leisten?

3.2 Schulfreude, Spass am Lernen und Zufriedenheit in der Schule

Die Zufriedenheitsforschung kann auf eine lange Tradition zurückblicken. Dies zeigt sich z.B. in Konzepten zur Arbeitszufriedenheit, die ausdifferenziert wurden und mehrfach empirisch validiert werden konnten (z.B. Bruggemann et al. 1975). Suh et al. (1998) bezeichnen die Lebenszufriedenheit als ein globales kognitives Urteil eines Menschen und damit als eine Komponente des Wohlbefindens. In der Schulforschung wird jedoch weniger strikt unterschieden. Die Zufriedenheit von Schüler/innen wurde eher selten untersucht und im jeweiligen Fall meist als eine positive Emotion verstanden. Im Folgenden werden ausschliesslich solche Arbeiten dargestellt, die sich gezielt mit dieser Thematik befasst bzw. die Freude an der Schule und am Lernen thematisiert haben. All jene Arbeiten, die in einer Vielzahl von Variablen auch noch – quasi nebenbei – einzelne Fragen zu positiven Emotionen erhoben haben, fliessen nicht in die nachfolgenden Ausführungen ein, da sie wenig zur Erhellung der vorliegenden Thematik beitragen können.

3.2.1 Zufriedenheit in der Schule, Schulfreude und Spass am Lernen – aktueller Forschungsstand

Welchen Einfluss übt die schulische Umwelt auf die Schulzufriedenheit der Schüler/innen aus? Diese Frage versuchte Eder (1986) anhand einer empirischen Studie mit österreichischen Handelsschüler/innen der 10.–12. Jahrgangsstufe zu beantworten. Als theoretische Grundlage baute Eder auf Konzepte des Sozialklimas in der Schule und der Zufriedenheitsforschung der Arbeits- und Berufspsychologie auf. Dabei wurden zwei Aspekte der Zufriedenheit unterschieden:

a. ein sog. Personenaspekt, der die „affektiv-emotionale Beziehung von Schülern zu ihrer Schule" (Eder 1986, S. 84) umfasst und als ein ganzheitlicher Zustand zu verstehen ist;

b. ein sog. gegenstandsbezogener Aspekt, der als subjektive Bewertung der Schule definiert wird und sich aus Zufriedenheiten mit einzelnen Bereichen der Lebenswelt zusammensetzt.

Eder lehnte sich in seinen Ausführungen an die Definition der Bund-Länder-Kommission von 1982 an, in der Zufriedenheit als eine „positive Einschätzung des Schulgeschehens im Sinne des subjektiven Wohlbefindens oder auch Sich-

Wohlfühlens in der Schule" (Bund-Länder-Kommission 1982, S. 603f nach Eder 1986, S. 85) verstanden wird. Die Bedeutung der Zufriedenheit von Schüler/innen betonte Eder mit Bezug auf deren Auswirkung auf die Leistung, das Erziehungspotenzial von Lehrpersonen, auf das Klima in der Schule, auf die Gesundheit und die Lebensqualität der Kinder und Jugendlichen. In Anlehnung an Bruggemann et al. (1975) ging er davon aus, dass Schüler/innen dann zufrieden sind, wenn das schulische Umfeld mit ihren Motiven und Ansprüchen übereinstimmt – im Sinne eines Ist-Soll-Vergleichs.

Für die empirische Untersuchung definierte Eder die schulischen Erfahrungen, die Leistungen und Persönlichkeitsaspekte der Schüler/innen als Einflussgrössen, ihr schulbezogenes Verhalten als Resultat der Schulzufriedenheit. In einer Vorstudie wurden relevante Schulsituationen gesammelt, d.h. Situationen, über die sich die Jugendlichen besonders gefreut oder geärgert hatten. Eder nahm an, dass solche Situationen Zufriedenheit oder Unzufriedenheit auslösen können bzw. dass Freude ein Indikator für Zufriedenheit und Ärger ein Indiz der Unzufriedenheit ist.

Die Ergebnisse zur Zufriedenheit interpretierte Eder als Zeichen überwiegend positiver Einstellungen zur Schule – dies obwohl 61% der Schüler/innen (nur) „etwas gerne" in die Schule gingen, 90% gerne auch mal krank gewesen wären, um nicht zur Schule gehen zu müssen, und die Zufriedenheit im Vergleich zu Studien zur Arbeitszufriedenheit deutlich niedriger war. Als Note erteilten die meisten Schüler/innen ihrer Schule ein „befriedigend". Die Auswertungen zur Qualität des schulischen Umfeldes zeigten, dass die Lehrpersonen eher schülerorientiert agierten und wenige Repressionen ausübten, dass sich die Schüler/innen zwar wenig kontrolliert fühlten, aber hohen Leistungsdruck und Stress erlebten und dass sich hohe Unterstützung und Isoliertheit in der Klasse nicht ausschlossen. Erhöhte Werte zeigten sich nur im höheren Schulniveau (sog. Handelsakademie). Im Vergleich zu den Jungen beurteilten die Mädchen das Verhalten ihrer Lehrpersonen als weniger repressiv, aber auch als weniger schülerorientiert. Auch fühlten sie höhere Belastungen durch Leistungsdruck und Isoliertheit in der Klasse. Auffallend war das Ergebnis, dass intrinsisch motivierte Schüler/innen ihre Schulumwelt deutlich positiver einschätzten als Schüler/innen, die eher einen höheren Leistungsdruck empfanden, in der Klasse stärker isoliert waren und sich in der Schule stärker kontrolliert fühlten. Eine hohe Frustrationstoleranz ging ebenfalls mit einer positiven Einschätzung der erhobenen Aspekte der Schulumwelt einher.

Anhand von Regressions- und Pfadanalysen wurden die Zusammenhänge der untersuchten Variablen genauer erfasst (vgl. Abb. 3-4 und 3-5). Für die Gesamtzufriedenheit in der Schule erwiesen sich das repressive Verhalten der Lehrpersonen und Stress als negative Prädiktoren. Im Gegensatz dazu förderten ein schülerzentriertes Verhalten der Lehrer/innen, die Unterstützung durch Mitschüler/innen und sogar der Leistungsdruck die Zufriedenheit. Ein ähnliches Bild ergab sich für die Vorhersage der Freude am Schulbesuch, die durch Stress und repressives Verhalten der Lehrpersonen geschmälert, durch die Unterstützung der Mitschüler/innen erhöht wurde.

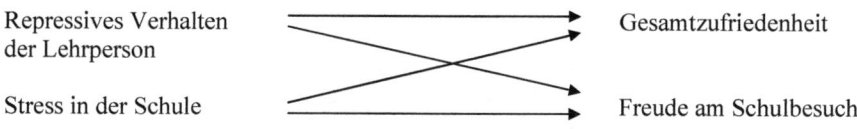

Repressives Verhalten
der Lehrperson   Gesamtzufriedenheit

Stress in der Schule   Freude am Schulbesuch

Abbildung 3-4:   Hemmende Aspekte in Bezug auf das Wohlbefinden (nach Eder 1986)

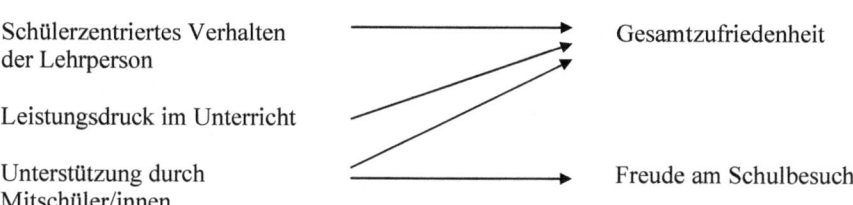

Schülerzentriertes Verhalten
der Lehrperson   Gesamtzufriedenheit

Leistungsdruck im Unterricht

Unterstützung durch
Mitschüler/innen   Freude am Schulbesuch

Abbildung 3-5:   Förderliche Aspekte in Bezug auf das Wohlbefinden (nach Eder 1986)

In einem nächsten Schritt (vgl. Abb. 3-6) fasste Eder diese Variablen zu zwei Teilaspekten der Zufriedenheit, die sog. Schul- und Lehrerzufriedenheit und die Mitschülerzufriedenheit, zusammen und bezog auch die erhobenen Variablen zur Person der Schüler/innen mit ein, um ihre Gesamtzufriedenheit zu erklären. Dies gelang recht gut: Die Motivation der Schüler/innen (intrinsische Motivation und Leistungsmotivation), ihre Zufriedenheit mit der Schule bzw. den Lehrpersonen und die Zufriedenheit mit den Mitschüler/innen beeinflussten die Gesamtzufriedenheit direkt und indirekt, z.B. vermittelt über die Leistungen. Der soziale Druck und die Frustrationstoleranz der Schüler/innen besassen nur indirekte Effekte über die beiden Teilzufriedenheiten. Die stärksten direkten Koeffizienten zur Gesamtzufriedenheit gingen von der Schul- und Lehrerzufriedenheit, der Leistungsmotivation und der Leistung aus.

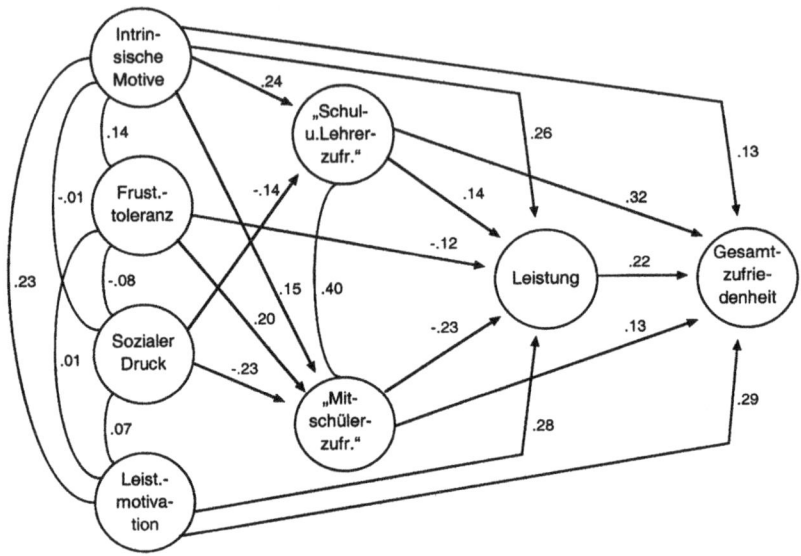

Pfadmodell. Eingetragen sind die β-Koeffizienten >.10 sowie die Korrelationen zwischen Variablen auf gleichem Niveau. Alle Variablen sind so gepolt, dass hohe Werte der Benennung der Variable entsprechen (z.B. hohe Werte bei „Leistung" = hohe bzw. gute Leistung).

Abbildung 3-6:   Prädiktoren der Zufriedenheit von Schülerinnen und Schülern
                   (Eder 1986, S. 99)

Der schulische Kontext und die Charakteristika des Unterrichts waren auch für Helmke und Schrader (1990) ein wichtiges Forschungsthema. Sie wollten untersuchen, welche Ziele in Schule und Unterricht erreicht werden und ob Schüler/innen Freude am Lernen empfinden. Die Autoren betonten, dass Unterricht multikriterial wirksam sei, d.h. sich nicht nur auf die Leistungen, sondern auch auf die Motivation und die Emotionen der Schüler/innen auswirke. In der Tat werden diese Wirkungsfaktoren auch in den Lehrplänen postuliert. Frühere Forschungsarbeiten (z.B. Good, Biddle & Brophy 1975; Schofield 1981) wiesen jedoch darauf hin, dass die Merkmale von Schule und Unterricht wie Schulsystem, Unterrichtsmethoden und Klassenzusammensetzung eher einen gegensätzlichen Einfluss auf die kognitiven und die nicht-kognitiven Aspekte des Schulalltags haben bzw. dass kognitive und affektive Kriterien zumindest teilweise inkompatibel sind. Offensichtlich scheinen Unterrichtsformen, die förderlich für die Leistungsentwicklung sind (z.B. die direkte Instruktion), die Entwicklung motivationaler und affektiver Merkmale eher zu hemmen. Zugleich tragen z.B. offene Unterrichtsformen zum guten Klima in einer Klasse bei, sind aber für die Leistungsentwicklung eher ungünstig (vgl. Giaconia & Hedges 1982). Es stellte sich damit die Frage, wie es gelingen kann, sowohl die Leistung in einer Klasse zu steigern, die Motivation zu fördern und zugleich die Lernfreude und eine gute Lernatmosphäre zu entwickeln.

Um diese Fragen zu beantworten, untersuchten Helmke & Schrader die kognitive und affektive Entwicklung in deutschen Hauptschulklassen der Klassenstufe 5 in Abhängigkeit von der Unterrichtsqualität. Die Auswertungen zeigten, dass die Entwicklung der „Schulfreude" – so nennen Helmke und Schrader im Weiteren die positiven Einstellungen zur Mathematik[42] – nicht signifikant mit der Leistungsentwicklung und der Entwicklung des Fähigkeitsselbstbildes korrelierte, jedoch positiv mit der Klarheit und dem affektiven Klima des Unterrichts. Die Schulfreude schien sich zudem in kleinen Klassen besser entwickeln zu können als in grossen. Wenige Zusammenhänge ergaben sich zwischen und mit den drei Unterrichtskriterien, die nach Meinung der Autoren affektwirksam sind, d.h. Adaptivität, affektives Klima und Langsamkeitstoleranz. Nur eine hohe signifikante Korrelation bestand zwischen Adaptivität und affektivem Klima. Das affektive Klima korrelierte ausserdem signifikant mit der Klarheit des Unterrichts, aber nicht mit der Mathematikleistung und dem mathematischen Fähigkeitskonzept. Im Gegensatz dazu fanden sich mittlere bis hohe positive Korrelationen innerhalb der leistungsbezogenen Unterrichtsmerkmale Effizienz, Zeitnutzung und Klarheit, die auch signifikant mit der Leistungsentwicklung in Mathematik zusammenhingen.

In einem nächsten Schritt identifizierten die Autoren mittels Clusteranalysen Gruppen mit unterschiedlicher kognitiver und affektiver Entwicklung[43] und stellten folgende Unterschiede in Bezug auf den Unterricht fest:

1. Der Unterricht in Klassen, die im Verlauf eines Schuljahrs eine positive Entwicklung in allen drei Bereichen aufwiesen, zeichnete sich durch hohe Werte in den Kriterien Aufgabenorientierung, Adaptivität, Langsamkeitstoleranz und affektives Klima aus.

2. In Klassen, die gute Ergebnisse bezüglich der Leistungssteigerung, aber negative Effekte beim Fähigkeitsselbstbild und bei der Schulfreude zeigten, schien der Unterricht weniger klar gestaltet und die Langsamkeitstoleranz der Lehrperson sehr niedrig zu sein.

3. In Klassen mit einer positiven Entwicklung der Schulfreude, mit stabil bleibenden Leistungen und einem entwicklungsresistenten Fähigkeitskonzept bestanden die niedrigsten Werte in Bezug auf die Effizienz der Klassenführung und die Aufgabenorientierung.

---

42 Da Helmke und Schrader diesen Begriff durchgehend verwendeten, wird dieser auch in der vorliegenden Ergebnisdarstellung beibehalten. In der Diskussion des Beitrages wird die Problematik dieses Begriffes aber aufgegriffen werden.
43 Aufgrund der hierarchischen Clusteranalyse ergaben sich sechs Cluster. Da zwei Cluster aber aus nur einer Klasse bestanden, werden sie in den folgenden Ausführungen nicht behandelt.

4. Bei Klassen, in denen sich das Fähigkeitskonzept positiv, die Schulfreude negativ entwickelte und die Mathematikleistungen konstant blieben, erwies sich die Effizienz der Klassenführung als hoch, die Adaptivität jedoch als sehr niedrig.

Ein näherer Vergleich dieser Gruppen führte Helmke und Schrader zu der Interpretation, dass der Langsamkeitstoleranz eine besondere Rolle zukommt, wollen Lehrpersonen neben der Leistungsentwicklung auch zur Entwicklung des Fähigkeitskonzepts und der Schulfreude beitragen. Genügend Zeit zum Überlegen und die Geduld gegenüber Schüler/innen im Mathematikunterricht scheinen sich positiv auf die Freude der Kinder am Fach auszuwirken.

Gruehn (1995) schloss an die Arbeiten von Helmke und Schrader (1990) an und analysierte die Vereinbarkeit kognitiver und nichtkognitiver (d.h. affektiver und motivationaler) Ziele im Unterricht als ein Qualitätsmerkmal von Schulen. Schulklassen der 7. Jahrgangsstufe nahmen an einer Längsschnittuntersuchung teil, in welcher der Zusammenhang zwischen Sozialklima, Leistung, Emotionen und Motivation erforscht werden sollte. Die Fragestellung kann – etwas vereinfacht – folgendermassen beschrieben werden: Wodurch zeichnet sich ein Unterricht aus, in dem die Schüler/innen gute Leistungen erbringen müssen und sich zugleich wohl fühlen? Neben der Intelligenz der Schüler/innen wurde die Entwicklung der Mathematikleistungen und des Selbstkonzeptes bezüglich mathematischer Fähigkeiten erfasst. Der Schwerpunkt weiterer Variablen bezog auf das Unterrichts- und Sozialklima. Für die Auswertung wurde eine Skala zur Schulunlust umgepolt und als „Schulfreude" bezeichnet. Danach wurde ein Wert für die klassenbezogene Entwicklung der Schulfreude gebildet und mit den anderen Variablen in Beziehung gesetzt.

Es zeigte sich, dass die Entwicklung der Schulfreude signifikant positiv mit der von Schüler/innen erlebten Disziplin in der Klasse, der Klarheit des Unterrichts, einer positiven Schülerorientierung und der individuellen Bezugsnormorientierung der Lehrpersonen korrelierte. Signifikante negative Korrelationen liessen sich mit dem Leistungsdruck, dem Interaktionstempo und der Zeitverschwendung im Unterricht nachweisen. Im Vergleich zur Entwicklung der Leistungen und des Fähigkeitsselbstkonzeptes bestanden aber weniger Signifikanzen, und die erhaltenen Zusammenhänge waren teilweise schwächer – wenn sie auch stets in die gleiche Richtung wiesen. Eine Ausnahme stellte die Korrelation mit der positiven Schülerorientierung dar, die sich nur auf die Schulfreude bezog und damit nur für die affektive Komponente bedeutsam zu sein schien. In weiteren Analyseschritten wurde die Entwicklung des Fähigkeitsselbstkonzeptes und die Schulfreude zu einer Skala „affektiv-motivationale Entwicklung" zusammengefasst und die Klassen anhand ihrer Entwicklung im affektiv-motivationalen und kognitiven Bereich (Leistung) in Gruppen eingeteilt. Insgesamt konnte für 20 Schulklassen eine Zunahme sowohl der kognitiven als auch affektiv-motivationalen Ziele festgestellt werden. Die Ziele schienen folglich im Unterricht durchaus vereinbar zu sein, wenn sich dieser durch einen niedrigen Leistungsdruck und ein geringes Interaktionstempo, durch eine hohe Disziplin und eine individuelle Bezugsnormorientierung, durch eine klare Unterrichtsgestaltung und eine effektive Zeitnutzung auszeichnete. Nicht erstaunlich war, dass die Schüler/innen dieser Klassen mit ihren Lehrpersonen sehr zufrieden waren.

Zusätzlich betrachtete Gruehn den Unterricht in denjenigen Klassen, in denen sich eine jeweils gegensätzliche Entwicklung der affektiv-motivationalen und kognitiven Variablen vollzogen hatte[44] und kam zu folgenden Ergebnissen:

a. War die affektiv-motivationale Entwicklung niedrig (d.h. es hatte sich nur eine geringe Steigerung des Fähigkeitsselbstkonzeptes und der Lernfreude vollzogen), die Leistungsentwicklung aber hoch, so ging dies mit einer eher schlechten Beziehung zwischen Lehrer/innen und Schüler/innen einher: Die Schüler/innen erlebten in ihrem Unterricht höheren Leistungsdruck und ein zügigeres Voranschreiten im Schulstoff, gleichzeitig jedoch wurde mehr Zeit verschwendet. Zudem orientierten sich die Lehrpersonen weniger an der individuellen Bezugsnorm. In den Klassen mit hoher kognitiver Entwicklung hatten die Schüler/innen deutlich weniger Partizipationsmöglichkeiten als in Klassen mit hoher affektiv-motivationaler Entwicklung.

b. In den Klassen, bei denen eine hohe affektiv-motivationale Entwicklung und eine schwache Leistungssteigerung festgestellt wurden, wurde der Unterricht von den Jugendlichen durch eher starken Leistungsdruck, durch ein zügiges Voranschreiten bei der Stoffvermittlung und durch Sprunghaftigkeit charakterisiert. Klassen mit einer positiven Entwicklung der Lernfreude *und* des Konzepts eigener Fähigkeiten bewerteten die pädagogische und emotionale Kompetenz der Lehrer/innen als deutlich höher.

c. In den Gruppen, in der sich affektiv-motivationale und kognitive Ziele vereinbaren liessen, befanden sich überwiegend Gymnasialklassen. In diesen Klassen waren auch die fachlichen (hier mathematischen) Vorkenntnisse der Schüler/innen höher. Ein förderlicher Unterricht vollzog sich folglich in einem Lernumfeld, in dem Lehrpersonen „Formen der direkten Instruktion, die eher leistungsfördernd sind, mit Elementen eines sozialen Klimas verbinden, das die sozialen Beziehungen zwischen Lehrern und Schülern hervorhebt und durch ein für Schüler wahrnehmbares emotionales Engagement des Lehrers gekennzeichnet ist" (Gruehn 1995, S. 551).

Helmke präzisierte 1993 seinen Ansatz zur Bedeutung und Entwicklung von Schulfreude und unterschied zwischen einer normativen und einer funktionalen Bedeutung der Lernfreude. Damit spricht er folgende zwei Perspektiven an: Einerseits wird Freude als ein Wert an sich und damit als ein wichtiges pädagogisches Ziel für Schule und

---

44 Die Vergleichsgruppe bildeten die Klassen, in denen sich kognitive und affektiv-motivationale Ziele vereinbaren liessen.

Unterricht angesehen (normativ). Dies äussert sich z.B. in der Formulierung affektiver Lernziele (Mauermann 1975; Weber 1975) und in der Diskussion über emotionale Erziehung im Unterricht (Andreas 1975; Singer 1981), die vor allem in den 70er Jahren stattfand (vgl. z.B. Oerter & Weber 1975). Andererseits wird betont, dass Emotionen das Lernen und die Leistung beeinflussen können und Reaktionen auf Lernergebnisse sind, die wiederum eine Wirkung auf das nachfolgende Lern- und Leistungsverhalten ausüben (z.B. Walberg 1990). Nach Helmke ist die Lernfreude in der Schule ein wesentlicher Bestandteil solcher affektiven Einstellungen und deshalb eine zentrale Variable für pädagogisch-psychologische Forschung. Unter Lernfreude verstand er „die relativ überdauernde emotionale Besetzung bzw. affektive Tönung des schulischen Lernens und fachlicher Inhalte" (Helmke 1993, S. 78). Es geht also nicht um die kurzfristig erlebten, aktuellen Emotionen in Lernsituationen, sondern um eine emotionale Grundhaltung, die sich im Laufe mehrerer Jahre aufbaut und sich während der Schulzeit weiterentwickelt. Helmke wies auch darauf hin, dass diese Definition von Lernfreude eng an motivationale Konzepte angelehnt ist (wie z.B. der intrinsischen Motivation, siehe Kap. 3.4).

Um die Entwicklung der Lernfreude zu untersuchen, führte Helmke (1993) eine Längsschnittstudie mit deutschen Vor- und Primarschulkindern durch. Im Kindergarten und in der ersten Klasse bekundeten die Kinder, wie gerne sie bestimmte Leistungsanforderungen erfüllten. Ab der zweiten Klasse beantworteten die Kinder einen Fragebogen über ihre affektiven Einstellungen zu den Fächern Mathematik und Deutsch. Anhand dieser Daten konnte Helmke nachweisen, dass sich Schüler/innen, die Freude am Lernen hatten, durch positive Werte sowohl in kognitiven als auch in motivationalen Bereichen und im Lernverhalten auszeichneten. Im Verlauf der ersten Schuljahre sank die Lernfreude, sie blieb aber noch im positiven Bereich. Dies bestätigte sich bereichsspezifisch für die beiden Fächer Mathematik und Deutsch. Geschlechtsunterschiede fanden sich dahingehend, dass Mädchen etwas weniger Lernfreude in Mathematik erlebten. Die Ergebnisse machten auch deutlich, dass der Einfluss der Leistungen auf die Lernfreude im Mathematikunterricht ab der 2. Klasse zunahm (vgl. Abb. 3-7).

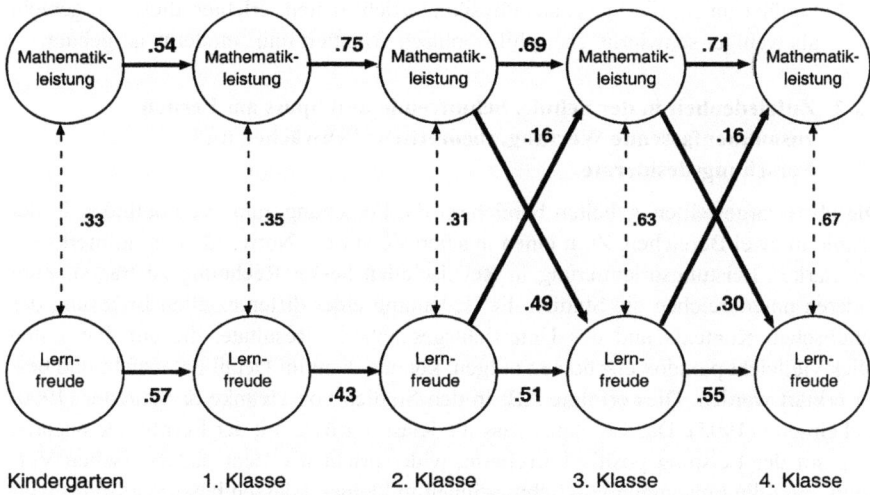

Kindergarten   1. Klasse   2. Klasse   3. Klasse   4. Klasse

Abbildung 3-7:   PLS-Strukturgleichungsmodell zum Zusammenhang zwischen Lernfreude und Schulleistung vom Kindergarten bis Ende Grundschule (Helmke 1993, S. 84)

Eine solche fachspezifische Orientierung findet sich auch bei Pell (1985). Er ging der Frage nach, wieviel Spass Sekundarschüler/innen am Fach Physik haben und womit dies zusammenhängt. Wie bereits erwähnt, wurde mehrfach empirisch nachgewiesen, dass die Freude am Unterricht, und insbesondere auch am Physikunterricht, im Laufe der Schuljahre abnimmt (z.B. Gardner 1976). Stevens und Atwood (1978 nach Pell 1985, S. 124) sprechen sogar von einem „general ‚school fatigue' effect". Pell wollte dieses Phänomen unter Berücksichtigung geschlechtsspezifischer Unterschiede abermals untersuchen, mit dem Ziel, weitere Erklärungen für das Absinken der Freude ausfindig machen. Die Ergebnisse seiner Längsschnittstudie mit englischen Schüler/innen in den letzten drei Jahren der Sekundarstufe ergaben folgendes Bild:

a. Knaben hatten mehr Freude am Physikunterricht als Mädchen. Diese Freude sank allerdings im Verlauf von zwei Schuljahren ab, wogegen sie bei den Schülerinnen gleich – niedrig – blieb.

b. Das Leistungsniveau und die Freude an Physik hingen eng zusammen: Je höher das Niveau, desto eher erlebten Schüler/innen Spass an dem Fach.

c. Die Qualität des Unterrichts schien eine wichtige Einflusskomponente zu sein: Ermöglichte der Unterricht, an Experimenten zu lernen und den Lerninhalten eine philosophische Bedeutung zu geben, so empfanden auch Mädchen mehr Freude an Physik. Für Jungen schien eher das Prestige des Fachs ausschlaggebend zu sein.

d. Schüler/innen, die Spass am Physikunterricht hatten, erlebten diesen allgemein als weniger schwierig, eher philosophisch orientiert und „modern" aufgebaut.

3.2.2 Zufriedenheit in der Schule, Schulfreude und Spass am Lernen – zusammenfassende Wertung, theoretische Schwächen und Forschungsdesiderate

Die oben dargestellten Arbeiten bereichern die Forschung zum Wohlbefinden in der Schule in zwei Bereichen. Zum einen machen sie auf die Notwendigkeit aufmerksam, der starken Leistungsorientierung in Regelschulen besser Rechnung zu tragen. Zum anderen unterstreichen die Studien die Bedeutung einer differenziellen Erfassung des schulischen Kontexts und des Unterrichtsgeschehens. Resultate, die auf den ersten Blick vielleicht paradox erscheinen mögen, können dann im Detail untersucht und besser erklärt werden. Dies erfolgte z.B. in den Studien von Helmke & Schrader (1990) und Gruehn (1995). Das Ergebnis, dass die Klassengrösse mit der Lernfreude negativ, aber mit der Leistung positiv korrelierte, widerspricht u.a. dem pädagogischen Vorurteil, dass die Leistungen von Schüler/innen in kleinen Klassen besser gefördert werden können. Eine alternative Erklärung bietet sich, wenn das kontextspezifische Unterrichtsverhalten der Lehrperson in Betracht gezogen wird: Möglicherweise bewirkt die Klassengrösse eine stärkere und erfolgreiche Konzentration der Lehrkraft auf den Leistungsaspekt der Schule. Dies aber kann eine Vereinbarkeit kognitiver und affektiver Lernziele erschweren oder gar verhindern und zu einer Vernachlässigung positiver Lernemotionen führen. Dieses Ergebnis weist auch darauf hin, dass es in der pädagogischen Forschung wichtig ist, nicht von „objektiven" Variablen, sondern – wie Helmke und Schrader dies tun – von „Kontextvariablen" zu sprechen. Die fachspezifischen Ergebnisse von Helmke (1993) machten des Weiteren deutlich, dass Schule und Unterricht ein differenzielles Affektpotenzial haben können. Dies wurde auch von Pell (1985) unterstrichen, der einen engen Bezug zur didaktischen Gestaltung eines Faches herstellte. In früheren Arbeiten konnte er sogar zeigen, dass sich die Freude an einem Fach vor allem bei Schüler/innen entwickelt, die in einem sog. „matched classroom environment" (Pell 1985, S. 127) unterrichtet wurden. Darunter verstand er einen Unterricht, der den individuell bevorzugten Lernstil einer Schülerin / eines Schülers explizit berücksichtigt. Dies bedeutet, dass Freude an einem Fach durchaus durch den Unterricht gefördert werden kann. Voraussetzung dafür scheint ein differenziertes didaktisches Vorgehen zu sein, was hohe Anforderungen an die Kompetenzen von Lehrpersonen stellt.

Folgende Zusammenhänge konnten empirisch bestätigt werden:

- Positive Interaktionen mit Lehrpersonen und Mitschüler/innen korrelieren mit der allgemeinen Zufriedenheit von Jugendlichen (vgl. auch Samdal & Dür 2000). Die Motivation der Schüler/innen, ihre Zufriedenheit mit Mitschüler/innen und Lehrpersonen, ihre Schul- und Leistungszufriedenheit trägt zur Genese der allgemeinen Zufriedenheit von Schüler/innen bei (Eder 1986).

- Die Klarheit des Mathematikunterrichts und das Unterrichtsklima stehen in einem engen Zusammenhang mit den positiven Einstellungen zum Mathematikunterricht (Helmke & Schrader 1990).

- In Klassen mit einer positiven Entwicklung im kognitiven *und* affektiv-motivationalen Bereich wird die pädagogische Kompetenz der Lehrer/innen und die Effizienz der Klassenführung als hoch, das Unterrichtstempo als niedrig eingeschätzt (Gruehn 1995).

- Die erbrachten Leistungen spielen eine Rolle für die Lernfreude in den Fächern Deutsch und Mathematik (Helmke 1993).

- Das Leistungsniveau und die Berücksichtigung individueller Interessen der Schüler/innen im Unterricht erweisen sich als positiv für das Erleben von Freude am Physikunterricht (Pell 1985).

Trotz dieser wichtigen Forschungsergebnisse leisten aber auch die hier vorgestellten Studien nur einen geringen Beitrag zur Theoriebildung für die Genese des Wohlbefindens in der Schule. Es werden zwar potenzielle Einflussvariablen und Ursache-Wirkungs-Beziehungen diskutiert, mögliche Zusammenhänge, Einflussmöglichkeiten und Interaktionen aber kaum geprüft. Dies hängt zum einen damit zusammen, dass die untersuchten positiven Emotionen in der Schule oftmals nicht expliziert, definiert oder charaktisiert wurden. Zum anderen wird auf die Wechselwirkung von Emotion und Kognition zu wenig eingegangen oder es werden Konzepte theoriearm angewendet. Folgende Beispiele sollen dies illustrieren:

a Ein gewichtiger Zweig der Wohlbefindensforschung hat herausgearbeitet, dass das Wohlbefinden anhand kognitiver und emotionaler Aspekte zu definieren ist, wogegen Zufriedenheit das Produkt kognitiver Urteile darstellt (vgl. Kap. 2). Obwohl auch Eder (1986) die Vermischung von Begriffen wie Wohlbefinden, Schulfreude und Zufriedenheit kritisierte, erfolgte dann in seinen Ausführungen die Gleichsetzung von Zufriedenheit und Wohlbefinden. Es ist folglich zu fragen, inwiefern seine Studie tatsächlich einen Beitrag zur Erfassung der affektiv-emotionalen Erfahrungen von Schüler/innen darstellt.

b. Der differenzierte Forschungszugang von Helmke und Schrader (1990) wurde nicht für die Affektvariablen beibehalten, sondern es wurden sogar unzulässige Generalisierungen vorgenommen: Die Autoren sprachen von Schulfreude und befragten die Schüler/innen zu ihren „Einstellungen zum Fach Mathematik" (Helmke & Schrader 1990, S. 185). Es muss also davon ausgegangen werden, dass es sich bei der verwendeten Variablen weniger um eine Emotion als um eine – bestenfalls – affektiv-gefärbte, fachspezifische Kognition handelt. Helmke und Schrader (1990) lassen des Weiteren unbegründet, warum die Unterrichtskriterien Adaptivität, Langsamkeitstoleranz und affektives Klima für die affektive Entwicklung der Schüler/innen wichtig sind, die Effizenz der Klassenführung, die Aufgabenorientierung und Klarheit des Unterrichts dagegen nicht.

c. Gruehn (1995) konzipierte den Begriff Schulfreude als Gegensatz zu Schulunlust, indem sie eine entsprechende Skala umpolte. Dahinter steht eine umstrittene eindimensionale Sichtweise von Emotionen, in der die Abwesenheit einer beliebigen negativen Emotion die Existenz jeder beliebigen positiven Emotion impliziert[45].

d. Nach Pell (1985) sollte sich die Freude an einem Fach positiv auf die Leistungen der Schüler/innen auswirken, was wiederum Anlass zur Freude gibt. Er bezeichnete dieses Phänomen als „enjoyment-attainment-loop" (Pell 1985, S. 130), unterliess es aber, einen theoretischen oder empirischen Nachweis dieses „loops" zu erbringen.

Die dargestellten Arbeiten stützen zwar die pädagogische Überzeugung, dass der schulische Kontext eine zentrale Einflussvariable für das Wohlbefinden in der Schule darstellt, lassen aber offen, wie es gelingen kann, dass Schüler/innen positive Emotionen erleben, dass sie sich wohl fühlen, und welche Faktoren dafür ausschlaggebend sind. Im nachfolgenden Kapitel wird deshalb die Perspektive abermals erweitert, um zusätzliche Erkenntnisse über die Genese positiver Emotionen in der Schule zu erhalten[46]. Dabei waren folgende emotionsrelevante Fragen leitend:

- Wie gut fühlen sich Kinder und Jugendliche in der Schule?
- Welche positiven Emotionen erleben Schüler/innen in der Schule?
- Wie können die Emotionen von Schüler/innen beschrieben werden?
- Was lässt sich über die Genese positiver Emotionen und über ihre Wirkungen auf die Schülerinnen und Schüler aussagen?

3.3 Positive Gefühle im Schulalltag

Die (abermals) erweiterte Perspektive lenkt den Blick auf Arbeiten, in denen Gefühle in der Schule allgemein und in Lern- und Leistungssituationen untersucht wurden. Den empirischen Studien ging es primär darum, die spezifische Perspektive der Schüler/innen und die Affektrelevanz schulischer Kontexte zu illustrieren. Vereinzelt konnten daraus auch Hinweise auf die Gestaltung von Lernumgebungen abgeleitet werden.

---

45 Dieses methodische Vorgehen ist bei verschiedenen Studien zu finden (z.B. auch Schmitt-Rodermund, Silbereisen & Wiesner 1996). Oftmals unreflektiert und unbegründet wird eine Skala, die negative Emotionen und negatives Befinden misst, umkodiert und als Indikator für Wohlbefinden verstanden. Prädiktoren für geringe Ausprägungen auf emotional negativen Skalen (wie z.B. Depressivität) werden als Prädiktoren positiver Emotionen bestimmt.

46 Die Arbeiten zu negativen Gefühlen in der Schule wie Angst (vgl. Rost 1991; Schnabel 1996), Hilflosigkeit (vgl. Seligman 1986), Langeweile (vgl. Fichten 1993) werden hier nicht dargestellt.

3.3.1 Positive Gefühle im Schulalltag – aktueller Forschungsstand

Werres (1996b, S. 29ff) interessierte vor allem, worüber sich Primarschulkinder besonders freuen und was ihnen an ihrer Schule gefällt, was sie in ihrer Klasse aufbringt und was sie in der Schule gerne ändern würden. Ausserdem war ihm wichtig herauszufinden, wie ihre Eltern auf gute bzw. schlechte Noten reagieren. Seine Studie hatte primär explorativen Charakter mit dem Ziel, die „Blickrichtungen zur Befindlichkeit des Schülers in Schule und Unterricht aufzuschließen" (Werres 1996a, S. 8). Werres ging weniger theoriegeleitet vor, sondern nahm in Anlehnung an andere Autoren an, dass die spontanen Aussagen und Bewertungen von Schüler/innen einen wichtigen Zugang zur Wirkung von Schule und Unterricht darstellen. Dementsprechend führte er teilstrukturierte Interviews (vgl. Werres 1996b, S. 39) mit deutschen Schüler/innen aus 3. und 4. Primarschulklassen durch. Aus der Sicht der befragten Schülerinnen und Schüler waren oftmals unterrichtsübergreifende Ereignisse bzw. Ereignisse, die ausserhalb des Unterrichts stattfanden, ein Anlass zur Freude, wie z.B. Klassenfahrten, Wettbewerbe, Geburtstagsfeste. Freude erlebten die befragten Schüler/innen auch in Situationen, in denen die Klasse oder Gruppierungen innerhalb der Schule etwas gemeinsam leisteten, z.B. beim Schulfest oder im Schulchor. Eher selten betrafen die freudigen Situationen unmittelbar den Unterricht. Eine Ausnahme stellte dabei die Freiarbeit dar, die als eine Möglichkeit des selbständigen Lernens von vielen Schüler/innen als positiv bewertet und wiederholt genannt wurde, als die Kinder erklärten, was ihnen an der Schule gefalle. Verärgert waren die Kinder über die enge Reglementierung des schulischen Zusammenlebens innerhalb und ausserhalb des Unterrichts.

Andere Forschungsarbeiten konzentrierten sich auf die spezifischen Gefühle, die in verschiedenen Lern- und Leistungssituationen erlebt werden. Ein typisches Beispiel dieser Arbeiten findet sich bei Pekrun (1992a). Emotionen sind für ihn eine Quelle der Motivation beim Lernen und Leisten, ein Beitrag zur seelischen Gesundheit, zum psychosomatischen Befinden und zur Entwicklung der Persönlichkeit. Pekrun betonte, dass Emotionen zudem kognitive Prozesse hemmen oder fördern können (vgl. dazu ausführlich Pekrun 1992b). Das Ziel seiner Ausführungen war zu zeigen, welche Emotionen und Kognitionen beim Lernen und bei Prüfungen während des Studiums auftraten und wie diese miteinander verknüpft sind. Student/innen wurden in teilstrukturierten Interviews retrospektiv zu den Situationsbedingungen, zu ihren persönlichen Gefühlen und Gedanken in einer selbsterlebten Lern- oder Prüfungssituation befragt. Dabei wurden negative und positive Emotionen in etwa gleich oft erwähnt. Die grosse Zahl genannter Gefühle kategorisierte Pekrun in folgende acht negative und sechs positive Emotionen: Angst, Ärger, Frustration/Unzufriedenheit, Enttäuschung, Traurigkeit, Hoffnungslosigkeit, Langeweile, Scham/Schuld und Freude, Erleichterung, Zufriedenheit, Hoffnung, Neugier/Interesse und Stolz. Angst und Freude waren zwar die häufigsten Emotionen, nahmen aber nur etwa je ein Sechstel der Nennungen ein. Folglich sind bei den positiven Gefühlen auch Emotionen wie Erleichterung, Zufriedenheit, Hoffnung, Neugier und Stolz zu berücksichtigen.

Pekrun fragte auch nach den Gedanken in den Lern-Leistungssituationen und wertete ihre Verknüpfungen mit den drei häufigsten negativen und positiven Emotionen aus. Zum Zusammenhang von Emotionen und Kognitionen können die folgenden Aussagen formuliert werden:

- *Freude* entstand sowohl durch das Ergebnis als auch durch den Lern-Leistungs-Prozess. Darauf wies die Nähe zu Gedanken an den Erfolg, den Lernstoff und den sozialen Interaktionen hin.

- *Zufriedenheit* bezog sich überwiegend auf das Ergebnis von Lern- und Leistungshandlungen. Sie wurde am häufigsten mit dem Erfolg in Verbindung gebracht, aber es bestanden auch Verknüpfungen mit einem möglichen Transfer des Wissens und mit Attributionen.

- *Erleichterung* war sowohl mit Erfolg als auch mit Interaktionen und daher (wie Freude) sowohl mit dem Ergebnis als auch mit dem Situationsverlauf assoziiert. Es zeigte sich des Weiteren, dass Erleichterung auch durch die blosse Beendigung einer Situation entstehen kann, da sie vereinzelt auch bei Misserfolg erlebt wurde.

Dies führte Pekrun (1992b) noch im gleichen Jahr zur Darstellung einer Taxonomie (vgl. Tab. 3-5), in der sowohl die Valenz (positiv oder negativ) als auch die Ausrichtung der Emotion (sozial oder auf Aufgaben bezogen) als Einteilungskriterien dienten:

Tabelle 3-5:   Taxonomie von Emotionen (Pekrun 1992b, S. 361)

Taxonomy of Students' Emotions		
	Positive	*Negative*
TASK-RELATED		
Process-Related	Enjoyment	Boredom
Prospective	Hope	Anxiety
	Anticipatory Joy	Hopelessness
		(Resignation/Despair)
Retrospective	Relief	-
	Outcome-Related Joy	Sadness
	Pride	Disappointment
		Shame/Guilt
SOCIAL		
	Gratitude	Anger
	Empathy	Jealousy/Envy
	Admiration	Contempt
	Sympathy/Love	Antipathy/Hate

Einige Jahre später wies Pekrun (1998) darauf hin, dass Emotionen von Schülerinnen und Schülern in der empirisch-pädagogischen und psychologischen Forschung bisher sehr vernachlässigt wurden, und bezeichnete dieses Thema sogar als einen blinden Fleck in der Unterrichtsforschung. Einzige Ausnahme seien die zahlreichen Arbeiten zur Schul- und Prüfungsangst. Aber selbst hier fehle noch das Wissen, um präventiv wirksam werden zu können. Er ging abermals davon aus, dass Emotionen sowohl mit motivationalen als auch kognitiven und metakognitiven Faktoren, z.B. der Verarbeitung von Lerninhalten, eng verknüpft sind. Dies bestätigte sich auch in ersten empirischen Studien: Wenn Schüler/innen in Lernsituationen Anlass zur Freude hatten, dann korrelierte dies positiv mit Interesse, Anstrengung und Leistung und negativ mit irrelevantem Denken in der Schule. Ärger, Angst und Langeweile dagegen hingen mit irrelevantem Denken zusammen und korrelierten negativ mit Interesse, Anstrengung und Leistung. Anhand von weiteren empirischen Arbeiten mit Schüler/innen konnte Pekrun nachweisen, dass der Unterricht und verschiedene Lernsituationen in der Schule und zu Hause, mit einer Vielzahl weiterer Emotionen verbunden waren. Wenn Schüler/innen retrospektiv gefragt werden, welche Emotionen sie in der Schule schon erlebt und welche Situationen diese ausgelöst hatte, berichten sie je nach Situation Gefühle der Freude, Hoffnung, Neugier, Zufriedenheit, Erleichterung und Stolz, Ärger, Angst, Hoffnungslosigkeit, Unzufriedenheit, Scham, Enttäuschung etc.

Einflussfaktoren für die Entstehung von Gefühlen in der Schule sah Pekrun sowohl in Aspekten der Person der Schülerin / des Schülers (z.B. ihr/sein Selbstkonzept) als auch in Umweltbedingungen (z.B. Unterstützung im Lernprozess, Bezugsnormen, Leistungserwartungen). Erste Ergebnisse zeigten z.B. positive Korrelationen zwischen der Freude der Schüler/innen in Prüfungssituationen und dem Engagement der Lehrperson, der positiven Verstärkung durch Lehrpersonen und Eltern und ihrer Unterstützung bei Misserfolg. Es ergaben sich aber auch positive Korrelationen zwischen Freude und dem Leistungsdruck durch Lehrer/innen und Eltern.

Auch in einer Publikation von Pekrun & Hofmann (1999) wurde hervorgehoben, dass Lern- und Leistungssituationen mit einer Vielzahl von Emotionen verbunden sein können, und zugleich kritisiert, dass die Forschung zu Unrecht jahrelang den Schwerpunkt nahezu ausschliesslich auf die Lern- und Leistungsangst gelegt hatte. Die Autoren stellten reliable Skalen vor, mit denen die Emotionen Freude, Ärger, Angst und Langeweile in Lernsituationen (sog. ,Lernemotionen') und die Emotionen Freude, Hoffnung, Erleichterung, Ärger, Angst und Hoffnungslosigkeit in Leistungssituationen (sog. ,Leistungsemotionen') systematisch erfasst werden könnten[47]. Diese Skalen wurden emotionstheoretisch verankert, indem die Items jeweils auf die vier Teilkomponenten von Emotionen Bezug nahmen:

---

47 Freude und Angst wurden sowohl als Lern- als auch als Leistungsemotionen definiert.

a. affektives Erleben,

b. Kognitionen,

c. physiologische Aktivierung und

d. motivationale Tendenzen.

Wie angenommen, fanden sich jeweils positive Korrelationen zwischen den Emotionen gleicher Valenz. So z.B. korrelierten Ärger und Langeweile sowie Angst und Hoffnungslosigkeit in Prüfungen sehr hoch miteinander[48], wogegen sich – trotz vergleichbar enger inhaltlicher Nähe – ein nur mittlerer Zusammenhang zwischen Freude und Erleichterung ergab. Die Korrelationen zwischen positiven und negativen Emotionen unterschieden sich jedoch je nach Emotion und Situation. So z.B. korrelierte Freude nur in Lernsituationen signifikant negativ mit Langeweile, Ärger und Angst.

3.3.2 Positive Gefühle im Schulalltag – zusammenfassende Wertung, theoretische Schwächen und Forschungsdesiderate

Im Rückblick auf die in diesem Teilkapitel dargestellten Studien lässt sich festhalten (vgl. Tab. 3-6), dass Emotionen in der Schule, in Lern- und Leistungssituationen sehr präsent sind. Die Vielzahl der unterschiedlichen Emotionen, die in diesen Situationen erlebt wurden, ist eindrücklich und weist auf die Bedeutung und Variationsbreite subjektiven Erlebens hin. Weitere Hinweise ergeben sich in Bezug auf die Ursachen, Entstehungsbedingungen und Entwicklungsfaktoren. Obschon fundierte Entwicklungsmodelle fehlen, so lassen sich aus den vorgestellten Arbeiten Angaben zu wohlbefindensrelevanten situativen Bedingungen schulischen Unterrichts und zu wohlbefindensrelevanten Aspekten der Person der Schülerin / des Schülers ableiten.

In einem Wirkungsmodell sollte berücksichtigt werden, dass nach Angaben der betroffenen Schüler/innen und Studierenden die Emotionsquellen in schulischen Kontexten sowohl in den spezifischen Aspekten der schulischen Umwelt als auch in der Person begründet liegen und dementsprechend – je nach Individuum – sehr unterschiedlich sein können.

---

48 Pekrun und Hofmann (1999) diskutierten aufgrund der hohen Korrelation zwischen Angst und Hoffnungslosigkeit in Prüfungen, inwiefern es misslungen war, diese beiden Emotionen zu separieren. Ein Blick auf die Korrelationen der Teilkomponenten ergab, dass der enge Zusammenhang vor allem auf die sehr hohe Korrelation der Emotionskomponente ,Kognitionen' zurückgeführt werden konnte. Aber auch die motivationalen Komponenten korrelierten hoch miteinander. In intraindividuellen Vergleichen dagegen waren die Korrelationen zwischen Lernärger und -langeweile bzw. zwischen Prüfungsangst und -hoffnungslosigkeit weitaus geringer.

Tabelle 3-6: Relevante Faktoren für die Genese von positiven Emotionen in der Schule

Schulkontext	Schüler/in	Emotion
• Unterrichtssequenz • Unterrichtsinhalte • Unterrichtsfächer		
• Verhalten der Lehrpersonen • Engagement der Lehrpersonen • Unterstützung durch Lehrpersonen • Bezugsnormen der Lehrpersonen • Leistungserwartungen d. Lehrpersonen • Leistungsdruck durch Lehrpersonen • Unterstützung durch Eltern • Leistungserwartungen der Eltern • Leistungsdruck durch Eltern	• Beziehungen zu Lehrpersonen • Erfolg und Leistung • Erleben von Kompetenz • Selbstkonzept	Freude Angst Langeweile etc.
• Sozialklima in Schule und Klasse	• Beziehungen zu Mitschüler/innen • Soziale Integration in der Klasse	

Zwar kritisierte Pekrun (1998) zu Recht, dass Emotionen in der Schule und in Lernsituationen noch zu wenig untersucht wurden und es wichtig sei, einen Einblick in das emotionale Erleben zu erhalten. Die Schwierigkeiten der oben dargestellten Arbeiten lassen sich dennoch nicht übersehen: Sie erwecken den Eindruck einer Emotionssammlung. Werres (1996b) hat z.B. seine Befragung und Auswertung auf das begrenzt, was die Primarschulkinder spontan erwähnten. Der Schluss aus diesem Datenmaterial, dass sich die Kinder in der Schule wohl fühlen, ist folglich nur sehr begrenzt zulässig. Zwar schien es den Kindern nicht schwer zu fallen, positive Ereignisse rund um die Schule zu berichten. Die zentralen Funktionen der Schule wie Wissenserwerb und Leistungsnachweis wurden aber kaum erwähnt. Auch bei den negativen Aspekten von Schule thematisierten die Kinder nur vereinzelt den Leistungsdruck und die Lernsituation. Dies erweckt den Anschein, dass die Ergebnisse stark von der Art der Fragestellung determiniert waren.

Ein Manko der meisten Arbeiten besteht ebenfalls darin, dass weder differenzielle Komponenten von Emotionen (z.B. deren Intensität und Dauer, ihre Auslöser und Konsequenzen) noch spezifische Aspekte der Lern- und Leistungssituation (wie Bedeutsamkeit und Prozesshaftigkeit) oder individuelle Aspekte der Schüler/innen (z.B. ihr Umgang mit Emotionen) berücksichtigt werden (z.B. bei Pekrun 1992b). Vielmehr entsteht das Bild, dass Emotionen, weitgehend unabhängig von Kontext und Person, nur abhängig von der Valenz der Emotion (positiv oder negativ) eine bestimmte bzw. bestimmbare Wirkung haben. Wichtig wäre, Näheres über die Funktion der einzelnen

Emotionen zu erfahren – analog dazu, wie dies in den empirischen Studien zur Prüfungsangst (siehe dazu Schnabel 1996) und den Experimenten zur Stimmungsforschung (vgl. Abele 1994, 1996, 1999; Isen 1993) versucht wurde. Dies erfordert zum einen eine weitere Differenzierung des Emotionserlebens – z.b. durch die Analyse der Emotionsintensität – auf der Basis von Ursache-Wirkungs-Zusammenhängen. Der Ansatz von Pekrun & Hofmann (1999), in welchem – abgestützt auf Emotionstheorien – die Skalen zur systematischen Erfassung der Lern- und Leistungsemotionen auf der theoretisch gut gestützen Vier-Faktoren-Theorie der Emotionen (z.b. Mayring 1992a; Schmidt-Atzert 1981, 1993) basieren, weist in diese Richtung. Er könnte ermöglichen, Gefühle in Lern- und Leistungssituationen in ihrer Komplexität zu erfassen. Zum anderen müsste eine differenzierte Situationsanalyse vorgenommen werden. Situationen des Lernens und der Leistung wurden jedoch entweder gleichgesetzt oder per se getrennt. Sicher entbehren diese Situationen nicht einer gewissen Ähnlichkeit, aber gerade im Studium unterscheiden sich sowohl individuelle und kollektive Lernsituationen, z.B. das individuelle Erarbeiten von Texten oder – von Pekrun (1992a) als kollektives Lernen bezeichnet – das Lernen in einer Vorlesung, als auch Lernsituationen für universitären Prüfungen[49]. Generell müsste der Anspruch von Pekrun, Aussagen über die „Häufigkeit, Phänomenologie, Determinanten, Korrelate und Konsequenzen von Lern- und Leistungsemotionen" (Pekrun 1992a, S. 310) formulieren zu können, relativiert werden.

Auch in den Arbeiten zur Affektwirksamkeit von Lern- und Leistungssituationen fehlen aussagekräftige, empirisch gestützte Antworten zur Erklärung und zur Entstehung des Wohlbefindens von Schülerinnen und Schülern. Es bleibt weitgehend verborgen, welche schulischen Situationen das Erleben positiver Emotionen ermöglichen, was zur Förderung positiver Emotionen in der Schule beiträgt und unter welchen Voraussetzungen sich Schüler/innen in der Schule wohl fühlen. Zudem finden sich theoretische Unklarheiten in Bezug auf den Zusammenhang zwischen Motivation und Emotionen. So z.B. gingen Pekrun & Hofmann (1999) einerseits davon aus, dass Emotionen die Motivation beeinflussen, da sie „emotionsspezifische Wünsche und Absichten induzieren" (Pekrun & Hofmann 1999, S. 257) und „... als wesentliche Entstehungsbedingungen für Interesse anzusehen sind ..." (Pekrun & Hofmann 1999, S. 259). Andererseits bezeichneten sie Emotionen als Teilkomponenten von motivationalen Orientierungen: „... positive Emotionen können als wesentlicher Bestandteil von Interesse und intrinsischer Motivation angesehen werden ..." (Pekrun & Hofmann 1999, S. 257f). Demzufolge wird im kommenden Kapitel eine letztes Mal die Perspektive um folgende Fragen erweitert:

---

49 Möglicherweise ist jedoch die Grösse der Stichprobe bzw. der Umfang des erhaltenen Datenmaterials für diese Vereinheitlichung verantwortlich.

- In welchen Lern- und Leistungskontexten erleben Schüler/innen positive Emotionen?
- Wie muss Schule und Unterricht gestaltet sein, damit positive Emotionen erlebt werden können?

3.4 Das Zusammenspiel von Emotion und (Leistungs-)Motivation

Für diese letztmalige Erweiterung der Perspektive wird der Fokus auf Untersuchungen zum Zusammenhang von Motivation und Emotion gelegt. Der Beginn dieser Arbeiten kann in den Studien zur Leistungsmotivationsforschung und in den Forschungsarbeiten zu Leistungsattributionen verankert werden, in denen die Bedeutung von Emotionen früh erkannt wurde. So z.B. verstand Atkinson (1964) die Emotionen Stolz und Beschämung als zentrale Anreize für das Leistungsmotiv. In diesem Forschungskontext wurden vorwiegend die Emotionen Hoffnung, Furcht, Stolz und Scham (Pekrun 1998, S. 233 spricht vom „leistungsmotivationalen Emotionsquartett") und Zufriedenheit bzw. Unzufriedenheit untersucht. Im Folgenden werden kurz die grundlegenden Arbeiten von Heckhausen und Weiner dargestellt. Danach wird als Schwerpunkt des Teilkapitels ein Überblick über die Studien und Konzepte gegeben, die Emotionen in Zusammenhang mit neueren Motivationstheorien stellen (vgl. dazu auch Parkinson & Colman 1995).

3.4.1 Das Zusammenspiel von Emotion und Motivation – aktueller Forschungsstand

Emotionen, im Konkreten „das emotional getönte Erwartungsgefälle" (Heckhausen 1989, S. 163) und die affektive Befriedigung (Heckhausen 1980, S. 600), sind für Heckhausen (1974, 1980, 1989) verantwortlich für die Entstehung von Motivation. Sie können eine vermeidende oder aufsuchende Wirkung haben. Deshalb erschien es Heckhausen als bedeutungsvoll, die Ursachen von Emotionen erklären zu können, welche er ausschliesslich auf kognitive Prozesse zurückführte. Besonders bedeutsam waren für ihn die sog. selbstbewertenden Emotionen nach Erfolg und Misserfolg, die in einem engen Zusammenhang mit den Ursachenzuschreibungen (den Attributionen im Sinne von Weiner) und auch von der Aufgabenschwierigkeit abhängen: Ein (schulischer) Erfolg wird umso positiver erlebt, je schwieriger die Aufgabe, ein (schulischer) Misserfolg umso negativer, je leichter die Aufgabe war. Eine Attribution auf mangelnde Anstrengung kann bei Misserfolg negative Emotionen wie Unzufriedenheit mindern und die positive Selbstbewertung steigern, ein wahrgenommener Mangel an Fähigkeiten bei Misserfolg eine negative Selbstbewertung nach sich ziehen (Heckhausen 1980, 1989; vgl. auch Nicholls 1975). Die Wichtigkeit einer Aufgabe ist ebenfalls entscheidend, ob und welche selbstbewertende Emotionen eine Schülerin / ein Schüler erlebt, ebenso die Art der zu lösenden Aufgabe. Deshalb unterschied Heckhausen (1974) zwischen fähigkeits- und anstrengungszentrierten Aufgaben. In einer Studie mit Schüler/innen der 5.–7. Klasse konnte er zudem zeigen, dass die Affektwirksamkeit von Attributionen entwicklungsabhängig ist, da die Zufriedenheit der Kinder bei einem Erfolg vorwiegend mit Fähigkeitsattributionen assoziiert war (Heckhausen 1978, Studie II).

Heckhausen (1980) ging des Weiteren der Frage nach, welche Emotionen *während* einer Leistungshandlung – in Abhängigkeit von Attributionen – entstehen, da auch diese einen Einfluss auf die Gefühle nach Erfolg und Misserfolg ausüben können. Ist z.B. eine Schülerin zuversichtlich, dass sie die Prüfung gut besteht (da sie ihr Leistungsergebnis als abhängig von ihrer sorgfältigen Prüfungsvorbereitung ansieht), so wird dies bei Misserfolg zu Enttäuschung führen. Hat z.B. ein Schüler während einer Mathematikprobe ein schlechtes Gefühl, ist unsicher und ängstlich, so kann daraus seine Freude und Erleichterung – aber auch sein Stolz – über eine genügende Leistung resultieren[50]. Heckhausen stellte demzufolge vier verschiedene Emotionsarten dar (vgl. Tab. 3-7): Motivierende Anreizemotionen, Erwartungsemotionen, Zustandsemotionen und Emotionswandel.

Emotionen bei Erfolg und Misserfolg wurden auch bei Weiner (1980, 1985) diskutiert. Er unterschied zwischen einfachen, ergebnisorientierten Emotionen, wie z.B. Freude über einen Erfolg, und Emotionen, die von Ursachenzuschreibungen abhängig sind (vgl. auch Sohn 1977). Das heißt, je nachdem, wie der jeweilige Erfolg oder Misserfolg begründet wird, entstehen unterschiedliche positive oder negative Gefühle, die wiederum das weitere Handeln beeinflussen können. So nahm Weiner an, dass Wut, Dankbarkeit, Scham und Schuld mit der Kontrollierbarkeit einer Situation zusammenhängen. Wenn z.B. ein Individuum einen Fehler hätte vermeiden können, ist es wütend auf sich oder es ist einer anderen Person dankbar, weil sie ihm aus einer Situation half. Die Genese von verschiedenen Emotionen bzw. emotionalen Reaktionen ist somit über kognitive Bewertungen vermittelt und determiniert die Komplexität des emotionalen Erlebens: „... increasing cognitive involvement generates more differenciated emotional experience ...“ (Weiner 1985, S. 560). Nach Weiner haben Kausalzuschreibungen zudem einen Einfluss auf die erlebte *Intensität* einer Emotion. Wird man z.B. wiederholt von einem Mitmenschen geschädigt, so unterstellt man diesem (böse) Absicht und ist wütender, als wenn dies nur einmal geschieht. Obwohl Weiner sein Konzept nicht explizit für den Schulalltag entwickelt hatte, lässt es sich in der formulierten Allgemeingültigkeit doch direkt auf schulische Lern- und Leistungssituationen übertragen: Eine Schülerin empfindet z.B. Vertrauen (in sich selbst), wenn sie erfolgreich war und dies mit ihren eigenen Fähigkeiten verbindet. Sie fühlt Entspannung, wenn sie den Erfolg ihrer (stabilen) Anstrengung zuschreibt, oder ist dankbar, wenn sie ihren Erfolg auf die Anstrengungen anderer Personen zurückführt. Sie ist überrascht, wenn sie in der jeweiligen Situation Glück hatte. Bei Misserfolg schämt sie sich (oder fühlt sich gar schuldig), wenn der Misserfolg aus fehlender Anstrengung resultiert. Sie fühlt sich

---

50 In diesem Beispiel wird zudem deutlich, dass die Intensität eines Gefühls eine relevante Komponente darstellt, die es zu berücksichtigen gilt.

inkompetent, wenn sie ihre mangelnden Fähigkeiten für den Misserfolg verantwortlich macht. Aggressionen können entstehen, wenn der Misserfolg von anderen Personen verursacht wurde.

Tabelle 3-7: Interaktion von Emotionen in Leistungskontexten (Heckhausen 1980, S. 547)

Kausalattributorische Kognitionen	Emotionsarten			
	Motivierende Anreizemotionen	*Erwartungs- emotionen*	*Zustandsemotionen*	*Emotionswandel*
	(Erwartung pos. oder neg. Selbstbewertung oder Fremd- bewertung nach der Prüfung)	(Zuversicht vs. Befürchtung hin- sichtlich des Ergeb- nisses)	(Gelöstheit vs. Ge spanntheit; Prüfungsangst; Ärger)	(pos.: Erleichterung neg.: Enttäuschung)
Fähigkeit (Selbstkonzept guter Fähigkeit)	*pos. Selbstbewertung (E); pos. Fremdbe- wertung*			*positiv* (E)
Prüfungs- vorbereitung (voll ausreichend)		*Zuversicht* (E)	*Gelösheit* (E) keine Prüfungsangst (E)	*nicht negativ* (E)
Konzentration (gestört und um Verbesserung be- müht)		*Befürchtung*		
Körperliche Verfassung (sich davon abhän- gig fühlen)	M: neg. Fremdbe- wertung		*Gespanntheit Prüfungsangst*	M: negativ
Schwierigkeit (der Prüfungs- frage)		*Befürchtung* (E)	*Prüfungsangst* (E) E: Gespanntheit M: Ärger	
Prüfer (Abhängigkeit von ihm)		*Befürchtung* (E)		M: positiv
Zufall (Abhängigkeit von Zufälligkeiten)		*Befürchtung* (M)	*Prüfungsangst* (E) Ärger	negativ

Zusammenhang ($p < 0,05$) kausalattributorischer Kognitionen mit verschiedenen Arten von Emotionen während der Prüfung bei allen Kandidaten sowie bei solchen, die nachher mit ihrem Prüfungsergebnis eher zufrieden (E; Erfolg) oder eher unzufrieden (M; Misserfolg) sind. (Angefügtes E oder M bedeu- tet, dass der entsprechende Zusammenhang für eine der beiden Teilgruppen enger ist; vorangestelltes E oder M, dass er nur für die eine der beiden Teilgruppen besteht; die engsten Zusammenhänge sind kursiv zusammengesetzt. Zusammengestellt nach Heckhausen, 1980)

Flow oder optimale Erfahrung, so nannte Csikszentmihalyi (1975, 1990) eine Qualität emotionalen Erlebens, die den Kern intrinsischer Motivation darstellt, für die Genese der intrinsischen Motivation in der Schule und des Wohlbefindens verantwortlich ist (vgl. Csikszentmihalyi & Schiefele 1993). Intrinsische Motivation ist eine Motivation, die weitgehend unabhängig von äusseren Anreizen ist und deren Handlungsimpuls aus der Tätigkeit und dem Person-Objektbezug entsteht. Die emotionalen Prozesse, die dabei erlebt werden, sind durchwegs von positiver Valenz und können als wahre Freude bzw. Genuss bezeichnet werden. Diese emotionale Erfahrung ist nicht mit ‚pleasure‘, d.h. Vergnügen zu verwechseln, das nach Csikszentmihalyi ein Gefühl der Zufriedenheit darstellt, wenn Erwartungen und Bedürfnisse erfüllt wurden, und ein Gefühl, das zwar für die Lebensqualität eines Menschen wichtig ist, aber weder zum Flow-Erleben noch zu Glücksempfinden beiträgt. Dafür sind Gefühle des Genusses und echter Freude nötig. Genuss geht über das Vergnügen hinaus, indem er neue, nicht erwartete Möglichkeiten und Erfahrungen ermöglicht. Csikszentmihalyi analysierte dies anhand persönlicher Interviews und identifizierte folgende acht Elemente, die eng mit dem Erleben von solchen Genuss-Situationen verbunden sind:

1. Die gestellte Anforderung muss zugleich herausfordernd und bewältigbar sein. Nur so ist es nach Csikszentmihalyi möglich, dass eine Aufgabe subjektiv bedeutsam wird. Sie darf das Individuum nicht überfordern oder gar Angst auslösen. Eine gute Übereinstimmung zwischen den individuellen Kompetenzen und der Anforderung schliesst zudem Unterforderung und Langeweile aus.

2. Die Anforderung muss mit klaren, selbstgewählten Zielen verbunden sein und

3. unmittelbares Feedback erlauben. Die Rückmeldungen und Erfolgserlebnisse können von aussen (d.h. durch den Handlungsprozess und durch andere Personen) oder durch Selbstreflexion erschlossen werden. Sie können auch während des Handlungsprozesses entstehen und sich im Lauf der Zeit verändern.

4. Das Individuum konzentriert sich auf diese Anforderung und geht völlig in seiner Tätigkeit auf. Dabei nimmt es sich als eins mit der Tätigkeit wahr und spürt keine Anstrengung. Es bedarf keiner Rechtfertigung, warum diese Tätigkeit vollzogen wird. Vielmehr ist die Tätigkeit Selbstzweck. Die Handlung ist nicht von Versagensängsten begleitet, sondern von angenehmen Gefühlen der Kraft, der Leistung, der Sicherheit und des Wohlbefindens, da nicht nur die gestellten Tätigkeiten gut bewältigt werden können, sondern zugleich neue Fähigkeiten erworben werden.

5. Diese Konzentration auf die Tätigkeit ist so stark, dass sogar die täglichen Sorgen und Frustrationen in Vergessenheit geraten und

6. sich das Gefühl für die Zeit verändert. Irrelevante Gedanken sind ausgeschaltet, die Tätigkeit an sich gibt die Struktur und den Handlungsablauf vor. So kommt es, dass die Zeit in Vergessenheit gerät und dass Stunden wie Minuten erscheinen.

7. Das Gefühl von Kontrolle über die Tätigkeit dominiert und

8. das Selbst, das während der Tätigkeit in den Hintergrund gerückt ist, fühlt sich nach der Bewältigung der Aufgabe bestärkt.

Nicht alle acht Elemente müssen stets gemeinsam auftreten. Die Aussagen der vielen Interviewpartner/innen, auf die sich Csikszentmihalyis Ausführungen stützten, beschrieben aber oftmals Kombinationen dieser Elemente. Wahre Freude oder Flow ist ein Prozess hoher Energie und ein spezifischer emotionaler Zustand positiver Valenz, der mit mehreren positiven Gefühlen wie Freude, Stolz, Erstaunen, Liebe, Sicherheit und Harmonie und mit angenehmen Kognitionen wie Kontrollüberzeugung, Selbstwirksamkeit und Leistungsfähigkeit verbunden ist. Csikszentmihalyi betonte mehrmals, dass das Flow-Erleben als emotionaler und kognitiver Prozess selbst stimulierend ist und dass Menschen sogar davon abhängig werden können. Seine Grundannahme war, dass die Gefühle und Empfindungen eines Menschen seine Lebensqualität bestimmen und er folgerte: "The bottom line is, rather, how we feel about ourselves and about what happens to us. To improve life one must improve the quality of experience." (Csikszentmihalyi 1990, S. 44). Zudem wies er auf die wichtige Rolle des Sicherheitsgefühls bei einer Handlung hin: „... feeling secure is an important component of happiness" (Csikszentmihalyi 1990, S. 43; siehe dazu auch Ridley & Walter 1995).

Das Flow-Konzept stellt insofern ein Konzept *intrinsischer* Motivation dar, als es autotelische Tätigkeiten beschreibt, d.h. Tätigkeiten, die um ihrer selbst willen durchgeführt werden und nicht von äusseren Anreizen abhängen. Ausserdem enthält es verschiedene Aspekte der Selbstbestimmung (z.B. eigene Ziele, Kontrolle über die Tätigkeit), die nach Deci und Ryan (vgl. z.B. 1993) den Kern intrinsischer Motivation darstellen. Die Bedeutung der Selbstbestimmung wird auch in den Beispielen deutlich, die Csikszentmihalyi (1990) anführte, um Flow zu charakterisieren, insbesondere, wenn dies Beispiele aus dem Freizeitbereich sind (z.B. beim Sport). Das Flow-Konzept ist aber auch eng mit dem Leistungsgedanken verbunden und sehr oft wurden Beispiele aus dem Leistungssport angeführt. Damit entspricht die Theorie der Leistungsorientierung unserer heutigen Gesellschaft, beschränkt sich aber zugleich auf diese Komponente.

In einer späteren Arbeit wurde das Flow-Konzept auf die schulische Lernmotivation übertragen (Csikszentmihalyi & Schiefele 1993). Der Grundgedanke war dabei, dass Schüler/innen Flow erleben sollten, denn die damit verbundenen positiven Emotionen und Kognitionen können im Lernprozess dazu beitragen, dass

a. äussere Anreize für Kinder und Jugendliche weniger wichtig und

b. Informationen besser verarbeitet werden (dies ist eng mit der hohen Konzentration im Flow verbunden).

c. Die Passung von Anforderungen und Kompetenzen trägt zudem zur kognitiven Entwicklung bei.

Anhand einiger empirischer Studien mit Hilfe der „Erlebens-Stichproben-Methode" (vgl. Csikszentmihalyi & Larson 1987) konnte dies auch nachgewiesen werden. So erhielt Mayers (1978, nach Csikszentmihalyi & Schiefele 1993, S. 214) signifikant positive Korrelationen zwischen den Noten zum Schuljahresende und dem Flow-

Erleben. In einer Studie mit hochbegabten Schüler/innen (Csikszentmihalyi, Rathunde & Whalen 1993) erwies sich das Flow-Erleben nicht nur als ein guter Prädiktor für die Schulleistung, sondern als der deutlich beste Prädiktor für die subjektive Einschätzung des Eigenengagements und das erreichte Kursniveau. Auch hier findet sich wieder die starke Leistungsorientierung der Theorie. Wichtig ist die Aussage, dass Lernen in der Schule und für die Schule erst dann Freude bereiten kann, wenn Kinder und Jugendliche erkennen, wie sie den Erwerb des Wissens nutzen können. Aus pädagogischer Sicht geht es folglich nicht nur um angenehme emotionale Erlebnisse in der Schule, sondern um die Eröffnung eines breiten Lern- und Handlungsspektrums.

Dieser Sicht schlossen sich auch Wild und Krapp (1996a, b) an. Für sie stellt die intrinsische, interessenbezogene Motivation eine günstige Orientierung dar, da sie nachweislich zu einer besseren Verarbeitung von Wissen und zu guten (schulischen) Lernleistungen führt (vgl. z.B. Schiefele & Schreyer 1994). Deshalb ist es erforderlich, motivationale Orientierungen zu erfassen und in ihrem Verlauf zu analysieren. Nach Meinung der Autoren geben affektive Komponenten des Lernprozesses nicht nur über aktuelle motivationale Zustände, sondern auch über die künftige Entwicklung der Motivation Aufschluss, indem sie neben Bedingungsvariablen wie beispielsweise Lernvoraussetzungen der Individuen, Aspekte der Lehr-Lernsituation, das Interesse, die Identifikation mit der Ausbildung und den Kompetenzerwerb eines Individuums langfristig bestimmen.

Als theoretische Grundlage für ihre Forschungsarbeiten integrierten Wild & Krapp zwei aktuelle Konzepte aus der Motivationspsychologie: das Flow-Konzept von Csikszentmihalyi (Csikszentmihalyi 1975, 1990; Csikszentmihalyi & Schiefele 1993; s.o.) und die Theorie der Selbstbestimmung von Deci & Ryan (vgl. z.B. Deci & Ryan 1985; 1993). Vom Flow-Konzept leiteten sie vor allem die Aspekte des subjektiven Erlebens ab. So können Zufriedenheit, das Gefühl von Selbstbestimmung, Kompetenz und sozialer Einbettung, das Flow-Erleben, das Gefühl der Selbstwirksamkeit, Lernfreude und Interesse als Indikatoren der intrinsischen Motivation verstanden werden. Mit ihrer empirischen Studie wollten Wild & Krapp die folgenden zwei Fragen beantworten: Wie erleben Jugendliche ihre Berufsausbildung? Mit welchen Kontexten hängen diese Erlebnisse zusammen? Über einen Zeitraum von jeweils einer Woche in der Schule und im Betrieb dokumentierten Auszubildende ihre Gefühle und die kontextuellen Lernbedingungen fünfmal pro Tag während der Unterrichts- bzw. Arbeitszeit.

Generell gesehen erlebten sich ca. 50%, gleichermassen viele männliche und weibliche Jugendliche in ihrer Ausbildung als ziemlich bzw. sehr selbstbestimmt, kompetent und auch sozial eingebettet. Die Jugendlichen fühlten sich in der Schule weniger selbstbestimmt, kompetent und sozial eingebunden und damit deutlich schlechter als im betrieblichen Umfeld, in dem die Auszubildenden z.B. das selbstständige Arbeiten als durchaus positiv erlebten. Die mangelnde Motivation der Berufsschüler/innen, die von Lehrpersonen immer wieder beklagt wird, spiegelte sich in den erhaltenen Daten deutlich wider. Die Analyse der Unterrichtsformen und der didaktischen Methoden zeigte aber auch, dass der Berufsschulunterricht sehr einseitig gestaltet wurde. Es dominierte der Vortrag von Lehrpersonen, andere Sozialformen wurden fast nie eingesetzt. Es liegt folglich nahe, davon auszugehen, dass die Art des Berufsschulunterrichts massgeblich verantwortlich für die Seltenheit positiven Erlebens und – damit verbunden – die fehlende Motivation bei den Jugendlichen war. Der Vergleich mit dem Lernkontext im Betrieb, in dem das Erfahren von Selbstbestimmung, fachlicher Kompetenz und sozialer Einbettung wesentlich häufiger möglich zu sein schien, bestätigt diese Interpretation.

Die motivationalen Orientierungen von Auszubildenden standen auch im Mittelpunkt des Interesses von Prenzel, Kristen, Dengler, Ettle und Beer (1996). Die Autor/innen nahmen an, dass unterschiedliche Arten der Lernmotivation mit Gefühlen unterschiedlicher Valenz verbunden sind und dass die Art der Lernmotivation die Qualität des Lernens beeinflusst. Deshalb unterschieden Prenzel et al. in Anlehnung an Deci und Ryan (z.B. 1993) zwischen sechs Varianten der Lernmotivation, die in Bezug auf ihr Mass an Selbst- bzw. Fremdbestimmung und auf ihre Inhalts- und Tätigkeitsreize zu differenzieren sind. Die identifizierte, die intrinsische und interessierte Lernmotivation (Nr. 1–3) zeichnen sich gleichermassen durch hohe Selbstbestimmung aus, unterscheiden sich aber durch ihre Inhaltsanreize:

keine Inhaltsanreize   *hohe Inhaltsanreize*
   (1) identifiziert   (2) intrinsisch   (3) interessiert

Die amotivierte, die extrinsische und introjizierte Motivation (Nr. 4–6) bestehen ohne Inhaltsanreize, beinhalten aber ein unterschiedliches, d.h. allmählich zunehmendes Mass an Selbstbestimmung:

keine Selbstbestimmung   *hohe Selbstbestimmung*
   (4) amotiviert   (5) extrinsisch   (6) introjiziert

Die Beziehung von Emotion und Motivation wurde von Prenzel et al. folgendermassen gesehen: Lernen bei intrinsischer (2) oder interessierter (3) Motivation ist mit positiven Gefühlen verbunden. Positive Gefühle werden auch durch ein hohes Mass an Selbstbestimmung (6) geweckt, wogegen eine Dominanz an Fremdbestimmung negative Gefühle auslöst. Jugendliche in der Berufsausbildung beantworteten im Abstand von zwei Monaten verschiedene Fragebogen zu ihrer Schulsituation und zu ihrem Arbeitsplatz.

Die Ergebnisse der ersten fünf Messzeitpunkte zeichneten ein im Durchschnitt eher ungünstiges Bild der Berufsschule: Obwohl sich Schule und Betrieb in Bezug auf ihre Wichtigkeit nicht unterschieden, wurden positive Empfindungen im Betrieb deutlich häufiger erlebt als in der Schule. Das Gegenteil war bei den negativen Gefühlen zu finden. Ebenso ergaben sich signifikante Unterschiede in allen sechs Motivationsaus-prägungen, abermals zu Ungunsten der Schule, in der klar die Motivationsformen ohne Inhalts- und Tätigkeitsanreize vorherrschten. Eine differenzierte Analyse zeigte je-doch, dass ein Drittel der Jugendlichen in der Schule ebenso häufig oder sogar häufi-ger intrinsisch motiviert war als am Arbeitsplatz. Im Vergleich der Werte zu den fünf Messzeitpunkten waren nur geringe, nicht signifikante Veränderungen in den Gefühlen der Auszubildenden festzustellen. Trotzdem illustrierten die Autor/innen am Beispiel intrinsisch motivierten Lernens, dass es wichtig war, den Blick auf die zum Teil sehr unterschiedlichen individuellen Verläufe der Probanden zu richten.

Insgesamt bestätigten die Resultate von Prenzel et al. (1996) weitgehend die emotional negativ gefärbte Bewertung der Berufsschule durch die Auszubildenden, wie sie von Wild und Krapp (1996a, b) festgestellt worden war. Zugleich jedoch verdeutlichten die Ergebnisse, dass bei Durchschnittswerten und entsprechenden Generalisierungen Vor-sicht geboten ist: Motivationale Orientierungen können individuell sehr unterschied-lich sein und sollten daher (auch) individuen-spezifisch untersucht werden. Folgt man der Annahme von Prenzel et al., dass verschiedene motivationale Ausprägungen mit unterschiedlichen Gefühlen verbunden sind, so müssten auch diese vermehrt subjekt-bezogen analysiert werden. Diese Schlussfolgerung stützen auch die Ansätze aus der Emotionspsychologie, welche die Rolle des Individuums bei der Genese von Gefühlen betonten (z.B. Ewert 1983; Scheele 1990; vgl. auch Ulich 1992a).

Eine Differenzierung der Aufgabenmotivation und der entsprechenden Emotionen schlug auch Pekrun (1993b) vor und unterschied er zwischen folgenden vier Formen:

a. die Leistungsmotivation, die stark von Erfolg und Misserfolg bestimmt ist,

b. die soziale Motivation, bei der die Reaktionen von Eltern, Lehrpersonen und Mitschüler/innen entscheidend für das Lernverhalten sind,

c. die Kompetenzmotivation, deren Ziel es ist, die eigene Kompetenz zu steigern, und

d. die intrinsische Motivation, die sich auf die Qualität der ausgeführten Aktivitä-ten bezieht.

Für die vorliegenden Ausführungen sind vor allem die Kompetenzmotivation und die intrinsische Motivation von Interesse, da sie von Pekrun in einen expliziten Zusam-menhang mit positiven Gefühlen gebracht wurden. Zum einen sah Pekrun positive Emotionen als Auslöser und Indikatoren der intrinsischen Motivation. Dies bedeutet, dass die intrinsische Motivation z.B. durch Freude an einem Lernprozess entsteht, auf-rechterhalten wird und durch diese erhoben werden kann. Spass in einer Gruppen-arbeit, Freude bei der Entdeckung eines Zusammenhangs, Stolz über eine gelungene Übersetzung etc. sind weitere emotionale Erlebnisse, die dazu beitragen, das Schü-ler/innen von sich aus lernen. Zum anderen ging er in Anlehnung an Csikszentmihalyi (1990) davon aus, dass das Erleben von Kompetenz eine zentrale Bedingung für die Genese von Lernfreude ist. Wenn Schüler/innen sich z.B. Wissen aneignen, Sachverhalte zunehmend besser verstehen, einen Text gut übersetzen können, Aufgaben erfolgreich lösen, dann führt dieses Kompetenzerleben dazu, dass sie sich freuen, glücklich sind und Stolz empfinden. Positive Emotionen können somit auch als Konsequenzen, als Folgen der kompetenzbezogenen Motivation angesehen werden.

Aufbauend auf diese theoretischen Annahmen erfasste Pekrun die Lernmotivation von Schüler/innen in den Klassenstufen 5 bis 10 in einer Längsschnitt-Befragung. Pekrun war der Meinung, dass im deutschen Schulsystem die Leistungsmotivation dominiert, im Laufe der Schuljahre sogar zunimmt und dass andere Motivationsformen abnehmen. Die Ergebnisse seiner Längsschnittanalysen bestätigten diese These teilweise: Im Laufe der Schuljahre blieb die Leistungsmotivation zwar konstant (hoch), die intrinsische Motivation verringerte sich. Es ist folglich davon auszugehen, dass sich die Lernfreude während der Sekundarschule reduziert – eine Annahme, die durch die Ergebnisse von anderen Studien (z.B. Eder 1995a; Fend 1997; vgl. Kap. 3.1) gestützt wird. Besonders interessant war das Ergebnis, dass die intrinsische Motivation nicht nur mit der Kompetenzmotivation, sondern auch mit der Leistungsmotivation positiv korrelierte. Aus der Sicht der Schüler/innen liessen sich also eine starke Orientierung an den Leistungszielen und die intrinsische Motivation, Leistungsorientierung und Freude durchaus vereinbaren. Von dem Vorurteil, dass Freude am Lernen von der Leistungsorientierung beeinträchtigt wird, muss also Abstand genommen werden.

In Zusammenarbeit mit Jerusalem erweiterte Pekrun seine Perspektive und gab eine Übersicht über Forschungsarbeiten, die dem Zusammenhang zwischen Kognitionen, Emotionen und Leistung nachgehen. Pekrun & Jerusalem (1996) kritisierten, dass in der Forschung bisher überwiegend auf einzelne wenige Emotionen fokussiert wurde, obgleich Leistungssituationen mit sehr unterschiedlichen Emotionen verbunden sein können. Die Autoren betonten diese Vielfalt, machten aber zugleich auf die Notwendigkeit einer Systematik aufmerksam (vgl. auch Mees 1991, Kap. 2.1.3). Demzufolge differenzierten sie – neben der üblichen Aufteilung in positive und negative Emotionen – zwischen selbst- bzw. aufgabenbezogenen und sozialen Emotionen und schlugen eine Taxonomie der aufgabenbezogenen Emotionen vor (vgl. auch Kap. 3.3.1), die Leistungssituationen in ihrem Prozess berücksichtigte (vgl. Pekrun & Jerusalem 1996, S. 7). So z.B. sind Hoffnung, Angst und Hoffnungslosigkeit prospektive Emotionen, die sich auf das antizipierte (positive oder negative) Resultat in der jeweiligen Leistungssituation beziehen, wogegen retrospektive Emotionen wie Erleichterung, Ergebnisfreude und Stolz, Enttäuschung, Scham und Traurigkeit Prozese oder Ergebnisse beschreiben.

In dieser Einteilung deutet sich schon an, dass die Autoren eine enge Verknüpfung zwischen Kognitionen und Emotionen in Leistungssituationen annehmen: „Im Lern- und Leistungsbereich dürften vor allem kognitive Modi der Emotionsentstehung und Habitualisierungen solcher Modi bedeutsam sein." (Pekrun & Jerusalem 1996, S. 10). Unter diesen Modi verstanden sie einerseits Beurteilungen des Leistungsprozesses (Voraussetzungen, Arten und Folgen von Leistungen), andererseits Interessen sowie

Kognitionen zur Bedeutung der gestellten Anforderungen. Leistungsrelevante Kognitionen können deshalb individuell sehr unterschiedlich sein – je nach Bewertung der jeweiligen Leistungssituation – und wie Emotionen einen Einfluss auf motivationale Orientierungen ausüben. Die Autoren schlugen deshalb vor, verschieden-valente Emotionen auch als unterschiedlich motivationswirksam zu definieren. Auch wenn für positive Emotionen keine expliziten Forschungsergebnisse vorliegen, so ist z.B. anzunehmen, dass Lernfreude und die Entwicklung von Interesse eng zusammenhängen und dass positive Emotionen generell einen günstigen Einfluss auf die Motivation und damit auf Lernen und Leistung haben (vgl. dazu aber auch Rheinberg 1999). Bei den negativen Emotionen kann zwischen aktivierenden und desaktivierenden Emotionen unterschieden werden. Aktivierend ist hier nicht als ein positiver Begriff, als eine gewünschte Reaktion zu verstehen, vielmehr soll ausgedrückt werden, dass aktivierende negative Emotionen Prozesse und Veränderungen in Gang setzen, z.B. indem die intrinsische Motivation abgeschwächt, die extrinsische Motivation gesteigert wird. Die Autoren wiesen ausserdem auf ein zentrales Kriterium der Emotionsforschung hin: Sie sprechen von lern- und leistungs*relevanten* Emotionen. Dies macht deutlich, dass es nicht genügt zu zeigen, dass Lern- und Leistungssituationen mit Emotionen verknüpft sind. Vielmehr muss die Genese und Wirkung dieser Emotionen beschrieben werden können.

Die Relevanz von Emotionen lässt sich z.B. dann bestätigen, wenn sich Gefühle in unterschiedlichem Verhalten manifestieren. Erste Hinweise darauf sind in der Studie von Patrick, Skinner und Connell (1993) zu finden, in der untersucht wurde, wodurch das Verhalten und die Emotionen von Kindern in der Schule geleitet werden. Die Autor/innen gingen davon aus, dass folgende Möglichkeiten zur Kontrolle von Lernhandlungen und Lernleistungen und zur Autonomie beim Lernen beobachtbar sind:

a. Kinder erleben positive Emotionen in der Schule, wenn sie intrinsisch motiviert sind und sich darauf verlassen können, dass sie Leistungssituationen meistern können, sofern sie sich genügend anstrengen.

b. Langeweile hängt mit niedriger intrinsischer Motivation zusammen.

c. Gestresste Kinder denken, dass ihre mangelnden Fähigkeiten für Misserfolg verantwortlich sind, und sie bemühen sich, anderen nicht zu missfallen.

d. Wut empfinden vor allem Kinder, die extrinsisch motiviert und davon überzeugt sind, dass andere Menschen für ihren Schul(miss)erfolg entscheidend sind.

Diese Hypothesen wurden in einer Studie mit amerikanischen Grundschulkindern überprüft. Der Durchschnittswert aller untersuchten Emotionen korrelierte stark positiv mit den Antworten zum motivierten Verhalten (Schuleinsatz), zur wahrgenommenen Kontrolle und erzielte mittlere Korrelationen zum Autonomieerleben. Für die einzelnen Emotionen ergaben sich unterschiedliche Zusammenhänge: Positive Emotionen korrelierten hoch mit dem Schuleinsatz, Wut dagegen deutlich geringer. Regressionsanalysen zeigten, dass sich die positiven Emotionen durch intrinsische und identifizierende Lernmotivation (vgl. Deci & Ryan 1993; Prenzel et al. 1996) sowie durch das Vertrauen in die eigene Anstrengung vorhersagen liessen. Bei den negativen Einzel-emotionen gab es verschiedene Prädiktoren: Der Einfluss von Glück und übernomme-ner Motivation war für die Entstehung von Wut verantwortlich. Die Höhe von extrin-sischer und intrinsischer Motivation und unbekannter Kontrollursachen entschied, ob sich ein Kind in der Schule langweilte. Stress in der Schule war sowohl durch den Ein-fluss anderer wichtiger Personen, durch Glück und unbekannte Ursachen als auch durch übernommene Motivation erklärbar.

Eine theoretische Integration verschiedener Motivationskonzepte ist bei Rheinberg (1999) zu finden. Sein Interesse galt dem Verhältnis zwischen Emotion „als Ergebnis einer ganzheitlichen Bewertung der momentanen Lage" und Motivation „als aktivie-rende Ausrichtung der momentanen Lebensvollzüge auf einen positiv bewerteten Ziel-zustand" (Rheinberg 1999, S. 191). Er ging mit Lazarus (1991) davon aus, dass moti-vationale Orientierungen Bedingungen für das Erleben von Gefühlen sind: „Nur wenn hinreichend wichtige, ich-nahe Ziele angestrebt oder bedroht sind, treten Emotionen auf." (Rheinberg 1999, S. 191). Für das Lernen in der Schule bedeutet dies, dass hin-terfragt werden muss, wie wichtig die Lernsituation und der Lernprozess für die Schü-ler/innen ist und welche damit verbundenen Emotionen erlebt werden. Werden Lernsi-tuationen als negativ, wenig erfolgversprechend und als zu weit vom Ziel entfernt be-wertet, so entstehen negative Emotionen wie z.B. Hoffnungslosigkeit, wenn eine Schü-lerin sich eingestehen muss, dass sie sich den erforderlichen Lernstoff in der zur Ver-fügung stehenden Zeit nicht mehr aneignen kann. Einsichten in den Lernstoff, das Verstehen von Lerninhalten, das Erreichen eines Lernziels etc. dagegen lösen positive Emotionen aus, z.B. wenn eine Schülerin erkennt, dass sie schwierige Zusammenhän-ge verstanden hat und dieses Wissen auch anwenden kann. Emotionen können ihrer-seits wiederum die Lernmotivation beeinflussen.

Nach Rheinberg ist der Zusammenhang zwischen Kognition, Emotion, Motivation und Leistung bisher noch nicht hinreichend geklärt. Eine systematische Erfassung der Wir-kung von einzelnen Emotionskomponenten (vgl. dazu auch Pekrun & Hofmann 1999) auf Faktoren der Leistungen (z.B. Konzentration, Auffassungsschnelligkeit etc.) sollte deshalb auch ein Ziel künftiger Forschungsarbeiten sein. In diesem Zusammenhang betonte er, dass die Wirkung verschiedener positiver Emotionen unterschiedlich sein kann. Ausserdem gilt es zu berücksichtigen, wodurch Emotionen in einem Handlungs-prozess beeinflusst werden. Rheinberg bezog sich auf die Ergebnisse eigener For-schungsarbeiten, die z.B. zeigten, dass die Eingangsmotivation (d.h. die Motivation vor dem Lösen einer Aufgabe) durch die Motivation in der Lernsituation die Art der Aufgabenlösung beeinflusst. Ähnliches könnte für Emotionen erwartet werden. Rhein-berg formulierte die Überzeugung, dass molare Emotionsvariablen wie die Stimmung einer Schülerin / eines Schülers nicht als stabil angesehen werden können, sondern eher als Mediatorvariablen definiert werden sollten. Im Zusammenhang mit anderen Variablen (z.B. der Bezugsnormorientierung, vgl. Jerusalem & Mittag 1999) wirken sie über die Motivation auf die Schulleistungen. Kognitive Aspekte, wie Ziele, Erwartungen und Bewertungen eines Individuums haben ebenfalls einen zentralen Einfluss auf das Lerngeschehen. Die Wechselwirkung zwischen Emotion und Motivation sollte besonders berücksichtigt werden, indem beide Faktoren in ein Wirkungsgefüge gestellt werden – zumindest, was die Vorhersage von Leistungen in der Schule anbelangt.

3.4.2 Das Zusammenspiel von Emotion und Motivation – zusammenfassende Wertung, theoretische Schwächen und Forschungsdesiderate

In den wissenschaftlichen Arbeiten zum Zusammenspiel von Emotion, Motivation und Leistung findet sich eine Vielfalt an theoretischen Konzeptionen, die eine Systematisierung erschwert. Emotionen wurden verstanden als

a. (biologisch verankerte) Auslöser für die Motivation (z.B. Atkinson 1964; Heckhausen 1980),

b. bewertende Begleitphänomene zu Lern- und Leistungsprozessen und ergebnissen (Heckhausen 1980; Prenzel et al. 1996; Weiner 1980, 1985; Wild & Krapp 1996a),

c. Indikatoren motivationaler Orientierungen (Csikszentmihalyi 1990; Pekrun 1993b; Wild & Krapp 1996a),

d. individualpsychologische Konstrukte in Abhängigkeit von Zielen, Prozessen und Ergebnissen (Csikszentmihalyi 1990; Rheinberg 1999),

e. direkte Einflusskomponenten des Lern- und Leistungsgeschehens (Pekrun & Jerusalem 1996; Wild & Krapp 1996a) und

f. Prädiktoren für das Lernverhalten (Patrick et al. 1993).

Eine Gemeinsamkeit der hier vorgestellten Arbeiten ist, dass der Zugang zu den Emotionen primär über Theorien und Konzepte der Motivationsgenese erfolgte und den Gefühlen in diesem Rahmen eine wichtige Bedeutung eingeräumt wurde. Auch die Leistung eines Individuums galt als hoch relevant für die Genese der Emotionen. Ganz allgemein wurde zwischen positiven und negativen Emotionen unterschieden oder es wurden einige ausgewählte, vorwiegend negative Emotionen wie Angst, Scham und Schuld betrachtet (als Ausnahme sind die Arbeiten von Csikszentmihalyi 1990 und von Wild & Krapp 1996a zu nennen). Positive Emotionen nahmen auch hier noch eine untergeordnete Rolle ein.

Für die Genese von Emotionen wurde auch in diesen Ansätzen eine Vielzahl an Variablen und Korrelaten postuliert. In den nachfolgenden Darstellungen soll versucht werden, einen Überblick über relevante Faktoren der Umwelt und der Person zu geben (Tab. 3-8) und ein generelles Erklärungsmodell für die Genese von Emotionen darzustellen (Abb. 3-8).

Tabelle 3-8: Relevante Faktoren für die Genese von Emotionen in der Schule

Schulkontext	Interaktion Kontext – Person	Schüler/in
• Schulischer Unterricht		• Selbstbestimmung / Autonomie • Motivationale Orientierungen • Ziele • Selbstbewertung, Erfolgszuschreibung, Attribution • Selbstvertrauen
• Aufgabenschwierigkeit • Aufgabentyp		• Kognitive Ausgewogenheit • Verhältnis zwischen Anforderung und Kompetenz • Leistungen • Erleben von Kompetenz • Aktuelle Emotionen
• Soziale Einbettung		• Emotionale Lernprozesse • Stimmungen • Abweichung vom Normalzustand • Erwartungsgefälle

Faktoren des schulischen Kontexts und Aspekte der Person stehen in einem interaktiven Verhältnis. Zum einen wirken sie nicht direkt auf die Emotionen, sondern werden über den jeweils anderen Faktor vermittelt. Zum anderen beeinflussen sie sich gegenseitig, indem z.B. ein schülergerechter Unterricht das Selbstvertrauen eines Schülers / einer Schülerin fördern kann oder indem z.B. das Interesse von Schüler/innen die Arbeit einer Lehrperson unterstützt (vgl. auch Abb. 3-8).

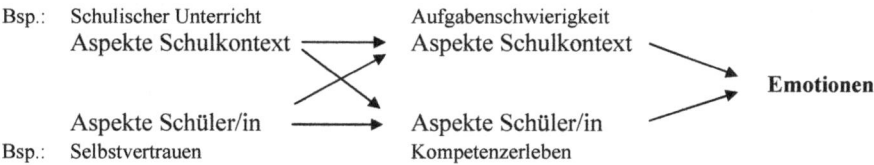

Abbildung 3-8:   Zusammenhang der Faktoren für die Genese von Emotionen in der Schule

Werden die o.g. Arbeiten einer kritischen Prüfung unterzogen, so lassen sich wiederum einige Schwächen und problematische Punkte herausarbeiten, die im Folgenden anhand von drei Bereichen diskutiert werden sollen:

1. die noch wenig differenzierte Bedeutung von Kognitionen für die Emotionsgenese,
2. die Fixierung auf Leistungskontexte und Leistungsorientierungen und
3. der Zusammenhang von Motivation und Emotion.

1. Die Bedeutung von Kognitionen für die Emotionsgenese

Heckhausen (1974, 1980) strich die Bedeutung von Attributionen für die Entstehung von Emotionen heraus, stellte aber auch selbst diesen Zusammenhang kritisch in Frage, da Emotionen ihrerseits zu Kausalattributionen führen können (1989). Attributionen sind ausserdem nicht die einzigen Kognitionen, welche die Gefühle im Leistungshandeln beeinflussen. Ebenfalls ist die subjektive Wichtigkeit eines Ergebnisses mitentscheidend und je nach Situation sind weniger die Attributionen, sondern vielmehr das Ergebnis und die nachfolgenden Konsequenzen für die Entstehung von Gefühlen nach Erfolg und Misserfolg verantwortlich. Ames, Ames und Felker (1977) machten zudem darauf aufmerksam, dass auch die Art der Leistungssituation (z.B. mit oder ohne Wettkampf) einen Einfluss haben kann, welche Kognitionen auftreten. Werden Emotionen im Lernprozess nicht auf eine „Begleitmusik", ein „Beiprodukt" motivationaler Orientierungen reduziert, so ist sowohl zu fragen, wodurch Emotionen entstehen als auch wie diese erlernt werden. Deshalb gilt es zu bedenken, auf was Schiefele (1978) bei der Diskussion um die Entwicklung der Leistungsmotivation hinweis: Wie Leistungsmotive werden Emotionen gelernt und sind daher von der Erziehung abhängig, d.h. von den Einstellungen der Erziehenden, ihren Absichten und ihrer Erziehungspraxis. Im schulischen Kontext sind es die Werte und Normen der Lehrpersonen, die ebenfalls eine Rolle spielen. Ulich (1992c) betonte ebenfalls die Rolle der Eltern-Kind-Interaktion, der Vermittlung von Normen und Werten und die Bedeutung der sprachlichen Etikettierung bei der Entwicklung und Sozialisation von Emotionen. Ein eindrucksvolles Beispiel früher Lernprozesse beschrieben Klinnert, Campos, Sorce, Emde und Svejda (1983, vgl. auch Klinnert 1984) mit dem Konzept der sozialen Bezugnahme (‚social referencing'), wonach bereits einjährige Kinder – und dies konnte z.B. anhand des Klippenversuchs von Sorce, Emde, Campos und Klinnert (1985) empirisch gut belegt werden – von ihren Bezugspersonen emotionale Informationen zur gegenwärtigen Situation einholen, um diese besser verstehen zu können.

2. Die Fixierung auf Leistungskontexte und Leistungsorientierungen

Etliche Theorien führen die Genese der Emotionen von Schüler/innen nahezu ausschliesslich auf das Erleben von Erfolg und Misserfolg zurück. Obwohl Leistungsaspekte zweifelsohne in der Schule sehr wichtig sind, greift die Annahme, dass Erfolg zu positiven Emotionen, Misserfolg zu negativen Gefühle führt, eindeutig zu kurz. Erfolg und Scheitern können auf verschiedenen Ebenen interpretiert werden, so dass eine Kombination aus mehreren (positiven und negativen) Emotionen oder gar eine neue Emotion, wie z.B. Enttäuschung entsteht. Auch muss Erfolg nicht zwingend positiv,

Misserfolg nicht immer negativ bewertet werden[51], so wie dies Weiner (1980, 1985) annahm. Emotionen können zudem von den Erwartungen an das Ergebnis oder von den Rahmenbedingungen der Situation abhängig sein. Ebenfalls stellt sich die Frage, ob Schüler/innen die Ergebnisse ihrer Handlungen stets als Erfolg oder Misserfolg „verbuchen" oder ob nicht eine grosse Zahl von Leistungsergebnissen zwar Gefühle auslöst, aber nicht als Erfolg oder Scheitern bewertet wird. Eine genügende Note kann weder Misserfolg noch Erfolg darstellen. Des Weiteren fehlen z.B. bei Weiner Überlegungen zur Entstehung von Gefühlen, die sich auf die Erfolge und Misserfolge anderer beziehen wie z.B. Mitgefühl, Neid, Eifersucht, Mitleid etc.

3. Der Zusammenhang von Motivation und Emotion

Neuere Arbeiten postulieren den Zusammenhang spezifischer Emotionen mit bestimmten Motivationsformen (Pekrun 1993a; Jerusalem & Pekrun 1999; Prenzel et al. 1996; Rheinberg 1999; Wild & Krapp 1996a, b) oder mit schulischem Lernverhalten (Jerusalem & Pekrun 1999; Patrick et al. 1993). Es gelang ihnen aber nicht immer, diesen nachweisen zu können: Pekrun (1993a) verstand z.B. Freude und Interesse als zwei getrennte Bestandteile der intrinsischen Motivation. Dies ist aus emotionstheoretischer Sicht korrekt, da Freude und Interesse als unterschiedliche Emotionen mit spezifischem subjektivem Erleben, kognitiven Inhalten, Ausdrucksverhalten, Auslösebedingungen und Wirkungen definiert werden (vgl. Izard 1981; Mayring 1992a). Es stellt sich dann aber auch die Frage, inwiefern andere positive Emotionen Teilkomponenten der intrinsischen Motivation sein können, z.B. Zufriedenheit, Stolz oder Genuss und Lust, wie dies Csikszentmihalyi (1990) beschrieb. Ebensowenig vermag die strikte Einteilung in aktivierende und desaktivierende Emotionen von Jerusalem und Pekrun (1999) zu überzeugen, denn sowohl Angst – als aktivierende Emotion – als auch Langeweile – als desaktivierende Emotion – können Prozesse auslösen und blockieren.

Wild und Krapp (1996b) sprachen von „motivationsrelevanten Erlebniszuständen" (1996b, S. 197) und gingen davon aus, dass diese sowohl eine Voraussetzung als auch ein Indikator der Motivation sind. Es kann aber durchaus auch von emotionsrelevanten motivationalen Orientierungen gesprochen werden, so wie dies Ergebnisse der Motivationsforschung nahe legen, in denen die Emotionen eines Individuums in Abhängigkeit seiner Ziele definiert werden (vgl. Rheinberg 1999). Prenzel (1996) musste sogar feststellen, dass Korrelationen zwischen Einzelemotionen und Motivationsformen mit gleichem Mass an Selbstbestimmung unterschiedlich sind. Dies kann als ein Hinweis darauf verstanden werden, dass für die Genese von Emotionen in Lernsituationen weitere Faktoren wichtig sind und dass motivationale Orientierungen dafür eine Rolle (unter anderen Faktoren) einnehmen können. Die Aussage von Rheinberg (1999), dass Emotionen überhaupt nur dann entstehen können, wenn die Ziele eines Individuums

---

51 Zum Zusammenhang von Attributionen und Bewertungen für die Genese von Emotionen vgl. auch Smith, Haynes, Lazarus und Pope (1993).

tangiert werden und wenn die Person der jeweiligen Situation eine Bedeutung im Hinblick auf seine Ziele beimisst (vgl. auch die Emotionstheorie von Carver & Scheier 1990 und die Lerntheorie von Boekarts 1992, 2001), greift deshalb ebenfalls zu kurz.

Generell ist folglich davon abzuraten, dass positive bzw. negative Empfindungen als Argumentarium für die Förderung bestimmter Motivationsausprägungen verwendet werden, solange der Zusammenhang von Emotion und Motivation sowie die differenzielle Wirkung von Emotionen auf das Lernen nicht hinreichend geklärt ist. Vermehrt sollte von einer Interaktion von Emotion und Motivation und weniger von einer monokausalen Beziehung gesprochen werden, insbesondere da in den bestehenden Untersuchungen die Emotionen meist von der Vorgabe der Emotionsbegriffe durch die Forschenden abhängig waren und damit das Spektrum emotionalen Erlebens deutlich eingeschränkt wurde. Für das Ziel der vorgelegten Studien war dies zwar durchaus sinnvoll, zur generellen Frage der Emotionsgenese in der Schule kann so aber nur eine Teilantwort gegeben werden. Damit wird es auch problematisch, auf das Wohlbefinden von Lernenden zu schliessen (Wild & Krapp 1996b, S. 212).

3.5 Zusammenfassung und Diskussion

Die empirische Schulforschung bietet durchaus relevante Ansätze und Ergebnisse, die zu einer Konzeption des Wohlbefindens in der Schule beitragen können. Jedoch findet sich eine starke Heterogentität der Konzepte, die in nachfolgendem Überblick zusammenfassend dargestellt sind:

- Die Mehrzahl motivational orientierter Konzepte bezeichnete Wohlbefinden in der Schule als einen Indikator und als einen Bestandteil intrinsischer Motivation, der über die Häufigkeit positiver affektiver Erlebnisse erfasst werden kann (Csikszentmihalyi 1990; Csikszentmihalyi & Schiefele 1993; Prenzel et al. 1996; Wild & Krapp 1996a, b).

- Rheinberg (1999) beschrieb Wohlbefinden in der Schule als das Ergebnis einer ganzheitlichen Bewertung der momentanen Lage und ging davon aus, dass die Motivation Emotionen bedingt.

- Bergmann und Eder (1995) setzten einerseits Wohlbefinden in der Schule mit Zufriedenheit gleich. Andererseits definierte Eder (1995) Wohlbefinden als ein Befinden positiver Ausprägung. Er bezog sich dabei auf die Gesundheitsdefinition der WHO von 1946. Wohlbefinden kann aber auch aus der Kombination von Schulfreude und Zufriedenheit bestehen.

- Wohlbefinden in der Schule wurde von Fend et al. (1976) als ein Indikator für Schulinvolvement angesehen, der anhand der generellen Einschätzung der Schule erfragt werden kann.

- Als Komponenten des Wohlbefindens in der Schule definierten Jerusalem und Mittag (1999) sowohl positive als auch negative Emotionen und Kognitionen:

Zufriedenheit, Gefühle der Hilflosigkeit gegenüber schulischen Anforderungen, Depressivitätstendenzen, Lebenseinstellungen und die Bewertung der Lern- und Schulumwelt.

- Bleicher et al. (1999) orientierten sich in ihrer Studie gezielt an Konzepten der Wohlbefindensforschung. Jedoch erfassten die Forscher/innen das habituelle Wohlbefinden in der Schule nicht situationsspezifisch, sondern als bereichsübergreifendes, allgemeines Wohlbefinden. Aktuelles Wohlbefinden wurde mit Bezug zu Bradburn (1969) und Watson et al. (1988) als Verhältnis positiver und negativer Emotionen im Anschluss an eine Unterrichtssequenz erhoben.

- Peetsma et al. (2002) reduzierten Wohlbefinden auf ein gutes Sozialklima, Gruehn (1995) setzte Wohlbefinden mit fehlender Schulunlust gleich.

Trotz der Vielzahl der erarbeiteten Ansätze und durchgesehenen Studien bleibt nach wie vor weitgehend ungelöst, was unter Wohlbefinden in der Schule zu verstehen ist, wie sich Wohlbefinden in der Schule ausdrückt, manifestiert und unter welchen Bedingungen es sich entwickelt. Dieser Sachverhalt geht sogar mit willkürlich erscheinenden Analysen der Emotionen von Schüler/innen und generell uneinheitlichen Verwendungen emotionaler Begrifflichkeiten einher. Bedenkt man, wie häufig von der Bedeutung des Wohlbefindens in der Schule gesprochen wird und wie oft sogar empirisch-pädagogische Arbeiten den Begriff Wohlbefinden verwenden ohne ihn explizit zu erklären, so erscheinen theoretische und empirische Klärungen dringend notwendig. Deutlich wird auch, dass häufig die Spezifität des schulischen Kontexts, die sich z.B. durch Leistungsdruck, Selektion und Anwesenheitspflicht ausdrückt, vernachlässigt oder gar ignoriert wurde.

Ein weiteres Manko der o.g. Arbeiten ist die fehlende oder unzureichende Abstützung auf Wohlbefindenstheorien. Auch der Bezug zu Emotionstheorien fehlt nahezu völlig. Dies mag folgenden Ursachen zuzuschreiben sein:

1. Auch in der Emotionspsychologie gibt es eine nahezu unüberschaubare Anzahl an verschiedenen, zugleich wenig integrierten und teils sogar divergenten Ansätzen (im Überblick z.B. Kuhl 1983; Smith & Pope 1992). Die Anlehnung an eine bestimmte Theorie mag daher den Anschein der Reduktion der Komplexität erwecken (allerdings ist auszuschliessen, dass fehlende Theorie der Komplexität gerecht wird).

2. Es gibt kein Konzept, keinen Theorieentwurf, der sich gezielt mit der Genese von Emotionen in der Schule auseinande setzt. Prinzipiell ist es zwar möglich, sich an allgemeinen Erklärungsmodellen zu orientieren. Diese müssten jedoch zunächst auf ihre Relevanz und die gefundenen Ergebnisse auf ihre Bereichsspezifität überprüft werden.

3. Viele Arbeiten zum Thema Schule waren nicht emotionspsychologisch, sondern pädagogisch und pädagogisch-psychologisch motiviert. Dies hatte zur Folge, dass nicht die Emotionen an sich im Mittelpunkt standen, sondern dass

Emotionen als Begleitphänomene anderer Konzepte wie z.B. der Motivation angesehen wurden. Grundlegende Fragen wie der Zusammenhang von Emotionen und Kognitionen, Emotion und Motivation, Emotion und Handeln wurden kaum diskutiert und die erhaltenen Ergebnisse nicht im Sinne einer theoretischen Weiterentwicklung genutzt.

4. Positive Emotionen, vor allem das Wohlbefinden wurden zu einem Modebegriff und zu einem pädagogischen Ziel avanciert, ohne dass die Funktionen und Wirkungen des Wohlbefindens geprüft worden sind. Helmke (1993) umschrieb dies für die Lernfreude mit dem Begriff der ‚normativen Bedeutung'. Dies ist insofern problematisch, als pädagogisch orientierte Arbeiten erkenntnisleitend und nicht ideologisierend sein dürfen, d.h., sie sollten Phänomene und Prozesse erklären anstatt verklären (vgl. z.B. Kron 1996).

5. Forschungsbereiche der Psychologie, welche Emotionen von Kindern und Jugendlichen untersuchten, haben sich bisher nur wenig mit Schule und Unterricht befasst (einzige Ausnahme stellten die Arbeiten zur Prüfungs- und Schulangst dar). Die Wohlbefindensforschung ihrerseits zeigte bisher kaum Interesse an Kindern und Jugendlichen (vgl. Kap. 2). Nahezu ausschliesslich bezogen sich ihre Forschungsarbeiten auf das Wohlbefinden Erwachsener, genauer betrachtet auf das Wohlbefinden von College- und Universitätsstudent/innen (eine Problematik, auf die Campbell schon 1976 hinwies). Bisher existiert kein Fragebogen zum Wohlbefinden von Schülerinnen und Schülern. Nur aus vereinzelten Arbeiten (z.B. Dalbert 1992; Grob et al. 1996) können Aussagen über das Wohlbefinden Jugendlicher abgeleitet werden. Ebenfalls nur wenige Arbeiten aus der Pädagogischen Psychologie fragten explizit nach dem Wohlbefinden von Kindern und Jugendlichen in der Schule (z.B. Eder 1995a; Fend 1997; Fend et al. 1976; Jerusalem & Mittag 1999).

6. Zudem konzentrierte sich die Wohlbefindensforschung auf die Analyse individuen-bezogener Variablen und damit auf eine Perspektive der Persönlichkeitspsychologie (z.B. Emmons & Diener 1986). Dies führte zu einer Vernachlässigung kontextueller Bedingungen und motivierte bisher nur zur Analyse von Extremsituationen (wie Lottogewinne, Unfälle; vgl. z.B. Brickman & Campbell 1971) oder von kritischen Lebensereignissen (z.B. Grob 1995). Das Leben in spezifischen Kontexten wurde eher selten und nahezu ausschliesslich mit dem Ziel des Vergleichs zwischen sozialen Schichten und / oder Völkergruppen untersucht (vgl. z.B. Diener & Suh 1999, 2000).

Diese Erklärungen sollen nicht dahingehend verstanden werden, das Wohlbefinden von Schüler/innen als ein undurchsichtiges Phänomen und ein undifferenziertes Konstrukt zu legitimieren. Vielmehr soll die vorliegende Arbeit einen Beitrag dazu leisten, dass Wohlbefinden in der Schule kein pädagogischer Mythos bleibt. In den folgenden Kapiteln wird deshalb versucht werden, den Begriff ‚Wohlbefinden in der Schule' zu präzisieren, zu operationalisieren und zu validieren, damit sich das Wohlbefinden von Schülerinnen und Schülern zu einer pädagogischen Zieldimension entwickeln kann.

4. Entwicklung einer Theorie des Wohlbefindens in der Schule

Aus den vorhergehenden Kapiteln wird deutlich, dass eine Diskrepanz zwischen den Konzepten zum allgemeinen Wohlbefinden von Menschen und den Forschungsarbeiten zum Wohlbefinden von Schüler/innen besteht: Während die Wohlbefindensforschung etliche theoretische und empirische Zugänge zum allgemeinen Wohlbefinden vorgeschlagen, sich zugleich aber wenig für spezifische Lebenskontexte interessiert hat (siehe Kap. 2), weist die Schulforschung häufig einen relativ theoriefreien Umgang mit dem Begriff Wohlbefinden von Schüler/innen auf (vgl. dazu Kap. 3). Nur sehr wenige konzeptionelle Impulse der allgemeinen Wohlbefindensforschung wurden in der empirischen Schulforschung aufgenommen. Dies führte dazu, dass bisher weitgehend ungeklärt blieb, was unter Wohlbefinden in der Schule zu verstehen ist und was aus pädagogischer Sicht zur Genese dieses Wohlbefindens bei Kindern und Jugendlichen beigetragen werden kann. Im Folgenden soll diese Problematik aufgegriffen werden, indem mit Bezug auf Kapitel 2 zunächst gefragt wird, welche allgemeinen Konzepte des Wohlbefindens und welche Faktoren für eine Theorie des Wohlbefindens in der Schule relevant sind (Kap. 4.1). Danach werden eine Definition des Begriffs ‚Wohlbefinden in der Schule' (Kap. 4.2) und Modelle für die Erklärung der Genese des Wohlbefindens in der Schule (Kap. 4.3) erarbeitet. Abschliessend werden die Forschungsdefizite zum Wohlbefinden in der Schule, die Forschungsdesiderate und -hypothesen für neue, weiterführende Studien entwickelt (Kap. 4.4).

4.1 Grundlagen für die Konzeption und Definition des Begriffs ‚Wohlbefinden in der Schule'

Bessoth und Weibel (2000, S. 15) fragten explizit „Sind Wohlbefinden und gutes Unterrichtsklima identisch?", beantworten diese Frage jedoch nicht. Man könnte nun manch bestehendem Beispiel folgen und den Begriff des Wohlbefindens in der Schule mit dem des Sozialklimas in einer Schule gleichsetzen (z.B. Peetsma et al. 2002). Dies würde aber dem State of the Art beider Forschungsbereiche widersprechen und zu einer Simplifizierung des Forschungsansatzes führen. Wohlbefinden in der Schule ist nicht das gleiche wie das Schulklima, denn Wohlbefinden fokussiert das indiviuelle Erleben, wogegen die Beurteilung des Klimas auch die Perspektive anderer einschliesst und damit eher das kollektive Erleben anspricht. Ebenso wenig scheint es sinnvoll, bestehende Konzeptionen aus der Wohlbefindensforschung, die sich vor allem auf einer generellen Ebene bewegen und auf Erwachsene bezogen wurden, direkt zu übernehmen. Der schulische Alltag von Kindern und Jugendlichen ist dominiert von zwei Themen: Lern-Leistungserwartungen bzw. -bewertungen und Sozialkontakte. Dieser Spezifität muss eine Konzeption des Wohlbefindens in der Schule gerecht werden. Wohlbefinden in der Schule kann daher auch nicht mit allgemeinem Wohlbefinden gleichgesetzt werden (vgl. dazu Kap. 2). Allerdings darf eine Definition des Wohlbefindens in der Schule nicht losgelöst von der allgemeinen Wohlbefindensforschung erstellt werden. Anhand der nachfolgenden Tabelle (Tab. 4-1) wird in der vorliegenden Arbeit daher erstmals der Versuch unternommen aufzuzeigen, welche Elemente allgemeiner Wohlbefindenskonzepte auf die Schule übertragen werden können. Zentrale theoretische Ansätze wurden anhand der Frage, welche Elemente der Definition sich auf den spezifischen Kontext schulischer Lebensräume übertragen lassen, beurteilt.

Tabelle 4-1: Impulse der Forschungsarbeiten zum allgemeinen Wohlbefinden für die Konzeption des Wohlbefindens in der Schule

Autor/innen	Definition Wohlbefinden	Transfermöglichkeiten in den schulischen Kontext
1. Definitionen im Zusammenhang mit dem Erleben positiver bzw. positiver und negativer Emotionen		
Bradburn & Caplovitz 1965 „well-being"	Wohlbefinden = Synonym zu Glück, seelische Gesundheit, subjektive (erfolgreiche) Anpassung und psychisches Wohlbefinden; Indikator ist, ob ein Individuum mehr positive oder mehr negative Gefühle erlebt.	Diese Definition setzt voraus, dass der Kontext relevante Bedingungen für das Erleben von Glück beinhaltet, Anpassungen vom Individuum erfordert und einen potenziellen Einfluss auf die seelische Gesundheit und das psychische Wohlbefinden ausübt. Da Schule eine zentrale Lebenswelt der Kinder und Jugendlichen darstellt, sind diese Voraussetzungen gegeben.
Bradburn 1969 „well-being"	Wohlbefinden = Differenz zwischen positiven und negativen Gefühlen im Alltag bzw. zwischen angenehmen und unangenehmen Erlebnissen.	Tägliche Gefühlserlebnisse in der Schule sind nach dieser Definition konstitutiv für das Wohlbefinden. Schule ist eine wichtige Emotionsquelle und sie sollte auch als solche differenziert werden.
Becker 1980, 1982 „Wohlbefinden"	Wohlbefinden = Häufigkeit positiver Gefühle und Abwesenheit negativer Gefühle, Selbstakzeptierung und Fähigkeit zur Bedürfnisbefriedigung.	Teile dieser Definition sind eng an Aspekte der Persönlichkeit gebunden. Da Schule massgeblich zur Persönlichkeitsentwicklung beiträgt (vgl. z.B. Pekrun 1988), nimmt der schulische Lebensraum auch hier eine zentrale Rolle ein. Die Fähigkeit zur Bedürfnisbefriedigung ist durch die Schule allerdings nur bedingt förderbar.
Larsen & Diener 1987 „subjective well-being"	Wohlbefinden = Häufiges positives Gefühlserleben mit unterschiedlicher Intensität, das im Vergleich zu negativen Gefühlen dominant ist. Aus den Dimensionen Häufigkeit und Intensität ergeben sich verschiedene Qualitäten des Wohlbefindens.	Es werden verschiedene Gefühlsqualitäten spezifiziert, die nur teilweise im schulischen Kontext erlebt werden können. Nach dieser Definition werden in der Schule vor allem die Emotionen mit niedriger Intensität erlebt, z.B. Zufriedenheit, Heiterkeit, leichte Gemütsruhe. Häufige positive Emotionen starker Intensität sind in der Schule wesentlich schwieriger zu fördern.
Mees 1991 „Wohlbefinden"	Wohlbefinden = Ereignis-fundierte Emotion, eine Ausprägung einer Freude-Emotion, die auf der Bewertung eines Ereignisses durch das Individuum in Bezug auf seine Wünsche und Ziele basiert.	Wohlbefinden wird als eine spezifische Emotion verstanden, die – unter Voraussetzung positiver Bewertungen – auch in der Schule erlebt werden kann. Wohlbefinden in der Schule ist möglich, wenn die Wünsche und Ziele von Schülerinnen und Schülern berücksichtigt werden.

Autor/innen	Definition Wohlbefinden	Transfermöglichkeiten in den schulischen Kontext
Mayring 1991 „subjektives Wohlbefinden"	Wohlbefinden = Fachbegriff, der Glück, Zufriedenheit, Freude und Belastungsfreiheit umfasst.	Verschiedene Dimensionen werden angesprochen: kognitive und emotionale Anteile, länger- und kurzfristige Emotionen und Kognitionen, positive Emotionen und Fehlen von Beschwerden. Zufriedenheit, Freude und Belastungsfreiheit sind zentrale Werte, die auch im Schulalltag realisierbar sind. Glücksgefühle jedoch sind eher selten. Damit ist nicht gewährleistet, dass Wohlbefinden in der Schule erlebt werden kann.
Mayring 1992b „Wohlbefinden"	Wohlbefinden = Oberbegriff für Lustgefühle, Freude, Erleichterung/Entspanntheit, Zufriedenheit und Glück.	Dieses Konzept eröffnet ein Spektrum von potenziellen Gefühlserfahrungen, wirft aber auch die Frage auf, welche Emotionen in der Schule erlebt werden können: Während Freude, Entspanntheit und Zufriedenheit durchaus im schulischen Alltag erlebt werden können (und auch sollen), haben Lust- und Glücksgefühle aufgrund ihrer hohen Intensität wenig Existenzmöglichkeiten.
Diener & Larsen 1993 „emotional well-being"	Wohlbefinden = Häufige positive Gefühle mit durchschnittlicher Intensität. Zufriedenheit in bestimmten Lebensbereichen, Erreichen von Zielen; angenehme physische Erfahrungen sind wichtig. Emotionserleben ist sehr individuell und vielfältig.	Wohlbefinden in der Schule ist nach dieser Definition das häufige Erleben positiver Gefühle. Auch werden Ziele angesprochen. Angenehme physische Erfahrungen, die als ein wesentlicher Bestandteil angesprochen werden, sind jedoch in der Schule eher selten. Der Hinweis auf die Individualität des Emotionserlebens erfordert einen subjektiven Zugang zum Wohlbefinden.
Becker 1994 „Wohlbefinden"	Wohlbefinden = Existenz positiver Emotionen bei gleichzeitiger Abwesenheit negativer Emotionen; kann aktuell oder habituell sein.	Diese Definition grenzt Konzepte aus, die Wohlbefinden primär über die Reduktion negativer Gefühle erschliessen. Schüler/innen müssen demnach sowohl frei von Sorgen, Ängsten und Aggressionen etc. sein als auch Anlass zu Freude, Zufriedenheit, Stolz etc. haben. Solange die Selektion eine zentrale Aufgabe der Schule darstellt, erscheint dies jedoch nur bedingt realisierbar.
Veenhoven 1994 „happiness" „well-being"	Wohlbefinden = Summe von angenehmen und unangenehmen Gefühlserlebnissen; resultiert aus dem Grad der positiven Bewertung des Lebens. Wohlbefinden kann im Verlauf der Zeit variieren.	In Bezug auf das schulische Wohlbefinden müssen die positiven und negativen Gefühle in der Schule miteinander in Beziehung gesetzt werden. Ein wichtiger Zugang dazu ist, wie positiv Schüler/innen ihren schulischen Lern- und Lebenskontext bewerten. Inter- und intraindividuelle Unterschiede im Verlauf der Schulzeit sind zu erwarten.

Autor/innen	Definition Wohlbefinden	Transfermöglichkeiten in den schulischen Kontext
2. Definitionen im Zusammenhang mit dem Erreichen von Zielen		
Little 1983, 1989 „life satisfaction" „happiness"	Wohlbefinden = Abhängig von den persönlichen Zielen eines Menschen. Wohlbefinden entsteht, wenn diese Ziele bzw. Pläne bedeutungsvoll, wirkungsvoll, gut strukturiert, nicht stressaufreibend sind und von anderen unterstützt werden.	Das Erreichen von schulischen Zielen steht meist im Mittelpunkt des Alltags von Schüler/innen. Nicht immer jedoch decken sich die Ziele der Schule mit denen der Kinder und Jugendlichen. Es ist daher wichtig, dass Schüler/innen bedeutungsvolle Ziele in Bezug auf die Schule entwickeln und erreichen können. Schule muss die Kinder und Jugendlichen dabei unterstützen.
Emmons 1986, 1989 „well-being"	Wohlbefinden = Eine Funktion der Motivation und der persönlichen Bestrebungen eines Menschen.	Motivation ist eine wichtige Grundlage für jeden Lernprozess. Beachtet die Schule die motivationalen Orientierungen von Kindern und Jugendlichen und fördert Unterricht die individuelle Motivation der Schüler/innen, unterstützt sie auch die Entwicklung des Wohlbefindens in der Schule.
Brunstein 1993 „subjective well-being"	Wohlbefinden = Eine Funktion der Bedeutsamkeit und der Erreichbarkeit subjektiv wichtiger Ziele; setzt sich aus kognitiven und emotionalen Anteilen (Zufriedenheit und angenehme vs. depressive Stimmung) zusammen.	Diese Definition knüpft Wohlbefinden in der Schule eng an das Erreichen von schulischen Leistungen, da Leistungen die zentralen Ziele von Schüler/innen darstellen. Sie ist aber auch im Zusammenhang mit sozialen Aspekten zu sehen, falls diese angestrebt werden. Schule erhält damit eine wichtige Bedeutung auch für das allgemeine Wohlbefinden.
3. Definitionen in Bezug auf die Gesundheit eines Menschen		
Veit & Ware 1983 „well-being"	Wohlbefinden = Teilbereich der mentalen Gesundheit; Indikatoren sind Interesse, Gefühle von Glück, Lebensfreude und emotionale Bindungen.	Durch die Förderung des Interesses an schulischen Inhalten und durch die Schaffung eines Klimas mit emotionalen Bindungen werden das Wohlbefinden und die mentale Gesundheit von Kindern und Jugendlichen unterstützt.
Becker & Minsel 1986 „Wohlbefinden"	Wohlbefinden = Ein Element der seelischen Gesundheit.	Analog zur Definition von Veit & Ware 1983 handelt es sich um eine sehr allgemeine Definition, die auf den schulischen Lebensraum übertragen werden kann. Aus dieser Definition ist zwar abzuleiten, dass das Wohlbefinden von Schüler/innen gewährleistet sein sollte, nicht aber, wie dies erfolgen kann.

Autor/innen	Definition Wohlbefinden	Transfermöglichkeiten in den schulischen Kontext
4. Definitionen mit Bezug auf allgemeine, subjektive Bewertungen		
Veenhoven 1991a „happiness" und „life-satisfaction"	Es gibt verschiedene Formen des Wohlbefindens, z. B. Wohlbefinden = Lebenszufriedenheit = der Grad, wie angenehm ein Individuum sein Leben insgesamt als angenehm bewertet: „In other words: how well he likes the life he leads." (S. 10)	Dieses Konzept lässt sich für den schulischen Kontext spezifizieren. Wohlbefinden in der Schule ist identisch mit Zufriedenheit in der Schule, in anderen Worten: wie gerne SchülerInnen zur Schule gehen. Da Schule einen wesentlichen Teil des Lebens von Kindern und Jugendlichen ausmacht, beeinflussen schulspezifische Bewertungen auch ihr allgemeines Wohlbefinden.
Averill & More 1993 „happiness"	Wohlbefinden = Emotionale und kognitive Bewertungen des Lebens in seiner Gesamtheit.	Wie bei Veenhoven (1991a) wird Wohlbefinden in der Schule durch die emotionalen und kognitiven Beurteilungen des schulischen Kontexts definiert. Nicht einzelne Aspekte des Schulalltags, sondern eine generelle Bewertung der Schule bestimmt, wie wohl sich eine Schülerin / ein Schüler fühlt.
Diener et al. 1995 „subjective well-being"	Wohlbefinden = Emotionale und kognitive Bewertungen des Lebens in seiner Gesamtheit.	Siehe Averill & More 1993.

Der Überblick in Tabelle 4-1 macht deutlich, dass folgende drei Faktoren für das allgemeine Wohlbefinden wichtig sind und sich auf den schulischen Kontext übertragen lassen (vgl. auch Kap. 4.2):

1. Die Abwesenheit negativer und die Existenz positiver Gefühle,
2. das Erleben der spezifischen Emotion Freude,
3. die Koexistenz emotionaler und kognitiver Anteile

sind konstituierende Komponenten des Wohlbefindenserlebens.

Als Ursachen des Wohlbefindens werden sowohl Aspekte der Umwelt als auch der Person und die Interaktion von Person und Umwelt genannt:

4. Die Befriedigung von Bedürfnissen,
5. die Ziele, welche ein Individuum anstrebt und erreicht, sowie
6. die subjektive Bewertung der Situation

können als fundamentale Quellen des Wohlbefindens beschrieben werden.

Weitere zentrale Merkmale des Wohlbefindens müssen berücksichtigt werden:

7. Das Wohlbefinden eines Individuums kann je nach Kontext variieren.
8. Das Wohlbefinden eines Individuums hängt mit seiner jeweiligen Lebensphase zusammen.
9. Emotionen und damit auch Elemente des Wohlbefindens sind sozialer Natur, d.h. abhängig vom Sozialkontakt und determiniert vom sozialen Setting.
10. Wohlbefinden kann idealtypisch anhand von Zeitdimensionen (aktuell und habituell) differenziert werden.
11. Wohlbefinden kann in unterschiedlicher Intensität erlebt werden.
12. Es gibt unterschiedliche Formen des Wohlbefindens.
13. Das Geschlecht eines Individuums und seine Sozialbeziehungen wirken affektdifferenzierend.
14. Persönlichkeitsfaktoren eines Individuums sind einflussreich auf die Verarbeitung affektrelevanter Lebensereignisse und -situationen.

In den Arbeiten zur allgemeinen Wohlbefindensforschung wurde bisher keine bereichsspezifische Definition bzw. keine Definition des Begriffs „Wohlbefinden in der Schule" erstellt. Dies ist aber erforderlich, soll sich das Wohlbefinden von Schüler/innen als ein Forschungsthema etablieren und sollen valide Forschungsarbeiten durchführt werden. Dabei ist es wichtig, positive Emotionen als eine von negativen Emotionen weitgehend unabhängige Gefühlsqualität zu definieren – mit zusammenhängenden, aber eigenen Erlebensbereichen, teilweise unabhängigen Entstehungsursachen und Konsequenzen (vgl. Hascher 2002; Vittersø 1998). Geht man theoretisch *nicht* von einer Dichotomie der Emotionsvalenzen aus („wenn eine Schülerin sich nicht schlecht fühlt, dann fühlt sie sich gut"), dann genügt es nicht, Stress und Angst in der Schule abzubauen, um zu erreichen, dass sich Kinder und Jugendliche in diesem Lebenskontext wohl fühlen (vgl. auch Schnabel 1996, S.62).

4.2 Definition des Konzepts ‚Wohlbefinden in der Schule'

Um dem pädagogischen Anliegen, das Wohlbefinden von Kindern und Jugendlichen in der Schule zu ermöglichen, gerecht zu werden, ist es erforderlich, psychologische Abläufe und Entwicklungen des Wohlbefindens zu verstehen. Deshalb wird in der vorliegenden Arbeit mit der Abstützung auf theoretische und empirische Ergebnisse der Wohlbefindensforschung einerseits und auf Erkenntnisse der allgemeinen Emotionsforschung andererseits eine Basis dafür entwickelt, das Konzept des Wohlbefindens in der Schule zu definieren und in einem theoretischen Kontext zu situieren.

Mit Bezug auf die allgemeine Wohlbefindensforschung (vgl. Kap. 2 und Kap. 4.1) sollen für eine Definition des Begriffs Wohlbefinden in der Schule vor allem folgende vier Kernelemente beachtet werden, die in bisherigen Studien zum schulischen Wohlbefinden (vgl. Kap. 3) grösstenteils nur einseitig oder unzureichend beachtet wurden:

1. Wohlbefinden setzt sich sowohl aus kognitiven als auch aus emotionalen Anteilen zusammen. Wohlbefinden ist damit mehr als eine beliebige positive Emotion und es ist wichtig, seine konstitutiven Elemente zu präzisieren, ähnlich wie dies beim Konzept zur Prüfungsangst von Liebert und Morris (Liebert & Morris 1967; Morris & Liebert 1980; Rost & Schermer 1997) erfolgt ist, das anhand einer emotionalen und einer kognitiven, sog. worry-Komponente (Sorgen und aufgabenirrelevante Kognitionen) differenziert wurde. Arbeiten zum Wohlbefinden, in denen nur von der Häufigkeit oder Abwesenheit bestimmter Gefühle gesprochen wird, greifen demnach ebenso zu kurz wie Studien, welche ausschliesslich auf Bewertungen und Zufriedenheit(en) fokussieren. Im schulischen Kontext können die Einstellungen der Kinder und Jugendlichen zur Schule, ihre Haltungen gegenüber der Schule, ihre Bewertungen und Meinungen zum Schulalltag als solche kognitive Anteile gelten. Die emotionalen Komponenten beziehen sich auf spezifische Gefühle, Stimmungen und Empfindungen, wie z.B. Freude und Spass, aber auch Beschwerden.

2. In den bestehenden Arbeiten zum Wohlbefinden in der Schule wurde in der Regel nur eine Komponente berücksichtigt. Entweder wurden Einstellungen zur Schule erhoben (z.B. Helmke & Schrader 1990; Peetsma et al. 2002) oder Ge-

fühlserfahrungen (z.B. Kleine & Schmitz 1999; Pell 1985). Es kam dabei wiederholt vor, dass kognitive mit emotionalen Aspekten gleichgesetzt wurden. Dies war vor allem dann der Fall, wenn sich die Fragen auf die Zufriedenheit begrenzten (z.B. Bergmann & Eder 1995) oder bei Studien, welche die Einstellungen der Schüler/innen zum Fach Mathematik als Schulfreude bezeichneten (Helmke & Schrader 1990). Vereinzelt wurde von emotionalen Einstellungen (Helmke 1993) und emotional getönten Erwartungen (Heckhausen 1974) gesprochen. Auch wurden methodische Mängel früherer Arbeiten zum Wohlbefinden (z.B. die Verwendung von relativ undifferenzierten Einzelitems) repliziert (z.B. Fend et al. 1976; Fend 1997). Ein Ansatz, der explizit emotionale und kognitive Anteile berücksichtigt, war nur in wenigen Arbeiten (Bleicher et al. 1999 und Jerusalem & Mittag 1999) zu finden.

3. Zentral für das Wohlbefinden ist sowohl das Erleben positiver Emotionen und Kognitionen als auch die Minimierung von Beschwerden, negativer Emotionen und Kognitionen. Wohlbefinden ist nicht synonym zum (kurz- oder längerfristigen) Erleben angenehmer Gefühle. Als eigene Erlebnisqualität kann von Wohlbefinden nur dann gesprochen werden, wenn beide Valenzen, positiv und negativ, berücksichtigt werden und das Verhältnis zwischen den beiden Valenzen zugunsten positiver Emotionen und Kognitionen ausfällt. Dies bedeutet aber zugleich, dass Wohlbefinden trotz Beschwerden, negativer Emotionen und Belastung entstehen kann. Wohlbefinden in der Schule besteht darin, dass Schülerinnen und Schüler angenehme Gefühle in der Schule erleben und eine positive Haltung gegenüber der Schule entwickelt haben. Ihr Alltag darf nicht von unangenehmen und aversiven Emotionen und Einstellungen gegenüber der Schule getrübt sein. Das ist ein hoher Anspruch in einem Lern- und Leistungskontext, der im Zusammenhang mit schulischen Anforderungen, schulischen Aktivitäten und sozialen Interaktionen eine Vielzahl affektgeladener Situationen bietet, die gleichermassen mit negativen und positiven Emotionen verbunden sein können (Pekrun 1992a, 1997, 1999; Pekrun & Hofmann 1999).

4. Positive Emotionen waren zwar in der bisherigen Schulforschung meist konstitutive Merkmale des Wohlbefindens, sie wurden aber oftmals undifferenziert erfasst (z.B. Bergmann & Eder 1995; Eder 1986; Fend et al. 1976; Fend 1997), unzulässig generalisiert (Eder 1995a, b, c; Helmke & Schrader 1990) bzw. kamen im Verhältnis zur Analyse negativer Emotionen zu kurz (Eder 1995a, b, c). Auch bestehen Studien, die aus der Abwesenheit negativer Gefühle auf die Existenz angenehmer Emotionen schlossen. So wurde Wohlbefinden z.B. als umgepolte Variable von Schulunlust definiert (Gruehn 1995). Einige neuere Studien bemühten sich aber darum, positive und negative Emotionen miteinander in Beziehung zu setzen, Emotionsqualitäten zu differenzieren und die Quellen spezifischer Emotionen ausfindig zu machen (Bleicher et al. 1999; Jerusalem & Mittag 1999).

5. Wohlbefinden variiert bereichsspezifisch bzw. kontextabhängig. Die enge Verbindung von Emotionen und Kognitionen impliziert nicht nur, dass Emotionen Kognitionen beeinflussen können, sondern auch, dass Emotionen von der subjektiven Situationsbewertung eines Individuums abhängig sind (Cacioppo & Gardner 1999, S. 196, bezeichnen diese z.B. als „cognitive appraisal"). Je nach Bewertung eines Ereignisses, je nach Bewertung der Rahmenbedingungen kann folglich das Wohlbefinden eines Menschen unterschiedlich sein. Allgemeines Wohlbefinden darf daher nicht mit dem Wohlbefinden im schulischen Kontext gleichgesetzt werden, denn verschiedene Lebenswelten (z.B. Schule vs. Arbeitsplatz; Schulen in unterschiedlichen Regionen) hängen mit einem unterschiedlichen Wohlbefinden zusammen. Auch Abweichungen innerhalb des schulischen Umfelds können mit Differenzen in der Höhe des Wohlbefindens verbunden sein (Bleicher et al. 1999; Fend 1997; Plath 1997), das sogar je nach Schulfach, schulischer Aktivität und dem jeweiligen schulischen Setting (z.B. im Unterricht) variieren kann (Prenzel et al. 1996; Wild & Krapp 1996a, b).

6. Mehrere Studien wurden dieser Tatsache gerecht, indem sie die kognitiven oder emotionalen Komponenten auf die Schule (Eder 1995a; Fend 1997), auf Unterrichtsfächer (Bleicher et al. 1999), sogar auf spezifische Schulkontexte wie z.B. Prüfungssituationen (Pekrun & Hofmann 1999) bezogen. Es finden sich aber durchaus auch Arbeiten, in denen das allgemeine Wohlbefinden und das Wohlbefinden in der Schule als synonym betrachtet oder nicht differenziert wurden (z.B. Eder 1986; Kleine & Schmitz 1999). Korrekt formuliert darf dann jedoch nicht vom Wohlbefinden der Schüler/innen, einem Wohlbefinden verknüpft mit ihrer „beruflichen Rolle" und ihrem spezifischen Bildungskontext gesprochen werden. Vielmehr muss das allgemeine Wohlbefinden an die Gesamtheit der Person gebunden (z. B. Wohlbefinden von Kindern und Jugendlichen) und die Referenzebene (z.B. allgemein vs. bereichsspezifisch) expliziert werden. Ebenso unzulässig wie der Schluss vom Allgemeinen aufs Spezifische ist eine Generalisierung vom kontextspezifischen auf das allgemeine Wohlbefinden. Trotzdem ist wiederholt zu beobachten, dass Erkenntisse aus einzelnen Unterrichtsfächern auf die Schule verallgemeinert wurden (z.B. Helmke 1993).

7. Das Konzept Wohlbefinden ist in Bezug auf seine Zeitdimension – aktuell vs. habituell – zu unterscheiden. Je nachdem, ob sich ein Individuum kurzzeitig wohl fühlt oder ob es sich im Sinne einer eher stabilen Erlebnisqualität überwiegend und häufig wohl fühlt, werden unterschiedliche Ebenen angesprochen. Aktuelles Wohlbefinden bezieht sich auf das unmittelbare Erleben und bildet die gegenwärtige Stimmungs- und Gefühlslage eines Individuums ab. Izard (1994, S. 22) bezeichnet dies als Emotionszustand. Beim habituellen Wohlbefinden spricht Becker (1994, S. 13ff) im Sinne der bekannten state-trait-Unterscheidung von einer relativ stabilen Eigenschaft, von einem Wohlbefinden, das für eine Person typisch ist. Von einer „Tendenz eines Individuums, ein bestimmtes Gefühl in seinem täglichen Leben häufig zu erleben" (Izard 1994, S.

22) ist aber abzusehen. Statt von einer generellen Neigung sollte eher von einem typischen Erleben einer Person in einem spezifischen Kontext gesprochen werden. In der Schule besteht aktuelles Wohlbefinden aus Kognitionen und Emotionen, die im Rahmen von unmittelbaren Erfahrungen des Schulalltags empfunden werden. Habituelles Wohlbefinden dagegen basiert auf überdauernden kognitiven und emotionalen Erfahrungen im Lebenskontext Schule und kann als ein Aggregat aus einer Vielzahl temporärer Gedanken und Gefühlslagen angesehen werden. Habituelles Wohlbefinden in der Schule bezeichnet damit eine emotional-kognitive Grundhaltung gegenüber der Schule.

8. In den bestehenden Arbeiten der pädagogisch-psychologischen Forschung zum Wohlbefinden in der Schule wurde diese Differenzierung bisher nur selten thematisiert. Die Mehrzahl der Arbeiten ging implizit davon aus, Wohlbefinden in der Schule als ein trait-Konstrukt zu erfassen, auch wenn dies anhand der Ergebnisse explizit nicht der Fall zu sein schien (z.B. Kleine & Schmitz 1999). Einzelne Studien trafen zwar eine Unterscheidung in aktuelles und habituelles Wohlbefinden, trennten aber zugleich auch den kontextuellen Bezug des Wohlbefindens, indem sie als state-Konzept das Wohlbefinden in der Schule und als trait-Konzept das allgemeine (schulunspezifische) Wohlbefinden von Jugendlichen erhoben (Bleicher et al. 1999).

Da in psychologischen Konzepten Emotionen konstitutiv für die Genese des Wohlbefindens sind, ist es für eine Klärung des Wohlbefindens von Schülerinnen und Schülern auch erforderlich, theoretische Grundlagen der Emotionsforschung (vgl. z.B. Lewis & Haviland 1993) zu berücksichtigen. In der vorliegenden Arbeit wurden dazu vier Aspekte, die in der Emotionspsychologie als grundlegend gelten, ausgewählt. Ihr Bezug zur schulischen Realität lässt sich wie folgt darstellen:

1. Für die Genese von Emotionen sind vier Faktoren verantwortlich (Ulich 1992a, 1992b). Dies sind (1) das Ereignis, wie z.B. eine gelungene Schulleistung, eine anregende Schulstunde oder ein Tadel durch die Lehrperson. Das emotionale Erleben ist zeitlich allerdings nicht zwingend an das Ereignis gebunden. Ein Schüler kann unmittelbar, durchaus aber auch erst einige Stunden nach einer ungerechten Behandlung durch eine Lehrperson Wut empfinden. (2) Der Kontext ist ebenfalls mitentscheidend. So z.B. darf in einer kooperativen, sozialintegrativen Schulatmosphäre Freude und Trauer, Erleichterung und Enttäuschung eher gezeigt werden. (3) Ob Schüler/innen eine Emotion empfinden, hängt auch mit ihrer Momentanverfassung, d.h. der aktuellen Stimmung und Zielorientierung zusammen. Eine Ablehnung durch Klassenkamerad/innen kann beispielsweise stärkere Trauer auslösen in einer Zeit, da die soziale Nähe der Peers aufgrund von Sorgen und Problemen sehr bedeutungsvoll ist. (4) Dies hängt zudem eng mit den sog. emotionalen Schemata, also Dispositionen, Vorerfahrungen und Bedeutungszuschreibungen zusammen: Nach wiederholter Ablehnung mag eine soziale Zuwendung mit mehr Freude verbunden sein, wo-

gegen eine einzelne Ablehnung in Rahmen vieler positiver Sozialkontakte besser zu verschmerzen sein kann. Die Berücksichtigung dieser vier Faktoren bedeutet, die Person-Umwelt-Beziehung zu erfassen und analysieren.

2. Emotionen zu empfinden bedeutet, in etwas involviert zu sein. „Ereignisse sind bedeutsam, wenn sie eine oder mehrere der Interessen der Person berühren." (Frijda 1986, S. 479; vgl. auch Leeper 1970, S. 164). Emotionen verleihen Sachverhalten ein „wertendes Vorzeichen" (Weber 1975, S. 71). Folglich muss die Perspektive des Erlebenden berücksichtigt und als zentral für die Emotionsgenese angesehen, die „Person als sinnstiftende Einheit" (Ulich 1992a, S. 50) verstanden werden. Dies führt dazu, dass bei der Aktualgenese von Emotionen die sog. emotionale Bedeutung eines Ereignisses für die Person analysiert werden muss. Emotionale Bedeutung wird nach Ulich (1992a, S. 54) als „... die jeweilige inhaltliche Ausfüllung, also die Konkretisierung einer Welt-Selbst-Relation zu qualitativ unterschiedlichen Zustandsformen – Neid eher als Stolz, Trauer eher als Ärger usw. ..." verstanden. Sie „ergibt sich letztlich ... aus der 'Stellung' des Ereignisses im Insgesamt der emotionalen Schemata". Dieser Argumentation zufolge sind Emotionen im Kontext der Schule prinzipiell wünschenswert, da sie das Involvement in die Schule und den Stellenwert der Schule repräsentieren, z.B. Empörung bei falschen Anforderungen durch die Lehrperson, Freude bei gemeinsamen Aktivitäten im Klassenverband, Mitleid beim Scheitern eines Mitschülers. Das Wissen um Emotionen der Schüler/innen kann dann als ein Hinweis auf ihre Bewertungen des Schulalltags und als Mass für die Bedeutsamkeit eines Ereignisses dienen.

3. Emotionen zeichnen sich durch ihre soziale Dimension aus. Gefühle werden häufig in Situationen erlebt, in die Personen involviert sind oder die Ereignisse mit Personen betreffen (Smith & Pope 1992). „Gefühle sind also stark durch ihre soziale ,Bezüglichkeit' oder Bezogenheit charakterisiert. Sie richten sich im Sinne einer ,Bezugswerdung' auf die erlebte Mitwelt oder auf das Verhältnis des Erlebenden zu Situationen oder Dingen." (Ulich 1992a, S. 51). Emotionen werden in sozialen Kontexten erlernt (vgl. z.B. die Ergebnisse der Bindungsforschung von Ainsworth, Blehar, Waters & Wall 1978), können in sozialen Interaktionen früh verstanden und verbalisiert werden (vgl. im Überblick Hascher 1994) und sie werden anders ausgedrückt, je nachdem, ob sich ein Individuum alleine oder in Gesellschaft befindet (z.B. das Prinzip der emotionalen Ansteckung nach Izard 1994). Emotionen besitzen eine soziale Mitteilungsfunktion (z.B. Izard & Buechler 1980; Tischer 1993) und werden häufig sozial, d.h. anhand der Unterstützung von anderen, ausgelebt bzw. kontrolliert (Izard 1994) und bewältigt (im Überblick z.B. Schwarzer & Leppin 1994). Emotionen sind folglich per se sozial (Parkinson 1996). Auch in der Schule, in der die Leistungskomponente nach wie vor im Mittelpunkt steht, kommt diese Dimension stark zum Tragen: Leistungsvergleiche sind sozial verankert, soziale Interaktionen werden als Lernarrangements genutzt, Erfolge und Leistungen mit Kol-

leg/innen gefeiert, Misserfolge und Frustrationen mit der Unterstützung von Klassenkamerad/innen verarbeitet, unerwünschtes Verhalten wird sozial sanktioniert, Neid und Missgunst sozial ausgelebt etc. Die Vielzahl der Interaktionen in der Schulklasse und mit den Lehrpersonen bietet damit ein reiches Pflaster für emotionale Erfahrungen aller Art (vgl. auch Kap. 4.3.2).

4. Emotionen und Kognitionen sind eng miteinander verbunden. Die Frage, ob Kognitionen Emotionen beeinflussen oder umgekehrt, wurde heftig diskutiert, konnte aber bis heute nicht abschliessend geklärt werden (z.b. Roth 1989; Schmidt-Atzert 1993; für eine ausführliche Diskussion zu diesem Thema vgl. z.B. den wissenschaftlichen Disput zwischen Lazarus und Zajonc). Im Sinne kognitiver Emotionstheorien bilden Kognitionen eine zentrale Grundlage sowohl für die Qualität als auch für die Quantität emotionalen Erlebens (vgl. z.B. die frühen Arbeiten von Arnold 1960; Izard 1971; Lazarus & Averill 1972; Schachter 1971; siehe auch Orthony, Clore & Collins 1988). Kognitive Anteile werden sogar als inhärenter Bestandteil von Emotionen definiert (Izard 1994; Schmidt-Atzert 1981). Deshalb sind – wie bereits erwähnt – für die Definition des Wohlbefindens sowohl emotionale als auch kognitive Elemente zu berücksichtigen. Einige Definitionen thematisieren explizit die mit Emotionen assoziierten Wahrnehmungen und Kognitionen (z.B. Izard 1971; Schmidt-Atzert 1981; Tomkins 1962), z.B. die Erwünschtheit eines Ereignisses beim Erleben von Hoffnung, die Ablehnung einer Person bei Hass, der Genuss einer Tätigkeit beim Empfinden von Spass.

5. Je nach Valenz und Intensität haben Emotionen des Weiteren eine positive oder negative Wirkung auf die Kognitionen. So z.B. können Schamgefühle bei einem Fehler vor der Klasse die Aufnahmefähigkeit für die Fehlerkorrektur blockieren; Erleichterung über das eher unerwartete Verstehen eines schwierigen Sachverhalts kann die Konzentration auf die weiteren Aufgaben erhöhen.

In der vorliegenden Arbeit werden nun die genannten Erkenntnisse der Wohlbefindensforschung und der Emotionspsychologie integriert und folgendermassen für die Definition des Begriffs ‚Wohlbefinden in der Schule' nutzbar gemacht:

Wohlbefinden in der Schule bezeichnet einen Gefühlszustand, bei dem positive Emotionen und Kognitionen gegenüber der Schule, den Personen in der Schule und dem schulischen Kontext bestehen und gegenüber negativen Emotionen und Kognitionen dominieren. Wohlbefinden in der Schule bezieht sich auf die individuellen emotionalen und kognitiven Bewertungen im sozialen Kontext schulischer bzw. schulbezogener Erlebnisse und Erfahrungen. Wohlbefinden in der Schule kann kurzfristig und aktuell entstehen oder sich über einen längerfristigen Zeitraum entwickeln und in seiner Intensität variieren.

Aktuelles Wohlbefinden in der Schule bezeichnet ein temporäres Gefühlserleben, in dem positive Emotionen und Kognitionen im Zusammenhang mit der Schule, den Personen in der Schule und dem schulischen Kontext im Vergleich zu negativen Emotionen und Kognitionen sowohl in Bezug auf ihre Häufigkeit als auch auf ihre Intensität überwiegen. Die aktuelle Emotionsgenese in der Schule hängt von den situativen Erlebnissen, den individuellen Situationsbewertungen der Schüler/innen, ihren Persönlichkeitseigenschaften, den Bedingungen des Schulkontexts und der Gestaltung des Schulalltags ab.

Habituelles Wohlbefinden in der Schule bezeichnet eine Gefühlshaltung, in der dauerhafte positive Emotionen und Kognitionen gegenüber der Schule, den Personen in der Schule und dem schulischen Kontext bestehen und über einen längeren Zeitraum betrachtet gegenüber negativen Emotionen und Kognitionen dominieren. Es kann in Bezug auf sein Verhältnis zwischen positiven und negativen Emotionen und in Bezug auf seine Intensität variieren. Habituelles Wohlbefinden in der Schule bezieht sich auf die längerfristigen individuellen emotionalen und kognitiven Bewertungen im sozialen Kontext schulischer bzw. schulbezogener Erfahrungen.

Als Präzisierung soll im Anschluss an diese Definitionen (nochmals) hervorgehoben werden, dass Wohlbefinden in der Schule nicht als eine Einzelemotion missverstanden werden darf, sondern ein Mehrebenen-Konstrukt darstellt. Ein Ziel der vorliegenden Arbeit ist es deshalb, die folgenden Fragen zu beantworten: Welche Faktoren können das Wohlbefinden in der Schule repräsentieren? Wie kann Wohlbefinden operationalisiert und erfasst werden? Wie drückt sich das Wohlbefinden in der Schule aus? Wodurch wird das Wohlbefinden von Schüler/innen gestützt und gefördert? Die Wohlbefindensforschung musste sich eingestehen, dass globale Konzepte das Wohlbefinden nicht hinreichend beschreiben und erklären konnten (vgl. Kap. 2, vgl. auch nachfolgendes Kap. 4.3). Damit wird auch für das Konzept des Wohlbefindens in der Schule erforderlich, zwischen verschiedenen Elementen zu differenzieren, die je unterschiedliche Quellen und Ursachen sowie Wirkungsmöglichkeiten besitzen können. In Anlehnung an die Forschungsarbeiten zum allgemeinen Wohlbefinden Jugendlicher von Grob et al. (1991) werden deshalb für die vorliegende Arbeit sechs Faktoren als zentrale Komponenten für das Wohlbefinden in der Schule postuliert. Drei Faktoren repräsentieren positive Schulerfahrungen, d.h. wichtige positive Gefühle und Haltungen gegenüber der Schule, drei weitere Faktoren sprechen die Schattenseiten des Schulalltags anhand von zentralen und typischen Situationen in Bezug auf Sorgen, Probleme und Beschwerden im Schulalltag an. In den ausgewählten Faktoren spiegeln sich sowohl die Kernelemente der Wohlbefindens- als auch der Emotionsforschung wider. Sie stellen zugleich einen direkten Bezug zum spezifischen Erlebenskontext Schule her:

Komponenten des Wohlbefindens in der Schule:

1. Positive Kognitionen und Emotionen gegenüber der Schule (z.B. die Schule als sinnvoll bewerten)
2. Freude in/an der Schule (z.B. sich über Erfolge freuen)
3. Schulisches Selbstbewusstsein (z.B. sich mit den Anforderungen der Schule identifizieren können)
4. Sorgen und Probleme wegen der Schule (z.B. sich über das Erreichen von Lernzielen Sorgen machen)
5. Körperliche Beschwerden wegen der Schule (z.B. Herzklopfen bei der mündlichen Mitarbeit verspüren)
6. Soziale Probleme in der Schule (z.B. sich in der Klasse ausgegrenzt fühlen)

4.3 Systematischer Überblick über Entstehungsbedingungen und Quellen schulischen Wohlbefindens

Nach der Definition des Wohlbefindens in der Schule und seinen Teilaspekten soll nun eine Systematisierung seiner Quellen und Entstehungsbedingungen erfolgen. Dabei werden zunächst allgemeine strukturelle Aspekte dargestellt und in ein Arbeitsmodell integriert. Anschliessend erfolgt ein Überblick über inhaltliche bzw. kontextspezifische Komponenten, der in ein mehrperspektivisches Grundlagenmodell des Wohlbefindens in der Schule mündet.

4.3.1 Strukturelle Aspekte

Wie bereits ausgeführt (vgl. Kap. 2.3), wurde in der Wohlbefindensforschung bisher von drei Haupteinflussbereichen ausgegangen: Es wurde diskutiert, ob eher Situations- oder eher Persönlichkeitsvariablen das Wohlbefinden eines Menschen beeinflussen. Eine klare Beantwortung der Frage gelang jedoch nicht. Als eine Lösung dieses Konflikts wurde die Interaktion zwischen Umwelt und Individuum eingeführt, jedoch ohne diese Interaktion näher präzisieren und erklären zu können. Im Bemühen, diese Konzepte auf die Genese des Wohlbefindens in der Schule zu übertragen, stellen sich folgende Schwierigkeiten:

1. Es besteht eine schwer zu überwindende Diskrepanz zwischen den jeweiligen Zugängen: Einerseits schreiben erweiterte Konzepte zum Einfluss situativer Bedingungen den Personenmerkmalen eine Mediatorfunktion zu. So z.B. beeinflusst der Gesundheitszustand eines Menschen sein Wohlbefinden in Abhängigkeit adaptiver Leistungen (z.B. Brickman & Campbell 1971) und subjektiver Beurteilungen (z.B. Palmore & Luikart 1972). Andererseits bewerten neuere Arbeiten zur Rolle persönlichkeitsspezifischer Merkmale verschiedene Kontextfaktoren als zentrale Mediatorvariablen für den Entwicklungsprozess des Wohlbefindens. Die positive Wirkung von Extraversion auf das Wohlbefinden kann beispielsweise zu einem gewichtigen Teil über die Häufigkeit und Qualität der Sozialkontakte erklärt werden (vgl. Diener 1984; Emmons & Diener 1986; Hotard et al. 1989). Dies bedeutet, je nach Betrachtungsperspektive und theoretischem Zugang wird kontextuellen oder subjektiven Elementen eine Mediatorenwirkung zugesprochen und beide Funktionen können empirisch bestätigt werden.

2. Konzepte zur Interaktion zwischen Person und Umwelt betonen spezifische kognitive Aspekte wie Ziele, Vergleiche und Kontrollüberzeugungen. Emotionale Mediatoren werden vernachlässigt. Ohne die Bedeutung kognitiver Komponenten schmälern zu wollen, ist zu fragen, inwiefern der postulierte Zusammenhang umgekehrt werden kann. Es ist z.B. denkbar, dass nicht nur das Erreichen von Zielen das Wohlbefinden fördert, sondern das Erreichen von Zielen durch einen Zustand des Wohlbefindens positiv beeinflusst wird. Auch gilt zu bedenken, dass die thematisierten Variablen ihrerseits nicht stabil sein müssen, sondern in Abhängigkeit eben dieser Interaktion variieren können.

3. Bestimmte Quellen nehmen nicht auf das Wohlbefinden im Gesamten, sondern auf einzelne Teilbereiche des Wohlbefindens Einfluss. Dies wurde z.B. von Costa & McCrae (1980) für den Zusammenhang von Extraversion und Wohlbefinden und von Eder (1995) für den selektiven Einfluss von Sozialbeziehungen auf die verschiedenen Dimensionen des Wohlbefindens belegt.

Den Hintergrund des nachfolgenden Modells (in Abb. 4-1) bildet die Überzeugung, dass nicht einzelne Faktoren, sondern eine Kombination von Aspekten das Wohlbefinden determinieren (vgl. auch Diener & Larsen 1993). Es stellt deshalb eine Erweiterung des Modells in Abbildung 2-8 (vgl. Kap. 2.3.4) dar. Situations- und Persönlichkeitsvariablen können gleichermassen als Mediatorvariablen fungieren. Individuelle Ziele, Bedürfnisse und Bewertungen (vgl. Brunstein 1993; Emmons 1986; Sheldon & Elliot 1999) werden als Bezugskriterien für Mediatorprozesse definiert.

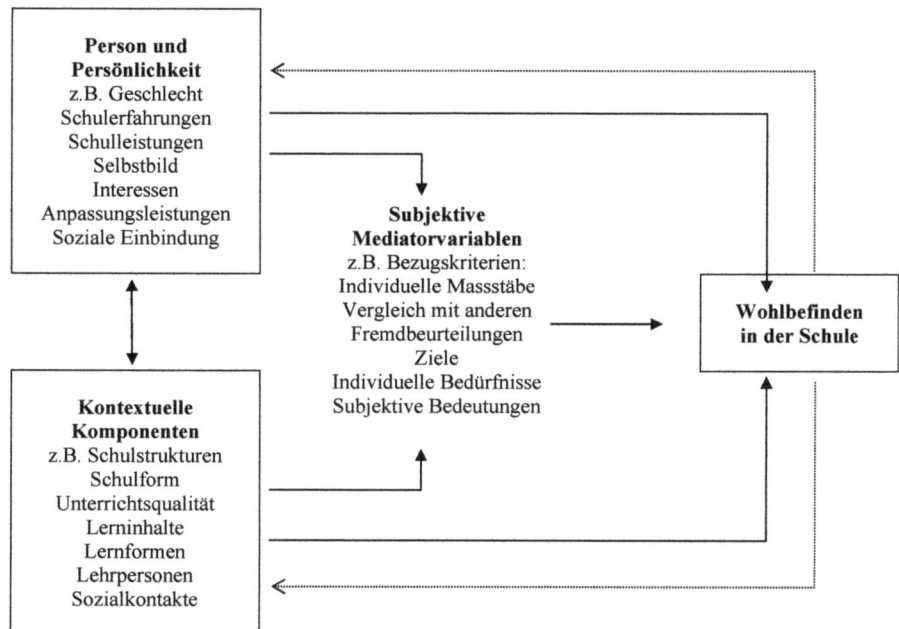

Abbildung 4-1:   Arbeitsmodell zu den Quellen und Ursachen des Wohlbefindens von Schülerinnen und Schülern

Auch dieses Modell stöss jedoch insofern an Grenzen, als es keine Präzisierung von
Einflussfaktoren und keine Gewichtung der Mediatoren zulässt. In einer Weiterentwicklung wird daher versucht, die Dissonanz aufzulösen, indem drei neue Möglichkeiten eröffnet werden (vgl. Abb. 4-2): Dazu wird in einem ersten Schritt die Komplexität
bestehender Erklärungsansätze der Wohlbefindensforschung durch eine Systematisierung der Begrifflichkeiten reduziert. Es ist zwischen allgemeinen Charakteristika,
Komponenten, Indikatoren, Begleitphänomenen, Ursachen und Konsequenzen des
Wohlbefindens zu unterscheiden:

- Allgemeine Charakteristika sind generelle, konzeptübergreifende Merkmale,
  anhand derer das Wohlbefinden beschrieben werden kann (z.B. die zeitliche
  Dimension: aktuelles vs. habituelles Wohlbefinden).

- Indikatoren sind Repräsentanten und Ausdrucksformen des Wohlbefindens (z.B.
  entspannte Körperhaltung).

- Komponenten sind Bestandteile und Elemente des Wohlbefindens (z.B. die Absenz von körperlichen Beschwerden oder von Sorgen).

- Begleitphänomene sind Erscheinungen, die zeitgleich mit Wohlbefinden auftreten können (z.B. gute Laune).

- Ursachen und Quellen sind für das Entstehen und die Höhe bzw. Intensität des Wohlbefindens verantwortlich (z.b. die positiven Bewertungen einer Situation).
- Konsequenzen und Folgen des Wohlbefindens sind Faktoren, die vom Wohlbefinden eines Menschen beeinflusst werden können (z.b. die Verarbeitung von Informationen).

In einem zweiten Schritt werden die Ursachen und Quellen des Wohlbefindens differenziert: Sie können danach unterschieden werden, ob sie eher intern oder extern lokalisiert sind, ob es sich um situative Ereignisse oder stabile Kontextfaktoren, ob es sich um Aspekte der Momentanverfassung oder der Persönlichkeit des Individuums handelt. Drittens wird die Art des Einflusses auf das Wohlbefinden bzw. auf seine Komponenten hinterfragt, da bestimmte Variablen selektiv wirken können: Haben die Faktoren einen Einfluss auf

- die Genese des Wohlbefindens?
- die Höhe des Wohlbefindens?
- die Qualität des Wohlbefindens?

Diese Konzeption lässt sich graphisch folgendermassen veranschaulichen:

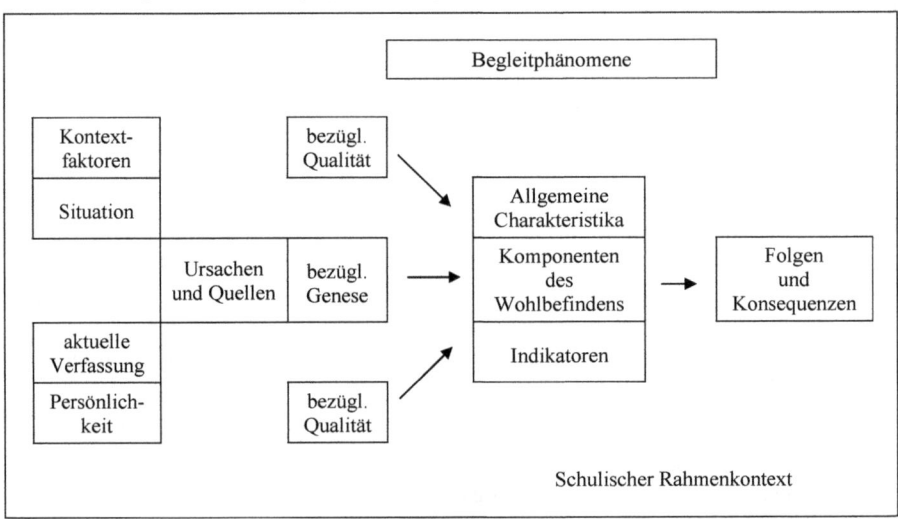

Abbildung 4-2:   Erweitertes Arbeitsmodell des Wohlbefindens von Schüler/innen

Wie aus Abbildung 4-2 ebenfalls ersichtlich, ist ein Konzept des schulischen Wohlbefindens in den Gesamtkontext des schulischen Lebensraums einzubetten, durch welchen es massgeblich determiniert wird. Alle Kinder und Jugendliche gehen zur Schule – im besten Fall, weil sie dies gern tun, im Normalfall, weil sie müssen. Der schulische

152

Pflichtalltag ist durch eine Vielzahl kognitiver, sozialer und emotionaler Faktoren charakterisiert. Im Bewusstsein, dass eine Darstellung solcher Faktoren aufgrund der Komplexität des Lebensraums Schule zwangsläufig selektiv sein muss, sollen einige zentrale Aspekte genannt werden, von denen angenommen werden kann, dass sie einen Einfluss auf die Gefühle der Schüler/innen ausüben. Dies sind beispielsweise:

- die Omnipräsenz von Leistung und Selektion,
- das Anstreben von Lernzielen und des Aufbaus von Kompetenzen,
- die Vorgaben des (offiziellen) Lehrplans und die Lernprozesse im Rahmen des heimlichen Lehrplans,
- die sozialen Interaktionen innerhalb der Klasse,
- die Beziehung zu Lehrerinnen und Lehrern,
- das Machtgefälle zwischen Schüler/innen und Lehrpersonen,
- die Heterogenität in Bezug auf die Persönlichkeit von Schüler/innen und Lehrer/innen sowie
- das Erleben von Erfolg und Misserfolg, von Zuneigung und Abneigung, von Integration und Segregation.

Für den heutigen Schulalltag und das staatliche Schulsystem betonten Pekrun und Jerusalem (1996) vier Einflussfaktoren auf die Genese von Leistungsemotionen, die vor allem negative Emotionen (gegenüber sich und anderen) fördern und positive Gefühle verhindern: ein hoher Leistungsdruck (in Schule und Elternhaus), interindividuelle Vergleiche bei der Leistungsbeurteilung, ein wettbewerbsorientierter Unterricht und die Überbewertung individueller Leistungen. So basiert insbesondere ein kompetitiver Unterrichtsstil auf Frustrationen, Aggressionen, Trauer- und Schamgefühlen vieler und auf den Emotionen Stolz, Freude und Erleichterung einzelner – erfolgreicher – Schüler/innen. Diesem Ansatz zufolge würde die Förderung positiver Emotionen und Kognitionen eine Veränderung gesellschaftlicher Werte, eine Umstrukturierung des Schulsystems und eine vermehrte Ausrichtung des Unterrichts auf kooperative Formen des Lernens erfordern. Dies ist aber bisher nur in Ansätzen erfolgt. Die wenigen bestehenden empirischen Ergebnisse diesbezüglich sind heterogen und schwierig in Einklang zu bringen: Einige Studien weisen in der Tat darauf hin, dass Schüler/innen nur selten positive Emotionen in der Schule erleben (z.B. Bergmann & Eder 1995; Prenzel et al. 1996; Wild & Krapp 1996 a, b). Die Ergebnisse anderer Studien aber zeigen, dass sich Kinder und Jugendliche in ihrer Schule durchaus wohl fühlen und positive Emotionen erleben (z.B. Fend et al. 1976; Fend 1997; Eder 1995a). Zum einen mag dieser Widerspruch an der unterschiedlichen Art der Datenerhebung liegen bzw. in der Analyse unterschiedlicher Schul- und Lebenskontexte begründet sein. Es kann aber auch die These formuliert werden, dass sich Kinder und Jugendliche in der Schule zwar in einem potenziellen Umfeld negativer Gefühle bewegen, sie sich aber – unter bestimmten Umständen – trotzdem wohl fühlen können. Dies bedeutet, dass Schule als ein

Kontext mit hoher Affektvalenz bzw. -wirksamkeit auch emotional positive Quellen beinhaltet und dass im Sinne einer multiplen Ressourcentheorie verschiedene Quellen zur individuellen Genese des Wohlbefindens beitragen können: Eine Schule mit vielen offenen Unterrichts- und Lernformen bietet andere Entfaltungsmöglichkeiten des Wohlbefindens als eine Schule mit klar abgegrenzten und eher rigiden Interaktionsräumen. In beiden Kontexten jedoch sollte Wohlbefinden prinzipiell möglich sein. Eine Analyse des Wohlbefindens in der Schule erfordert, Gefühle unterschiedlicher Valenz, verschiedene Gefühlskomponenten und Urteile aus der Sicht der Schülerinnen und Schüler zu erfassen Damit stellt sich die Frage, welche Bedingungen im Schulalltag positive Affektrelevanz besitzen.

4.3.2 Inhaltliche Aspekte

Wodurch entsteht Wohlbefinden in der Schule? Einige Hinweise zu den Einflussfaktoren auf das Wohlbefinden von Kindern und Jugendlichen in der Schule finden sich in den dargestellten Studien zur Genese positiver Emotionen von Schülerinnen und Schülern (vgl. dazu auch Kap. 3). Die nachfolgende Übersicht bündelt die bestehenden Ergebnisse zu drei Themenbereichen: (1) der schulische Lebensraum und die Qualität von Schulen, (2) die soziale Integration in der Klasse und weitere Aspekte des Zusammenlebens in der Schule, (3) Aspekte der Persönlichkeit von Schüler/innen sowie ihre schulischen Leistungen. Anschliessend wird ein mehrperspektivisches Konzept zu Ursachen und Quellen des Wohlbefindens in der Schule entwickelt.

4.3.2.1 Der schulische Lebensraum und die Qualität von Schulen

Die Frage, wie die Schule als Arbeitsplatz von den Kindern und Jugendlichen wahrgenommen wird, scheint nur wenig Einfluss auf die Urteile des Befindens von Schüler/innen zu haben (Eder 1995c, 91ff). Die Sitzqualität – die überwiegend angenehm und bequem und nur für sehr kleine oder sehr grosse Schüler/innen mangelhaft war – korrelierte nur auf sehr schwachem Niveau signifikant positiv mit dem Befinden der befragten Schüler/innen. Auch unzureichende ergonomische Faktoren wie ein unangenehmes Raumklima (z.B. Temperatur oder Aussehen und Ausstattung des Klassenzimmers) oder eine ungünstige Sitzposition, die sich dadurch ausdrückte, dass Schüler/innen das an der Tafel Geschriebene nicht gut lesen konnten, wiesen keinen engeren (negativen) Zusammenhang mit dem Wohlbefinden auf. Obwohl die Unzufriedenheit mit der Lernumgebung im Laufe der Schuljahre sogar zunahm, übte sie jedoch keinen spezifischen Effekt auf das Befinden der Schüler/innen aus.

Ein wiederholt bestätigtes Ergebnis ist, dass sich Jugendliche in Schulen mit einem höheren Bildungsniveau wohler fühlen als in Schulen mit niedrigeren Bildungsansprüchen (z.B. Eder 1995a). Dies könnte an der besseren Passung von Schule und Person nach vorangegangener Selektion liegen. Mit dem Bildungsniveau der Schule werden aber immer auch andere Faktoren wie beispielsweise die Leistungsthematik angesprochen. So ist ein Resultat der Studie von Fend et al. (1976), dass die Erfolgszuversicht von Gymnasiast/innen zwar höher war als diejenige von Schüler/innen in Haupt- oder Realschulen. Wenn ihr Leistungsniveau aber absank, so verringerte sich auch ihre Erfolgszuversicht. Jugendliche können sich in Schulen mit Grundanforderungen durchaus wohl fühlen (Fend 1997). Die Bedeutung von Schulstrukturen kann zum gegenwärtigen Zeitpunkt nicht abschliessend beurteilt werden. Vielmehr scheinen sich Effekte interner Faktoren der Schulqualität abzuzeichnen. So entstanden positive Emotionen eher in aktiven Unterrichtsformen als in passiven Situationen und Prüfungen (Bergmann & Eder 1995; Wild & Krapp 1996). Wenn der Unterricht klar gestaltet, diszipliniert geführt und auf den Schüler orientiert durchgeführt wurde, war die Förderung von Schulfreude möglich (Gruehn 1995). Gute fachliche Qualifikation der Lehrpersonen (Eder, Buschmann, Mayr, Mitschka, Schrodt & Thonhauser 1995), ihre Langsamkeitstoleranz (Helmke & Schrader 1990) und ihre individuelle Bezugsnormorientierung (Jerusalem & Mittag 1999) erwiesen sich als positive Grundbasis für die Genese des Wohlbefindens von Schüler/innen. Auch scheinen kooperative Unterrichtsformen die Einstellungen zur Schule zu verbessern (Slavin & Karweit 1981). Schüler/innen, die ihre Lehrpersonen als unterstützend beschrieben, hatten höhere Werte im Wohlbefinden (Plath 1997) und Jugendliche in integrativen Schulen erlebten ein angenehmeres Sozialklima als in segregierten Schulen (Peetsma et al. 2002). Der pädagogische Takt und ein Klima emotionaler Sicherheit wird ebenfalls als wichtig für das Wohlbefinden in der Schule erachtet (Plath 1997; Salzberger-Wittenberg, Henry-Williams & Osborne 1997; Seibert, Wittmann, Zöpfl & Igerl 1994; Singer 1981). Ein hoher Leistungsdruck, ein schnelles Interaktionstempo und Zeitverschwendung dagegen beeinflussten die Schulfreude negativ. Es sollte auch eine unterrichts- bzw. fachspezifische Genese des Wohlbefindens diskutiert werden, denn in Fächern und Unterrichtssituationen mit weniger schulischem Leistungsdruck wurden häufiger positive Emotionen berichtet (Bergmann & Eder 1995; Ridley & Walther 1995).

Es gibt einen spezifischen Effekt, der sich als weitgehend unabhängig von anderen Faktoren (z.B. Schultyp, kulturelle Zugehörigkeit, Geschlecht) erweist: Wiederholt berichten Studien von einer Abnahme des Wohlbefindens im Laufe der Schuljahre. Dies zeigte sich in der Abnahme der generellen Zufriedenheit mit der Schule (Eder 1995c), in einer Reduktion des Wohlbefindens (Fend 1997) und der Lernfreude (Jerusalem & Mittag 1999) und war bereits im Verlauf der ersten Schuljahre zu verzeichnen (Helmke 1993). Ausserdem sagten Kinder mit zunehmender Schulerfahrung immer seltener, dass sie gerne zur Schule gingen (Werres 1996b). Ebenso war zu beobachten, dass nicht nur die positiven Gefühle, sondern auch die positiven Aussagen gegenüber der Schule im Laufe der Schuljahre abnahmen (Czerwenka, Nölle, Pause, Schlotthaus, Schmidt & Tessloff 1990). Deshalb schlug Eder (1995c) vor, für unterschiedliche Schulstufen verschiedene Prädiktoren des Wohlbefindens zu bestimmen. Nur Schulabgänger/innen fühlten sich (wieder) etwas wohler, aber weniger wohl als an ihrem späteren Arbeitsplatz (Fend 1997). Ungeklärt ist, was zu dieser Reduktion des Wohlbefindens führt bzw. wodurch das eher hohe Wohlbefinden zu Beginn der Schulkarriere zu erklären ist. Adaptionstheoretische Erklärungen der Genese des Wohlbefindens greifen hier offensichtlich zu kurz: Scheinbar ist Schule kein Kontext, an den man sich im Verlauf der Jahre so gewöhnt, dass dies zu einem stabilen Wohlbefinden führen könnte.

Die nachfolgende Abbildung (Abb. 4-3) stellt die in der Literatur thematisierten Faktoren des Lebensraums Schule im Überblick zusammen. Weitere Einflusskomponenten (z.B. das Schulklima, die Schulorganisation, das unterrichtete Fach) sind zu ergänzen. Zu beobachten ist, dass stets von einem direkten Einfluss auf das Wohlbefinden ausgegangen wurde. Mediatorvariablen wurden nicht diskutiert.

(Gestaltung des Arbeitsplatzes Schule)
Schulstrukturelle Zusammensetzung
der Schüler/innen
Qualität des Unterrichts
Unterrichtsformen $\Longrightarrow$ Wohlbefinden
Unterrichtsstil der Lehrperson
Bezugsnorm der Lehrperson
Schul- bzw. Klassenklima
Zeitliche Dauer der Schulerfahrungen

Abbildung 4-3:   Schulischer Lebensraum und Wohlbefinden

4.3.2.2   Soziale Integration in der Klasse und Aspekte des Zusammenlebens in der Schule

Befragt man Kinder spontan, was ihnen an der Schule gefällt, so erhält man Antworten, die vor allem die positiven sozialen Aspekte der Schule betonen, z.B. dass in der Schule die Freunde getroffen werden, dass die Pausen Gelegenheiten zum Spielen bieten, dass man sich immer mit anderen unterhalten kann etc. (vgl. Hauck-Bühler 1994, S. 64). Folglich sind soziale Aspekte (Beziehungen zu den Mitschülerinnen und Mitschülern und die Beziehung zu den Lehrpersonen) neben Aspekten des Lernens und Leistens für Schülerinnen und Schüler sehr wichtig (vgl. Fend 1997). Die sozialen Ursachen für das Wohlbefinden in der Schule können innerhalb der Schule verankert (z.B. Umgang mit den Mitschülerinnen/Mitschülern und Lehrpersonen) und mit Einflüssen ausserhalb der Schule (z.B. Unterstützung von Eltern und Freunden) verbunden sein. Bereits Fend et al. (1976) wiesen darauf hin, dass Schüler/innen ihre Schule dann positiver beurteilten, wenn sie in positive Sozialbeziehungen integriert waren, als wenn sie die Schule als anonym und die Lehrpersonen als wenig unterstützend erlebten. Dies betonte Fend (1997) in einer späteren Arbeit abermals, indem er die Differenzen im Wohlbefinden von deutschen und Schweizer Schüler/innen auf Unterschiede im sozialen Kontext zurückführte. Schweizer Jugendliche fühlten sich in ihrer Schule wohler und stuften zugleich die sozialen Kontakte mit ihren Klassenkamerad/innen als wesentlich besser ein. Eder (1995c) bewertete diesen Zusammenhang ebenfalls als bedeutungsvoll, obschon er eher nur geringe bis mittlere Korrelationen zwischen der von österreichischen Schüler/innen subjektiv empfundenen Integration in der Klasse, dem Wohlbefinden und der schulischen Belastung erhielt: „Positive Beziehungen zu den MitschülerInnen vermögen offensichtlich die Belastungen in der Schule nicht ernsthaft zu verringern, sie fördern aber das Selbstgefühl und das unmittelbare Wohlbefinden. ... Insgesamt wird durch die Qualität der Lehrer- und MitschülerInnenbeziehungen vor allem das Wohlbefinden gefördert." (Eder 1995c, S. 136f).

Mit Hobmair, Altenthan, Dirrigl, Gotthardt, Höhlein und Ott (1996) können soziale Integration und soziale Unterstützung unter dem Oberbegriff „soziale Ressourcen" zusammengefasst und in Bezug auf die Quantität (soziale Integration als ein soziales Netzwerk, das sich definiert durch die Anzahl der Sozialbeziehungen eines Individuums und der Häufigkeit der Kontakte) und Qualität (die Funktion dieser Beziehungen, die Zusammensetzung der Gruppe, die Dichte und Gegenseitigkeit der Beziehungen etc.) beschrieben werden. Soziale Unterstützung ist wichtig, denn sie ist eine zentrale Grundlage für die Bewältigung von Stresssituationen (z.B. Lazarus & Folkman 1987): Sie dient der Abschirmung von Problemen und Schwierigkeiten, als Puffer zwischen dem Individuum und seinen Konflikten bzw. Sorgen und fördert das Erlernen von Toleranz (Frey & Röthlisberger 1994; Hobmair et al. 1996; Hollstein 2001). Die (in der Literatur) am häufigsten verwendeten Indikatoren sind nach Schwarzer & Leppin (1994) die Grösse des Netzwerkes, die Frequenz der sozialen Beziehungen und die Dichte des Netzwerkes („soziale Nähe"). Soziale Unterstützung kann vom schulischen Umfeld, von der Familie und vom Freundeskreis, bei Jugendlichen von der sog. Peergroup gegeben werden (zur Rolle der Peergroup vgl. auch Petillon 1980). Es wird zwischen emotionaler, instrumenteller und informationeller Unterstützung unterschieden, ferner zwischen Status-Support, Gemeinsamkeitserleben und Bewertungsunterstützung (Schwarzer & Leppin 1989).

Insbesondere die Schulklasse ist ein soziales Netzwerk mit einer Vielzahl von Interaktionen und Kommunikationen. Diederich und Tenorth (1997) sprechen deshalb von der Schulklasse als „Ort der Integration" (S. 95). Mitschülerinnen und Mitschüler können einerseits zur Seite stehen, wenn Probleme mit Lehrpersonen entstehen, wenn bestimmte Fächer mit Schwierigkeiten verbunden sind, wenn man einmal eine Dummheit macht, wenn Schule keinen Spass macht, wenn man sehr unter Leistungsdruck steht etc. Andererseits sind viele Kontakte innerhalb einer Klasse nicht freiwillig und ein soziales Netzwerk ist nicht genuin positiv für ein Individuum: „Ein Netzwerk kann eine Quelle von sozialem Streß oder eine Quelle mitmenschlicher Unterstützung darstellen." (Schwarzer & Leppin 1994, S. 178). Neben den genannten positiven Effekten stellt sich daher auch die Frage, in welchen Situationen Kinder und Jugendliche von ihren Klassenkamerad/innen nicht unterstützt werden und welche negativen Beziehungen in vorstrukturierten Netzwerken bestehen. Zentral für das Leben in der Klasse ist für einen Schüler / eine Schülerin z.B., wer ihn / sie bei einem Streich verpetzen würde, wer ihn / sie vergessene Hausaufgaben nicht abschreiben lassen würde, wer seine /

ihre Bitte auf Hilfe abschlagen würde und wer ihn / sie ablehnt und nicht neben ihm / ihr sitzen möchte. Mangelndes Wohlbefinden in der Schule kann auch damit zu tun haben, dass eine Schülerin / ein Schüler isoliert ist, von den anderen abgelehnt wird und Schwierigkeiten hat, mit Mitschüler/innen zu interagieren. Dabei gilt zu berücksichtigen, dass die subjektiv wahrgenommene Unterstützung nicht zwingend identisch mit der tatsächlich erhaltenen Unterstützung ist (vgl. Schwarzer & Leppin 1994).

Relevant sind nach Ergebnissen und Interpretationen von Fend (1997) und Eder (1995c) nicht nur die Beziehungen unter Schüler/innen, sondern auch das Verhältnis zwischen Schüler/innen und Lehrpersonen. Schüler/innen, die sich in der Schule wohl fühlten, berichteten von besseren Beziehungen zu ihren Lehrpersonen. Spontan wurden Lehrpersonen jedoch häufig in Zusammenhang mit negativen Emotionen erwähnt (Bergmann & Eder 1995). Dies kann an der Struktur der Beziehung, charakterisierbar durch das ungleiche Verhältnis zwischen Lehrenden und Lernenden und durch die Selektionsaufgabe von Lehrpersonen, liegen. Auch können Probleme in der Kommunikation zwischen Lehrpersonen und Schüler/innen bestehen, indem z.B. Emotionen zu wenig berücksichtigt werden. Domke (1975) schrieb Emotionen generell eine zentrale Rolle im schulischen Kommunikationsprozess zu und war der Meinung, dass insbesondere „beziehungsrelevante Emotionen" zwischen Lehrpersonen und Schüler/innen zu beachten sind (vgl. dazu auch Reinhard 1975).

In Abbildung 4-4 wird dargestellt, dass soziale Aspekte und Beziehungen im Kontext Schule nicht nur als Mediatoren wirken, sondern einen direkten Einfluss auf das Wohlbefinden der Schüler/innen ausüben können. Das Wohlbefinden der Schüler/innen wiederum kann die Qualität ihrer Sozialbeziehungen beeinflussen.

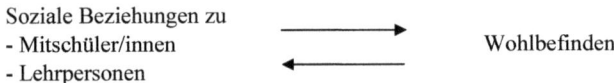

Abbildung 4-4:   Sozialbeziehungen und Wohlbefinden

4.3.2.3   Aspekte der Persönlichkeit von Schüler/innen und ihre schulischen Leistungen

In empirisch-pädagogischen Studien war es bisher nur ein marginales Thema, welche persönlichkeitsspezifischen Faktoren das Wohlbefinden in der Schule beeinflussen. Vergleiche zwischen Skalen zur Persönlichkeit von Schüler/innen und ihrem schulischen Wohlbefinden – so wie dies bei Erwachsenen üblich war – gibt es nicht. Nur vereinzelt wird das Wohlbefinden in der Schule mit dem Selbstkonzept der Schüler/innen und ihrer Intelligenz (Eder 1995c) sowie ihren Selbstwirksamkeitsüberzeugungen (Jerusalem & Mittag 1999) in Verbindung gebracht.

Immer wieder zeigte sich, dass Mädchen in der Schule über stärkere emotionale Reaktionen berichten. Im Gegensatz zu Diener und Mitarbeitern (Fujita et al. 1991; Diener & Larsen 1993), die behaupteten, dass Frauen generell emotionaler sind und deshalb auch ein höheres Wohlbefinden besitzen, wird hier nicht der Ansatz vertreten, dass von stabilen geschlechtsspezifischen Unterschieden ausgegangen werden kann. In manchen Studien fühlten sich Mädchen generell schlechter als Jungen (z.B. Fend 1997). In anderen Untersuchungen wiesen Mädchen zwar höhere Werte bei den Fragen zum negativen Befinden auf, fühlten sich aber zugleich in der Schule besser (z.B. Eder 1995c). Mädchen scheinen nur in bestimmten schulischen Bereichen konstant weniger positive Emotionen erleben: Bereits in der Grundschule hatten Mädchen weniger Freude an Mathematik (Helmke 1993). Zu Beginn eines Schuljahres berichteten Jungen mehr Spass am Physikunterricht als Mädchen. Pell (1985) fand jedoch auch heraus, dass der Spass der Jungen am Fach Physik im Laufe der Schuljahres sank und sich dem Wert der Mädchen annäherte, der wiederum konstant blieb.

Vergleichsdaten zwischen Schüler/innen mit unterschiedlichem kulturellem Hintergrund finden sich bei Fend (1997), der die Daten von Ostschweizer Schüler/innen den Wohlbefindenswerten von Schüler/innen in Süddeutschland gegenüber stellte. Die Schweizer Jugendlichen fühlten sich deutlich wohler als deutsche Schüler/innen. Von diesen Ergebnissen auf die kulturellen Unterschiede zwischen den beiden Ländern zu schliessen, wäre aber unzulässig. Wie nicht anders zu erwarten, finden sich kulturelle Verschiedenheiten auch innerhalb eines Landes. Nach Kleine und Schmitz (1999) besassen fremdländische Jugendliche eine niedrigere positive Stimmung und zugleich ein höheres Ausmass an Missstimmung. Peetsma et al. (2002) zeigten dagegen, dass sich ausländische Jugendliche in der Schule durchaus wohl fühlen können, wenn diese integrativen Charakter besitzt. Dies gilt gleichermassen für inländische Jugendliche. Die Kultur bzw. kulturelle Zugehörigkeit einer Schülerin / eines Schülers kann somit nicht als ein direkter Einflussfaktor verstanden werden.

Eder wies an mehreren Stellen darauf hin, dass Schulleistungen (er nennt diese „Bewältigung der schulischen Anforderungen", Eder 1995c, S. 73) einen wichtigen Einfluss auf das Wohlbefinden ausüben (Eder 1986; 1995c; Bergmann & Eder 1995). Er konnte z.B. nachweisen, dass

- Schüler/innen, die den kognitiven Anforderungen des Unterrichts gewachsen waren, häufiger angaben, sich in der Schule wohl zu fühlen als Schüler/innen, die in der Schule fachliche Probleme hatten,
- die persönliche Leistungszufriedenheit der Kinder und Jugendlichen positiv mit ihrem Wohlbefinden korrelierte sowie
- hohes Leistungsniveau mit hohem Wohlbefinden einherging.

Auch Ergebnisse anderer Forschungsarbeiten weisen in diese Richtung: Leistungsstarke Schüler/innen erwähnten häufiger positive Gefühle in der Schule als leistungsschwache (Czerwenka et al. 1990). Je höher ihr Leistungsniveau, desto mehr Spass hatten Schüler/innen am Physikunterricht (Pell 1985). Bei manchen schulischen Tätigkeiten (z.B. Hausaufgaben) war das Befinden dann schlechter, wenn Schüler/innen ein niedriges Leistungsniveau besassen (Bergmann & Eder 1995; Bleicher et al. 1999). Eine Häufung von Misserfolgserlebnissen und schlechten Leistungen führte dazu, dass sich Schüler/innen im Vergleich mit anderen negativ bewerteten (Jerusalem 1984): Sie schätzten ihre Kompetenzen und ihre Kontrollmöglichkeiten niedrig ein, waren weniger motiviert und fühlten sich hilflos (vgl. Heckhausen 1980; Seligman 1986). Mit dieser resignativen Haltung war sogar ein Rückgang der Leistungsangst verbunden.

Die Beziehung zwischen Schulleistungen und Wohlbefinden stellt sich jedoch komplexer dar. Bedeutsam ist, dass die subjektive Leistungszufriedenheit einen deutlich höheren Einfluss auf das Wohlbefinden ausübte als das objektive Leistungsniveau (Eder 1995c; Fend 1997). Mangelndes Wohlbefinden hing nicht mit einem eher niedrigen Intelligenzniveau zusammen und die „absolute Zeiterfordernis der Schule" (Eder 1995c, S. 140) war für das Wohlbefinden der Schüler/innen nicht relevant. Auch hier scheinen subjektiv unterschiedliche Vorstellungen zu bestehen, wie viel Zeit für die Schule investiert werden kann und soll.

Erklärt werden können diese Ergebnisse mit Bezug auf Konzepte, welche die Bedeutung des Anspruchsniveaus und des sozialen Vergleichs für das Wohlbefinden betonen und sich auf motivations- (wurden die Bedürfnisse erfüllt?) und kompetenztheoretische Ansätze (wurden die Anforderungen erfolgreich bewältigt?) stützen, die wiederum mit dem individuellen Anspruchsniveau (was wollte ich erreichen?) zusammenhängen (vgl. Meulemann 2001). Schülerinnen und Schüler fühlen sich dann wohl, wenn sie sich – ihrer subjektiven Einschätzungen und Zielen entsprechend – auf einem angemessenen Leistungsniveau befinden. Eine Schülerin, der es wichtig ist, in Mathematik gute Noten zu erreichen und nur mittelmässige erhält, fühlt sich demnach weniger wohl als eine andere Schülerin mit mittelmässigen Zensuren, der es in Mathematik nur ums „Durchkommen" geht.

Da sich der direkte Einfluss von Leistungen auf die Genese des Wohlbefindens nicht überzeugend bestätigen liess, lag nahe, personenbezogene Mediatorvariablen zu diskutieren. Diese wurden aber weniger als Persönlichkeitseigenschaften, sondern als kognitive Dimensionen interrpretiert. So wirkte sich z.B. das Begabungsselbstbild auf die Erfolgszuversicht aus (Fend et al. 1976). Die individuellen Selbstwirksamkeitsüberzeugungen vermittelten den Zusammenhang zwischen Leistungen und Emotionen, denn die Lernfreude erwies sich bei den Schüler/innen am höchsten, die eine hohe Selbstwirksamkeit und gute Leistungen hatten (Jerusalem & Mittag 1999). Mangelnde Leistungen und wenig Selbstwirksamkeit führten zu geringer Lernfreude. Fähigkeitsbezogene Attributionen intensivierten positive Emotionen bei schulischen Erfolgen, Anstrengungsattributionen milderten die Intensität unangenehmer Gefühle bei Misserfolgen (Heckhausen 1980).) Positive Emotionen im Rahmen von Flow-Erlebnissen waren nur dann möglich, wenn das Individuum von der Bewältigbarkeit der Aufgaben überzeugt war (Csikszentmihalyi 1990). Die Anforderungen mussten zudem mit klaren

Zielen, die vom Individuum selbst gewählt wurden, verbunden sein und der Erwerb von Wissen musste als sinnvoll erachtet werden. Ähnlich formulierten es Patrick et al. (1993), die das Erleben von Autonomie, intrinsischer Motivation und Vertrauen in die eigene Anstrengung als die zentrale Grundlage für die Genese positiver Emotionen in der Schule ansahen. Erleben sich Schülerinnen und Schüler als wirksam in Bezug auf ihren Lernerfolg, haben sie das Gefühl, den schulischen Anforderungen in der Schule gewachsen zu sein, so wirkt sich dies positiv auf ihr Wohlbefinden in der Schule aus.

Einige Resultate deuteten ausserdem darauf hin, dass die Leistung im Vergleich zur sozialen Bezugsgruppe gewertet wird: Leistungsschwache Schüler/innen in Gymnasien fühlten sich weniger gut als leistungsstärkere Schüler/innen in Hauptschulen (Fend et al. 1976). Leistungsstarke Schüler/innen erlebten im Fach Physik mehr Freude am Lernprozess, wenn sie in der Schule waren, als wenn sie zu Hause lernten (Bleicher et al. 1999). Bei leistungsschwachen Schüler/innen drehte sich dieser Effekt um: Sie erlebten zu Hause mehr Freude am Lernen als in der Schule. Möglicherweise sind diese Effekte der Bezugsgruppe über die Frage vermittelt, was als ein Anlass zur Freude angesehen wird. So kann z.B. die soziale Bezugsnorm der Lehrperson den Zusammenhang zwischen guten Leistungen und hoher Lernfreude bzw. schwachen Leistungen und wenig Lernfreude verstärken (Jerusalem & Mittag 1999), wenn sogar die Freude über eine fiktive Leistung vom Leistungsdurchschnitt einer unbekannten Bezugsgruppe und der mitgeteilten Bestleitung abhängt (vgl. Diener et al. 1991).

Man könnte die o.g. Variablen und Mediatoren zwischen Leistungen und Wohlbefinden unter dem Begriff „selbstbezogene Kognitionen" (Kleine & Schmitz 1999) subsumieren (vgl. Abb. 4-5): „So sind z.B. Leistungsüberzeugungen ebenso als Bedingungen der leistungsbezogenen Emotionsentwicklung anzusehen, wie aktuelle Leistungskognitionen momentane Emotionen in einer Leistungssituation auslösen können. ... Insbesondere für Fähigkeitsselbstkonzepte sowie leistungsbezogene Erwartungsüberzeugungen und Valenzüberzeugungen (z.B. überdauernde Interessen) ist anzunehmen, daß sie direkt als Grundlage der leistungsbezogenen Emotionsentwicklung fungieren." (Pekrun & Jerusalem 1996, S. 15). Dies macht auf die Notwendigkeit aufmerksam, die Quellen des Wohlbefindens in der Interaktion zwischen den Schüler/innen und dem Schulkontext zu suchen (vgl. auch Pekrun 1999). Dabei spielt auch die Bezugsnormorientierung der Lehrperson eine wichtige Rolle, denn eine individuelle Bezugsnorm wirkt prinzipiell positiv auf die Lernfreude (Jerusalem & Mittag 1999).

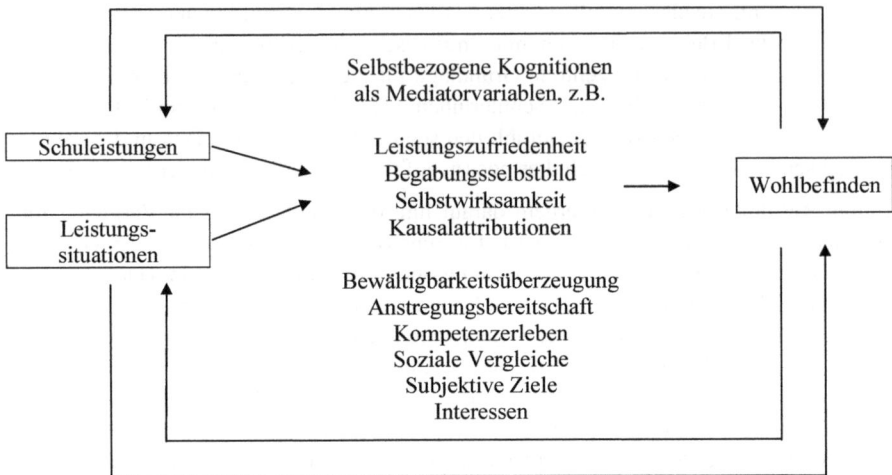

Abbildung 4-5:   Der Einfluss von Schulleistungen auf das Wohlbefinden in der
                  Schule

4.3.3 Ein mehrperspektivisches Konzept der Quellen und Bedingungen schulischen Wohlbefindens

Den bisherigen Studien ging es oftmals nicht explizit darum, das Wohlbefinden von Schüler/innen zu erklären. Vielmehr wurden Fragen zum Wohlbefinden im Rahmen eines anderen, zum Teil allgemeiner gefassten Forschungsschwerpunkts gestellt und ausgewertet. Dies hatte zur Folge, dass die Entwicklung des Wohlbefindens in der Schule häufig nur im Hinblick auf einzelne Bedingungsfaktoren, Quellen und Korrelate untersucht wurde und es an einer systematischen und theoretisch fundierten Übersicht über potenzielle Determinanten mangelt. Eine solche Übersicht (vgl. Tab. 4-2) ist jedoch erforderlich, um Zusammenhänge systematisch prüfen und analysieren zu können, und soll daher im Folgenden als ein Arbeitsmodell entwickelt werden.

Tabelle 4-2:   Systematisierung potenzieller Einflussvariablen auf das Wohlbefinden
in der Schule

Objektive Variablen	Subjektive und situative Variablen	Mediator- Variablen
	Schüler/in	
	• Leistungszufriedenheit	- Selbstwirksamkeit
	• Leistungsdruck, Stress	- Entwicklungsstand
♦ Geschlecht	• Leistungsniveau	- Soziale Vergleiche
♦ Alter	• Kausalattributionen	- Individuelle Ziele
♦ Kulturelle Identität	• Begabungsselbstbild	- Individuelle Bedürfnisse
	• Motivationale Orientierungen	- Leistungszufriedenheit
	• Frustrationstoleranz	- Anstrengungsbereitschaft
	• Zeitaufwand für Schule	- Vorerfahrungen
	• Passung zur Schule	
	• Sozialbeziehungen	
	• Vorerfahrungen	
	Schulkontext	
♦ Schulgebäude	• Qualität des Unterrichts	
♦ Schultyp	• Verhalten der Lehrpersonen	
♦ Schulfach	• Bezugsnormorientierung der L.	
♦ Schulort	• Zusammensetzung der Klasse	
♦ Schulweg	• Sozialklima in der Klasse	
	• Arbeitsplatz in der Schule	
	• Sozialklima in der Schule	
	• Pädagogisches Konzept d. Schule	
	Ausserschulischer Kontext	
♦ Familienstruktur	• Einstellung der Familien zur Schule	
♦ Wohnverhältnisse	• Haltungen und Werte des Freundeskreis	

Auf welche Art und Weise die o.g. Komponenten auf die Genese des Wohlbefindens
in der Schule wirken, ist bisher weitgehend ungeklärt, da keine kausalen, sondern nahezu ausschliesslich korrelative Zusammenhänge geprüft wurden. Es muss sogar gefragt werden, ob das Potenzial für die Genese positiver Emotionen im Schulalltag
nicht eher in ausserunterrichtlichen Schulaktivitäten liegt, so wie sich dies in einer
Studie mit Primarschüler/innen von Werres (1996b) andeutete. Fend (1997, S. 145)
gab zu bedenken, dass „das Wohlbefinden in der Schule potentiell von vielen Merkmalen abhängig" ist und erinnert damit ebenfalls an die Komplexität des Phänomens,
wie an anderer Stelle bereits von Headey, Holmström & Wearing (1984b) und Diener
(1984) betont worden war. Ohne die Komplexität des Phänomens Wohlbefinden in
Frage stellen zu wollen, ist es jedoch aus pädagogischer bzw. pädagogisch-
psychologischer Sicht wenig sinnvoll, von einer diffusen Menge potenzieller Einfluss-

faktoren zu sprechen. Vielmehr muss es darum gehen, zentrale Elemente für die Genese des Wohlbefindens ausfindig zu machen.

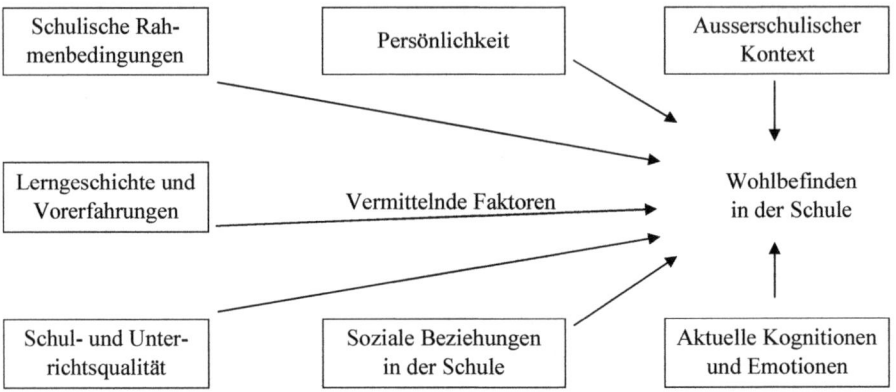

Abbildung 4-6:   Bedingungsfaktoren des Wohlbefindens in der Schule

Aus der Abbildung 4-6 wird ersichtlich, dass situative Variablen und Persönlichkeitsaspekte ebenso wie aktuelle Gefühle und konstante Bewertungen eine simultane, direkte Wirkung auf das Wohlbefinden ausüben. Dabei ist zu hinterfragen, welche Faktoren zu einer positiven Bewertung der Schule und zum Erleben des Wohlbefindens im Schulalltag führen. Positive Emotionen in typischen und häufig wiederkehrenden Situationen sind konstitutiv für das habituelle Wohlbefinden in der Schule. Ganzheitlich betrachtet fallen einzelne erfreuliche oder unangenehmen Erlebnisse dagegen nur teilweise ins Gewicht (vgl. Becker et al. 1989; Diener & Larsen 1984): Erhält eine Schülerin ausnahmsweise Anerkennung für eine Leistung oder ein Verhalten, so mag dies zwar vorübergehend mit intensiven Gefühlen des Stolzes verbunden sein und das aktuelle Wohlbefinden vorübergehend steigern, trägt aber in Anbetracht der vielen weiteren Möglichkeiten positiver Rückmeldungen und der oftmals nicht erfüllten Bedürfnisse nach Lob und Anerkennung im Verlauf des Schulalltags nur wenig zur Genese des habituellen Wohlbefindens bei. Häufige Freude dagegen stützt das Wohlbefinden ebenso wie häufige Langeweile das Wohlbefinden mindert: Wenn in der Schule wiederholt positive Gefühle wie Freude, Stolz, Glück etc. erlebt werden und gegenüber negativen Gefühlserlebnissen dominieren, so führt dies zu einer positiven Gesamtbewertung des schulischen Lebens (vgl. auch Becker 1994). Es kann angenommen werden, dass häufige Emotionen in hoher Intensität und von langer Dauer eine besondere Relevanz für die Genese des Wohlbefindens besitzen.

Abbildung 4-7:   Grundmodell zu Einflussfaktoren und Quellen des Wohlbefindens in der Schule: Emotionserfahrungen und subjektive Bewertungen

Wohlbefinden in der Schule basiert auch auf positiven subjektiven Bewertungen des schulischen Alltagserlebens. Die Bewertungen der Schule sind eng an die Person und Persönlichkeit sowie an die Rolle der Schülerin / des Schülers gebunden, wie in obenstehender Abbildung (Abb. 4-7) deutlich wird. Eine zentrale Aufgabe stellt sich der Forschung folglich darin zu bestimmen, welche Bewertungen und welche Bewertungskriterien zur Wohlbefindensgenese von Schülerinnen und Schülern beitragen. Dies soll im Folgenden dargestellt werden.

Neben den individuellen Erwartungen der Kinder und Jugendlichen prägen objektive gesellschaftliche Funktionen der Schule die Bewertungen von Schüler/innen. Die Schule zeichnet sich durch mehrere Hauptfunktionen aus. Dies sind im Besonderen die Selektion (auch Allokation), Sozialisation, Qualifikation und Integration (z.B. Fend 1980). Von den Schülerinnen und Schülern wird erwartet, dass sie einen aktiven und konstruktiven Beitrag dazu liefern, damit die Schule diese Aufgaben erfüllen kann. Wenn Schüler/innen diesen Erwartungen nicht nachkommen, führt dies in der Regel zu Massnahmen und Sanktionen gegenüber den Kindern und Jugendlichen und schmälert ihr Wohlbefinden. Ausnahmen bestehen darin, dass die ergriffenen Massnahmen den Schüler/innen ermöglichen, die an sie gestellten Erwartungen zu erfüllen. Nachfolgende Beispiele aus einer Befragung von Schüler/innen, die im Verlauf eines Schuljahres von einem Unterricht auf höherem Niveau (Sekundarklasse) in eine Klasse mit niedrigeren Anforderungen (Realklassen) wechseln mussten (Hascher, Bieri, Kocher & Lobsang 1999)[52], sollen dies illustrieren:

- „Ich bin eigentlich froh, dass ich im Math in die Realklasse kann ... Ich weiss nicht, ob ich in der Sek mit den Aufgaben klar käme, wenn ich noch viel schwierige Mathaufgaben hätte. Ich hätte das Math in der Sek versuchen können, aber ich wollte nicht ... Aber besser in der Real gut als in der Sek schlecht."

- „Nachdem ich in der 7. Klasse Probleme in der Mathematik hatte, wechselte ich in die Real im Math. Jetzt fühle ich mich viel wohler dort, denn ich begreife es viel besser und schneller."

- „Ich fühlte mich erleichtert, da ich in der Sekundarschule vor dem Unterricht manchmal richtig Angst bekam. Vom Stoff her ist es weniger fordernd, dafür gehe ich jetzt lieber zur Schule. Ich habe mich so gefühlt, weil ich das, welches ich hätte lernen sollen, einfach nicht begriff oder nicht konnte, zum Beispiel auch noch nie davon gehört hatte."

- „Ich hab mich im Franz total nicht mehr wohl gefühlt. Habe 2 Stunden am Tag nur Franzaufgaben gemacht, ich fühlte mich überfordert. Mir ging es eindeutig besser als ich in der Realklasse war, nicht nur in der Schule, sondern auch zu Hause, konnte besser meine Hobbys ausführen usw."

Damit Kinder und Jugendliche die Schule positiv bewerten, ist es folglich wichtig, dass die Erwartungen und Anforderungen den Fähigkeiten und dem Leistungsvermögen der Schüler/innen entsprechen. Pervin (1968) charakterisierte diese Übereinstimmung von Erwartungen und Anforderungen mit den Fähigkeiten und dem Leistungsvermögen mit dem Begriff der Passung. Er ging davon aus, dass eine gute Passung zu hohem Wohlbefinden führt. Mit Bezug auf den Kontext der Schule bedeutet dies: Eine Übereinstimmung der individuellen Leistungsziele mit den angebotenen und erforderten Inhalten der Institution Schule könnte einen wichtigen Beitrag zum Wohlbefinden der Kinder und Jugendlichen liefern. Da insbesondere Jugendliche den Sinn von Schule hinterfragen und die Schule weniger als Selbstzweck, sondern als Weg zur beruflichen Qualifikation ansehen, sollte die Gestaltung von Unterricht und Schule für die Kinder und Jugendlichen sinnstiftend sein und ihre Entwicklung unterstützen. Diese Forderung kann durch Resultate von Eder (1995c) empirisch unterstützt werden: „Wer eine Schule gewählt hat, die zu seinen Interessen paßt, und dort Unterricht erlebt, der subjektiv bedeutsam ist, fühlt sich in der Schule auch entsprechend wohl." (Eder 1995c, S. 139). Als Eder die Schüler/innen nach der „Orientierung im Unterricht" und nach der „Bedeutsamkeit der Inhalte" (Eder 1995c, S. 81) fragte, fielen ihre Antworten allerdings recht ernüchternd aus: Über die Hälfte der befragten Kinder und Jugendlichen zweifelte an der Bedeutsamkeit der Schule. Sie stimmten z.B. der Aussage zu,

---

52 Mit Hilfe eines offenen Fragebogens wurden 22 Schüler/innen der Sekundarstufe I befragt, wie sie ihren Wechsel des Leistungsniveaus emotional erlebten und bewerteten.

dass sie bei manchen Fächern nicht wissen, wozu diese gut seien. Erklären lässt sich dieses Ergebnis anhand schulischer Rahmenbedingungen, wie nachfolgende Argumente veranschaulichen sollen:

- Da Schule Sozialisations- und Selektionsinstanz ist, erhalten soziale Vergleiche im Rahmen von Lern- und Leistungsbeurteilungen einen zentralen Stellenwert. Selbst wenn die Bedeutung individueller Beurteilungsformen zunimmt, herrscht die soziale Bezugsnorm als Grundlage der Bewertung von Schüler/innen und ihrer Leistungen vor.

- Ein Grossteil der Lern- und Leistungsziele werden von der Schule durch Lehrpläne und Unterricht vorgegeben. Nur im Idealfall stimmen diese mit den individuellen Zielen, Bedürfnissen und Perspektiven der Schüler/innen überein. Bei einer Diskrepanz der subjektiven und objektiven Ziele ist die Dominanz der vorgegebenen Richtlinien zu akzeptieren.

- Optimale Leistung kann nur dann erbracht werden, wenn Schüler/innen in ihrem Lernprozess unterstützt werden und wenn ihnen vielfältige Lernmöglichkeiten im Rahmen sozialer Interaktionen zur Verfügung stehen. Dies wird jedoch einerseits durch die Pflicht- bzw. Zwangsgemeinschaft Schulklasse, andererseits durch das Machtgefälle zwischen Lehrpersonen und Schüler/innen erschwert.

Unter pädagogischen Aspekten können z.B. die Berücksichtigung individueller Interessen, die Möglichkeit zu selbstständigem Lernen und die Einbettung der Lernkontexte in die Lebenswelten der Lernenden als Kriterien für sinnvollen Unterricht verstanden werden. Schule macht dann Sinn, wenn Schüler/innen das Gefühl haben, wichtige Aspekte für die Zukunft zu lernen, und wenn ihre Meinungen, Einstellungen, Vorlieben in den Unterricht einfliessen können. Ist dies erfüllt, kann trotz negativer Affektvalenz der Schule durch Leistungsdruck, Selektion und Schulpflicht Wohlbefinden in der Schule entstehen. Die Erfüllung schulischer Aufgaben ist jedoch nicht nur in der Leistungskomponente zu sehen. Neben den Fach- bzw. Sachkompetenzen erlangt die Entwicklung von Selbst- und Sozialkompetenzen in Anlehnung an Roth (1971) immer mehr an Bedeutung. So z.B. verliert die Ansammlung von Lerninhalten an Bedeutung, zugunsten der Idee, dass vielmehr die Lernfähigkeit eines Individuums pädagogisch gefördert werden müsse. Projekte und Modelle des lebenslangen Lernens (vgl. z.B. Bruck & Geser 2000; Nuissl 1997) weisen in diese Richtung. Schulischer Unterricht sollte zudem häufiger auf den Aufbau von Kompetenzen abzielen, so wie dies unter anderem in Konzepten zu offenen Lernumgebungen (z.B. Hollenstein & Eggenberg 1998), zu projektbezogenem Unterricht und zu erweiterten Lernformen (z.B. Niggli 2000) deutlich wird.

4.4 Forschungsdefizite, -desiderate und Hypothesen für neue, weiterführende Studien

4.4.1 Allgemeine Defizite und grundlegende Fragen zum Wohlbefinden in der Schule

Ein genauer Blick auf die bisherigen Arbeiten zur Genese des Wohlbefindens in der Schule enthüllt einen recht desolaten Zustand. Wohlbefinden von Schüler/innen wurde bisher kaum als mehrdimensionales Konstrukt konzipiert oder analysiert und es existieren nur wenige valide Instrumente für eine Erhebung des Wohlbefindens von Schüler/innen. Aussagen zum Grad des Wohlbefindens in der Schule sind zum Teil widersprüchlich und verdeutlichen, dass ungeklärt ist, welches Ausmass an Wohlbefinden in der Schule erwartet werden kann. Offen ist auch, wie es um das Wohlbefinden einzelner Schüler/innen bestellt ist. Dies ist erstaunlich, bedenkt man, welche Bedeutung dem schulischen Wohlbefinden bereits vielerorts zugeschrieben wird. Folgende Forschungsfragen müssen somit beantwortet werden:

1. Wie wohl fühlen sich Schüler/innen in der Schule?
2. In welchem Verhältnis stehen positive und negative Emotionen in der Schule?
3. Gibt es ein schul-spezifisches Niveau des Wohlbefindens?
4. Welche Teilkomponenten des Wohlbefindens erweisen sich als eher stabil, welche als eher variabel?

In Bezug auf die Beschreibung der Quellen des Wohlbefindens von Schüler/innen und auf die Ursachenanalyse finden sich in der pädagogisch-psychologischen Literatur einige Hinweise. Aufgrund der Heterogenität der Studien, der Forschungsperspektiven und der empirischen Ergebnisse ist es jedoch zum gegenwärtigen Zeitpunkt noch nicht möglich, fundierte Aussagen über Entstehungsfaktoren des Wohlbefindens von Schüler/innen zu formulieren. Auch in der Wohlbefindensforschung besteht Unklarheit darüber, welche Komponenten für das Wohlbefinden eines Menschen konstitutiv sind, welche Faktoren nahezu allgemeine Gültigkeit, welche vor allem individuelle Relevanz aufweisen. Zudem ist die Bedeutung von schulischen Leistungen und von Sozialbeziehungen, zwei zentralen Faktoren des Schulalltags, wenig geklärt. Umso bedenklicher stimmen pädagogische Ausführungen, die von der Wirksamkeit des Wohlbefindens sprechen, und umso mehr ist es erforderlich, den folgenden Forschungsfragen nachzugehen:

1. Welcher Zusammenhang besteht zwischen dem Wohlbefinden von Schüler/innen und ihren schulischen Leistungen?
2. Welche Bedeutung haben soziale Komponenten des Schullebens für die Genese des Wohlbefindens von Schüler/innen?
3. Welche Variablen vermitteln den Zusammenhang zwischen Wohlbefinden und Leistungen bzw. zwischen Wohlbefinden und Sozialbeziehungen?
4. Auf welcher Grundlage lässt sich das Wohlbefinden von Schüler/innen vergleichen?

Wie bereits erwähnt, gingen Headey et al. (1984b), Diener (1984), Becker (1994) und Fend (1997) von einer Vielzahl an Einflussmöglichkeiten auf das Wohlbefinden eines Individuums aus (vgl. Kap. 2.3). Dies hängt vor allem damit zusammen, dass das Wohlbefinden eines Individuums in seiner Gesamtheit und damit zu allgemein und undifferenziert analysiert wurde. Eine solche Auffassung der Genese des Wohlbefindens ist aus pädagogischer Sicht wenig ‚dienlich‘: Wenn nicht einigermassen verbindlich festgestellt werden kann, was zum Wohlbefinden in der Schule beiträgt, kann Schule nicht dementsprechend gestaltet werden. Dann ist die Gefahr gross, dass das Sicherstellen des Wohlbefindens entweder in den Hintergrund gerückt oder undifferenziert durch Phrasen wie ‚das Klima und der Unterricht müssen gut sein‘ (was immer dies bedeutet) abgetan wird. Es besteht aber auch die Gefahr, dass das Wohlbefinden von Schüler/innen einseitig auf einzelne Ursachen zurückgeführt wird, z.B. es sei abhängig von den Lehrer/innen oder von den Schulleistungen der Schüler/innen oder von ihrer Persönlichkeit oder von schulexternen Quellen. Ein wesentlicher Impuls für die Forschung zum Wohlbefinden in der Schule besteht darin, dass sich die vorliegende Arbeit von der Annahme löst, prinzipiell alle Faktoren könnten gleichermassen das Wohlbefinden in der Schule beeinflussen, und dass es nicht um einen Vergleich der Wirkung umweltbedingter vs. persönlichkeits-spezifischer Einflussfaktoren geht. Vielmehr müssen Faktoren identifiziert werden, die im Schulalltag zur Genese von Elementen des Wohlbefindens beitragen, und es soll beantwortet werden, was nötig ist (vgl. dazu auch Diener & Lucas 2000a), dass sich diese Elemente positiv entwickeln können. Aus dieser Zielsetzung folgen drei Prämissen für das weiterführende empirische Vorgehen:

1. Eine Analyse der Quellen schulischen Wohlbefindens darf nicht bei objektiven und externen Bedingungen Halt machen, sondern muss auf einer psychologischen Ebene angesiedelt werden. Da Wohlbefinden von der subjektiven Wahrnehmung und Interpretation der Umwelt abhängt, sollten alle Faktoren aus der Sicht der Schüler/innen erfasst werden.

2. Wird Wohlbefinden nur als ein Gesamtkonstrukt untersucht, so ist es wenig erstaunlich, dass eine grosse Zahl potenzieller Einflussfaktoren möglich ist, da jeweils mehrere Teilkonstrukte zugleich erklärt werden können. Ein ähnliches Problem besteht, wenn uneinheitlich definiert wurde, was unter Wohlbefinden zu verstehen ist, und dann die Quellen des Wohlbefindens addiert werden. Eine Lösung dieses Problems besteht darin, die jeweiligen Teilkomponenten des Wohlbefindens als separate Komponenten zu behandeln und einzeln zu analysieren. In der vorliegenden Arbeit wird das Wohlbefinden der Schüler/innen im Rahmen eines differenziellen Ansatzes als ein Konstrukt definiert, das aus mehreren Teilkomponenten besteht[53]. Deshalb wird in den weiteren Ausführungen von Quellen und Ursachen der Teilkomponenten, z.B. körperlichen Beschwerden, gesprochen.

3. Zu einer Überhäufung potenzieller Quellen führt ebenfalls, dass das bereichsunspezifische Wohlbefinden eines Individuums von Faktoren aus verschiedenen Kontexten beeinflusst werden kann. Für das Wohlbefinden in der Schule gilt es aber zunächst zu prüfen, welche Relevanz schulinterne Faktoren besitzen. Unter schulinternen Faktoren werden solche verstanden, die einen zentralen Bestandteil der schulischen Lernumwelt ausmachen. Die Kontextnähe zum Konstrukt des Wohlbefindens in der Schule und damit die pädagogische Fragestellung, wie Schule gestaltet sein muss, dass Schüler/innen sich in ihr wohl fühlen können, ergeben das erste entscheidende Kriterium für die Auswahl der Variablen. Faktoren des ausserschulischen Umfeldes, die zweifelsohne ebenfalls einen Einfluss auf das Wohlbefinden von Schüler/innen ausüben können, sollen nicht im Mittelpunkt der Untersuchung stehen.

4.4.2 Hypothesen zu kontextspezifischen Korrelaten des Wohlbefindens in der Schule

Aus den vorangegangenen Ausführungen lässt sich ableiten, dass das Wohlbefinden in der Schule mit Kontextvariablen und Aspekten der Persönlichkeit der Schüler/innen zusammenhängt. Dies sind z.B. die Leistungsorientierung der Regelschule und das professionelle Verhalten der Lehrpersonen, die Sozialkontakte zu Lehrpersonen und Mitschüler/innen, schulbezogene Haltungen, Ziele und motivationale Orientierungen sowie die Bildungseinstellung des sozialen Nahraums der Schüler/innen. Die Interaktion dieser Faktoren mit den Komponenten des schulischen Wohlbefindens wird nachfolgend genauer erläutert:

1. Leistungsdruck und Prüfungen in der Schule belasten die Kinder und Jugendlichen (z.B. Steinhausen 1999). Weniger eindeutig dagegen ist der Zusammen-

---

53 Von einer Reduktion dieser Teilkomponenten – so wie dies z.B. von Grob et al. (1991) vorgenommen wurde, die Zufriedenheit und negative Befindlichkeit als zwei Hauptkomponenten des Wohlbefindens identifizierten – wird explizit Abstand genommen.

hang zwischen Leistungen und positiven Emotionen. So z.B. fand Huber (1998) keine Korrelationen zwischen schulischem Wohlbefinden und der Leistung in Mathematik. In Extremgruppenvergleichen bei Eder (1995c) zeigte sich dagegen, dass leistungsstarke Schüler/innen der Frage, ob sie sich in der Schule wohl fühlen und ob sie mit der Schule zufrieden sind, häufiger zustimmten als leistungsschwache. Es ist folglich durchaus zu erwarten, dass schulische Leistungen mit bestimmten Komponenten des Wohlbefindens zusammenhängen, mit anderen nicht. Da die Schulleistungen das Selbstvertrauen von Schüler/innen stärken können (Helmke 1992), wird in der vorliegenden Arbeit angenommen, dass gute Schulleistungen positiv mit einem hohen Selbstwertgefühl und mit positiven Emotionen und Kognitionen gegenüber der Schule korrelieren. Auch wird davon ausgegangen, dass gute Leistungen einen Anlass zur Freude darstellen. Das Empfinden von Sorgen und Prüfungsangst verringert sich aber nicht zwingend durch gute Leistungen (Schnabel 1996).

2. An mehreren Stellen wird in der Forschung darauf hingewiesen, wie wichtig Sozialkontakte für die Genese des Wohlbefindens sind (z.B. Schwarzer & Leppin 1994). Dies trifft mit hoher Wahrscheinlichkeit auch für die Genese des Wohlbefindens in der Schule zu (vgl. auch Kap. 2.3), auch wenn ein gutes Klima in der Klasse, die Zusammenarbeit mit und die Anerkennung von Mitschüler/innen für Jugendliche von nur mittlerer Bedeutung zu sein scheinen (Eckerle & Kraak 1993). Eine Schulklasse ist eine unfreiwillig zusammengesetzte Gruppe (in der Regel handelt es sich um Jahrgangsklassen), in der viele Stunden Unterricht erlebt, Spass und Ärger, Lernerfolg und -misserfolg erfahren werden, in der Selbst- und Fremdbilder entstehen, Meinungen und Urteile gebildet, Ziele und Wünsche formuliert, Freundschaften geschlossen und aufgelöst werden etc. (vgl. z.B. Abele 2000). Diese Interaktionen sind nicht nur auf das Klassenzimmer begrenzt, sondern erleben vor allem in den Schulpausen eine Erweiterung auf unterrichtsübergreifende Kontakte innerhalb und ausserhalb der Klassen. Es wird daher erwartet, dass die Qualität sozialer Interaktionen und das Selbstkonzept im Kontakt mit Mitschüler/innen mit den verschiedenen Facetten des Wohlbefindens zusammenhängen. Wenn Schüler/innen die Interaktionen mit ihren Mitschüler/innen als gut befinden, so sollten sie frei von sozialen Problemen in der Schule sein. Gute Beziehungen zu den Mitschüler/innen sollten mit Freude in der Schule und positiven Einstellungen gegenüber der Schule verbunden sein und den schulischen Selbstwert unterstützen. Auch könnten sie in einem positiven Zusammenhang mit dem individuellen Erleben von Sorgen und Problemen stehen. Korrelationen mit körperlichen Beschwerden sind insofern wahrscheinlich, als diese sich nur in geringem Ausmass auf Leistungsaspekte zurückführen lassen und Sozialkontakte auch eine Quelle von Stress darstellen können.

3. In der Regelschule kommt den Lehrpersonen eine entscheidende Rolle in Bezug auf den Schulerfolg der Kinder und Jugendlichen zu: Lehrerpersonen bestim-

men massgeblich die Abläufe im Klassenzimmer, legen bei einer Vielzahl von Lektionen die Lerninhalte und -methoden fest und beeinflussen durch Leistungsbewertung und Selektion die Bildungskarrieren der Schüler/innen (vgl. z.B. Bönsch 1994). Kompetente Lehrerinnen und Lehrer in fachlichen und sozialen Belangen sowie gute Beziehungen zu den Lehrpersonen werden daher als eine wichtige Voraussetzung dafür erachtet, dass Kinder und Jugendliche ihren Schulalltag meistern und sich in der Schule wohl fühlen können. Wie Eckerle und Kraak (1993) zeigten, sind Schüler/innen jedoch mit den Beziehungen zu ihren Lehrer/innen eher unzufrieden. Eine positive Bewertung des individuellen Sozialkontakts mit Lehrpersonen und ein guter Unterricht, der verständlich, gerecht und fürsorglich ist und zudem den Leistungsaspekt der Schule nicht überbetont, sollte positiv mit dem Wohlbefinden in der Schule korrelieren (vgl. auch Gruehn 1995). Es wird angenommen, dass sich dieser Zusammenhang sowohl bei den Einstellungen und Emotionen, beim Selbstwert als auch bei den körperlichen Beschwerden und Sorgen in der Schule nachweisen lässt. Da sich die Wohlbefindenskomponente ‚soziale Probleme' ausschliesslich auf Probleme mit Mitschüler/innen bezieht, sind hier keine Korrelationen zu erwarten.

4. Zahlreiche Motivationstheorien betonen den engen Zusammenhang von Emotion und Motivation (vgl. dazu auch Kap. 3.4). So sind z.B. in der Selbstbestimmungstheorie von Deci & Ryan (1993) Gefühle der Autonomie, des Kompetenzerlebens und der sozialen Integration zentrale motivationale Elemente. In der Flow-Theorie von Csikszentmihalyi (1990) ist das Erleben des Flow mit positiven Emotionen verbunden. Auch wenn Emotionen nicht als inhärenter Bestandteil motivationaler Orientierungen angesehen werden müssen, so ist generell von einem Zusammenhang zwischen Emotion und Motivation auszugehen. In der Literatur zum Wohlbefinden in der Schule ist wiederholt die Annahme zu finden, dass Schüler/innen, die sich wohl fühlen, sich auch in der Schule anstrengen und motiviert sind (Fend 1997; Jerusalem & Mittag 1999; Pekrun & Hofmann 1999). Ihre Anstrengungsbereitschaft und ihre Motivation wiederum können sich positiv auf ihr Wohlbefinden auswirken, insbesondere wenn ihr Schulengagement zu Anerkennung, Wertschätzung und Erfolg führt. Es wird folglich davon ausgegangen, dass das Wohlbefinden der Schüler/innen und ihr Einsatz in der Schule positiv korrelieren. Es bleibt zu prüfen, ob sich dies nicht nur im Allgemeinen, sondern auch für einzelne Fächer nachweisen lässt. Nicht jede Form motivationaler Orientierung muss jedoch positiv mit dem Wohlbefinden von Schüler/innen korrelieren. Was für die intrinsische Motivation gilt, muss nicht zwingend für andere Formen zutreffen (Jerusalem & Mittag 1999). Vergleiche mit anderen Schüler/innen und die Motivation, anderen zu genügen, können sich belastend auf Schüler/innen auswirken und mit negativen Gefühlen, Sorgen und Beschwerden verbunden sein.

5. Die Schule heute ist verstärkt darum bemüht, dem Anspruch gerecht zu werden, sinn-stiftend zu sein. Dieser Anspruch wird nicht nur von den Schüler/innen er-

hoben, sondern auch von Lehrpersonen, Eltern, Pädagog/innen und Bildungs-politiker/innen (vgl. Döbertin 1996; Giesecke 1996; Herrmann 2001). Deshalb zeichnet sich die Schule vermehrt durch eine Orientierung an sozialen und indi-viduellen Lernzielen aus. Zum einen werden diese in Lehrplänen vorgegeben und in Lehrmitteln thematisiert. Zum anderen wird gefordert, dass Unterricht zunehmend mit Bezug auf die Lernziele der einzelnen Schüler/innen gestaltet werden sollte. Hinter dieser Orientierung stehen konstruktivistische Lerntheo-rien sowie die pädagogische Überzeugung, dass Schüler/innen Eigenverantwor-tung für ihren Lernprozess übernehmen und dass ihre Ziele und Bedürfnisse den schulischen Lernprozess mitbestimmen sollen. Auch basiert sie auf neueren Er-kenntnissen der Motivationsforschung, welche die Bedeutung intrinsischer Mo-tivation für die Qualität und Nachhaltigkeit von Lernergebnissen nachweisen konnte (z.B. Schiefele & Schreyer 1994). In Anlehnung an teleologische Theo-rien des Wohlbefindens sollte der Einbezug von individuellen Zielen nicht nur der Lern- und Leistungsförderung dienen, sondern auch dem Wohlbefinden in der Schule, da das Erreichen von subjektiv bedeutsamen Zielen generell eine zentrale Quelle des (allgemeinen) Wohlbefindens darstellt (vgl. z.B. Brunstein 1993; Diener & Larsen 1993; Emmons 1986, 1989). Aber nicht nur die Ziele, die sich eine Schülerin / ein Schüler setzt, können mit ihrem Wohlbefinden in Verbindung stehen, sondern auch die Wahrscheinlichkeit, diese Ziele zu errei-chen, und die generellen Entwicklungsmöglichkeiten, die sich in diesem Kon-text bieten (Averill & More 1993; Diener et al. 1995).

6. Wie Kinder und Jugendliche ihre Schule sehen, ist in einem erheblichen Mass dadurch beeinflusst, welche Haltungen ihr soziales Umfeld gegenüber der Schu-le entwickelt hat. Diese Haltungen können auch als Bildungseinstellungen be-zeichnet werden. Die Bedeutung, die Eltern und Gleichaltrige der Schule bei-messen, kommen z.B. in ihren Kommentaren zur Schule, in ihrem mehr oder weniger unterstützenden Verhalten (z.B. bei den Hausaufgaben, vgl. Felder 1997) und in ihrem Interesse an schulischen Ereignissen und Aktivitäten zum Ausdruck. Positive Bildungseinstellungen der Eltern sind nicht mit elterlichem Leistungsdruck gleichzusetzen, sondern sie charakterisieren Wertschätzung und Anteilnahme am schulischen Geschehen sowie Empathie für schulische Erleb-nisse und Erfahrungen der Kinder und Jugendlichen. Gespräche über die Schule und Akzeptanz der schulischen Anforderungen kennzeichnen die positiven Bil-dungseinstellungen im Kreis von Freund/innen. Wird Schule in den Augen des sozialen Umfeldes als wichtig, interessant und sinnvoll anerkannt, so sollte dies auch mit Aspekten des Wohlbefindens der Jugendlichen zusammenhängen. Im Konkreten sollten Bildungseinstellungen mit den Einstellungen und Haltungen gegenüber der Schule korrelieren, da Schüler/innen bei positiven Bildungsein-stellungen ihrer Eltern und Freunde die Überzeugung entwickeln können, eine gute Schulausbildung zu erhalten und an einem, trotz fehlender Wahlfreiheit zweckorientierten und sinnvoll gestalteten Schulalltag teilzunehmen.

4.4.3 Hypothesen zu spezifischen Quellen und Ursachen des Wohlbefindens in der Schule

Ein zentrales Anliegen der vorliegenden Arbeit ist es, kontextspezifische Ursachen des Wohlbefindens in der Schule ausfindig zu machen und das eher vage Bild bisheriger Ergebnisse zu präzisieren. Unter der Prämisse, zentrale Merkmale des Schulalltags zu erfassen, wurde der Fokus der nachfolgenden Ursachenklärung auf die folgenden Ziele gerichtet:

1. Erstens gilt es, die Rolle von Faktoren im Spannungsfeld von Selektion und Integration zu hinterfragen: In der Schule müssen in erster Linie Leistungen erbracht werden. Schule ist aber auch dazu da, andere Menschen zu treffen und soziale Anregungen zu erhalten. Beide Funktionen sollten in Analysen explizit berücksichtigt werden, um Rückschlüsse auf ihre Bedeutsamkeit für die Faktoren des Wohlbefindens in der Schule ziehen zu können.

2. Zweitens sollen die sozialen Aspekte im Hinblick auf soziale Interaktionen und soziales Verhalten sowie unter zwei Perspektiven untersucht werden: der Kontakt zu Lehrpersonen und der Kontakt zu Mitschüler/innen. Beide Personengruppen bestimmen den Schulalltag, haben jedoch voraussichtlich eine je unterschiedliche, potenziell positive sowie negative Wirkung auf das Individuum.

3. Als drittes Kriterium gilt es, die sozialen Interaktionen zwischen Schüler/innen sowohl im Unterricht als auch ausserhalb der durch Unterricht determinierten Zeit zu erfassen, da sie sich qualitativ unterscheiden: Während die Interaktionen im Unterricht wesentlich durch Unterrichtsgestaltung der Lehrpersonen bestimmt sind, stellen z.B. Pausen einen freien, weitgehend unkontrollierten und primär von Schüler/innen bestimmten Raum dar.

4. Viertens geht es darum, Faktoren auszuwählen, die sowohl einen potenziellen Einfluss auf die emotionalen als auch auf die kognitiven Elemente des Wohlbefindens haben. Es wäre unsinnig zu postulieren, dass dieser Einfluss auf allen sechs Dimensionen des Wohlbefindens in der Schule bestehen müsste. Jedoch sollten die ausgewählten Faktoren Erklärungen für die Entstehung mehrerer Dimensionen liefern können.

Diese Fokussierung führt zu der Auswahl von fünf Einflussfaktoren auf die sechs Komponenten des Wohlbefindens in der Schule (vgl. auch Kap. 5.5). Ihre Wirkung kann wie folgt erklärt werden:

1. Soziale und didaktische Merkmale des Unterrichts der Klassenlehrperson

In der Sekundarstufe I ist die Klassenlehrkraft die primäre Ansprechperson von Schülerinnen und Schülern (vgl. auch Martin 1996). Sie betreut die Klasse organisatorisch, im Kontext der Schule, führt ausserunterrichtliche und ausserschulische Anlässe durch. Zudem ist sie für den Kontakt mit den Eltern und den Familien der Jugendlichen zuständig. Sie gilt für andere Lehrpersonen und für die Schulleitung als Verantwortliche und als Expertin für Fragen zur jeweiligen Klasse. Im System der Fachgruppenlehrer/innen unterrichtet sie in der Regel mehrere Fächer in ihrer Klasse. Aus diesen Gründen wird der Fokus der vorliegenden Arbeit auf die Klassenlehrperson gelegt. Es wird postuliert, dass sich gute Klassenlehrer/innen durch eine hohe Kompetenz in drei, zum Teil für das Klassenamt speziell bedeutsamen Bereichen auszeichnen sollten: Erstens sollten sich Klassenlehrer/innen sehr darum bemühen gerecht zu sein, indem sie z.B. niemanden in der Klasse bevorzugen bzw. benachteiligen, um einen guten Kontakt zur Klasse herstellen zu können. Zweitens sollte es den Klassenlehrer/innen wichtig sein, einen fachlich und methodisch guten, klar aufgebauten Unterricht in ihrer Klasse zu gestalten, da sie in erheblichem Masse für die Leistungen ihrer Klassen verantwortlich sind und diese auch nach innen und aussen vertreten müssen. Diese beiden Kompetenzen sind zwar allgemeingültig für Lehrende, Klassenlehrer/innen sollten diese beiden Qualitätsbereiche aber garantieren können. Drittens sollten sich Klassenlehrer/innen fürsorglich gegenüber ihren Schüler/innen verhalten, an den Problemen ihrer Schüler/innen interessiert sein und sie unterstützen, falls dies notwendig ist. Dies wird in besonderem Mass von den Klassenlehrer/innen erwartet, da Fürsorglichkeit eine Voraussetzung dafür ist, einen persönlichen Kontakt zur Klasse aufzubauen und das Vertrauen der Klasse zu gewinnen. Gelingt es Lehrpersonen, diese Ansprüche zu erfüllen, so sollten Schüler/innen ihre Schule emotional und kognitiv positiv bewerten (Schulfreude und positive Einstellungen zur Schule), weitgehend frei von Sorgen und Problemen sein sowie ein positives Selbstkonzept entwickeln können.

2. Leistungsdruck im Unterricht

Werden Sorgen und Beschwerden in der Schule erlebt, dann ist dies oftmals auf Belastungen der Schüler/innen durch Leistungsdruck und Selektion zurückzuführen (vgl. Grob 1997a). Unter Leistungsdruck soll im vorliegenden Kontext nicht ein individuelles, überhöhtes Anspruchsniveau der Schüler/innen verstanden werden, sondern ein Merkmal des schulischen Unterrichts, das durch das Verhalten von Lehrpersonen geprägt ist. Den Druck, den Lehrpersonen erleben, wenn sie die Vorgaben der Lehrpläne erfüllen, fundierte Selektion betreiben und den Erwartungen der Eltern gerecht werden sollen, geben sie häufig an ihre Schüler/innen weiter. Dies äussert sich z.B. in einem sehr hohen Unterrichtstempo und einem schnellen Fortschreiten im Unterrichtsstoff, in einem Unterricht, der wenige Lern- und viele Leistungssituationen beinhaltet, sowie in einer Fülle zusätzlicher Aufträge und Hausaufgaben. Leistungsdruck unterscheidet sich von Leistungsförderung darin, dass die Perspektive der Schüler/innen in den Hintergrund der Unterrichtsplanung gedrängt wird und individuelle Lernbedürfnisse unberücksichtigt bleiben. Im Mittelpunkt steht das Erledigen des Stoffes und das Erreichen bestimmter, meist extern vorgegebener Ziele, die als unabhängig von der Klasse, ihrem Vorwissen und ihrer Leistungsfähigkeit und -bereitschaft erreicht werden sollen. Es ist folglich anzunehmen, dass ein von Schüler/innen wahrgenommener Leistungsdruck in der Klasse zu Sorgen und (körperlichen) Beschwerden und zu einem reduzierten Selbstkonzept der Schüler/innen führt.

3. Leistungsniveau bzw. Leistungsergebnisse der Schüler/innen

Die Bedeutung von Schulnoten hängt vor allem mit ihre Funktionen zusammen (vgl. z.B. Wengert 2000): Noten werden aufgrund ihrer Qualifikationsfunktion als Spiegel der individuellen kognitiven Leistungsfähigkeit angesehen. Eine weitere wesentliche Funktion der Notengebung ist das Feedback an Lehrpersonen und Schüler/innen und der Bericht an die Eltern, was diesen Spiegel zumindest teilweise öffentlich macht. Durch die hohe Bedeutung der Selektion und Klassifikation in der Schule anhand von Noten bilden diese nicht nur das wesentliche, sondern vielfach auch das einzige Kriterium für die Verteilung von Bildungschancen. Gute Noten machen Schüler/innen nicht nur das Leben leichter, indem sie eine Grundlage für die Anerkennung durch Lehrpersonen, Eltern und Mitschüler/innen schaffen, sondern sie ermöglichen längerfristig gesehen Alternativen und Wahlfreiheit. Obschon der Einfluss von Noten durch die subjektive Bedeutungszuschreibung schulischer Leistungen und durch selbstbezogene Kognitionen vermittelt werden kann, bleibt die Symbolkraft von Noten stark: Sie repräsentieren aufgrund der sozialen Bezugsnorm die intellektuelle Stellung einer Schülerin / eines Schülers in der Klasse, beeinflussen durch Selektion und psychologische Prozesse (Stichwort Pygmalion-Effekt) ihre / seine Entwicklungsmöglichkeiten und weiteren Perspektiven. Insofern kann davon ausgegangen werden, dass gute Noten die positiven Einstellungen zur Schule und die Freude an der Schule fördern sowie die Sorgen der Schüler/innen mildern. Da wie oben erwähnt Noten vielfach den Kern der Bewertung von Schüler/innen darstellen, ist auch ein Einfluss auf ihren schulischen Selbstwert zu erwarten.

4. Diskriminierung von Mitschüler/innen

Schüler/innen können sich gegenseitig helfen, Rat und Trost spenden, aufheitern und ermuntern, Nähe und Anerkennung zuteil werden lassen. In Fachbegriffen formuliert: Sie koagieren, können soziale Unterstützung gewähren und z.B. eine Pufferfunktion zwischen Lehrperson und einzelnen Schüler/innen ausüben (z.B. Baacke 1991; Fend 2001). Mitschüler/innen können aber auch ärgern, verletzten, ausgrenzen, Abneigung zeigen, Neid und Schadenfreude zum Ausdruck bringen (Boekarts 2001). Interaktionen in der Klasse können folglich prinzipiell positiv und negativ sein. Die 20.000 Stunden Schule, auf die Rutter, Maughan, Mortimer und Ouston (1980) so eindrücklich hingewiesen haben, bieten eine Vielzahl an sozialen Interaktionen innerhalb einer Schulklasse, in denen Mitschüler/innen die zentrale Kontaktquelle sind, der nur wenig ausgewichen werden kann. In einer Klasse ist es sicher normal, dass sich eine Schüle-rin / ein Schüler nicht mit allen optimal versteht, da zu viele verschiedene Charaktere unfreiwillig aufeinander treffen. Werden Schüler/innen jedoch diskriminiert, so geht das über die üblichen Missstimmungen zwischen Schüler/innen hinaus. Diskriminie-rung ist ein spezifisches Phänomen gezielter Ablehnung von Personen und einer gene-rellen, unreflektierten Haltung gegenüber den anderen in der Klasse. Mit Diskriminie-rung ist einerseits gemeint, dass in einzelnen oder bestimmten Situationen asozial rea-giert wird (wie z.B. in Fehlersituationen, wenn aufgrund mangelnder Fehlertoleranz die Klasse bei einer falschen Antwort in schallendes Gelächter ausbricht). Andererseits geht es um eine eher feindliche Haltung gegenüber bestimmten Personen: Einzelne Schüler/innen werden ausgegrenzt, gemein behandelt, explizit abgelehnt und verhöhnt. Die Ursachen der Diskriminierung können vielseitig sein, oftmals sind sie stark sub-jektiv gefärbt (z.B. die Art, sich zu kleiden). Andersartigkeit und Fremdheit, Unsicher-heit und Unverständnis sind häufige Quellen von Diskriminierung in der Schule (z.B. Preuss-Lausitz 1998). Folglich ist zu erwarten, dass Diskriminierung in der Klasse zu sozialen Problemen einzelner Schüler/innen und körperliche Beschwerden führt.

5. Interaktionen in den Schulpausen

Schulpausen sollten Phasen der Erholung und eine Energiequelle sein und nicht nur physisch, sondern auch psychisch und sozial Entspannung bieten. Dies gilt sowohl für die Kurzpausen zwischen Lektionen wie auch für längere Pausen. Sieht man von der zwar obligatorischen, meist aber nur sporadischen Pausenaufsicht ab, sind Schulpau-sen wie der Schulweg Zeiträume, die Schüler/innen-Interaktionen ermöglichen, welche nicht von Lehrer/innen mitbestimmt sind. Diese Kontakte sind im Gegensatz zu vielen Interaktionen im Unterricht, die durch schulische Tätigkeiten geprägt sind, freiwillig und frei wählbar bzw. durch das kaum beaufsichtigte soziale Gefüge auf dem Schulhof determiniert. Sie können, ebenso wie Interaktionen im Unterricht prinzipiell positiver oder negativer Natur sein. Positive Aspekte sind die folgenden: Schulpausen bieten z.B. die Gelegenheit, Zuneigung zu bekunden und zu erhalten, Probleme und Sorgen miteinander zu teilen und zu besprechen. Ebenso können andere Schüler/innen kennen gelernt und es kann mit Gleichaltrigen ausserhalb der Klasse kommuniziert werden. Pausen geben Zeit, neben der Schule über Privates zu sprechen, und können von Er-lebnissen, die innerhalb des Unterrichts passieren, ablenken. Sie stellen einen Aus-gleich zum häufig stark vorstrukturierten Unterrichtsalltag dar. In den Pausen werden jedoch auch Konflikte ausgetragen und Aggressionen ausgelebt sowie Cliquen gebil-det und Schüler/innen ausgegrenzt. Erstaunlicherweise wurde diese Form innerschuli-scher Beziehungen in Studien zum Wohlbefinden in der Schule bisher nicht themati-siert. In der vorliegenden Arbeit werden Schulpausen insofern als ein Einflussfaktor des Wohlbefindens definiert, als in ihnen basale und intuitive Umgangsformen und Muster der Interaktionen zwischen Schüler/innen zum Ausdruck kommen. Zudem stel-len sie eine Ergänzung und Vertiefung der unterrichtsbezogenen Interaktionen in einem zumindest teilweise unkontrollierten Umfeld dar. Es sollte sich zeigen lassen, dass angenehme Interaktionen in den Pausen positive Einstellungen zur und Freude in der Schule fördern und sozialen Problemen vorbeugen.

Im nachfolgenden Kapitel 5 wird beschrieben, wie die dargestellten Forschungsdesiderate aufgegriffen und die begründeten Hypothesen einer empirischen Prüfung unterzogen wurden.

5. Neue empirische Studien zum Wohlbefinden Jugendlicher in ihrer Schule

Welche Emotionen erleben Kinder und Jugendliche in ihrem schulischen Alltag und welche Erfahrungen sind emotional bedeutsam für sie? Welche Emotionen erleben sie häufig, mit welcher Intensität? Wie wohl fühlen sich Schüler/innen? Wie kann ihr Wohlbefinden beschrieben und erklärt werden? Diese Fragen differenziert zu beantworten erfordert nicht nur einen neuen theoretischen Zugang zum Wohlbefinden in der Schule (vgl. Kap. 4), sondern auch Innovationen im empirischen Vorgehen. Anhand von quantitativen und qualitativen Studien soll die vorliegende Arbeit dazu beitragen, einen Einblick in die Gefühlswelt von adoleszenten Schüler/innen in unterschiedlichen Klassen, Schulen und Schulkulturen zu gewinnen und weiterführende Aussagen zur Entstehung des Wohlbefindens in der Schule zu formulieren. Im Folgenden wird zunächst ein Überblick über die Rahmenbedingungen der empirischen Studien gegeben (Kap. 5.1). Danach werden die o.g. Fragen einzeln thematisiert und diskutiert (Kap. 5.2 bis 5.5). In der abschliessenden Zusammenfassung (Kap. 5.6) werden die Ergebnisse im Überblick dargestellt.

5.1 Überblick über den Untersuchungsrahmen, über Design, Stichproben, Instrumente und Methoden

Die Ergebnisse, welche in der vorliegenden Arbeit beschrieben werden, basieren auf sechs Studien, die in den Schuljahren 1996/1997, 1997/1998 und 1998/1999 durchgeführt wurden.

Die Studien dienten

- der Dokumentation und Analyse von alltäglichen Emotionserlebnissen im Schulkontext,
- der Entwicklung und Validierung eines Fragebogens zum Wohlbefinden in der Schule,
- der Validierung eines Fragenkomplexes zum Wohlbefinden in der Schule, zur Bewertung des schulischen Umfeldes und zur Selbstbewertung als Schülerin / als Schüler für den Einsatz in verschiedenen Ländern,
- der Erfassung des Wohlbefindens in der Schule und wohlbefindensrelevanter Faktoren in Schweizer Schulen und im interkulturellen Kontext,
- der Analyse des Wohlbefindens von Schüler/innen, die eine gleiche Schule unter unterschiedlichen Bedingungen (objektive Unterschiede wie z.B. Anforderungsniveau, subjektive Unterschiede wie z.B. Schulangst) besuchen sowie
- der Analyse von Erklärungsmodellen für die Genese des Wohlbefindens in der Schule.

Die einzelnen Studien werden nachfolgend kurz beschrieben. Ausführliche Dokumentationen der Stichproben, des Vorgehens, der Erhebungsmethoden und der Auswertungen finden sich in Hascher (2002) und bei der Darstellung der Ergebnisse (Kap. 5.2 bis 5.5).

a. Entwicklung eines Fragebogens zum Wohlbefinden in der Schule

Wie in Kapitel 3 dargestellt, gibt es keinen Fragebogen zum Wohlbefinden in der Schule, jedoch existieren recht viele Instrumente zum allgemeinen Wohlbefinden, die überwiegend für Erwachsene konzipiert wurden. Für die Erfassung des allgemeinen Wohlbefindens Jugendlicher haben Grob et al. (1991) einen Fragebogen entwickelt, den sog. Berner Fragebogen zum Wohlbefinden (BFW). Um zu überprüfen, ob dieser Fragebogen dem spezifischen Kontext schulischer Erfahrungen gerecht wird oder ob Wohlbefinden aufgrund seiner Bereichsspezifität in der Schule ein eigenes Instrument benötigt, wurden die Fragen des BFW auf den schulischen Kontext umformuliert und ein neuer Fragebogen zum Wohlbefinden in der Schule (FWS) erstellt. Beide Fragebogen-Versionen wurden 139 Schülerinnen und Schülern der Sekundarstufe I in Bern und Basel vorgelegt und auf Gemeinsamkeiten untersucht (vgl. dazu Hascher 2002).

b. Validierung eines Fragebogens zum Wohlbefinden in der Schule

In einem zweiten Schritt wurde untersucht, ob sich die statistischen Werte des Fragebogens zum Wohlbefinden in der Schule replizieren lassen (Reliabilitätsprüfung) und inwiefern dieser Fragebogen relevante Kriterien des Wohlbefindens einer Schülerin / eines Schülers erfasst (Validitätsprüfung). Grundannahme war dabei, dass das bereichsspezifische Wohlbefinden in der Schule Zusammenhänge mit Faktoren aufweisen sollte, die für das allgemeine Wohlbefinden bereits bestätigt wurden. Aus der Literatur ist bekannt, dass soziale Aspekte für das habituelle Wohlbefinden von besonderer Bedeutung sind (vgl. z.B. Becker 1994; Schwarzer & Leppin 1994). Deshalb wurden soziale Aspekte des Schulalltags als Vergleichskriterium ausgewählt und es wurde in einer Befragung mit 118 Schülerinnen und Schülern der Sekundarstufe I in Bern untersucht, wie das Wohlbefinden in der Schule mit sozialen Interaktionen in der Klasse zusammenhängt (siehe Hascher 2002).

c. Validierung der Instrumente zur Analyse des Wohlbefindens in der Schule für eine Studie in vier Ländern

Ziel der nachfolgenden Studie war, eine Befragung zum Wohlbefinden von Schüler/innen in einem internationalen Kontext vorzubereiten. Dazu galt es, die Kompatibilität der einzusetzenden Instrumente für verschiedene sprachliche und kulturelle Kontexte zu überprüfen. Der Fragebogen zum Wohlbefinden und Themenbereiche, die als relevant für das Wohlbefinden von Schüler/innen angesehen wurden, z.B. motivationale Orientierungen (vgl. Eder 1995c), Fragen zum Selbstkonzept (vgl. Becker 1989), die Haltung der Eltern gegenüber der Schule (vgl. Peetsma et al. 2002), wurden in die tschechische Sprache übersetzt und von 58 tschechischen Schüler/innen in Hradec

Králové beantwortet. Danach wurden die Ergebnisse im Vergleich zu den Antworten von 118 Schüler/innen in Bern bewertet und einzelne Bereiche überarbeitet (im Detail vgl. Hascher 2002).

d. Quantitative Erfassung des Wohlbefindens von Schüler/innen in unterschiedlichen kulturellen Kontexten

Nach den vorbereitenden Arbeiten der ersten drei Studien wurden ausgewählte Skalen und Themenbereiche auch in die niederländische Sprache übersetzt und im Frühjahr 1999 (März und April) wurde die Hauptstudie in vier europäischen Städten durchgeführt: in Hradec Králové (Tschechien), in Amsterdam (Niederlande), in Magdeburg (Deutschland) und in Bern (Schweiz). Das Ziel der Studie bestand darin, Aussagen zum Wohlbefinden von Schüler/innen in unterschiedlichen kulturellen Kontexten zu formulieren und daraus Erklärungen für die Genese des Wohlbefindens abzuleiten. Es war folglich nicht im Interesse der Untersuchung, kompetitive Vergleiche in Bezug auf die Höhe des Wohlbefindens zu ziehen, sondern ein Erklärungsmodell für das Wohlbefinden der Schülerinnen und Schüler zu erstellen, das – wenn erforderlich – die unterschiedlichen kulturellen Settings berücksichtigt und zugleich auf generalisierbaren Aussagen beruht. Die Antworten von 1623 Schüler/innen der Sekundarstufe I dienten als Basis für die Auswertung dieser Studie.

e. Quantitative Erfassung des Wohlbefindens von Schüler/innen innerhalb eines bestimmten Schulkontexts

Durch den regen Kontakt mit Schulen im Kanton Bern entstand eine intensive Zusammenarbeit mit dem Oberstufenzentrum Längenstein in Spiez (Berner Oberland). Der Schulleitung und dem Kollegium war wichtig, das Wohlbefinden der Schüler/innen empirisch abgestützt zu erfassen und entsprechend fördern zu können. Als ein weiteres Ziel dieses Projekts wurde – in Übereinstimmung mit den Lehrerinnen und Lehrern – angestrebt, den Zusammenhang zwischen dem Wohlbefinden in der Schule, der Angst von Schüler/innen und weiterer schulspezifischer sozio-emotionaler Faktoren (wie Klima und Gewalt) zu untersuchen (siehe dazu auch Hascher 2002). Im Schuljahr 1998/1999 wurden deshalb sämtliche Schülerinnen und Schüler des Oberstufenzentrums Längenstein befragt. Insgesamt waren 403 Schüler/innen zum Zeitpunkt der Befragung anwesend.

f. Qualitative Erfassung relevanter emotionaler Ereignisse im Schulalltag

Um das individuelle, subjektive Gefühlserleben von Schüler/innen erfassen zu können, führten Schüler/innen und Schüler aus neun Klassen im Oberstufenzentrum Spiez (Berner Oberland) ein sog. Emotionstagebuch über 3 x 2 Wochen. In diesem teilstrukturierten Tagebuch beschrieben die Schüler/innen einmal pro Tag, am Ende eines Schultags, eine aus ihrer Sicht bedeutsame emotionale Situation, d.h. eine Situation, in der sie selbst eine bestimmte Emotion in der Schule erlebt hatten. Die Qualität des emotionalen Erlebens wurde dabei nicht vorgegeben, sondern sollte von den Jugendlichen in eigenen Worten charakterisiert werden. Neben der Begründung des Emotions-erlebens wurden die Schüler/innen gebeten, über ihre Gedanken und Reaktionen sowie über die Quantität und Intensität dieses Gefühls Auskunft zu geben.

In der nachfolgenden Tabelle (Tab. 5-1) sind die einzelnen Studien in ihrem zeitlichen Verlauf im Überblick dargestellt:

Tabelle 5-1: Überblick zum Forschungsdesign in zeitlicher Abfolge

	Studien 1 und 2	Studie 3	Studie 4	Studie 5	Studie 6
Forschungsziele	Entwicklung eines Fragebogens zum Wohlbefinden in der Schule	Validierung der Instrumente im interkulturellen Gebrauch	Erklärung des Wohlbefindens von Schüler/innen in unterschiedlichen Ländern	Erklärung des Wohlbefindens von Schüler/innen innerhalb eines Schulhauses; Validierung der Berner Daten	Beschreibung und Erklärung der individuellen Emotionsgenese im Schulalltag
Instrumente	BFW (Grob et al. 1991) und analog formulierte Skalen zum Wohlbefinden in der Schule sowie Fragen zum sozialen Selbstkonzept, Unterrichtsklima und Soziogramme	Fragebogen zu schulischem Wohlbefinden, sozialem Selbstkonzept, Unterrichtsklima, Interaktionen in Pausen, Schuleinsatz, Attributionen (Mathem.), Zukunftsperspektiven, Bildungseinstellungen, Fremdsprachenunterricht und Soziogramme	Fragebogen zu schulischem Wohlbefinden, sozialem Selbstkonzept, Unterrichtsklima, Interaktionen in Pausen, Schuleinsatz, Attributionen (Mathematik), Zukunftsperspektiven, Bildungseinstellungen, Funktionen der Schule Bildungszielen, Fremdsprachenunterricht und Soziogramme	Fragebogen zu schulischem Wohlbefinden, sozialem Selbstkonzept, Unterrichtsklima, Interaktionen in Pausen, Schuleinsatz, Zukunftsperspektiven, Bildungseinstellungen, Angst in der Schule, Gewalt in der Schule, Drogenkonsum und Soziogramme	Emotionstagebücher
Datenerhebung	Schuljahr 1996/1997 Querschnitt, quantitativ	Schuljahr 1997/1998 Querschnitt, quantitativ	Schuljahr 1998/1999 Querschnitt, quantitativ	Schuljahr 1998/1999 Querschnitt, quantitativ	Schuljahr 1998/1999 kurzer Längsschnitt, qualitativ
Stichprobe	N = 139 und N = 118	N = 219	N = 1623	N = 391	N = 58
Erhebungsort	Bern und Basel	Bern und Hradec Králové	Bern, Magdeburg, Amsterdam, Hradec Králové	Spiez	Spiez
Analyseverfahren	Item- und faktorenanalytische Überprüfung der Fragebogen; Mittelwertsvergleiche für abhängige Stichproben; Korrelationen	Item- und faktorenanalytische Überprüfung der Fragebogen	Mittelwertsvergleiche für abhängige und unabhängige Stichproben; Korrelationen; LISREL-Analysen	Mittelwertsvergleiche für abhängige und unabhängige Stichproben; Korrelationen; LISREL-Analysen	Qualitative und quantitative Auswertung des Emotionserlebens in der Schule

5.2 Emotionsgenese im Alltag von Schülerinnen und Schülern

Knapp 70 Jugendliche in einem Oberstufenzentrum im Berner Oberland wurden gebeten, über einen Zeitraum von insgesamt sechs Wochen täglich ein Emotionserlebnis in der Schule zu beschreiben. Im vorliegenden Kapitel befindet sich die Beschreibung der Fragestellung (5.2.1), der Stichprobe (5.2.2) und der Methode (5.2.3) sowie der Ergebnisse (5.2.4). Die Ergebnisse werden wie folgt dargestellt: Zunächst werden der Rahmenkontext in Bezug auf die Schulklasse und die individuell beschriebenen Situationen im Überblick dargestellt. Danach werden die jeweiligen Emotionen beschrieben, analysiert und die berichtete Oberflächenstruktur der Emotionsauslöser erläutert. Anschliessend wird die Relevanz der Emotionserlebnisse für das Wohlbefinden der Jugendlichen in ihrer Schule diskutiert und es werden die Ergebnisse zusammengefasst.

5.2.1 Fragestellung

Das Wohlbefinden von Schüler/innen wird von ihren alltäglichen Emotionserlebnissen in der Schule geprägt. Deshalb war ein Ziel der qualitativen Studie, einen Einblick in ihre emotionale Welt zu gewinnen. Folgende Fragen waren dabei leitend:

- Bietet die Schule in der Tat nur wenig Anlass zur Freude, ist der Lernkontext Schule emotional eher negativ besetzt und dominieren Emotionserfahrungen, die in negativen Emotionen (z.B. Langeweile, Ärger) zum Ausdruck kommen, wie dies von mehreren Forscher/innen thematisiert wurde (z.B. Bergmann & Eder 1995; Bleicher et al. 1999; Pekrun 1998; vgl. ausführlich Kap. 3 und 4)?

- In welchem Verhältnis stehen positive und negative Emotionen im Schulalltag zueinander?

- Wodurch werden positive und negative Emotionen der Schüler/innen ausgelöst?

- Wie lassen sich emotionale Erfahrungen der Schüler/innen systematisieren und was sagen sie über die Gestaltung des Schulalltags aus?

5.2.2 Stichprobe

Die Jugendlichen nahmen freiwillig an der Studie teil und erhielten am Ende der Erhebungsphase einen Kinogutschein für ihre Mitarbeit. Zu Beginn der Studie wurde eine Testphase von drei Tagen durchgeführt, die Ergebnisse mit den Schüler/innen besprochen (in Bezug auf die gewählten Beispiele, auf Verständlichkeit und Klarheit der Anleitungen und der Präzision der Aussagen) und individuelle Fragen geklärt. Die Auswahl der angefragten neun Schulklassen war nach dem Zufallsprinzip erfolgt, es war jedoch darauf geachtet worden, dass je eine Klasse der drei unterschiedlichen Anforderungsniveaus in den Klassenstufen 7–9 vertreten war. Insgesamt erklärten sich 68 Schüler/innen bereit, an der Studie mitzuarbeiten. Aufgrund fehlender Daten (Krankheit, Desinteresse, Vergessen) wurden 10 Schüler/innen aus der nachfolgenden Analyse ausgeschlossen. Die hier dargestellten Auswertungen beziehen sich demnach auf die Dokumentationen von 58 Schülerinnen und Schülern (vgl. Tab. 5-2) in folgender Verteilung:

Tabelle 5-2:   Qualitative Studie – Übersicht über die Stichprobe (Angaben in Prozent)

	Tagebuchschreiber/innen (N=58)
Geschlecht	
Schülerinnen	59%
Schüler[54]	41%
Schulniveau	
Grundanforderungen	31%
Erweiterte Anforderungen	31%
Gymnasialer Unterricht	38%
Klassenstufe	
7	31%
8	36%
9	33%

5.2.3 Methode und Instrumente

Die Schüler/innen führten ein sog. Emotionstagebuch über 3 x 2 Wochen. Erhebungszeitraum war nach den Weihnachtsferien im Winter und Frühjahr 1999. In diesem teilstrukturierten Tagebuch beschrieben die Schüler/innen am Ende eines Schultags eine aus ihrer Sicht bedeutsame emotionale Situation, d.h. eine Situation, in der sie selbst eine bestimmte Emotion in der Schule erlebt hatten. Diese Methode kann als „event-sampling" bezeichnet werden, da sie im Gegensatz zur „time-sampling"-Methode nicht die Beschreibung des Gefühlserlebens im zeitlichen Verlauf (so wie dies z.B. von Bergmann & Eder 1995 durchgeführt wurde) fokussiert, sondern die Erfassung von emotionsrelevanten Ereignissen im Schulalltag. Die Qualität des emotionalen Erlebens wurde in den eingesetzten Tagebüchern nicht vorgegeben, sondern sie sollte von den Jugendlichen in eigenen Worten charakterisiert werden. Neben der Begründung des Emotionserlebens wurden die Schüler/innen gebeten, über ihre Gedanken und Reaktionen sowie über die Häufigkeit und Intensität dieses Gefühls Auskunft zu geben. Die Schüler/innen erhielten die Vorlage des Tagebuchs jeweils für eine Woche. Danach wurden die Tagebücher von der Versuchsleiterin eingesammelt und ein neues Dossier verteilt. In diesen Momenten des direkten Kontakts ergab sich die Möglichkeit, offene Fragen und eventuelle Probleme zu klären. Auch wurde Vertrauen geschafft z.B. mit der Zusicherung, dass ihre Episoden nicht von den Lehrer/innen ge-

---

54 In einer Sekundarklasse der 9. Stufe stellte sich kein Junge für die Dokumentation eines Tagebuchs zur Verfügung.

lesen werden würden, und nicht zuletzt erfuhren sie, dass ihre individuelle Meinung auch in einem grösseren Kontext von Interesse ist. Ein Tagebucheintrag für einen Tag gestaltete sich wie folgt:

Heute ist Montag, der .... (Datum)
Wir hatten heute .... Stunden Unterricht.

Was hat sich heute ereignet?

Ich möchte heute folgendes notieren: ....

Was hast Du Dir in dieser Situation gedacht?

In dieser Situation habe ich mir gedacht: ....

Hast Du diese Situation – oder eine ähnliche – in der Schule schon erlebt?

noch nie   schon ab und zu   schon öfter   schon sehr oft

Wie hast Du Dich dabei gefühlt? Warum?

weil ....

Wie stark war dieses Gefühl?

ganz schwach   nicht sehr stark   mittelstark   sehr stark

Wie lange hat das Gefühle gedauert?

ganz kurz   nicht sehr lang   mittellang   sehr lange

Hast Du dieses Gefühl schon mehrmals in der Schule gehabt?

noch nie   schon ab und zu   schon öfter   schon sehr oft

Wie hast Du auf die Situation reagiert? Was hast Du gelernt? Was nimmst Du mit? Gab es irgendwelche Konsequenzen?

....

187

5.2.4 Ergebnisse

5.2.4.1 Individuenbezogene Analyse emotionaler Erfahrungen in der Schule

Jede Schülerin / jeder Schüler war frei darin zu entscheiden, welches Ereignis bzw. welche Situation sie / er täglich dokumentieren würde[55]. Die Jugendlichen waren aber gebeten worden, solche Ereignisse zu beschreiben, die ihnen wichtig waren und für eine aussenstehende Beobachterin als interessant erschienen. Mit dieser Wahlfreiheit war beabsichtigt worden, die subjektiven und individuellen Bewertungen des Unterrichts- und Schulgeschehens möglichst unverfälscht zu erhalten. In einem ersten Schritt der Auswertung soll aufgezeigt werden, wie einzelne Schüler/innen den Schulalltag erfahren und bewerten, und diese Bewertungen sollen in den Gesamtkontext der Schulklasse gestellt werden.

Über die Hälfte der Schüler/innen berichtet überwiegend schulische Ereignisse, die mit negativen Gefühlen verbunden sind. Bei einem Viertel der Schüler/innen ist das Verhältnis zwischen negativen und positiven Emotionen ausgewogen, bei knapp einem Fünftel dominieren positive Gefühle. Vier Schüler/innen beschreiben vor allem Kontexte, die ihnen wichtig waren, zugleich jedoch mit neutralen Emotionen verbunden waren. Selbst wenn in Rechnung gestellt wird, dass negative Emotionen im vorliegenden Untersuchungsdesign mit einem erhöhten Bedürfnis zur Mitteilung verbunden sein könnten (die Schüler/innen durften ihre negative Erfahrungen frei berichten, ohne Konsequenzen befürchten zu müssen) und dass vielleicht vor allem solche Schüler/innen Tagebuch schreiben wollten, die mit der Schule Probleme hatten, entsteht nach dieser Auswertung ein eher schlechtes Bild der Schule (vgl. Tab. 5-3). Dies betrifft vor allem die Unterrichtsgestaltung, die Selektion und die Interaktionen mit den Lehrpersonen.

Wie bereits erwähnt, befanden sich vier bis acht Tagebuchschreiber/innen in einer Schulklasse. Aus ihren Aussagen lässt sich – neben vielen individuellen Berichten – für jede Klasse ein Thema ableiten, das sie in dem Untersuchungszeitraum (und vermutlich auch darüber hinaus) besonders beschäftigt hat. Diese Themen (vgl. auch Tab. 5-3) können folgendermassen umschrieben werden:

Klassen mit Grundanforderungen
- Klasse 7a: Unruhe und mangelnde Disziplin in der Klasse
- Klasse 8c: Häufige Wechsel von Lehrpersonen und Stellvertreter/innen
- Klasse 9e: Sinn und Unsinn der Schule

---

55 Im Zeitraum von sechs Wochen gab es selbstverständlich auch Tage, in denen es aus der Sicht der Jugendlichen nichts zu berichten gab. Dies wurde von den Schüler/innen im Tagebuch meistens so mitgeteilt.

Klassen mit erweiterten Anforderungen
- Klasse 7b: Probleme mit zwei Lehrern
- Klasse 8d: Häufige Wechsel von Lehrpersonen und Stellvertreter/innen
- Klasse 9b: Weitere individuelle Entwicklung nach der Schule

Klassen mit gymnasialem Unterricht
- Klasse 7f: Probleme mit der Integration eines sehbehinderten Jungen in der Klasse
- Klasse 8f: Selektion und Übertritt in die Quarta
- Klasse 9f: Selektion und Übertritt ins Gymnasium

Die Themen bilden ein breites Spektrum ab. So drehen sich die berichteten Situationen der Jugendlichen neben Beziehungen zu Lehrpersonen und Mitschüler/innen sowohl um die Leistungsproblematik und schulorganisatorische Schwierigkeiten als auch um entwicklungspsychologische Fragen. Es wird aber auch deutlich, dass in den neu aufgenommenen und neu zusammengesetzten siebten Klassen vor allem soziale Probleme im Mittelpunkt stehen, wogegen es in den Abschlussklassen primär um die individuelle Weiterentwicklung in bzw. nach der Schule geht. Damit wurden die Themen, die für die Tagebuch schreibenden Schüler/innen bedeutsam und mit Emotionen verbunden waren, nicht nur anhand idiosynkratischer subjektiver Erfahrungen generiert, sondern sie wurden massgeblich durch die schulischen Strukturen mitbestimmt (vgl. auch Tschanz, Salm & Zumstein 1998).

Die nachfolgende Tabelle (Tab. 5-3) gibt einen Überblick über die Tagebuchaufzeichnungen der Schüler/innen, aufgelistet nach Schulklasse, und fasst die individuellen sowie klassenübergreifenden Themen zusammen. Ebenso wird das Verhältnis der Emotionsvalenzen und die Anzahl starker Emotionen, d.h. Emotionen, die häufig sowie intensiv sind und lange andauern, dargestellt.

Tabelle 5-3: Überblick über individuelle Themen, Verhältnis der Emotionen und Anzahl intensiver Emotionen

Klasse 7a, Grundanforderungen (n=4):

Die Klassenzusammensetzung ist relativ neu. In dieser Klasse wird oft beklagt, dass es nicht ruhig ist, so dass das Lernen gestört oder gar verhindert wird. Die Schüler/innen dokumentieren in etwa gleich viele positive wie negative Emotionen.

Schüler/in	Themen	Verhältnis Emotionen	Anzahl starker Emotionen
Schülerin 27101	Der Unterricht und vor allem die sozialen Interaktionen in der Klasse (Freundinnen, Jungs, Lehrpersonen, neue Mitschülerin) werden sowohl positiv als auch negativ bewertet. Vieles, was so „rund um die Schule" passiert, wird berichtet.	positiv und negativ etwa gleich	7
Schülerin 27107	Die Lehrpersonen und ihr Verhalten stehen im Vordergrund, auch Themen der Disziplin und der (Un-)Gerechtigkeit. Häufig wird auf bestimmte Fächer eingegangen. In Mathematik entscheiden häufig die Proben über positive und negative Gefühle.	positiv und negativ etwa gleich	1
Schülerin 27108	Wesentlich sind soziale Aspekte in der Klasse und der Kontakt mit Freundinnen, zeitweise steht der Klassenstreit im Vordergrund. Die Schule wird insgesamt eher negativ beurteilt, nur selten wird ein Bezug zu Einzelfächern hergestellt.	überwiegend negativ	8
Schüler 27120	Die Leistungen sind ein dominierendes Thema, ebenfalls das Lernen und Begreifen. Es werden fast nur Situationen mit Leistungscharakter (Proben) und eher Gedanken als Emotionen beschrieben. Je nach Erfolg / Misserfolg sind die Bewertungen positiv oder negativ.	positiv und negativ etwa gleich	-

Klasse 8c, Grundanforderungen (n=5):

Das Hauptproblem dieser Klasse besteht darin, dass der Klassenlehrer krank war und die Schüler/innen insgesamt sieben (!) Stellvertreter/innen erleben. In dieser Klasse werden überwiegend negative Emotionen dokumentiert.

Schüler/in	Themen	Verhältnis Emotionen	Anzahl starker Emotionen
Schülerin 28301	Der Unterricht wird in Bezug auf Methoden und das Entstehen von Langeweile besprochen. Ebenfalls werden Aufgaben und Anforderungen an Schüler/innen, die fehlende Disziplin der Klasse bei verschiedenen Lehrpersonen und Ungerechtigkeit erwähnt.	fast nur negative Emotionen	2
Schülerin 28305	Das Verhalten von Lehrpersonen wird häufig thematisiert. Weiter werden Aspekte der Unterrichtsdisziplin, des Blossstellens und peinliche Situationen im Unterricht beschrieben. Leistungsdruck sind ebenfalls ein zentrales Thema.	negative Emotionen dominieren	1
Schülerin 28318	Wichtiges Thema sind die Lehrpersonen, vor allem das Verhalten der Stellvertreter/innen. (Un-)Gerechtigkeiten von Lehrpersonen werden thematisiert, auch soziale Probleme innerhalb der Klasse.	mehr negative als positive Emotionen	4
Schüler 28315	Die Schule wird anhand der Dichotomie „ist langweilig" vs. „macht Spass" beschrieben. Trotz überwiegend positiver Bewertung wird mehrmals Kritik an der Gestaltung und den Inhalten des Unterrichts geäussert. Auch Interaktionen (innerhalb der Klasse und mit Lehrpersonen) sind wichtig.	mehr positive Emotionen als negative, einige neutrale Emotionen wie z.B. „egal" (vgl. Abb. 5-1)	1
Schüler 28323	Lehrpersonen, Stellvertreter/innen und ihre Kommunikation mit der Klasse werden angesprochen. Der Unterricht wird generell im Hinblick auf wenig adäquate Methoden und wenig interessante Inhalte beschrieben.	negative Emotionen dominieren	-

Klasse 9e, Grundanforderungen (n=8):

Die Klasse hat eine Steelband gegründet und ist viel am Üben. Allgemein überwiegen negative Einstellungen zur Schule und zu den Lehrpersonen. Die Mädchen bewerten v.a. die Turnlektionen sehr negativ. Sinnfrage wird gestellt: Wozu lernen? Positive und negative Emotionen sind etwa gleich häufig.

Schüler/in	Themen	Verhältnis Emotionen	Anzahl starker Emotionen
Schülerin 29501	Langeweile und Müdigkeit charakterisieren den Schulalltag. Immer wieder wird von Müdigkeit in der Schule gesprochen. Einzelne Lehrpersonen und die Schule insgesamt werden (negativ) bewertet.	negative Emotionen dominieren	5
Schülerin 29508	Situationen werden überwiegend mit Bezug zu einzelnen Lehrpersonen beschrieben. Auch erfolgreiche Leistungssituationen und angenehme Erfahrungen mit der Steelband werden thematisiert. Nur der Turnunterricht wird stets als unangenehm bewertet.	positive Emotionen überwiegen	-
Schülerin 29511	Leistungsdruck bzw. Leistungssituationen und die damit verbundenen Konzentrationsschwächen und Angstgefühle sind dominante Themen. Das Turnen löst Ambivalenzen aus.	negative Emotionen dominieren	1
Schülerin 29514	Nahezu jede Situation beinhaltet mehrere Themen, vor allem Unterrichtsinhalte, Leistungserfolge und Motivation. Soziale Aspekte (innerhalb der Klasse, mit Einzelnen und mit den Lehrpersonen) werden als angenehm, aber auch als konfliktreich dargestellt.	positiv und negativ etwa gleich	2
Schüler 29503	Lehrpersonen und ihr als unangenehm bewertetes Verhalten sind im Vordergrund. Es wird auch über einige unterrichtsübergreifende Erlebnisse (z.B. Ausflug) berichtet.	negative Emotionen überwiegen	6
Schüler 29504	Oftmals werden Ereignisse in spezifischen Fächern berichtet und Konflikte mit einem bestimmten Lehrer. Disziplinprobleme mit Lehrpersonen und fehlende Motivation für die Schule werden ebenfalls wiederholt thematisiert.	negative Emotionen überwiegen	6
Schüler 29509	Aktivitäten mit der Steelband werden sehr geschätzt und machen Spass. Bewertungen der Lehrpersonen spiegeln ein ambivalentes Verhältnis zu ihnen wider. Langeweile im Unterricht und Einstellungen zum Lernen werden hin und wieder thematisiert.	positive Emotionen überwiegen	-
Schüler 29515	Überwiegend werden Motivations- sowie Disziplinprobleme und Konflikte mit einzelnen Lehrpersonen beschrieben.	fast nur negative Emotionen; auch einige neutrale Emotionen	2

Klasse 7b, erweiterte Anforderungen (n=6):

Die Klassenzusammensetzung ist relativ neu. Für diese Klasse ergeben sich immer wieder Probleme mit den Lehrpersonen, insbesondere mit zwei Lehrern. Auch scheint der Klassenzusammenhalt, das Klassenklima noch nicht gefestigt zu sein. Es werden eher mehr negative Emotionen beschrieben. Dies ist aber individuell unterschiedlich.

Schüler/in	Themen	Verhältnis Emotionen	Anzahl starker Emotionen
Schülerin 17203	Häufig wird ein Bezug zu belastenden Leistungssituationen und immer wieder zu Situationen, die Langeweile auslösen, hergestellt. Lehrpersonen und ihr Verhalten (vor allem ein bestimmter Lehrer) sind zentral und werden eher kritisch bewertet.	negative Emotionen überwiegen	2
Schülerin 17208	Im Mittelpunkt stehen Interaktionen Lehrpersonen – Schüler/innen und ungerechtes Verhalten von Lehrer/innen, vor allem in disziplinarischen Kontexten. Einzelne Situationen betreffen schwierige Kontakte mit Mitschüler/innen	fast nur negative Emotionen, einzelne Situationen ohne Emotionen	-
Schülerin 17212	Das Spektrum der Situationen ist vielfältig. Es reicht von guten Noten in einzelnen Fächern über Gespräche mit dem Klassenlehrer bis hin zu positiv erlebten Unterrichtsinhalten.	etwas mehr positive Emotionen, einige neutrale Emotionen	-
Schülerin 17215	Die Situationen drehen sich vorwiegend um Leistungserfolge. Proben, Noten und das Lernen sind häufige Themen, auch die Frage des Übertritts ins Gymnasium. Französisch erweist sich als Lieblingsfach (zwei Tagebucheintragungen werden auf Französisch geschrieben).	fast ausschliesslich positive Emotionen	16
Schüler 17213	Die Beispiele kreisen vor allem um zwei Themen: mangelnde Leistungen und persönliche Konflikte mit Mitschüler/innen (Rolle als Aussenseiter?).	fast nur negative, insgesamt eher wenige Emotionen	-
Schüler 17217	Das Verhalten von Lehrpersonen und Leistungssituationen werden thematisiert, auch Langeweile und Blödsinn machen in der Schule. Einige wenige Ereignisse in der Freizeit und mit Freunden sind angenehm, ebenso die Teilnahme an der Theatergruppe.	etwas mehr negative Emotionen, einzelne Situationen ohne Emotionen	-

Klasse 8d, erweiterte Anforderungen (n=7):

Es ereignen sich viele Konflikte mit den Lehrpersonen. Da der Klassenlehrer häufig krank ist, erlebt die Klasse viele Wechsel der Lehrpersonen. Negative Gefühle dominieren meist klar und bei allen Schüler/innen.

Schüler/in	Themen	Verhältnis Emotionen	Anzahl starker Emotionen
Schülerin 18401	Die Frage des Lehrerwechsels löst Verunsicherung aus. Überwiegend ungenügende Leistungen in Mathematik sind häufiger als einzelne Erfolgserlebnisse in anderen Fächern.	negative Emotionen dominieren	-
Schülerin 18408	Kritikpunkte stammen aus dem Kernbereich des Unterrichts, z.B. die fehlenden didaktischen Kompetenzen von Lehrer/innen. Leistungsforderungen lösen immer wieder Angst aus. Manche Erlebnisse beziehen sich auf die positive Wahrnehmung der Klassengemeinschaft.	mehr negative Emotionen	2
Schülerin 18412	Leistungssituationen trüben den Schulalltag und Leistungsdruck führt gelegentlich zu Überforderung. Erfolge werden stets mit positiven Gefühlen und positiven Beurteilungen der Lehrpersonen quittiert.	etwas mehr negative Emotionen	3
Schülerin 18414	Die Lehrpersonen sind sehr wichtig. Darunter finden sich auch viele kritische Kommentare zu den fehlenden didaktischen Kompetenzen der Lehrpersonen. Schulstress wird vor allem im Zusammenhang mit Proben beschrieben.	negative Emotionen dominieren	1
Schüler 18404	In verschiedenen Fächern werden ungerechtfertigtes Verhalten und ein Mangel an Kompetenzen der Lehrpersonen bemängelt. Positives Verhalten dagegen wird geschätzt. Auch einzelne misslungene Leistungssituationen werden beschrieben.	negative Emotionen dominieren	-
Schüler 18413	Konflikte mit Mitschüler/innen stehen im Mittelpunkt der Beschreibungen, aber auch Interaktionen und unangemessenes Verhalten der Lehrpersonen. Die Klasse insgesamt wird (negativ) bewertet.	überwiegend negative Emotionen	-
Schüler 18419	Negative Interaktionen mit Lehrpersonen und Disziplinprobleme, aber auch Konflikte innerhalb der Klasse und mit einzelnen Mitschülern werden dokumentiert. Die Beispiele beziehen sich auf diverse Fächer, aber überwiegend auf Hauswirtschaft, Zeichnen/Werken und Sport.	fast nur negative Emotionen	-

Klasse 9b, erweiterte Anforderungen (n=4):

Aus dieser Klasse haben sich nur vier Mädchen bereit erklärt, das Tagebuch zu führen. Die Klasse orientiert sich zum Teil schon an der Zeit nach der Schule. Die beschrieben Ereignisse sind überwiegend mit positiven Emotionen verbunden.

Schülerin	Themen	Verhältnis Emotionen	Anzahl starker Emotionen
Schülerin 19203	Proben und Leistungsbeurteilungen stehen im Vordergrund. Erfolg und Misserfolg bestimmen die Gefühle. Werken ist unbeliebtes Fach.	viele neutrale Emotionen, positive und negative Emotionen gemischt	-
Schülerin 19210	Positive Gefühle hängen eng mit Leistungserfolgen zusammen. Negativ beurteilt werden Situationen, in denen Lehrpersonen eine abwertende Haltung gegenüber den Schüler/innen an den Tag legen.	positive und negative Emotionen etwa gleich	2
Schülerin 19217	Die schulischen Anforderungen werden trotz einiger Tiefs insgesamt eher gut bewältigt. Geschätzt werden Situationen, die den eigenen Interessen entsprechen und Selbstbestimmung ermöglichen. Einige Male wird vor Langeweile gesprochen.	positive Emotionen überwiegen, einige neutrale Emotionen	5
Schülerin 19220	Der Unterricht wird mit Bezug auf seine Inhalte und die verwendeten Methoden eher positiv, die Lehrer/innen eher negativ beurteilt. Wichtig sind auch die Kontakte zu einzelnen Jungen in der Klasse.	positive Emotionen überwiegen	4

Klasse 7f, gymnasialer Unterricht (n=7):

Die Klassenzusammensetzung ist neu. In dieser Klasse wurde ein sehbehinderter Junge integriert. Die Klasse hat Probleme damit – nicht nur mit dem Jungen, sondern auch mit dem Verhalten der Lehrpersonen (Bevorzugung?). Es ist keine Dominanz einer Emotionsvalenz festzustellen.

Schüler/in	Themen	Verhältnis Emotionen	Anzahl starker Emotionen
Schülerin 37612	Verschiedene Facetten des Unterrichts (Inhalte, Stile, Methoden, Leistungsbezug) werden vorwiegend positiv erlebt. Ein Diebstahl in der Klasse wird erwähnt.	neutrale und positive Emotionen dominieren, nur einmal negativ	-
Schülerin 37616	Handlungen und Schüleraktivitäten im Unterricht werden je nach individuellen Vorlieben als positiv oder negativ beschrieben. Dabei wird Langeweile wiederholt erwähnt. Interessant ist der fehlende Bezug zu Leistungssituationen.	phasenweise positiv oder negativ	-
Schülerin 37618	Blossstellen und Ungerechtigkeit sowie unangemessene Unterrichtsmethoden in verschiedenen Fächern werden beschrieben, aber nicht emotional bewertet. Häufig geht es um den Unterricht in Nebenfächern.	insgesamt sehr wenige, eher negative oder neutrale Emotionen	2
Schüler 37604	Mit Bezug auf viele verschiedene Fächer wird der Unterricht überwiegend negativ bewertet (Kriterien sind Intensität und Schwierigkeitsgrad). Wiederholt werden auch schwierige soziale Beziehungen zu Lehrpersonen und in der Klasse thematisiert.	negative Emotionen dominieren	9
Schüler 37609	Das Verhalten der Lehrpersonen (parteiisch, Bevorzugung) wird kritisiert. Positiv bewertet werden Unterrichtsmethoden und -inhalte, die dem persönlichen Stil entsprechen. Es werden Selbstzweifel an den eigenen Kompetenzen in Leistungssituationen und im Unterricht geäussert.	positive und negative Emotionen ausgewogen	-
Schüler 37611	Es werden vor allem Leistungssituationen (Proben) und einzelne Unterrichtssequenzen beschrieben.	fast nur neutrale Emotionen	-
Schüler 17411	Toleranz gegenüber anderen ist wichtig. Werden Leistungsanforderungen bewältigt, löst dies positive Gefühle aus (Mathematik ist Problemfach). Es werden aber auch Selbstzweifel an den eigenen Kompetenzen und Aggressionen beschrieben.	positive und negative Emotionen ausgeglichen	4

Klasse 8f, gymnasialer Unterricht (n=8):

Wichtig ist für diese Klasse vor allem die Selektion und der damit verbundene Übertritt in die Quarta. Auch ein Unfall im Sportunterricht und der Sexualkundeunterricht beschäftigt die Schüler/innen. Negativ gefärbte Ereignisse überwiegen bei 7 von 8 Schüler/innen.

Schüler/in	Themen	Verhältnis Emotionen	Anzahl starker Emotionen
Schülerin 38601	Wiederholt wird Kritik an ungerechtem und willkürlichem Verhalten von Lehrpersonen geübt. Negativ gefärbte Beziehungen zu Lehrpersonen kommen zum Ausdruck. Schülerunterstützende Lehr- und Lernformen werden sehr geschätzt.	negative Emotionen überwiegen (Phasen), oft Eindrücke	4
Schülerin 38615	Erfolgreiche Leistungsergebnisse, im Spezifischen der bestandene Übertritt, stehen im Mittelpunkt. Damit verbunden ist aber auch der Umgang mit Stress.	positive Emotionen überwiegen	2
Schülerin 38617	Der bevorstehende Übertritt und die damit verbundenen Leistungsanforderungen lösen viel Unsicherheit und Sorgen aus. Lernsituationen mit einem höheren Grad an Autonomie werden sehr positiv beurteilt.	negative Emotionen überwiegen, einige neutrale Emotionen	3
Schülerin 38622	In den Situationen spiegelt sich die hohe Leistungsorientierung (Noten) in allen Fächern (vor allem in Mathematik) und die mit Sorgen verbundene Übertrittsfrage wider. Ebenso: das aufwändige Lernen und Arbeiten für die Schule.	negative Emotionen überwiegen	-
Schüler 38609	Neben den belastenden Leistungssituationen werden Schule und Unterricht eher negativ bewertet. Zudem werden Probleme mit Lehrpersonen und Mitschüler/innen dokumentiert.	negative Emotionen dominieren	-
Schüler 38613	Zentrales Thema sind Schulleistungen in allen Fächern, aber auch fehlende Freiräume für die Selbstständigkeit und die Entwicklung persönlicher Kompetenzen. Mehrfach finden sich kritische Aussagen zu sozialen und didaktischen Aspekten des Unterrichts.	negative Emotionen überwiegen	-
Schüler 38618	Es werden fast ausschliesslich negative Erlebnisse und Erfahrungen anderer Schüler/innen dokumentiert. Möglichkeiten zur Selbstbestimmung sind von hoher Bedeutung.	negative Emotionen überwiegen neutrale, keine positiven Emotionen	1
Schüler 38620	Selbstzweifel und Frustration in Zusammenhang mit dem Übertritt werden erwähnt. Damit verbunden ist die (teilweise fehlende) Anerkennung durch Lehrpersonen.	negative Emotionen dominieren	5

Klasse 9f, gymnasialer Unterricht (n=7):

Dies ist eine sehr disziplinierte, gute und leistungsorientierte Klasse. Der Übertritt ins Gymnasium ist ein wichtiges Thema. Die meisten Schüler/innen berichten positive und negative Emotionen in etwa gleicher Häufigkeit.

Schüler/in	Themen	Verhältnis Emotionen	Anzahl starker Emotionen
Schülerin 39601	Die berichteten Situationen handeln einerseits von erfolgreichen Leistungssituationen und dem schülerorientierten Verhalten von Lehrpersonen, andererseits von Schulstress, Belastungen und Motivationsproblemen.	positive und negative Emotionen ausgeglichen	-
Schülerin 39607	Neben der Leistungsthematik werden Erfolgserlebnisse beim Lernen und die Nützlichkeit der Inhalte im Unterricht in nahezu allen Fächern dokumentiert.	positive Emotionen dominieren	2
Schülerin 39610	Die meisten Situationen beziehen sich auf erbrachte Leistungen, hohe Leistungsanforderungen und strenge Leistungsbewertungen in nahezu allen Fächern. Auch das Verhalten einzelner Lehrpersonen wird kommentiert.	positive und negative Emotionen etwa gleich, einige neutrale Emotionen	-
Schülerin 39614	Proben werden teilweise als Belastung empfunden. Lernerfolge und interessante Themen aber lösen positive Gefühle aus. Einige Konflikte mit der Italienischlehrerin werden erwähnt.	positive und negative Emotionen etwa gleich, einige neutrale Emotionen	5
Schüler 39604	Mit Bezug auf viele Fächer werden primär belastende Leistungssituationen und wenig adäquate Unterrichtsmethoden thematisiert. Einzelne Lehrpersonen werden (negativ) bewertet.	negative Emotionen überwiegen, einige neutrale Emotionen	1
Schüler 39612	Schule und Unterricht wird je nach erbrachter Leistung eher positiv oder negativ beurteilt, das Verhalten einzelner Lehrer/innen als eher negativ beschrieben.	positive und negative Emotionen etwa gleich, einige neutrale Emotionen	-
Schüler 39619	Wichtigstes Thema ist die fehlende soziale Akzeptanz in der Klasse. Einige Erfolgserlebnisse werden beschrieben. Die Schule wird allgemein beurteilt, es wird kein spezifisches Fach oder eine besondere Unterrichtssituation erwähnt.	negative Emotionen dominieren, einige neutrale Emotionen	-

5.2.4.2 Emotionen im Schulalltag

Insgesamt wurden von den Schüler/innen 1358 Emotionssituationen und dazugehörende Emotionen bzw. Gedanken und Eindrücke beschrieben, 185 Emotionen konnten nicht eingeordnet werden (z.b. Angabe „nix besonderes", Ereignisse ausserhalb der Schule oder unklare bzw. zu rudimentäre Beschreibungen der Situation). Werden die kodierbaren Emotionsbegriffe kategorisiert, so beziehen sich 50% der Tagebucheintragungen auf negative Emotionen, 37% auf positive, in 9% der Fälle wurden neutrale Gefühlserlebnisse, in 4% Gedanken und Eindrücke benannt (vgl. Abb. 5-1). Somit dominierten zwar negative Gefühle bzw. negative Bewertungen (vgl. Mees 1985), der Schulalltag gab aber auch immer wieder Anlass für angenehme Gefühle.

Positive Emotionen
n=433

Beispiele:
akzeptiert, entspannt, fit, geschmeichelt, gesund, heiter, interessiert, stolz, super, zufrieden

Negative Emotionen
n=581

Beispiele:
ärgerlich, beschissen, elend, gelangweilt, gestresst, leer, peinlich, schlecht, schrecklich, zornig

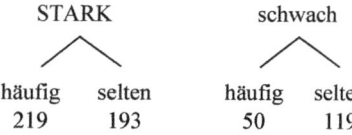

Neutrale Emotionen
n=110

Beispiele:
egal, gleichgültig, mittel, nicht viel, normal, wie immer

 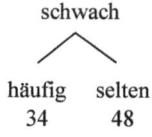

Gedanken / Sonstiges / Ambivalenz
n=62

Beispiele:
erstaunt, komisch, bei der Sache, ich fand's cool, fand es schade

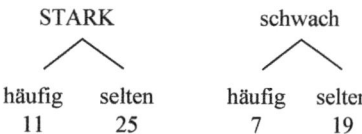

Abbildung 5-1:   Häufigkeiten der Emotionen, eingeteilt nach Emotionsvalenzen (N=1173)

Die verwendeten Begriffe unterscheiden sich in Bezug auf ihre Häufigkeit. Einige polyvalente Emotionswörter wurden von mehreren Schüler/innen und zum Teil recht häufig verwendet. In Tabelle 5-4 sind die häufigsten zehn Wörter für positive und negative Emotionen dargestellt. Ein Grossteil der Beschreibungen jedoch wurde weniger als fünfmal verwendet, etliche Begriffe waren idiosynkratisch und wurden nur von einer einzelnen Schülerin / einem einzelnen Schüler mehrmals genannt.

Tabelle 5-4: Die jeweils 10 häufigsten Emotionsbegriffe (in Klammern: Anzahl der Nennungen)

Positive Emotionen (58 verschiedene Begriffe)	Negative Emotionen (145 verschiedene Begriffe)	Neutrale Emotionen (13 verschiedene Begriffe)
gut (230)		
		normal (67)
	schlecht (60)	
	nicht gut (59)	
	genervt (51)	
	mies (42)	
	wütend, zornig (40)	
	gelangweilt (35)	
super (32)		
glücklich (26)		
froh, fröhlich (20)		
gefreut (19)		
	mich hat's angeschissen (17)	
	beschissen (16)	
	müde (16)	
	traurig (13)	
	enttäuscht (13)	
	nicht fair behandelt (13)	
lustig (11)		
zufrieden (10)		
stolz (8)		
interessiert (6)		
hat Spass gemacht (6)		

Die Anzahl spezifischer Emotionsbeschreibungen differierte deutlich in Abhängigkeit der Emotionsvalenz (vgl. im Detail Hascher 2002): Während die Schüler/innen 58 verschiedene positive Gefühle benannten, wurden die negativen Gefühle mit 145 unterschiedlichen Begriffen bezeichnet. Aufgrund des geringeren Differenzierungsgrads des Lexikons positiver Emotionen weist die Emotion „gut" eine besonders hohe Verwendung auf (vgl. Tab. 5-4). Das Vokabular für negative Emotionen erwies sich damit abermals als umfang- und facettenreicher als das der positiven Gefühle (vgl. auch Hascher 1994). 13 verschiedene Bezeichnungen wurden für neutrale sowie fünf Formulierungen für ambivalente Emotionen gewählt. 15 Beschreibungen bezogen sich auf sonstige Emotionen (wie Überraschung) und 19 Bezeichnungen spiegelten Eindrücke und Gedanken wider.

Emotionen sind ohne ihre situativen Kontexte jedoch nur teilweise verständlich. Wenn sich eine Schülerin in der Schule gut fühlt, ein Schüler genervt ist, dann kann dies mit einer Vielzahl von Gründen und Auslösern verbunden sein. Die weitere Analyse erfolgte deshalb in Bezug auf die Situationen, in welche sie eingebettet waren. Die Leitfrage war bei diesem Teil der Auswertung wie folgt: Was wird in diesen Situationen über die Schule ausgesagt? Für das Verständnis der von den Jugendlichen erlebten Ereignisse wurden die Texte ausgewertet, mit denen sie den Rahmenkontext und die Begründung der emotionalen Erfahrung beschrieben haben. Diese Texte haben folglich mit Flick (2000, S. 43) folgende zwei Funktionen: „Texte sind nicht nur die wesentlichen Daten, auf die Erkenntnis gegründet wird, sie sind auch die Basis von Interpretationen ...“ Das Ziel der Textauswertungen war, die subjektiven Wahrnehmungen bzw. Konstruktionen von emotionalen Alltagserlebnissen sinndeutend verstehen zu können.

Die Vielzahl genannter Emotionen lässt sich mit einer reduzierbaren Zahl an emotionsauslösenden Situationen im Schulalltag in Verbindung bringen. Wird ein induktives Vorgehen der Analyse der Emotionssituationen gewählt, so lässt sich der schulische Handlungsrahmen durch drei Hauptbereiche charakterisieren: (1) Die meisten Situationen beziehen sich unmittelbar auf das Unterrichtsgeschehen. Aber auch Beispiele zur (2) Schule als Institution und zu (3) Aktivitäten ausserhalb des Schulalltags werden angesprochen. Aus der Sicht der Schüler/innen waren dies im Konkreten:

1. Unterrichtsgeschehen
   - individuelle Schulleistungen und Kompetenzerleben (z.B. Stoff verstehen)
   - Gesamterfolg einer Schülerin / eines Schülers (z.B. Klassenziel erreichen)
   - Prüfungen individuell (z.B. Erfolg in einer Probe)
   - Schulleistungen und Kompetenzerleben anderer (z.B. Referat eines Mitschülers)
   - Prüfungen anderer (z.B. Schüler/in an Wandtafel)
   - kollektive Schulleistungen (z.B. Notendurchschnitt)
   - Prüfungen kollektiv (z.B. Probe schreiben)
   - Unterricht an sich (z. B. im Klassenzimmer sitzen und zuhören)
   - Unterrichtstätigkeit der Lehrperson (z. B. Präsentation der Lehrperson)
   - Unterrichtsgestaltung durch Lehrperson (z.B. Lern-Parcours vorbereitet)
   - Stress im Unterricht (z.B. viel neuer Stoff in einer Lektion)
   - Lerninhalte, Lernthemen (z.B. unregelmässige Verben in Französisch)
   - Lernprozesse (z.B. eigenständiges Lernen)
   - Bewertung einzelner Fächer (z.B. Lieblingsfach)
   - Interaktionen zwischen Lehrpersonen und Schüler/innen (z.B. Ungerechtigkeit)
   - Stimmungen der Lehrperson (z.B. gute Laune)
   - Interaktionen zwischen Lernenden (z.B. Gruppenarbeiten, -diskussionen)
   - Verhalten der Schüler/innen (z.B. Rumtoben)

- Disziplin und Strafe (z.B. Kollektivstrafe)
- Hausaufgaben (z.B. Menge der Hausaufgaben)

2. Schule als Institution
   - Schulzeiten (z.B. Unterrichtsbeginn, Freistunden)
   - Stellvertretungen (z.B. häufiger Wechsel von Stellvertretungen)
   - Veränderungen der Schulorganisation (z.B. Veränderungen des Stundenplans)
   - Individuelle Verantwortung und Zukunftsorientierung (z.B. Promotion)
   - Besondere Anlässe (z.B. Proben für Steelband)

3. Aktivitäten ausserhalb des Unterrichts
   - Persönliches Wohlergehen (z.B. Gesundheit, Stimmung)
   - Kontakt mit Freund/innen und Mitschüler/innen (z.B. Treffen am Nachmittag)
   - Sport treiben (z.B. Vorbereitung für Match am Wochenende)

5.2.4.2   Wohlbefindensrelevante Emotionen im Schulalltag

Diese Auflistungen an Emotionen in der Schule und ihre Quellen bzw. situativen Verankerungen sagen jedoch noch nichts über die Bedeutung des Emotionserlebens für das Wohlbefinden in der Schule aus. Dass Emotionen ein konstitutives Merkmal des Wohlbefindens sind und Emotionserlebnisse das Wohlbefinden beeinflussen, ist unbestritten und wurde bereits an anderer Stelle vertreten (vgl. Kap. 2, 3 und 4). Es gibt jedoch verschiedene Auffassungen, welche Anteile Gefühle bei der Genese des Wohlbefindens einnehmen, und es ist weitgehend ungeklärt, welche Emotionen welchen Einfluss ausüben. Bradburn (1969) ging von einer Emotionsbalance aus. Seiner Meinung nach lässt sich das Wohlbefinden eines Menschen über die Häufigkeit positiver und negativer Emotionen und ihr Verhältnis erschliessen: Je mehr positive Emotionen ein Individuum erlebt (und berichtet), desto wohler fühlt es sich. Je mehr negative Emotionen den Alltag charakterisieren, desto tiefer ist das Wohlbefinden eines Menschen. Weiteren emotionalen Charakteristika wie z.B. der Qualität oder Intensität einer Emotion kommt in Bradburns Ansatz keine Bedeutung zu, da nur die Valenz des Gefühls ausschlaggebend ist und in die sog. Affektbalance einfliesst.

Diener und Mitarbeiter (Diener, Larsen, Levine & Emmons 1985; Diener et al. 1991; Emmons & Diener 1986) diskutierten, ob eher häufige Emotionen geringer Intensität oder seltene Emotionen mit hoher Intensität das Wohlbefinden eines Menschen bestimmen, und kamen zu dem Schluss, dass die Häufigkeit des Emotionserlebens ausschlaggebend sei. Für das Wohlbefinden ist demnach wirkungsvoller sich häufig ein wenig gut zu fühlen als seltene Momente sehr intensiven Glücks zu erleben. Diesem Ansatz liegt die Annahme zugrunde, dass eine Konkurrenz der Emotionen bezüglich Häufigkeit und Intensität besteht, dass es also nicht möglich ist, eine Emotion zugleich häufig und intensiv zu erleben.

In der vorliegenden Arbeit wird eine neue Perspektive verfolgt, Es wird postuliert, dass vor allem diejenigen emotionalen Erfahrungen das Wohlbefinden fördern oder hemmen, welche vom Individuum als bedeutungsvoll eingeschätzt werden. Als Operationalisierung der subjektiven Relevanz wird nicht auf eine einzelne, sondern auf drei Emotionsdimensionen zurückgegriffen: auf die Häufigkeit, die Intensität und die Dauer eines Gefühlserlebens. Wie in Kapitel 4 ausgeführt, ist anzunehmen, dass vor allem solche Schulsituationen, die häufige und lang andauernde Emotionen hoher Intensität auslösen, relevant für das Wohlbefinden von Schüler/innen sind. Für die weitere Auswertung wurden deshalb nur diese Situationen ausgewählt. 32 Schüler/innen (55% der Stichprobe) beschrieben insgesamt 119 Situationen, in denen sie eine Emotion zu gleich häufig, intensiv und lang andauernd erlebt hatten. Dadurch verschiebt sich das Verhältnis der Emotionsvalenzen zu Ungunsten der positiven Gefühle, da in diesen Situationen mehrheitlich negative Emotionen (55%), gefolgt von positiven Emotionen (31%) und vereinzelten ambivalenten, neutralen und sonstigen Emotionen bzw. Gedanken und Eindrücken (11%) thematisiert werden. 3% der Aussagen konnten nicht zugeordnet werden.

Um die beschriebenen Emotionen besser verstehen zu können, wurden sie in einem nächsten Schritt systematisiert. Es gibt verschiedene Möglichkeiten, Emotionswörter positiver und negativer Valenz zu kategorisieren (z.B. Johnson-Laird & Oatley 1989; Mayring 1992b; Mees 1985, 1991; Pekrun 1992b; Pekrun & Jerusalem 1996; Tischer 1993). Da in der vorliegenden Arbeit nicht eine Analyse des Wortfelds Emotion, sondern das Verstehen der Bedeutung von Emotionen und ihren Auslösern im Schulalltag im Mittelpunkt stand – Mees (1985, S. 3) spricht in diesem Fall von psychologischen Bedeutungselementen – wurden die Emotionen anhand von zwei Dimensionen eingeteilt (vgl. Tab. 5-5): Einerseits (1. Dimension) wurden die Emotionsbegriffe den fünf grundlegenden Emotionen Glück (z.B. „happy"), Traurigkeit (z.B. „resigniert"), Angst („erschrocken"), Ärger („genervt"), Ekel/Abneigung („unangenehm berührt") nach Johnson-Laird & Oatley (1989), ergänzt um die Emotion Scham/Schuld (z.B. „schlechtes Gewissen") zugeteilt. Ziel dieser Kategorisierung war, eine grundlegende Differenzierung in Emotionstypen zu schaffen, auch wenn damit in Kauf genommen werden musste, dass nur eine Grundemotion für die Beschreibung positiver Emotionen zur Verfügung stand. Die Einteilung erlaubte, die Vielzahl von Emotionswörtern in Bezug auf ihre Funktion und Erlebnisqualität zu systematisieren. Gefühlsbeschreibungen, die sich auf die physiologischen Begleiterscheinungen von Emotionen bezogen (z.B. „müde"), waren häufig und wurden deshalb separat kodiert.

Andererseits (2. Dimension) wurden die Gefühlsbegriffe danach kategorisiert, ob sie sich auf soziale Aspekte oder auf Leistungskontexte beziehen. Diese Einteilung geht auf die Systematisierung von Mees (1985) zurück, der zwischen Beziehungs-, Ziel- und Empathieemotionen unterscheidet. Als Beziehungsemotionen werden in der vorliegenden Arbeit die Gefühlsbeschreibungen bezeichnet, die implizit einen sozialen Bezug aufwiesen (z.B. „ich fühlte mich alleine gelassen") oder in sozialen Kontexten verwendet wurden (z.B. im Kontakt mit Mitschüler/innen). Zielemotionen sind in den Tagebüchern der Schüler/innen nahezu ausschliesslich auf Leistungssituationen zurückzuführen (z.B. „frustriert"). Empathieemotionen wurden fast nie genannt („Schadenfreude" und „Mitleid" nur je einmal) und wurden deshalb nicht als eine eigene Kategorie eingeführt.

Mit dieser Einteilung konnten alle Gefühlsbeschreibungen zugeordnet werden. Bei Unklarheit in der Zuordnung wurde die von den Schüler/innen genannte Situation bei der Kodierung miteinbezogen. Die meisten Begriffe konnten einer Kategorie zugeordnet werden. Begriffe, die in mehreren Kontexten verwendet wurden (z.B. schlecht), wurden mehrfach zugeordnet. Zwei unabhängige Raterinnen kamen bei diesem Verfahren zu einer Übereinstimmung von 95%. Dieses Vorgehen führte zu der folgenden Einteilung (vgl. Tab. 5-5):

Tabelle 5-5: Kategorisierung der in den Tagebüchern verwendeten Emotionsbeschreibungen

	Soziale Kontexte	Leistungskontexte
Neutral		
Glück	akzeptiert, aufgemuntert, amüsiert, belustigt, bevorzugt, erfreut, ermutigt, ernst genommen, Freude, froh, fröhlich, gefreut, geschmeichelt, glücklich, lustig, gut, gut gelaunt, happy, Hoffnung, macht Spass, nicht bedrängt, nicht schlecht, Schadenfreude, schuldlos, super, toll, übermütig, vergnügt, witzig, wohl	aufgestellt, befriedigt, besser als, blendend, erfreut, erleichtert, Freude, froh, fröhlich, gefreut, genial, glücklich, gut, gut gelaunt, happy, heiter, herausgefordert, Hoffnung, interessiert, macht Spass, motiviert, nicht gelangweilt, nicht schlecht, nicht schlimm, nicht stolz, super, toll, wohl, wunderbar, zufrieden
Körperempfinden	aufgedreht, ausgeglichen	entspannt, fit, frei, gelassen, gesund, konzentriert, locker, munter
Traurigkeit (inkl. Enttäuschung)	allein gelassen, benachteiligt, betroffen, deprimiert, doof, einsam, elend, enttäuscht, erniedrigt, gedemütigt, Mitleid, nicht akzeptiert, mies, schlecht und nicht tauglich, traurig, verantwortlich, verletzt, verzweifelt, weh tun, wütend, wie der letzte Hund, wie ein schlechter Turner	doof, frustriert, ich hatte nicht so Freude, nicht bei bester Laune, nicht fähig, nicht gut, nicht tauglich, resigniert, schlechtes Gewissen, unmotiviert, verzweifelt, wie in einem schwarzen Loch
Körperempfinden	total fertig, leer	ausgelaugt, kaputt, k.o., kraftlos, krank, lustlos, müde, schläfrig, schlapp, schwach, träge, unfit
Angst	besorgt, eingeschlossen, erschrocken, ertappt, gehemmt, hilflos, im Clinch, nicht gut, unsicher	ängstlich, hilflos, nicht gut, schlecht, schlecht gelaunt, überfordert, unter Druck, unwissend, Zweifel
Körperempfinden	geschockt, wurde rot, ich fühlte mich schlecht, Kribbeln im Bauch, unruhig	aufgeregt (nervös), beunruhigt, flaumig, gestresst, klein, nervös, sturm, unkonzentriert, unruhig, ich fühlte mich schlecht

	Soziale Kontexte	Leistungskontexte
Ärger / Wut	angegriffen, ärgerlich, aufgewühlt, beleidigt, bestohlen, blöde, böse auf mich, dumm, deprimiert, es hat mich angeschissen, fies, gefoppt, genervt, Hass, hässig, hintergangen, im Clinch, mies, nicht so glücklich, nicht gut, (stink-) sauer, schlecht, Selbsthass, ungeduldig, unfair/ungerecht/nicht richtig behandelt, unterdrückt, veralbert, verärgert, verarscht, wie ein Baby, wie ein armer Schüler, wie eine Puppe, wütend, Zorn, zweitrangig, zurückgesetzt	angeschissen, ärgerlich, blöde, dumm, deprimiert, hintergangen, ich wurde beunruhigt, mies, schlecht, wie im Kindergarten, wütend
Körperempfinden	aufgeregt, hungrig, hat weh getan, ich habe Rückenschmerzen	erregt, kalt, ich hatte Ohrenschmerzen, ich hatte starke Schmerzen, meine Hand tat weh
Abneigung / Ekel	ablehnend, belästigt, entsetzt, lächerlich, nicht wohl, Scheisse, unangenehm berührt, voll Verachtung, wie ein Schläger, wütend	gelangweilt, langweilig, Scheisse, unterfordert, unwohl
Körperempfinden	ich bekam fast einen Hustenanfall, unangenehm	appetitlos, faul, haarlos, Brechreiz, mir taten die Ohren weh, mir war schlecht, (mir war) übel, verschwitzt
Scham / Schuld	geschämt, peinlich, schlecht, schlechtes Gewissen, schrecklich, schuldig, verantwortlich, wie ein Baby, wie ein Schläger	dumm, schlechtes Gewissen, wütend auf mich selber
Körperempfinden	heiss	

Bezieht man die Häufigkeit der verwendeten Begriffe mit ein, so werden folgende zwei Sachverhalte deutlich:

1. Erstens dominieren negative Emotionen. Dies zeigt sich nicht nur in Bezug auf die Anzahl ihrer Nennung, sondern auch auf ihre sprachliche Vielfalt. Vor allem Emotionen des Ärgers und der Wut, die selten auf sich selbst bezogen, sondern meist auf andere gerichtet sind, werden häufig genannt. Aber auch Traurigkeit und Angst nehmen einen grossen Anteil ein. Auffallend ist der Anteil von negativ behafteten Körperempfindungen, die anstelle einer Emotion beschrieben werden, aber durchaus eine gute Aussagekraft darüber beinhalten, wie sich eine Schülerin / ein Schüler in der jeweiligen Situation fühlt. Im Vergleich zu den Aussagen in negativer Valenz sind Situationen, die in der Schule Anlass zum Empfinden von Freude, Vergnügen und Spass geben und das Wohlbefinden der Schüler/innen stärken könnten, relativ selten. Die Aussage von Bergmann & Eder (1995), nach der die Schule ein Ort ist, an dem das Befinden der Kinder und Jugendlichen eher ungünstig ist, lässt sich somit bestätigen.

2. Zweitens überwiegen negative Emotionen in sozialen Kontexten, und diese Kontexte beziehen sich mehrheitlich auf Interaktionen mit Lehrerinnen und Lehrern. Traurigkeit, Angst und Wut etc. hängen zwar auch mit den Mitschüler/innen zusammen, viel öfter jedoch stehen sie in Verbindung mit dem Verhalten der Lehrpersonen. Dieses Ergebnis weist auf Störungen in der Beziehung zwischen Schüler/innen und Lehrpersonen hin, die das Wohlbefinden der Jugendlichen potenziell hemmen können.

Die bisherigen Analysen basieren auf der Interpretation der psychologischen Bedeutung der Gefühlsbeschreibungen der Schülerinnen und Schüler. Um diese Interpretationen weiter differenzieren bzw. breiter abstützen zu können, wurden in einem nächsten Schritt die emotionsauslösenden Situationen systematisiert. Dabei wurde wie folgt vorgegangen: Die Tagebuchschreiber/innen hatten sowohl die Rahmensituation, ihre Gedanken in dieser Situation und die Emotionsbegründungen notiert. Aus diesen Texten ergab sich eine Oberflächenstruktur: Die emotionsauslösenden Situationen drehten sich um Geschehnisse im Unterricht, um die Schule als Institution und um ausserschulische Aktivitäten. Es stellt sich nun aber die Frage, welche Aspekte der jeweiligen Situation zu den negativen bzw. positiven Gefühlen führten, d.h. die Frage nach der Tiefenstruktur, nach den subjektiven Bedeutungen und Motiven der Schülerinnen und Schüler. Nach Bergmann & Eder (1995, S. 206) entstehen negative Emotionen z.B. dann, „wenn bei der Gestaltung von (schulischen) Situationen wesentliche personale Bedürfnisse nicht ausreichend berücksichtigt werden". Der Zusammenhang von Emotionen bzw. Wohlbefinden mit den Bedürfnissen eines Individuums wird in der Literatur in verschiedenen Konzepten vertreten (z.B. Campbell 1981; Diener 2000; Maslow 1977) und konnte auch mehrfach empirisch bestätigt werden (vgl. z.B. Diener et al. 1995; Grob 1995; Schimmack et al. 2002; Staudinger et al. 1999). In Anlehnung an die Motivationstheorie von Deci & Ryan (vgl. z.B. Deci & Ryan 1993; Ryan & Deci

2000) wurden deshalb die Emotionssituationen anhand der folgenden fünf Bedürfnisse kategoriert: Das Bedürfnis nach ...

1. Freiheit und Autonomie,
2. Kompetenzerleben und Leistung,
3. sozialer Einbindung und sozialen Beziehungen,
4. Anerkennung des Individuums und
5. Gerechtigkeit, Ordnung und Disziplin.

Es wurde angenommen, dass (a) die berichteten Situationen durch diese Bedürfnisse charakterisierbar sind und (b) sich positive Gefühle auf das Erfüllen, negative Emotionen auf das Nicht-Erfüllen dieser Bedürfnisse zurückführen lassen können. Für eine zusätzliche Präzisierung wurde unterschieden, ob die jeweiligen Emotionsauslöser in der Schule allgemein oder in einem bestimmten Fach zu finden sind, in Zusammenhang mit Lehrer/innen oder Mitschüler/innen stehen. Zwei unabhängige Raterinnen nahmen die Einteilung vor und kamen auf eine hohe Übereinstimmungsrate von 96%. zehn Ereignisse (8% der Situationen) konnten nicht zugeordnet werden, da sie sich nicht auf Ereignisse in der Schule bezogen (z.B. der erste Schnee) oder die Beschreibungen keine Schlüsse auf die Emotionsursachen zuliessen (z.B. „weil ich mich da immer normal fühle"), und sechs Situationen (5%) bezogen sich auf das physische Befinden der Schülerin / des Schülers (z.B. Kopfschmerzen oder Verletzung beim Turnen). In Tabelle 5-6 ist die daraus resultierende Systematik mit Beispielaussagen dargestellt. In allen Kategorien finden sich Aussagen zur Genese positiver und negativer Emotionen und es finden sich aussagekräftige Beispiele für alle fünf Bedürfnisformen. Ebenso erwies sich die zusätzliche Differenzierung in Schule, Fach, Lehrpersonen und Mitschüler/innen als sinnvoll, wobei der Bezug zu den Lehrpersonen am häufigsten erwähnt wurde (in 33% der Aussagen) und mit den meisten negativen Gefühlen besetzt war. Beispiele zur Schule allgemein (21%) und zu einem bestimmten Fach (22%) wurden in etwa gleichermassen in Zusammenhang mit positiven als auch mit negativen Gefühlen genannt und insgesamt öfter berichtet als Interaktionen mit den Mitschüler/innen, die überwiegend mit negativen Emotionen behaftet waren.

Am häufigsten (39% der Situationen) wurden starke Emotionen mit Bezug auf Leistungen und Kompetenzerleben begründet. Das Erleben von Freude über einen erfolgreichen Tag, über eine gelungene Probe, über gute Zusammenarbeit in der Klasse, aber auch Aussagen über Erfolgszuversicht sind in dieser Kategorie zu finden. Es waren also durchaus nicht nur gute Noten, die zu positiven Emotionen führten, sondern eher das Erleben des eigenen Könnens und der eigenen Kompetenzen. Als unangenehm beurteilte Situationen bezogen sich auf einzelne Misserfolge oder unbefriedigende Gesamtleistungen sowie auf Über- und Unterforderung im Unterricht, also auf Situationen, die mit Aggressionen und Langeweile verbunden sein können. Wie in fast allen anderen Kategorien überwogen die Beispiele, in denen negative Emotionen empfunden wurden.

Beispiele für (fehlende) soziale Einbindung (16%) bezogen sich sowohl auf die Mitschüler/innen (z.B. in einer Gruppe gemeinsam Spass haben) als auch auf Kontakte mit Lehrpersonen, die allerdings eher negativ bewertet wurden und eine zum Teil sehr schlechte Beziehung zu einzelnen Lehrpersonen (z.B. die totale Ablehnung einer Lehrerin) zum Ausdruck brachten. Insgesamt dominierten aber Ereignisse, in denen negative Erfahrungen mit anderen Jugendlichen in der Klasse gemacht wurden. Das Bedürfnis nach Freiheit und Autonomie (13%) war als einzige Kategorie mit mehr positiven als negativen Emotionen verbunden, was aber vor allem auf solche Situationen zurückzuführen ist, in denen sich Schüler/innen über einen frühzeitigen Schulschluss oder über schulfreie Tage gefreut hatten. Einige Beispiele bezogen sich auf Momente einer freieren (weniger ernsten) Gestaltung des Unterrichts. Allerdings kann das Erleben von Autonomie auch negativ beurteilt werden (z.B. wenn die Freiheit bei der Fächerwahl eine Überforderung darstellt), ebenso wie dies bei der Einschränkung der Freiheit (z.B. durch Überlastung mit Hausaufgaben) der Fall ist.

Das Bedürfnis nach Anerkennung (12%) diente fast ausschliesslich als Ursache für negative Emotionen wie Traurigkeit, Scham und Wut gegenüber Lehrerinnen und Lehrern. Es wurde bemängelt, dass Lehrer/innen die Anstrengungen und Leistungen zu wenig wertschätzen und dass sie die Schülerin / den Schüler als Person nicht ernst nehmen. Auch diese Beispiele unterstreichen einerseits die hohe Bedeutung, die Lehrpersonen für die Jugendlichen besitzen, andererseits die Probleme, die zwischen Schüler/innen und Lehrpersonen bestehen können. In eine ähnliche Richtung gehen die Aussagen, in denen in der Perspektive der Schüler/innen die Gerechtigkeit und die Disziplin in einer Klasse zu kurz kommen (8%). Mehrheitlich wird unfaires, d.h. ungleiches Verhalten von Lehrer/innen als Grund für starke negative Emotionen angeführt. Die Beispiele sprechen von mangelnder Gerechtigkeit und von Benachteiligung, die sich sowohl gegenüber Einzelnen als auch gegenüber einer ganzen Klasse oder Gruppe äussern können. Dabei stehen durchaus nicht Leistungsbewertungen im Vordergrund, sondern Handlungsfreiräume von Schüler/innen, die durch die Lehrpersonen unterschiedlich zugelassen werden.

Tabelle 5-6: Kodierung der Situationen, die starke positive (pos) oder negative (neg) Emotionen ausgelöst hatten (Originalbeispiele)

		Schule allgemein	Fach	Lehrperson	Mitschüler/innen
Freiheit / Autonomie	pos	Wir hatten schulfrei – ich konnte ausschlafen. Ich fühlte mich super, weil ich frei hatte. (Total 6 Nennungen)	Im Zeichnen wars wie immer lustig. Ich fühlte mich gut, weil man sich vieles erzählen konnte, weil wir es lustig hatten und vom sonstigen Schulstress mal abschalten konnten. (Total 4 Nennungen)		Wir wechselten endlich die Plätze. Zum Glück muss ich nun nicht mehr neben meinem Ex-Freund sitzen. Ich fühlte mich super, weil wir hatten Krach zusammen. (Total 1 Nennung)
	neg	Unsere Klassenlehrerin hat Formulare verteilt für die Anmeldung der Hauptfächer im Gymer. Es wurde mir richtig angst und bange, denn ich habe absolut keine Ahnung, was ich aus diesem grossen Angebot auswählen soll. Ich fühlte mich nicht gerade super, hatte Angst, weil ich nicht weiss, was das Richtige ist für mich. (Total 2 Nennungen)		Am Mittwoch bekamen wir sehr viele Aufgaben auf Donnerstag. Eigentlich wollte ich mit meiner Kollegin etwas unternehmen, doch daraus wurde leider nichts! Ich dachte, dass das wieder typisch Lehrer ist. Es hat mich angeschissen, weil ich mich auf den Nachmittag gefreut hatte. (Total 2 Nennungen)	
Kompetenz / Leistung	pos	Ich war heute sehr erfreut, als Herr K. eine Probe ankündigte. In dieser Probe will ich eine gute Note. Ich fühlte mich in diesem Moment gut, weil ich weiss, dass wenn ich die Probe gut lerne, ich eine gute Note haben werde. Mir ist dabei klar geworden, dass ich sehr viel Selbstvertrauen besitze. (Total 7 Nennungen)	Heute hatte ich Erfolg auf der ganzen Linie. Immer wenn wir mit Englisch oder mit Franz beginnen, bin ich happy. Ich fühlte mich glücklich und zufrieden und konnte mich voll auf die Schule konzentrieren. (Total 9 Nennungen)		Heute im Zeichnen haben alle mal im ‚Team-Geist' gearbeitet. Ich fühlte mich gut, weil mich gefreut habe. Ich hoffe, dass es so bleibt. (Total 1 Nennung)
	neg.	Es ist nichts besonderes passiert. Es war ziemlich langweilig wie immer. Ich fühle mich in der Schule nie gut. Grundsätzlich kann ich zuhause besser lernen. (Total 8 Nennungen)	Das 3D-Zeichnen war schwer. Ich kam nicht nach. Ich fühlte mich mies, weil es mich angeschissen hat. Zeichnen ist Scheisse! (Total 11 Nennungen)	Ich habe eine 2½ in einem Physiktest bekommen. Der Lehrer hat einem die Tests so skrupellos verteilt. Das ist ein ekelhafter Typ. Bei dem lernt man nichts; er setzt auf Quantität und nicht auf Qualität. Ich fühlte mich schrecklich, weil ich im Zeugnis zum ersten Mal eine 4 haben werde und der Lehrer einen so heruntergemacht hat. (Total 10 Nennungen)	

		Schule allgemein	Fach	Lehrperson	Mitschüler/innen
Soziale Beziehungen	pos		Aujourd'hui on a eu une leçon de Français avec Mme von Gunten qui était très intéressante. Je me suis sentie très bien, parce que j'ai été du même avis que mes amies. (Total 1 Nennung)	Wir hatten heute den letzten Tag mit unserem Stellvertreter Schule. Da wir unser Schulzimmer neu gestalten wollen, schenkte er uns zum Abschied 20.-. Ich hatte Freude, weil er doch ziemlich spendabel ist, obwohl wir nicht immer nett waren zu ihm. (Total 2 Nennungen)	Wir hatten Kochschule und das war sehr lustig. Ich habe mich gut gefühlt, weil ich mit den anderen aus meiner Klasse zusammen sein konnte und habe mich gefreut, dass wir es zusammen so lustig haben können. (Total 3 Nennungen)
	neg			Unsere Lehrerin ist leider wieder da. Ich dachte mir: Scheisse! Ich fühlte mich nicht gut, weil ich sie hasse. (Total 4 Nennungen)	In meiner Klasse gab es leider Streit zwischen drei Girls und drei Boys. Ich hasse solche Situationen, Streit und so. Mir geht es dann immer total mies, auch wenn ich nicht selbst am Streit beteiligt bin. Ich empfand grosse Traurigkeit, weil ich meine Klasse eigentlich total gerne mag, egal was passiert. (Total 9 Nennungen)
Anerkennung des Individuums	pos				In der grossen Pause schauten uns die ganze Zeit die Jungs von unserer Klasse nach. Ich fühlte mich auf eine Art geschmeichelt, weil ich sah, dass ich ziemlich angesehen bin bei unseren Jungs. (Total 1 Nennung)
	neg	Ich weiss immer noch nicht, welches Hauptfach ich im Gymer wählen soll. Am Nachmittag im Italienisch war ich stinksauer auf die Lehrerin, weil sie in einem strengen Ton sagte, ich müsse mich dann wohl einmal entscheiden können. Eigentlich hat sie ja recht. Trotzdem fühlte ich mich schlecht und zu nichts tauglich. (Total 2 Nennungen)		Unsere Lehrerin hatte einmal mehr eine miese Laune. Sie meckerte andauernd herum und schiss uns zusammen. Mich hat sie zusammengeschissen, weil ich nicht schön geschrieben habe. Das hat mich angeschissen, weil ich wusste, dass man es ihr nicht recht machen kann. (Total 11 Nennungen)	

		Schule allgemein	Fach	Lehrperson	Mitschüler/innen
Gleiche Rechte, Ordnung, Disziplin	pos			In der Englischstunde redete unsere Lehrerin uns ins Gewissen. Ich finde, dies wäre schon lange nötig gewesen, wir hatten nämlich bereits fünf LehrerInnen in 1½ Jahren. Ich hoffe, dass es mit dieser Lehrerin gut geht, und fühlte mich ermutigt, weil sie sich für uns einsetzt. (Total 1 Nennung)	Unser Lehrer war krank und wir hatten einen Stellvertreter. Dieser hatte uns allerdings nicht so im Griff. Ich fühlte mich blöde, weil unsere Klasse dies ausnützt und die, die wollen (lernen und mitmachen), werden so gestört. (Total 1 Nennung)
	neg		Ich habe mich heute in der Hauswirtschaft darüber geärgert, dass das Geschirr völlig schmutzig von den Vorderen hinterlassen wurde. Ich kam mir fast etwas blöd vor, weil bei uns immer strengstens auf Sauberkeit geachtet wird, bei den anderen dagegen scheint es keine Rolle zu spielen. (Total 1 Nennung)	Mitten in der Stunde stand S., der Schüler der nur 15% sieht, auf und schlug einfach auf alles los, das sich bewegte. Obwohl er ausrastete, unternahm der Lehrer nichts. Ich habe mich benachteiligt gefühlt, weil S. gleich behandelt werden müsste wie wir. Wenn S. in einer normalen Schulklasse ist, sollte er auch wie die anderen behandelt werden. (Total 6 Nennungen)	
Physisches Befinden	pos				
	neg	Ich hatte Kopfschmerzen, deshalb weiss ich nicht mehr genau, was vorgefallen ist. Ich fühlte mich müde und dachte, dass die Lehrer Arschlöcher sind, weil sie uns immer vollstussen. (Total 4 Nennungen)	Wir hatten am Nachmittag Turnen und ich habe mich an einer Scherbe geschnitten. Es war ein sehr tiefer Schnitt, ich konnte fast nicht mehr laufen. Ich fühlte mich schlecht, weil ich starke Schmerzen hatte. (Total 2 Nennungen)		

5.2.4.3 Zusammenfassung

Eine Übersicht über die dokumentierten emotionalen Erfahrungen im Schulalltag macht deutlich, dass Schule und Unterricht mit einer Vielzahl an Emotionen verbunden sind, und bestätigt die Ergebnisse anderer Studien (z.B. Pekrun 1992a). Obwohl spontan viele positiv bewertete Situationen berichtet wurden, dominierten in dem untersuchten Zeitraum von sechs Wochen die negativen Gefühle. Dieses Bild verstärkt sich noch, wenn nur die Situationen mit sehr bedeutungsvollen Gefühlserfahrungen – definiert als Situationen, in denen die berichteten Emotionen als sehr intensiv, häufig und lang andauernd beurteilt wurden – in Betracht gezogen werden: Zwei Drittel der Aussagen drehen sich um Traurigkeit, Angst, Ärger/Wut, Abneigung/Ekel und Scham/Schuld. Die Beschreibungen der Gefühle erwiesen sich insbesondere bei Emotionen negativer Valenz als sehr differenziert. Wiederholt thematisierten die Schüler/innen ihre Körperempfindungen, was auf die Bedeutung dieser Emotionskomponente hinweist. Auffallend ist die hohe Zahl an Ereignissen, die bei den Jugendlichen spezifische Facetten der Emotionen Ärger bzw. Wut auslösten.

Die berichteten positiven und negativen Emotionen im Schulalltag entstanden im täglichen Schulgeschehen vor allem im Unterricht. Anhand differenzierter Analysen konnten sie auf die Bedürfnisse der Schüler/innen zurückgeführt werden: Wurden zentrale Grundbedürfnisse wie das Bedürfnis nach Kompetenzerleben, Autonomie, sozialer Integration, Anerkennung und Gerechtigkeit vom schulischen Umfeld respektiert und erfüllt, so führte dies in der Regel zu positiven Gefühlen. Wurden diese Bedürfnisse missachtet oder blieben sie unerfüllt, so löste dies negative Emotionen aus. Schule und Unterricht ist nicht nur als Leistungskontext, sondern auch als Ort der Begegnung und sozialer Kontakte emotional wirksam. Kompetenzerleben und Leistungssituationen sind zwar häufige Emotionsquellen, ebenso bedeutsam sind aber soziale Beziehungen zu Mitschüler/innen und vor allem auch zu Lehrpersonen. Werden die Tagebuchepisoden im Hinblick auf potenzielle Quellen des Wohlbefindens in der Schule interpretiert, so lassen sich folgende drei Schlüsse für die Genese des Wohlbefindens in der Schule ableiten:

1. Schule sollte so gestaltet sein, dass Schüler/innen eine Vielzahl an Möglichkeiten haben, Kompetenzen zu erwerben, Kompetenz zu erleben und gute Leistungen zu erbringen.
2. Das Verhalten der Lehrerinnen und Lehrer sollte einerseits ermöglichen, positive Beziehungen zu den Schüler/innen aufzubauen. Andererseits sollte ihr Verhalten auf Fairness und Anerkennung gründen sowie der Mündigkeit der Schüler/innen als Erziehungsziel Rechnung tragen.

3. Die Schule sollte darauf bedacht sein, dass sich die Interaktionen zwischen Schüler/innen positiv gestalten und weniger Anlass für Kummer, Ärger und Streit bieten.

Die Analyse der durchgeführten qualitativen Studie gibt einen ersten Einblick in wesentliche Bedingungen des Wohlbefindens in der Schule. Die Ergebnisse sind jedoch in doppelter Hinsicht selektiv: Zum einem hatten sich die Schüler/innen freiwillig bereit erklärt, Tagebuch zu führen (Selektion der Stichprobe). Zum anderen wurden nur die Episoden von Schüler/innen ausgewertet, die das Tagebuch gewissenhaft geführt hatten (Selektion der Daten). Welche Repräsentativität und welche Wirkungen die drei o.g. Kriterien der Schulqualität im Einzelnen haben, wird noch zu prüfen sein.

5.3 Wie wohl fühlen sich Jugendliche in der Schule?

Um die Frage zu klären, wie wohl sich Schülerinnen und Schüler in ihren Schulen fühlen, wurden zwei quantitative Studien durchgeführt. Zum einen wurden je ca. 400 Schüler/innen aus vier mittelgrossen Städten, in Magdeburg (Deutschland), Hradec Králové (Tschechien), einem Vorort von Amsterdam (Niederlande) und Bern (Schweiz) befragt. Zum anderen wurde eine Gesamterhebung in einem Schulhaus im Berner Oberland, Spiez (Schweiz) durchgeführt. Insgesamt ergibt sich daraus eine Stichprobe von 2014 Schüler/innen (946 Jungen und 1065 Mädchen, 3 Schüler/innen ohne Geschlechtsangabe), wobei 785 Schüler/innen (394 Jungen und 391 Mädchen) aus Schweizer Schulen stammen. Die nachfolgende Ergebnisdarstellung fokussiert einerseits die Ergebnisse der Befragung in Bern. Andererseits dienen die Daten der anderen Stichproben dazu, die Antworten der Schweizer Schüler/innen positionieren und interpretieren zu können.

5.3.1 Fragestellung

Das Ziel der Studie bestand darin, Aussagen zum Wohlbefinden von Schüler/innen in unterschiedlichen kulturellen Kontexten zu formulieren und daraus Erklärungen für die Genese des Wohlbefindens ableiten zu können. Es ging also nicht darum, die Ergebnisse von Schüler/innen aus unterschiedlichen Kulturkreisen zu vergleichen und zu dokumentieren, wo sich Schüler/innen wohler fühlen (im Sinne einer Wohlbefindens-„Hitliste"). Im Mittelpunkt stand der Erkenntnisgewinn über die Entwicklung des Wohlbefindens in der Schule, d.h. die Erkundung wohlbefindensrelevanter Faktoren und die Klärung der Quellen des Wohlbefindens in der Schule.

Bei der zweiten Schweizer Stichprobe lag die Zielorientierung anders. Dort ging der Impuls zur empirischen Studie von der Schule, einem Oberstufenzentrum im Berner Oberland, aus. Das Wohlbefinden aller Schüler/innen sollte vor dem Hintergrund der Qualitätsüberprüfung und Schulentwicklung untersucht werden. Dementsprechend wurde der Schwerpunkt neben dem Wohlbefinden auf weitere schulspezifische sozio-emotionale Faktoren (wie Klima, Angst und Gewalt) gelegt. Zudem sollten die Daten eine Validierung der Ergebnisse der Schüler/innen in der Stadt Bern darstellen. Die Daten dieser Studie werden dargestellt, solange sie den Untersuchungsmethoden der internationalen Studie entsprechen. Hinweise und weitere Ergebnisse sind an anderer Stelle nachzulesen (Hascher 2002; Hascher, Bieri, Kocher & Lobsang 1999; Hascher, Bieri, Kocher, Lobsang, Abbühl & Kocherhans 1999; Hascher & Baillod 2000).

5.3.2 Stichprobe

Für die Auswahl der Stichprobe (vgl. Tab. 5-7), den Zeitpunkt und die Durchführung der Erhebung wurden folgende acht Kriterien festgelegt:

- Es durften nur Schüler/innen im Altersbereich zwischen 13 und 17 Jahren befragt werden.

- Die Schüler/innen sollten sich in etwa gleichmässig auf drei Klassenstufen der Sekundarstufe I (zur Orientierung: in der Schweiz Stufen 7–9) verteilen.

- Die Jugendlichen konnten in etwa gleichmässig den drei dominierenden Leistungsniveaus (Sekundarstufe I mit Grundanforderungen, Sekundarstufe I mit erweiterten Anforderungen, Gymnasialer Unterricht) zugeordnet werden.

- Die Erhebung fand nur an einem Dienstag-, Mittwoch- oder Donnerstagvormittag während der Unterrichtszeit zwischen der 2. und der 5. Lektion statt.

- Den Lehrer/innen war nicht erlaubt, zum Zeitpunkt der Befragung im Klassenzimmer anwesend zu sein. Nur der Versuchsleiter / die Versuchsleiterin betreute die Klasse.

- Die Beantwortung der Fragenbogen erfolgte individuell, ebenso die Klärung einzelner Nachfragen.

- Das Ausfüllen der Fragebogen war ohne Pausen durchzuführen.

- Alle Schüler/innen erhielten die gleichen Instruktionen.

Bei der mündlichen Instruktion wurde darauf geachtet, das Auslösen von Effekten sozialer Erwünschtheit zu vermeiden. Deshalb wurden die Schüler/innen explizit darauf hingewiesen, dass es um ihre persönliche Meinung gehe, es keine richtigen oder falschen Antworten gäbe und dass ihre Antworten absolut vertraulich behandelt würden (alle Schüler/innen erhielten einen Zahlencode). Die Befragung dauerte maximal zwei Lektionen. Die nachfolgende Tabelle (Tab. 5-7) gibt einen Überblick über die befragten Schüler/innen.

Tabelle 5-7: Stichprobe der interkulturellen Studie zum Wohlbefinden in der Schule
(Angaben in Prozent)[56]

	Bern N=394	Magdeburg N=364	Amsterdam N=445	Hradec Králové N=420
Geschlecht				
Schülerinnen	49%	50%	56%	58%
Schüler	51%	50%	44%	42%
Schulniveau				
Grundanforderungen	30%	32%	34%	35%
Erweiterte Anford.	37%	35%	39%	30%
Gymnasialer Unterr.[57]	33%	33%	27%	35%
Klassenstufe				
7	40%	34%	40%	32%
8	32%	34%	46%	37%
9	28%	32%	14%	31%

Tabelle 5-8: Übersicht über die Stichprobe im Oberstufenzentrum Spiez
(Angaben in Prozent)

	Spiez N= 391
Geschlecht	
Schülerinnen	51%
Schüler	49%
Schulniveau	
Grundanforderungen	49%
Erweiterte Anforderungen	35%
Gymnasialer Unterricht	16%
Klassenstufe	
7	33%
8	35%
9	32%

Die Zusammenarbeit mit dem Oberstufenzentrum Längenstein in Spiez (Berner Oberland) entstand im Schuljahr 1998/1999. Dieses Schulzentrum ist eine Ausbildungsstät-

---

56 Die Gesamtzahl der Stichprobe in den unterschiedlichen Ländern variiert primär als eine Funktion
der Klassengrössen.
57 Die Formulierung „Gymnasialer Unterricht" wurde gewählt, da nicht alle Schüler/innen mit Unterricht auf gymnasialem Niveau eine gesonderte Schule (ein Gymnasium) besuchten.

te für über 400 Jugendliche in den o.g. drei Leistungsstufen. Von der Schulleitung wurde eine Gesamterhebung gewünscht. In der nachfolgenden Tabelle (vgl. Tab. 5-8) ist eine Übersicht über die Gesamtstichprobe[58] dargestellt.

5.3.3 Methode und Instrumente

Alle Schüler/innen beantworteten Fragen zu folgenden Themen und Bereichen, wobei Reihenfolgeeffekten durch die Variation der Reihenfolge der zu beantwortenden Fragebögen vorgebeugt wurde (für eine detaillierte Darstellung der Auswahl der Instrumente und des Vorgehens vgl. Hascher 2002):

• *Soziodemographische Angaben*
Geschlecht, Alter, Klassenstufe, Schultyp, Klasseneintritt, Klassenrepetitionen, Geburtsland, Geburtsland der Eltern, kulturelle Zugehörigkeit

• *Fragebogen zum Wohlbefinden in der Schule (FWS)*
Wie in Kapitel 3 dargestellt, existieren recht viele Instrumente zum allgemeinen Wohlbefinden, die überwiegend für Erwachsene konzipiert wurden. Einen Fragebogen zum Wohlbefinden in der Schule gibt es jedoch nicht (vgl. Kap. 3). In Anlehnung an die Arbeiten von Kamman & Flett (1983), Bradburn (1969), Headey et al. (1984b) und auf der Basis eigener Vorarbeiten definierten Grob et al. (1991) das Wohlbefinden als ein Konstrukt, das sich aus emotionalen und kognitiven Aspekten und damit aus den zwei Hauptdimensionen Zufriedenheit und negative Befindlichkeit zusammensetzt: *Zufriedenheit* besteht aus Skalen zu Lebensfreude, Selbstwert, Depressive Stimmung und Positive Lebenseinstellung; *Negative Befindlichkeit* aus den Skalen Körperliche Beschwerden und Problembewusstsein. Diese sechs Teilaspekte wurden von Grob et al. mittels des Berner Fragebogens zum Wohlbefinden Jugendlicher (BFW) operationalisiert und empirisch überprüft. Analog zum BFW wurde ein Fragebogen zum Wohlbefinden in der Schule entwickelt (ausführlich dazu vgl. Hascher 2002), indem die 39 Items von Grob et al. (1991) folgendermassen auf den schulischen Kontext spezifiziert wurden (vgl. Tab. 5-9):

---

58 Zusätzlich wurden die 12 Schüler/innen in den Kleinklassen befragt. Da sich bei diesen Schüler/innen die Datenerhebung aufgrund von Verständnis- und Konzentrationsproblemen als schwierig gestaltete und grösstenteils nicht ausreichend beendet werden konnte, wurden ihre Daten aber von weiteren Analysen ausgeschlossen.

Tabelle 5-9: Beispiele für die Bildung der Items des Fragebogens zum schulischen Wohlbefinden in Anlehnung an den Berner Fragebogen zum Wohlbefinden von Jugendlichen (Grob et al. 1991)

Berner Fragebogen zum Wohlbefinden (für Jugendliche)	Fragebogen zum Wohlbefinden in der Schule (für Jugendliche)

Skalen und Beispiele

Positive Lebenseinstellung:
„Mein Leben scheint mir sinnvoll."

Positive Einstellung zur Schule:
„Die Schule scheint mir sinnvoll."

Problembewusstheit:
„Hast Du Dir in den letzten paar Wochen Sorgen gemacht wegen der Beziehung zu Deinen Kollegen/Kolleginnen?"

Probleme in der Schule:
„Hast Du Dir in den letzten paar Wochen Sorgen gemacht wegen der Beziehung zu Deinen Mitschülern/ Mitschülerinnen?"

Körperliche Beschwerden:
„Kam es in den letzten paar Wochen vor, dass Du Magenschmerzen hattest?"

Körperliche Beschwerden wegen der Schule:
„Kam es in den letzten paar Wochen vor, dass Du Magenschmerzen wegen der Schule hattest?"

Selbstwert:
„Ich bin fähig, Dinge ebenso gut wie die meisten anderen Menschen zu tun."

Schulischer Selbstwert:
„Ich bin fähig, Dinge in der Schule ebenso gut zu tun wie die meisten anderen Mitschülerinnen / Mitschüler."

Depressive Stimmung:
„Ich finde mein Leben uninteressant."

Depressive Haltung gegenüber der Schule:
„Die Schule ist uninteressant."

Lebensfreude:
„Kam es in den letzten paar Wochen vor, dass Du Dich freutest, weil Dir etwas gelang?"

Freude wegen der Schule:
„Kam es in den letzten paar Wochen vor, dass Du Dich über eine erfolgreiche Prüfung freutest?"

- *Soziales Selbstkonzept*

Deusinger entwickelte 1986 einen Fragebogen zum Selbstkonzept für Jugendliche. Für das soziale Selbstkonzept dienten die Skalen „Allgemeine Problembewältigung" (FSAP), „Wertschätzung durch andere" (FSWA) und „Kontakt- und Umgangsfähigkeit" (FSKU). 18 Fragen wurden auf die Mitschüler/innen, 13 Aussagen auf die Lehrpersonen bezogen (vgl. Tab. 5-10):

Tabelle 5-10: Skalen zum Sozialen Selbstkonzept in der Schule in Anlehnung an
Deusinger (1986)

Skala	Beispiel
Bezug zu Mitschüler/innen Konfliktfähigkeit im Umgang mit Mitschüler/innen	„Beim Streit mit einer Mitschülerin / einem Mitschüler behalte ich einen klaren Kopf."
Akzeptanz bei Mitschüler/innen	„Meine Mitschüler/innen vertrauen mir."
Kontaktfähigkeit bei Mitschüler/innen	„Es fällt mir leicht, Kontakte mit meinen Mitschüler/innen zu bekommen."
Bezug zu Lehrpersonen Konfliktfähigkeit im Umgang mit Lehrpersonen	„Probleme mit den Lehrer/innen kann ich ohne weiteres lösen."
Akzeptanz bei Lehrpersonen	„Ich fühle mich von meinen Lehrerinnen und Lehrern akzeptiert."
Kontaktfähigkeit bei Lehrpersonen	„Im Gespräch mit den Lehrpersonen finde ich den richtigen Ton."

- *Soziale Interaktionen in den Schulpausen*

Die Perspektive des Schulalltags sollte vom Klassenunterricht ausgehend erweitert werden. Deshalb wurde auch nach den Interaktionen und Emotionen während der Pausen (Kurzpausen zwischen den Stunden und grosse Pause am Vormittag) gefragt. Sieben Items thematisierten sozio-emotionale Eindrücke und Erlebnisse in den Schulpausen, z.B. „In den Schulpausen fühle ich mich allein" und „In den Schulpausen bei uns wird herumgetobt und gekämpft".

- *Soziogramm*

In Bezug auf die soziale Integration in der Schulklasse wurde in jeder Klasse ein Soziogramm (vgl. Höhn & Seidel 1976; Moreno 1967) nach Petillon (1980) durchgeführt. Grundidee dieser Methode ist, über die Wahlen bzw. Ablehnungen der Schüler/innen sowohl die soziale Gesamtstruktur der Schulklasse als auch die individuelle Stellung einzelner Schüler/innen in der Klasse zu ermitteln. In dieser Pilotstudie wurde wie folgt vorgegangen: Alle Schüler/innen erhielten eine Nummer. Dann notierten sie jeweils, neben wem sie gerne und neben wem sie weniger gerne sitzen würden, sollten demnächst die Plätze im Klassenzimmer getauscht werden. Den Jugendlichen wurden freigestellt, wieviele Mitschüler/innen sie benennen wollten. Zudem sollten die Jugendlichen angeben, neben wem sie am liebsten und am wenigsten gerne sitzen würden, und diese Einschätzung anhand von 26 bzw. 28 Fragen bezüglich der folgenden sieben, von Petillon (1980) angenommenen Motive für die Wahl bzw. Ablehnung von Peers begründen (vgl. Tab. 5-11):

Tabelle 5-11: Motive für die Wahl bzw. Ablehnung von Mitschüler/innen

Dimension	Motive zur Wahl	Motive zur Ablehnung
	Beispielitem	Beispielitem
Leistungsorientierung	„... weil er /sie gut (schlecht) in der Schule ist."	„... weil er /sie gut (schlecht) in der Schule ist."
Beliebtheit	„... weil er / sie mit den meisten in der Klasse gut auskommt."	„... weil sie / er von den anderen nicht so akzeptiert wird."
Sympathie	„...weil ich mich freue, wenn ich sie / ihn treffe."	„... weil ich sie / ihn weniger nett finde."
Gemeinsamkeiten	„... weil wir die gleichen Fächer mögen."	„... weil sie / er anders über die Schule denkt wie ich."
Kommunikation	„... weil ich gut mit ihr / ihm über Sachen in der Schule und ausserhalb reden kann."	„... weil ich nicht weiss, was ich mit ihr / ihm reden soll."
Aussehen	„... weil sie / er gut aussieht."	„... weil sie / er eine negative Ausstrahlung hat."
Soziales Verhalten	„... weil ich's mag, wie sie / er mit anderen umgeht."	„... weil sie / er unfair zu den anderen ist."

- *Schuleinsatz allgemein, in Mathematik und im Unterricht in der 1. Fremdsprache*
Diese beiden Skalen bestehen aus je sieben Items und wurden von Roede (1989) übernommen. Sie sind als eine an Emotionen orientierte Kurzform zur Erfassung der Grundmotivation gegenüber der Schule im Allgemeinen und gegenüber spezifischem Fachunterricht zu verstehen (vgl. Tab. 5-12).

Tabelle 5-12: Skalen zum Schuleinsatz nach Roede (1989)

Skala	Beispiel
Schuleinsatz allgemein	„Drinnen sitzen fällt mir schwer."[59]
... im Fremdsprachenunterricht	„Es fällt mir schwer, im Fremdsprachenunterricht aufzupassen."
... im Mathematikunterricht	„Im Mathematikunterricht habe ich meine Gedanken bei der Sache."

- *Zukunftsperspektiven*
Die Bewertung der Schule und ihre (aktuelle und längerfristige) Bedeutung für die Schüler/innen, die subjektiv eingeschätzten Zukunftschancen und Entwicklungsmöglichkeiten der Jugendlichen wurden mittels vier Skalen à sechs Items nach Stouthard und Peetsma (1999; vgl. auch Peetsma 2000) untersucht (vgl. Tab. 5-13). Kernaussage der Skalen sind individuelle Eindrücke und Gedanken zur aktuellen und künftigen Bil-

---

59 Negativ formulierte Items wurden jeweils rekodiert.

dungs- und Beschäftigungssituation. In Bezug auf die Schule und die persönliche Entwicklung werden je eine kurz- und eine langfristige Perspektive unterschieden:

Tabelle 5-13: Skalen zur Zukunftsperspektive von Stouthard & Peetsma (1999)

Skala	Beispiel
Schule	
Kurzfristig	„Ich möchte im laufenden Jahr viel davon umsetzen, was ich in der Schule lerne."
langfristig	„Es ist mir eher gleichgültig, was ich später einmal in der Arbeit oder im Studium mache."
Persönliche Entwicklung	
kurzfristig	„Ich mache mir viel Gedanken darüber, was in der nächsten Zeit mit mir geschieht."
langfristig	„Ich habe vor, nach der Schulzeit viel mit meinen eigenen Fähigkeiten / Begabungen anzufangen."

- *Bildungseinstellung der Eltern und des Freundeskreises*

Die Haltung von Kindern und Jugendlichen gegenüber der Schule wird stark davon
geprägt, wie ihre Eltern und Freunde / Freundinnen über die Schule denken. Deshalb
wurden zwei Skalen zu den Bildungseinstellungen der Eltern bzw. des Freundeskreises
vorgelegt (Peetsma et al. 2002). Jeweils fünf analog formulierte Items beziehen sich
auf ihre Haltung gegenüber der Schule und ihre angebotene bzw. wahrgenommene
Unterstützung der Schülerinnen und Schüler (vgl. Tab. 5-14).

Tabelle 5-14: Skalen zu den Bildungseinstellungen von Eltern und Freundeskreis (Peetsma
et al. 2002)

Skala	Beispiel
Bildungseinstellungen Eltern	„Meine Eltern finden es wichtig, das ich einen guten Schulabschluss mache"
Bildungseinstellung Freundeskreis	„Meine Freundinnen und Freunde fragen mich selten, wie es in der Schule war".

- *Attributionen in Bezug auf Leistungserfolg und -misserfolg in Mathematik*

In Anlehnung an Weiner (1985) wurden die vier idealtypischen Attributionen der
Schüler/innen in Bezug auf Leistungserfolg und -misserfolg in der Schule in den Fragebogen aufgenommen. Die vier Beispiele für Erfolg lauteten wie folgt: Wenn ich eine
gute Note in Mathematik erreiche, liegt das in erster Linie daran ...

...., dass ich viel gelernt habe" (intern, variabel),

...., dass mir Mathematik leicht fällt" (intern, stabil),

..., dass ich Glück hatte" (extern, variabel),

..., dass die Probe leicht war" (extern, stabil).

- *Kognitives Selbstkonzept*

Die Selbstwirksamkeit scheint eine wichtige Variable in Zusammenhang mit Leistungszufriedenheit und Wohlbefinden zu sein (Jerusalem & Mittag 1999). In diesem Sinne wurde die Selbstwirksamkeitsüberzeugungen der Schüler/innen mittels einer Skala aus den „Patterns of Adaptive Learning Survey" von Midgley, Maehr & Urdan (1993) mit sechs Items, z.B. „Ich bin sicher, dass ich die schulischen Anforderungen in diesem Schuljahr bewältigen kann." erhoben.

- *Motivationale Orientierungen*

Um die Verknüpfung von Emotion und Motivation zu überprüfen, wurden zwei zentrale motivationale Orientierungen, die extrinsische und die komparative Leistungsmotivation erhoben. Als Instrument (vgl. Tab. 5-15) diente je eine Skala mit fünf Items aus den „Patterns of Adaptive Learning Survey" von Midgley et al. (1993).

Tabelle 5-15: Skalen zur schulischen Selbstwirksamkeit und zu motivationalen Orientierungen von Midgley et al. (1993)

Skala	Beispiel
Extrinsische Leistungsmotivation	„Der Schulstoff lerne ich, weil ich muss ... nicht, weil ich das will."
Komparative Leistungsmotivation	„Ich mag die Fächer und Inhalte gerne, in denen ich zeigen kann, dass ich klug bin."

- *Bedeutung und Umsetzung von allgemeinen Lernzielen in Schule und Unterricht, allgemeine Bedeutung der Schule*

In der Literatur zur Schultheorie (vgl. z.B. Fend 1980; Osten 1997) und Schulentwicklung wird wiederholt davon gesprochen, dass die Schule zielgeleitet ausbilden muss und dass die individuellen Ziele der Schüler/innen bei den Ausbildungsinhalten und – methoden berücksichtigt werden müssen. Alternative Beurteilungsformen zur sozialen Bezugsnormorientierung orientieren sich sogar explizit an den individuellen Lern- und Leistungszielen. Da das Erreichen von Zielen in einem engen Zusammenhang mit dem Wohlbefinden eines Menschen steht (z.B. Diener 1984; Emmons 1986) wurden folgende 13 Fragen zu fächerübergreifenden Lernzielen in Hinblick auf deren Bedeutsamkeit und ihrer Umsetzung im Schulalltag gestellt. Die Einleitung lautete: „Es ist für mich wichtig, dass ich in der Schule lerne ..." bzw. „Ich lerne in meiner Schule ..."

- „Aufgaben, die ich übernommen habe, zu erledigen und nicht aufzuschieben."
- „Standpunkte anderer zu achten."
- „Ordnung zu halten."
- „auch bei schwierigen Dingen nicht aufzugeben und an einer Sache dranzubleiben."
- „anderen beizustehen, wenn sie Probleme haben."
- „regelmässig und umfassend meine Arbeiten zu erledigen."
- „zeitliche Vereinbarungen einzuhalten."
- „einzusehen, dass ich nicht immer meinen Standpunkt durchsetzen kann, sondern auch die anderen zum Zug kommen lassen muss."
- „selbständig zu arbeiten und meine Aufgaben selbst zu planen und zu strukturieren."
- „in einer Gruppe mit anderen zusammenzuarbeiten."
- „einer Sache auf den Grund zu gehen."
- „dann, wenn es nötig ist, meinen Standpunkt zu vertreten, auch wenn andere dabei widersprechen."
- „mich beim Arbeiten nicht ablenken zu lassen."

Zudem wurden die Jugendlichen befragt, was ihnen an der Schule am wichtigsten sei:

- „Einen guten Abschluss zu erreichen."
- „Dinge zu lernen, die ich später gebrauchen kann."
- „Mich mit Sachen beschäftigen, die mich interessieren."
- „Leute zu treffen, mit denen ich gerne zusammen bin."
- „Mit den Lehrerinnen / Lehrern gut auszukommen."

- *Diskriminierung von Mitschüler/innen*

Da immer wieder betont wird, dass soziale Interaktionen und die soziale Unterstützung einen Einfluss auf das Wohlbefinden eines Individuums ausüben (z.B. Eder 1995c; Schwarzer & Leppin 1994) und dass Gleichaltrige eine wichtige soziale Quelle für die Bewältigung des Schulalltags darstellen (z.B. Helsper 1993), wurde explizit die fehlende Unterstützung durch Klassenkamerad/innen thematisiert. Dazu wurden alle sechs Items der Skala ‚Diskriminierung von Mitschüler/innen' (Bsp: „In unserer Klasse fühlen sich manche Schülerinnen / Schüler oft alleingelassen.") aus der Landauer Skala zum Sozialklima (LASSO) von von Saldern & Littig (1987) übernommen.

- *Verhalten der Klassenlehrperson*

Der Einfluss von Lehrpersonen auf die Leistungen und den Schulerfolg von Schüler/innen ist umstritten (im Überblick vgl. Helmke & Weinert 1997), wenn auch die Eltern von der Schlüsselrolle der Lehrer/innen überzeugt sind (Hurrelmann & Schultz 1985). Es finden sich jedoch immer wieder Hinweise darauf, dass die Unterrichtsgestaltung auf die sozio-emotionalen Aspekte des Schulalltags wirkt. Deshalb wurden vier Skalen aus der Landauer Skala zum Sozialklima (LASSO, von Saldern & Littig

1987) verwendet, die sich auf die Lehrpersonen bezogen, und in der Instruktion auf die Klassenlehrperson (deren Unterrichtsfächer angegeben werden mussten) umformuliert (vgl. Tab. 5-16):

Tabelle 5-16: Skalen zum Verhalten der Klassenlehrperson in Anlehnung an den Klimafragebogen von von Saldern und Littig (1987)

Skala	Beispiel
Fürsorge der Lehrperson	Die Lehrerin / der Lehrer kümmert sich um die Probleme der Schülerinnen / Schüler.
(keine) Bevorzugung oder Benachteiligung	Man muss besser sein als die meisten anderen Schülerinnen / Schüler, damit man von der Lehrerin / vom Lehrer gelobt wird.
(kein) Leistungsdruck	Wenn wir am Wochenende nicht lernen, schaffen wir kaum, was von uns verlangt wird.
Fähigkeiten der Lehrperson	Der Unterricht ist so verständlich, dass man auch schwierige Sachen begreift.

• *Elternkontakte zur Schule*
Elternkontakte und Elternmitarbeit sind eine zentrale Komponente der Entwicklung von Schulqualität (vgl. z.B. Holtappels 1995; Levine & Lezotte 1995; Osten 1997; Rutter et al. 1980). Deshalb erfolgte eine weitere Ergänzung durch Fragen zu den wahrgenommenen Elternkontakten. Sechs Items zielten darauf ab, die Häufigkeit und Qualität dieser Kontakte zu erfassen, z.B. „Auf persönliche Kontakte zu den Lehrer/innen legen meine Eltern keinen Wert".

Mit Ausnahme der Items der Landauer Skala zum Sozialklima, Antwortformat 1–4, wurden alle Fragen und Items auf einer 6er-Skala (1 = unwichtig bzw. nie bzw. trifft nicht zu, 6 = sehr wichtig, sehr oft, trifft genau zu) erfasst. Die Skalenabstände wurden nicht verbal beschrieben, sondern es wurde die Zunahme graphisch wie folgt dargestellt:

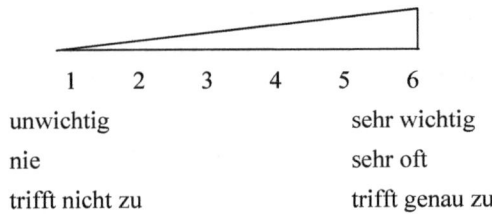

Alle Skalen wurden so rekodiert, dass hohe Werte eine positive Ausprägung repräsentieren, z.B. bedeutet ein hoher Werte bei der Skala ‚Körperliche Beschwerden' Beschwerdefreiheit bzw. dass nur wenige Beschwerden vorliegen. Rekodierte Skalen werden im Folgenden als solche bezeichnet, z.B. ‚Keine körperlichen Beschwerden'.

5.3.4 Ergebnisse

Über 2000 Schüler/innen aus den Städten Bern (CH), Magdeburg (D), Hradec Králové (CZ), Amsterdam (NL) und aus Spiez (Berner Oberland) beantworteten die 39 Fragen zum schulischen Wohlbefinden. Ziel der Studie war nicht, einen direkten Vergleich zwischen den unterschiedlichen Stichproben im Sinne einer Rangliste zu ziehen, sondern in Bezug auf verschiedene schulische Lebenswelten Aussagen über das Wohlbefinden in der Schule und seine Genese zu erhalten. Um eine Überinterpretation von Ergebnissen bei grossen Stichproben zu vermeiden, werden im Folgenden nur hochsignifikante Ergebnisse ($p < .01$) dargestellt und diskutiert.

5.3.4.1   Struktur des Fragebogens zum Wohlbefinden in der Schule

Unterzieht man die erhaltenen Daten zum Wohlbefinden der Gesamtstichprobe einer Faktorenanalyse, so ergibt sich eine konstruktnahe Sechs-Faktoren-Lösung, die gemeinsam 49.9% der Varianz aufklärt. Die Items verteilen sich nahezu identisch auf die Zielfaktoren. Diese Faktorenstruktur lässt sich bei allen Teilstichproben weitgehend bestätigen und führt bei allen Teilstichproben zu einer Varianzaufklärung im Bereich von 50% (vgl. Tab. 5-17). Anschliessende Itemanalysen (Reliabilitätskriterium war jeweils Cronbachs Alpha) bestätigten die Reliabilität der gefundenen Faktoren. In der Tabelle 5-18 sind die Reliabilitätskoeffizienten der sechs Skalen für die Gesamtstichprobe und die fünf einzelnen Stichproben im Überblick dargestellt.

Tabelle 5-17: Faktorenstruktur des Fragebogens zum Wohlbefinden in der Schule anhand der Teilstichproben, Erklärte Varianz: Bern 52.66%, Spiez 52.77%, Magdeburg 50.98%, Amsterdam 51.04%, Hradec Králové 49.12%)

Itemnummer im Fragebogen	Itemformulierung	Bern	Spiez	Magdeburg	Amsterdam	Hradec Králové
				Faktorenladungen		
Faktor: Positive Einstellungen und Emotionen gegenüber der Schule						
1	Ich gehe gerne in die Schule.	.647	.675	.751	.708	.744
3	Die Schule scheint mir sinnvoll.	.541	.688	.728	.539	.761
2	Was auch immer passiert, die Schule hat etwas Gutes.	.492	.633	.708	.608	.709
7r[60]	Ich finde, ich vergeude meine Zeit in der Schule.	.632	.627	.619	.645	-
6	Ich finde gut, was wir in der Schule lernen.	.591	.679	.577	.563	.666
5r	Es nervt mich, in die Schule zu gehen.	.642	.574	.574	.699	-
4	Ich fühle mich wohl in der Schule.	.448	.534	.682	.508	.731
34	Manchmal finde ich, ich vergeude meine Zeit in der Schule.	.630	.635	.482	.696	.513
Faktor: Keine körperlichen Beschwerden (Kam es in den letzten paar Wochen vor, dass ....)						
19r	Dich vor dem Unterricht Herzklopfen plagte?	.669	.668	.693	.755[61]	.631
20r	Du wegen Prüfungsstress unter Appetitlosigkeit littest?	.736	.654	.678	.713	.637
22r	es Dir plötzlich ganz heiss wurde, als eine Lehrerin / ein Lehrer Dich aufrief?	.637	.608	.675	.588	.632
21r	Dir im Unterricht schwindlig wurde?	.543	.704	.704	.677	.529
18r	Du Bauchschmerzen wegen der Schule hattest?	.656	.576	.586	.526	.596
23r	Du während des Unterrichts sehr starke Kopfschmerzen hattest.	.664	.631	.643	.659	.517

60 Rekodierte Items sind mit „r" bezeichnet.
61 Die Items der Nummern 19, 20, 22 und 18, 2, 23 laden bei den Daten aus Amsterdam auf zwei getrennten Faktoren.

Itemnummer im Fragebogen	Itemformulierung	Faktorenladungen				

Faktor: Schulischer Selbstwert

33	Ich habe keine Probleme, die Anforderungen in der Schule zu bewältigen.	.729	.672	.741	.753	.732
32	Schwierigkeiten mit dem Lernstoff in der Schule kann ich leicht lösen.	.734	.721	.766	.709	.693
31	Ich bin fähig, Dinge in der Schule ebenso gut zu tun, wie die meisten anderen Mitschüler /-schülerinnen.	.761	.615	.682	.596	.646
30	Ich bin zufrieden mit der Art und Weise, wie sich meine schulischen Pläne entwickeln.	.651	.606	.467	.711	.649
29	Wenn ich an die nächsten Schuljahre / die Zeit nach der Schule denke, dann habe ich ein gutes Gefühl.	.575	.654	.467	.696	.454

Faktor: Keine sozialen Probleme in der Schule
(Kam es in den letzten paar Wochen vor, dass...)

24	Du Probleme mit Deiner Klasse hattest?	.807	.731	.768	.792	.767
25	Du Probleme mit einzelnen Mitschüler/innen hattest?	.713	.741	.804	.705	.753
28	Du Dich in Deiner Klasse als Aussenseiter/in fühltest?	.781	.611	.690	.691	.718
26	Du Probleme mit einem Schulfreund / einer Schulfreundin hattest?	.614	.712	.721	.695	.598
27	Du nicht einschlafen konntest, weil Dich Probleme mit einem/r Klassenkameraden/in beschäftigten?	.607	.675	.609	.652	.632

Faktor: Keine Sorgen in der Schule
(Hast Du Dir in den letzten paar Wochen Sorgen gemacht, ...)

13	wegen der Schule?	.696	.716	.763	-	.558[62]
15	wie es in der Schule weitergeht bzw. wie es nach der Schule weitergeht?	.711	.620	.697	-	.576
16	wegen den Schulnoten?	.699	.616	.761	-	.599
14	wegen Lehrerinnen / Lehrern mit denen Du Probleme hattest?	.528	.469	.394	-	.424
17	wie Du Deine Hausaufgaben schaffen sollst?	.530	.615	-	-	.537

---

62 Die Items dieses Faktors waren bei der Stichprobe aus Hradec Kralové zwar in einem Faktor zu finden, bildeten aber einen Faktor zusammen mit den Items zu den körperlichen Beschwerden.

Itemnummer im Fragebogen	**Itemformulierung**	**Faktorenladungen**				

Faktor: Anerkennung und Freude in der Schule
(Kam es in den letzten paar Wochen vor, dass ...)

Nr.	Itemformulierung					
11	Du das Gefühl hattest, wichtige Dinge im Schulalltag beeinflussen zu können?	.711	.671	.684	.647	.604
12	auf Dich gehört wurde bei Streitigkeiten irgendeiner Art in der Schule?	.679	.658	.735	.529	
09	Du Dich sehr freutest, weil Du bei Deinen Klassenkamerad/innen Beachtung gefunden hast?	.747	.620	.744	.663	.628
10	Dich eine Lehrerin / ein Lehrer gelobt hat?	.497	.485	.602	.697	.612
08	Du Dich über eine erfolgreiche Probe / einen erfolgreichen Test freutest?	-	.487	.430	.520	.475

Tabelle 5-18: Ergebnisse der Itemanalysen zu den Teilskalen des Wohlbefindens in der Schule für die Gesamtstichprobe und die Teilstichproben (Cronbachs α)

Skala	Gesamtstichprobe		Bern		Spiez		Magdeburg		Amsterdam		Hradec Králové	
	Anzahl Items	Interne Konsistenz	Anzahl Items	Interne Konsistenz	Anzahl Items	Interne Konsistenz	Anzahl Items	Interne Konsistenz	Anzahl Items	Interne Konsistenz	Anzahl Items	Interne Konsistenz
Positive Einstellungen	7	$\alpha=.80$	7	$\alpha=.78$	7	$\alpha=.80$	7	$\alpha=.82$	7	$\alpha=.80$	6	$\alpha=.81$
Freude in der Schule	5	$\alpha=.67$	5	$\alpha=.69$	5	$\alpha=.67$	5	$\alpha=.71$	5	$\alpha=.72$	4	$\alpha=.65$
Schulischer Selbstwert	5	$\alpha=.79$	5	$\alpha=.84$	5	$\alpha=.82$	5	$\alpha=.72$	5	$\alpha=.83$	5	$\alpha=.70$
Keine Sorgen	5	$\alpha=.72$	5	$\alpha=.79$	5	$\alpha=.73$	5	$\alpha=.72$	5	$\alpha=.71$	5	$\alpha=.70$
Keine körp. Beschwerden	6	$\alpha=.77$	6	$\alpha=.78$	6	$\alpha=.77$	6	$\alpha=.78$	6	$\alpha=.75$	6	$\alpha=.77$
Keine sozialen Probleme	5	$\alpha=.79$	5	$\alpha=.79$	5	$\alpha=.79$	5	$\alpha=.80$	5	$\alpha=.77$	5	$\alpha=.78$

Um den Zusammenhang zwischen den Teilkomponenten des Wohlbefindens in der Schule erkennen zu können, werden in der nachfolgenden Tabelle die signifikanten Interkorrelationen zwischen den Teilkomponenten für die einzelnen Stichproben dargestellt. Alle Skalen wurden so umkodiert, dass hohe Werte einem hohen Wohlbefinden entsprechen. Im Folgenden ist daher von der Abwesenheit von Sorgen, körperlichen Beschwerden und sozialen Probleme die Rede. Aufgrund der schiefen Verteilung einiger Skalen wurden Korrelationen sowohl für normalverteilte und nicht-normalverteilte Daten gerechnet. Die Ergebnisse ergaben für alle Korrelationen auf dem 1% Niveau keine Abweichungen. Deshalb werden nur die Korrelationskoeffizienten nach Pearson beschrieben (vgl. Tab. 5-19). Die Korrelationsmatrizen der verschiedenen Stichproben sind sehr ähnlich. Recht hohe Korrelationen finden sich in allen fünf Stichproben zwischen den Skalen zu den Sorgen in der Schule und den körperlichen Beschwerden. Körperliche Beschwerden zeigen in den Stichproben Magdeburg, Hradec Králové und Amsterdam ebenfalls hohe Korrelationen mit den sozialen Problemen in der Schule. Auf der anderen Seite ergeben sich z.B. in Bern, Spiez und Magdeburg Zusammenhänge um r=.40 mit dem Selbstwert der Schüler/innen und ihren positiven Einstellungen und Emotionen.

Tabelle 5-19:   Signifikante Interkorrelationen der Faktoren des Wohlbefindens in der Schule, getrennt nach den fünf verschiedenen Stichproben

Stichprobe	Faktoren des Wohlbefindens in der Schule					
Daten Bern (N = zwischen 389 und 394)	**PES**	**FIS**	**SSW**	**SOS**	**KOB**	**SOP**
Pos. Einstellungen und Emotionen (PES)	---					
Freude und Anerkennung (FIS)	.39**	---				
Schulischer Selbstwert (SSW)	.40**	.31**	---			
Keine Sorgen (SOS)	.20**	.05	.44**	---		
Keine körperlichen Beschwerden (KOB)	.21**	.02	.34**	.49**	---	
Keine sozialen Probleme (SOP)	.18**	.09	.10	.31**	.32**	---
Daten Spiez (N = zwischen 387 und 390)	**PES**	**FIS**	**SSW**	**SOS**	**KOB**	**SOP**
Pos. Einstellungen und Emotionen (PES)	---					
Freude und Anerkennung (FIS)	.34**	---				
Schulischer Selbstwert (SSW)	.46**	.40**	---			
Keine Sorgen (SOS)	.19**	.13**	.46**	---		
Keine körperlichen Beschwerden (KOB)	.21**	.10*	.35**	.43**	---	
Keine sozialen Probleme (SOP)	.22**	.14**	.13*	.26**	.40**	---

Daten Magdeburg (N = zwischen 362 und 364)	PES	FIS	SSW	SOS	KOB	SOP
Pos. Einstellungen und Emotionen (PES)	---					
Freude und Anerkennung (FIS)	.26**	---				
Schulischer Selbstwert (SSW)	.38**	.33**	---			
Keine Sorgen (SOS)	.09	.00	.29**	---		
Keine körperlichen Beschwerden (KOB)	.16**	-.05	.17**	.41**	---	
Keine sozialen Probleme (SOP)	.03	-.07	.04	.20**	.36**	---

Daten Amsterdam (N = zwischen 429 und 439)	PES	FIS	SSW	SOS	KOB	SOP
Pos. Einstellungen und Emotionen (PES)	---					
Freude und Anerkennung (FIS)	.37**	---				
Schulischer Selbstwert (SSW)	.32**	.36**	---			
Keine Sorgen (SOS)	.16**	-.05	.36**	---		
Keine körperlichen Beschwerden (KOB)	.22**	-.10*	.04	.45**	---	
Keine sozialen Probleme (SOP)	.15**	.00	.12*	.36**	.41**	---

Daten Hradec Králové (N = zwischen 416 und 429)	PES	FIS	SSW	SOS	KOB	SOP
Pos. Einstellungen und Emotionen (PES)	---					
Freude und Anerkennung (FIS)	.37**	---				
Schulischer Selbstwert (SSW)	.29**	.27**	---			
Keine Sorgen (SOS)	.01	-.11*	.30**	---		
Keine körperlichen Beschwerden (KOB)	-.01	-.23**	.18**	.52**	---	
Keine sozialen Probleme (SOP)	.03	-.01	.19**	.34**	.40*	---

*Korrelationen p<=.05, **Korrelationen p<=.01

Eine weitere Reduktion der Skalen (im Sinne einer Faktorenanalyse 2. Ordnung, vgl. Grob et al. 1991) wurde nicht vorgenommen, da die Teilkomponenten des Wohlbefindens in der Schule separat untersucht werden sollten.

5.3.4.2 Das Wohlbefinden der Jugendlichen in ihren Schulen

Nach der Überprüfung des Fragebogens zum Wohlbefinden in der Schule wurden die Mittelwerte der Skalen berechnet. Die Ergebnisse der Berner Schüler/innen werden im Folgenden dargestellt und in Bezug zu den Werten der anderen Stichproben gesetzt werden. Dabei zeigt sich, dass die Teilkomponente des Wohlbefindens in der Schule in Bezug auf ihre Höhe nicht identisch sind, sondern variieren, was eine gesonderte Betrachtung der Skalen nahe legt. Rechtssteile Verteilungen (Wertebereich 1 bis 6) finden sich vor allem bei den Skalen ‚Keine körperlichen Beschwerden‘ und ‚Keine sozialen Probleme‘. Die Werte der Schweizer Schüler/innen aus Bern und Spiez sind trotz der unterschiedlichen Schulkontexte – in Spiez wurde in einer einzelnen Schule, in Bern einzelne Klassen aus vier verschiedenen Schule erhoben – so ähnlich, dass sich anhand von T-Tests für unabhängige Stichproben bei keiner Skala signifikante Unterschiede auf einem Signifikanzniveau von $p<=.01$ ergeben (Abb. 5-5).

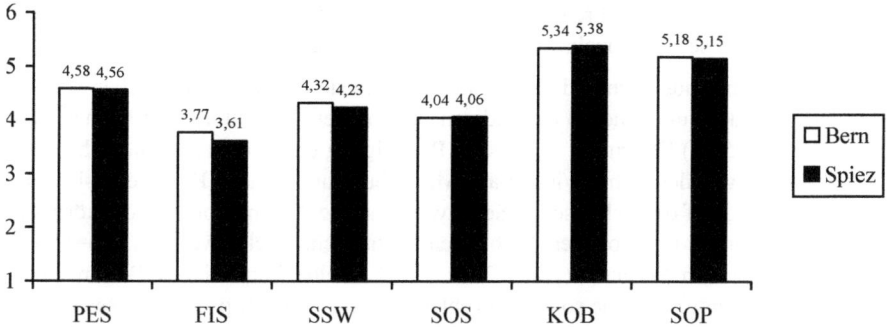

PES = Positive Einstellung und Emotionen; FIS = Freude in der Schule; SSW = Schulischer Selbstwert;
SOS = Keine Sorgen; KOB = Keine körperlichen Beschwerden; SOP = Keine sozialen Probleme

Abbildung 5-5: Vergleich der Werte der Komponenten des Wohlbefindens in der Schule, Stichproben Bern und Spiez

Die in Abbildung 5-5 dargestellten Ergebnisse sollten folgendermassen gelesen werden: Im Durchschnitt gesehen haben die in Bern und Spiez befragten Schüler/innen ihren eigenen Einschätzungen zufolge ausgesprochen selten körperliche Beschwerden. Dies bedeutet jedoch nicht, dass nicht einzelne Schüler/innen besonders darunter leiden und z.B. Bauchschmerzen oder starke Kopfschmerzen haben. Soziale Probleme in der Schule scheinen der Mehrzahl der Jugendlichen ebenfalls eher fremd zu sein. Aber auch hier darf nicht übersehen werden, dass einzelne Schüler/innen sehr wohl mit Problemen in der Klasse bzw. mit einzelnen Mitschüler/innen zu kämpfen haben. Die Einstellungen zur Schule können generell als eher positiv bezeichnet werden und etwa 60% der Jugendlichen in Spiez und 70% der Schüler/innen in Bern sagen, dass sie sich in der Schule häufig bis sehr oft wohl fühlen (Auswertung des Einzelitems). Jedoch steht immerhin etwa jede/r 10. Jugendliche der Schule eher negativ gegenüber (Werte unter dem mittleren Wert 3.5 bei einer Werteskala von 1–6), was z.B. bedeutet, dass sie/er eher ungern zur Schule geht, die Schulzeit eher als vergeudete Zeit und die Schule als wenig sinnvoll erachtet. Der schulische Selbstwert kann im Durchschnitt als mittelhoch bezeichnet werden und die Werte der Schüler/innen bilden sich auf einer Normalverteilung ab. Folglich ist der Selbstwert bei etwa gleich vielen Jugendlichen sehr hoch und sehr niedrig, was z.B. bedeutet, dass ca. 15% der Jugendlichen von ihren Fähigkeiten als Schüler/innen sehr überzeugt sind, andere 15% an eben diesen Fähigkeiten zweifeln. Die Schule gab den Jugendlichen in den Wochen vor der Befragung immer wieder Anlass zu Sorgen, wobei etwa je 10% der Schüler/innen in Bern und Spiez sehr häufig von Sorgen geplagt wurden. Es ist aber auch festzustellen, dass sich jeweils ca. 30% der Schüler/innen keine oder kaum Sorgen machten. Insgesamt gesehen kommt es weniger häufig vor, dass die befragten Jugendlichen aus Bern und Spiez in der Schule Freude erleben und Akzeptanz erfahren, als dass sie sich Sorgen machen. Weniger als ein Zehntel der Schüler/innen berichtet in beiden Stichproben von häufigen Anlässen zur Freude. Über 20% Prozent dagegen hatten dies in den letzten Wochen eher selten, einzelne Schüler/innen sogar nie erlebt.

Die Schüler/innen aus Bern und Spiez unterscheiden sich in einigen Bereichen hochsignifikant von den Jugendlichen der anderen Stichproben. Einfaktorielle Varianzanalysen (vgl. Tab. 5-20) liefern die statistische Bestätigung dafür, dass sich die Schweizer Schüler/innen von den Schüler/innen aus Magdeburg und Hradec Králové positiv abheben in Bezug auf den schulischen Selbstwert und die Absenz von Sorgen, körperlichen Beschwerden und sozialen Problemen (Schulischer Selbstwert $F_{(4,1987)}$=15.99; p<.01; Absenz von Sorgen $F_{(4,1994)}$=2.29; p<.01; Keine körperlichen Beschwerden $F_{(4,1994)}$=45.77; p<.01; Keine sozialen Probleme $F_{(4,1990)}$=16.83; p<.01). Dieses Ergebnis ist aber nicht spezifisch für die Jugendlichen aus der Schweiz, da sich die Unterschiede grösstenteils auch für die Schüler/innen aus den Niederlanden nachweisen lassen. Nur bei der Skala ‚Positive Einstellungen und Emotionen' weisen die Jugendlichen aus den Niederlanden im Vergleich zu den Schüler/innen aus Bern und Spiez tiefere Werte auf ($F_{(4,2000)}$=28.96; p<.01). Es kann aber auch nicht von einem generell höheren Wohlbefinden der Jugendlichen der Schweizer und der Amsterdamer Stichprobe gesprochen werden, da die Schüler/innen aus Hradec Králové z.B. gleichermassen hohe oder sogar höhere Werte in den Skalen ‚Positive Einstellungen und Emotionen' und ‚Freude in der Schule' haben.

Tabelle 5-20: Mittelwerte und Standardabweichungen (in Klammern) der Komponenten des Wohlbefindens in der Schule

	Bern	Spiez	Amsterdam	Magdeburg	Hradec Králové
Positive Einstell./Emot.	4.58	4.56	4.16	4.09	4.45
	(.72)	(.78)	(.91)	(.96)	(.82)
Freude in der Schule	3.77	3.61	3.80	3.47	3.91
	(.95)	(.88)	(.93)	(1.01)	(.94)
Schulischer Selbstwert	4.32	4.23	4.38	3.91	4.08
	(.96)	(.91)	(.96)	(.94)	(.88)
Keine Sorgen	4.04	4.06	3.92	3.49	3.48
	(1.20)	(1.05)	(1.11)	(1.10)	(1.05)
Keine körperl. Beschw.	5.34	5.38	5.17	5.05	4.61
	(.81)	(.79)	(.91)	(1.03)	(1.03)
Keine sozialen Probleme	5.18	5.15	5.29	5.04	4.78
	(.91)	(.93)	(.88)	(1.03)	(1.06)

Konstante signifikante Unterschiede im Sinne eines höheren Wohlbefindens der be-fragten Jugendlichen aus der Schweiz ergeben sich folglich nur aus dem Vergleich mit der Stichprobe aus Magdeburg. Dieses Ergebnis bestätigt zwar die bereits in anderen Studien gefundenen Unterschiede zwischen deutschen und schweizerischen Schü-ler/innen (Fend 1997), macht aber zugleich auf die Notwendigkeit aufmerksam, die Werte der Schüler/innen in der Schweiz nicht zu überinterpretieren. Die Ergebnisse weisen auch darauf hin, ein besonderes Augenmerk auf die Differenzen innerhalb der Stichproben zu legen.

5.3.4.3 Unterschiede im Wohlbefinden von Schüler/innen in Abhängigkeit objektiver Variablen: Geschlecht, Alter, kulturelle Identität, Schultyp, Klassenstufe, Klasseneintritt

Bei pädagogisch-psychologischen Fragestellungen ist es prinzipiell problematisch, von objektiven Variablen zu sprechen, da selbst die Wahrnehmung von feststehenden Ge-gebenheiten subjektiv gefärbt ist. Die im Folgenden dargestellten Faktoren Geschlecht, Schultyp, Alter, Schulstufe, Klasseneintritt und kulturelle Identität sollen trotzdem als objektive Variablen bezeichnet werden, da sie unabhängig vom Wohlbefinden einer Schülerin / eines Schülers bestehen und nicht von diesem beeinflusst werden. In An-lehnung an bestehende Studien zum Wohlbefinden in der Schule war anzunehmen, dass

- geschlechtsspezifische Unterschiede in den Bereichen positiver Emotionen und Kognitionen zugunsten der Mädchen, beim schulischen Selbstwert, bei Sorgen und Beschwerden zugunsten der Jungen bestehen (Eder 1995c; Fend et al. 1976; Siddique & D'Arcy 1984),

- mit zunehmendem Alter und zunehmender Schulerfahrung zwar die positiven Emotionen und Kognitionen sinken, die Sorgen und Beschwerden jedoch gleich bleiben (Eder 1995c; Fend 1997),
- Schüler/innen in Klassen mit gymnasialem Unterricht aufgrund ihrer erfolgreichen Selektion höhere Werte sowohl bei den positiven Emotionen und Kognitionen als auch in Bezug auf die Absenz von Sorgen und Beschwerden besitzen (Eder 1995c),
- Schüler/innen fremdländischer Herkunft als eine Minderheit und aufgrund kultureller Unterschiede eher über soziale Probleme berichten als ihre einheimischen Mitschüler/inen (Peetsma et al. 2002) und
- Schüler/innen, die relativ neu in der Klasse sind, weniger integriert sind und deshalb eher unter sozialen Problemen leiden (Eder 1995c).

Signifikante Unterschiede in den genannten Bereichen (vgl. Tab. 5-21 bis 5-25) wurden mittels T-Tests für unabhängige Stichproben (differenziert nach Geschlecht, Klasseneintritt und kultureller Identität) sowie anhand einfaktorieller Varianzanalysen mit nachfolgenden Post-Hoc-Mehrfachvergleichen nach Scheffé (getrennt nach drei Altersgruppen, drei Schulstufen und drei Schultypen) geprüft. Nur selten sind einheitliche Ergebnisse über die verschiedenen Stichproben und Dimensionen hinweg zu finden, was bestehende Unterschiede aus Kulturvergleichsstudien zum Wohlbefinden Jugendlicher bestätigt (z.B. Fend 1997; Grob et al. 1996) und wiederum dafür spricht, sowohl die Teilkomponenten des Wohlbefindens getrennt als auch die Stichproben gesondert zu behandeln. Im Folgenden werden die nachgewiesenen Unterschiede, die in den Tabellen 5-21 bis 5-25 dargestellt sind, im Überblick zusammengefasst und kommentiert. Um die Lesbarkeit der Ergebnisse zu erhöhen (die Ergebnisse beziehen sich auf je sechs abhängige Variablen in fünf Stichproben und auf sieben Vergleiche zwischen zwei bzw. drei Teilstichproben), beinhaltet der nachfolgende Text keine statistischen Kennwerte. Diese sind ausführlich in den Tabellen dargestellt.

Mit Ausnahme der Daten aus Amsterdam ergeben sich in jeder Stichprobe geschlechtsspezifische Unterschiede, und diese sind auch stets in der erwarteten Richtung. Insgesamt gesehen bestehen in den untersuchten Stichproben aber nur wenige Differenzen zwischen weiblichen und männlichen Jugendlichen in der Schweiz und in Deutschland: So treten z.B. bei den Schülerinnen aus Bern und Spiez mehr körperliche Beschwerden auf, in weiteren Faktoren unterscheiden sie sich aber nicht. In Magdeburg zeichnen sich die Mädchen ausschliesslich durch positivere Einstellungen und Emotionen gegenüber der Schule aus. Die Ergebnisse der Stichprobe aus Tschechien sind jedoch getrennt zu betrachten, denn bei den Schüler/innen aus Hradec Králové finden sich in vier von sechs Komponenten des Wohlbefindens geschlechtsspezifische Unterschiede: Jungen erleben weniger Freude in der Schule als die Mädchen, sie haben aber zugleich ein höheres schulisches Selbstkonzept, weniger Sorgen, Beschwerden und soziale Probleme. Somit scheinen in der untersuchten osteuropäischen Stadt geschlechtsspezifische Differenzen stärker zementiert zu sein als in westeuropäischen Städten.

Um den Einfluss des Alters und der Dauer der Schulerfahrung zu untersuchen, wurden die Schüler/innen einerseits in drei Altersgruppen eingeteilt (13 Jahre und jünger, 14 Jahre, 15 Jahre und älter) und miteinander verglichen, andererseits wurden Mittelwertsunterschiede in Abhängigkeit der Schulstufe (7, 8 und 9) berechnet. Es kann vorweggenommen werden, dass die Ergebnisse nicht zulassen, ein einheitliches Bild in Bezug auf diese Unterschiede zu zeichnen. In den vorliegenden Daten kann also nicht von einem generellen Rückgang des Wohlbefindens gesprochen werden, obwohl dies in anderen Studien mehrfach bestätigt wurde. Vielmehr scheinen die einzelnen Komponenten des Wohlbefindens in der Schule unterschiedlich sensitiv für Alters- und Erfahrungsunterschiede zu sein und die gefundenen Differenzen eher von der Zusammensetzung der Stichprobe und vom Zeitpunkt der Erhebung abzuhängen. Dies äusserte sich folgendermassen: Die jüngeren Schüler/innen aus Bern (Altersgruppen bis 13 und 14 Jahre) besitzen positivere Einstellungen zur Schule und die bis 13-Jährigen erleben mehr Freude als die ältesten (15 Jahre und älter). Auch in den Daten aus Hradec Králové zeigte sich, dass die jüngsten Schüler/innen über die meiste Freude in der Schule berichten. In Spiez jedoch ist genau das Gegenteil zu finden: In dieser Stichprobe haben die ältesten Schüler/innen im Vergleich zu den jüngsten mehr Freude in der Schule. Eine Erklärung dieses Resultats liefert möglicherweise der Zeitpunkt der Datenerhebung, die in Spiez später, d.h. einige Wochen vor Schuljahresende durchgeführt wurde. Es kann angenommen werden, dass der nahende Schulaustritt der mindestens 15-jährigen Jugendlichen im Oberstufenzentrum für dieses Ergebnis verantwortlich ist. Unterschiede zugunsten der älteren Schüler/innen (14 und 15+) bestehen aber auch unabhängig vom Messzeitpunkt, da diese in Magdeburg weniger soziale Probleme berichten als die bis 13-Jährigen.

Die Unterschiede zwischen den Altersgruppen lassen sich nicht auf die oftmals mit dem Alter konfundierte unterschiedliche Länge der Schulerfahrungen zurückführen, denn der Versuch, diese Ergebnisse mit Bezug auf die Klassenstufe zu replizieren, stösst an folgende zwei Grenzen:

1. Die signifikanten Unterschiede innerhalb einer Stichprobe stimmen nur teilweise überein. So bestehen Altersunterschiede in Spiez nur bei der Skala ‚Freude in der Schule‘, Unterschiede zwischen Klassenstufen (jeweils zu Gunsten der höheren Klassen) sind jedoch auch bei den Einstellungen gegenüber der Schule und im schulischen Selbstwert zu finden.

2. Selbst wenn die Effekte bei einzelnen Wohlbefindenskomponenten prinzipiell übereinstimmen, sind die Teilgruppenunterschiede innerhalb der Stichproben nicht identisch. Die Freude in der Schule beispielsweise ist bei den bis 13-Jährigen in Bern nur im Vergleich zu den ältesten Schüler/innen (15 Jahre und älter) signifikant höher. In Bezug auf die Klassenstufe unterscheiden sich da-

gegen die Siebtklässler/innen sowohl von ihren Kolleg/innen der 8. als auch der 9. Klassen.

In allen vier Ländern besteht eine Unterteilung der Sekundarstufe I in verschiedene Anspruchsniveaus. Zur Vergleichbarkeit dieser Unterteilungen wurden für alle Stichprobe Jugendliche aus Schulklassen des niedrigsten, mittleren und höchsten Anspruchsniveaus zu ihrem Wohlbefinden befragt. Um eine einheitliche Terminologie zu verwenden, werden die Niveaus wie folgt bezeichnet: Klassen mit Grundanforderungen (tiefste Leistungsanforderungen), Klassen mit erweiterten Anforderungen (mittleres Anspruchsniveau) und Klassen mit gymnasialem Unterricht (höchstes Niveau). Aufgrund der erfolgreich gemeisterten Selektion könnte erwartet werden, dass sich Schüler/innen mit gymnasialem Unterricht wohler fühlen. Für die Schüler/innen aus Bern trifft dies allerdings nicht zu, da Schüler/innen in Klassen mit Grundanforderungen mehr Freude in der Schule haben als ihre Kolleg/innen. Ein ähnliches Bild ergibt sich aus den Daten aus Hradec Králové, die zeigen, dass Schüler/innen mit gymnasialem Unterricht sowohl ein tieferes Selbstwertgefühl als auch mehr soziale Probleme in der Schule haben als die Schüler/innen in den beiden anderen Anspruchsniveaus. In zwei Teilstichproben dagegen findet sich das erwartete Ergebnis: In Spiez haben Schüler/innen mit gymnasialem Unterricht positivere Einstellungen zur Schule und weniger soziale Probleme als Jugendliche in Klassen mit Grundanforderungen oder erweiterten Anforderungen. Auch in Magdeburg konnten sie positivere Einstellungen gegenüber der Schule entwickeln als Schüler/innen in Klassen mit erweiterten Anforderungen und werden zudem weniger von Sorgen geplagt als Schüler/innen in Klassen mit Grundanforderungen. Ein genauerer Blick auf die signifikanten Unterschiede zwischen Schüler/innen mit gymnasialen Unterricht und den beiden anderen Gruppen zeigt damit, dass sich Jugendliche in Schulen mit hohen Leistungsanforderungen durchaus nicht zwingend wohler fühlen, denn die wenigen gefundenen Differenzen sind nicht zwingend zu ihren Gunsten. In Amsterdam fanden sich überdies keine Unterschiede. Die Zugehörigkeit zu einem bestimmten Schultyp scheint damit weder eine Beschränkung noch eine Quelle schulischen Wohlbefindens zu sein. Es ist anzunehmen, dass eher die spezifischen Merkmale der jeweiligen Schulen relevant für das Wohlbefinden der Schüler/innen sind.

Zwei weitere Aspekte wurden untersucht, die das Wohlbefinden in der Schule schmälern können. Dies sind zum einen kulturelle Unterschiede zwischen Schüler/innen bzw. zwischen Schüler/innen, Lehrpersonen und der Institution Schule. Da diese Unterschiede meist an das subjektive Erleben der Betroffenen gebunden ist, wurden die Jugendlichen nicht nach ihrer formellen Staatsangehörigkeit, sondern nach ihrer individuellen kulturellen Identität befragt. Jugendliche aus der zweiten Generation (sog. ‚Secondos‘) konnten damit angeben, sich als Schweizer/in zu fühlen, selbst wenn sie einen ausländischen Pass besitzen. Einzelne signifikante Unterschiede bestehen in der Berner Stichprobe und bei den Schüler/innen aus Amsterdam. Jugendliche in Bern, die sich nicht als Schweizer/innen fühlen, machen sich mehr Sorgen wegen der Schule.

Fremdländische Schüler/innen in Amsterdam berichten über mehr soziale Probleme als einheimische Schüler/innen. Kulturelle Unterschiede scheinen folglich einen eher geringen Zusammenhang mit dem Wohlbefinden der Schüler/innen aufzuweisen. Die eher monokulturelle Zusammensetzung der anderen Stichproben (so z.B. fühlen sich unter den Schüler/innen aus Hradec Králové nur zwei Jugendliche nicht als Tschech/innen) macht eine Bewertung bzw. Validierung dieser Schlussfolgerung im vorliegenden Kontext jedoch unmöglich.

Zum anderen wurde ein besonderes Augenmerk auf die Schüler/innen gelegt, die erst seit dem Beginn des Schuljahrs, in dem die Befragung stattfand, in ihrer Klasse waren. Ein entsprechender Neueintritt in eine Klasse war z.B. aufgrund von Umzug, Versetzung, Wechsel des Schul- und Leistungsniveaus oder Repetition einer Klasse erfolgt. Signifikante Unterschiede finden sich nur bei den Jugendlichen aus Bern, wo neu eingetretene Schüler/innen weniger positive Einstellungen zur Schule aufweisen und weniger Freude in der Schule erleben. Aber auch hier stellt sich das Problem sehr kleiner Teilstichproben, und es zeigte sich, dass in der Stichprobe aus Amsterdam, in welcher der Anteil an neu eingetretenen Mitschüler/innen am grössten war, keine Unterschiede in den Teildimensionen des Wohlbefindens bestehen.

Tabelle 5-21: Signifikante Mittelwertsunterschiede (p<.01) der Skalen
des Wohlbefindens in der Schule, Daten Bern

	Vergleich	M, SD	t(df)
Geschlecht (n_m=201; n_w=191)			
Keine körperlichen Beschwerden (KOB)	m > w	5.48 > 5.20	$t_{(390)}$=3.45
		(.74) (.86)	
Klasseneintritt (n_{anf}=377; n_{neu}=17)			
Pos. Einstellungen u. Emotionen (PES)	alt > neu	4.60 > 4.14	$t_{(392)}$=2.61
		(.69) (1.02)	
Freude in der Schule (FIS)	alt > neu	3.80 > 3.19	$t_{(392)}$=2.62
		(.95) (.77)	
Identität (n_{ch}=285; n_{fremd}=109)			
Keine Sorgen (SOS)	ch > fremd	4.14 > 3.77	$t_{(390)}$=2.70
		(1.16) (1.27)	
Alter (n_{-13}=92; n_{14}=114; n_{15+}=184)			
Pos. Einstellungen u. Emotionen (PES)	-13 > 15+	4.79 > 4.43	$F_{(2,387)}$=9.31
		(.60) (.73)	
	14 > 15+	4.67 > 4.43	
		(.72) (.73)	
Freude in der Schule (FIS)	-13 > 15+	4.04 > 3.61	$F_{(2,387)}$=6.64
		(.91) (.98)	
Klassenstufen (n_7=156; n_8=126 n_9=112)			
Pos. Einstellungen u. Emotionen (PES)	7 > 9	4.73 > 4.41	F(2,391)=6.64
		(.64) (.71)	
Freude in der Schule (FIS)	7 > 8	4.05 > 3.57	$F_{(2,391)}$=11.84
		(.88) (.89)	
	7 > 9	4.05 > 3.61	
		(.88) (1.02)	
Keine körperlichen Beschwerden (KOB)	7 < 9	5.27 < 5.54	$F_{(2,389)}$=4.66
		(.82) (.65)	
	8 < 9	5.25 < 5.54	
		(.90) (.65)	
Schultyp (n_{GA}=116; n_{EA}=143; n_{GU}=135)			
Freude in der Schule (FIS)	GA > EA	4.03 > 3.72	$F_{(2,391)}$=6.50
		(.93) (.99)	
	GA > GU	4.03 > 3.61	
		(.93) (.89)	

Anmerkungen: m = männlich, w = weiblich; alt = seit Anfang des Schuljahrs in der Klassen, neu = nach Beginn des Schuljahrs in Klasse eingetreten; ch = Kinder mit Schweizer Identität, fremd = Kinder mit fremdländischer Identität; -13 = bis incl. 13 Jahre alt, 14 = 14 Jahre alt, 15+ = 15 Jahre und älter; 7, 8, 9 = 7. bis 9. Klasse; GA = Unterricht mit Grundanforderungen, EA = Unterricht mit erweiterten Anforderungen, GU = gymnasialer Unterricht.

Tabelle 5-22: Signifikante Mittelwertsunterschiede (p<.01) der Skalen des Wohlbefindens in der Schule, Daten Spiez

	Vergleich	M, SD	t(df)
Geschlecht (n_m=191; n_w=199)			
Keine körperlichen Beschwerden (KOB)	m > w	5.51 > 5.25 (.67) (.86)	$t_{(388)}$=3.41
Alter (n_{-13}=147; n_{14}=127; n_{15+}=114)			
Freude in der Schule (FIS)	-13 < 15+	3.44 < 3.80 (.99) (.81)	$F_{(2,383)}$=5.48
Klassenstufen (n_7=130; n_8=138; n_9=123)			
Pos. Einstellungen u. Emotionen (PES)	7 < 9	4.46 < 4.77 (.83) (.70)	$F_{(2,387)}$=6.92
	8 < 9	4.46 < 4.77 (.76) (.70)	
Freude in der Schule (FIS)	7 < 9	3.42 < 3.82 (1.01) (.79)	$F_{(2,385)}$=7.03
Schulischer Selbstwert (SSW)	7 < 9	4.15 < 4.45 (.88) (.90)	$F_{(2,386)}$=5.72
	8 < 9	4.10 < 4.45 (.86) (.90)	
Schultyp (n_{GA}=192; n_{EA}=137; n_{GU}=61)			
Pos. Einstellungen u. Emotionen (PES)	GA < GU	4.50 < 4.83 (.79) (.42)	$F_{(2,387)}$=4.64
	EA < GU	4.51 < 4.83 (.86) (.42)	
Keine sozialen Probleme (SOP)	GA < GU	5.00 < 5.53 (1.00) (.52)	$F_{(2,387)}$=8.10
	EA < GU	5.19 < 5.53 (.91) (.52)	

Anmerkungen: m = männlich, w = weiblich; -13 = bis incl. 13 Jahre alt, 14 = 14 Jahre alt, 15+ = 15 Jahre und älter; 7, 8, 9 = 7. bis 9. Klasse; GA = Unterricht mit Grundanforderungen, EA = Unterricht mit erweiterten Anforderungen, GU = gymnasialer Unterricht.

Tabelle 5-23: Signifikante Mittelwertsunterschiede (p<.01) der Skalen des Wohlbefindens in der Schule, Daten Magdeburg

	Vergleich	M, SD	t(df)
Geschlecht (n_m=179; n_w=183)			
Pos. Einstellungen u. Emotionen (PES)	m < w	3.90 < 4.28 (.94) (.95)	$t_{(360)}$=-3.83
Alter (n_{-13}=78; n_{14}=114; n_{15+}=172)			
Keine sozialen Probleme (SOP)	-13 < 14	4.65 < 5.09 (1.11) (.98)	$F_{(2,361)}$=7.92
	-13 < 15+	4.65 < 5.19 (1.11) (.99)	
Klassenstufen (n_7=122; n_8=123; n_9=119)			
Keine sozialen Probleme (SOP)	7 < 8	4.78 < 5.13 (1.15) (.94)	$F_{(2,361)}$=6.32
	7 < 9	4.78 < 5.22 (1.15) (.94)	
Schultyp (n_{GA}=115; n_{EA}=127; n_{GU}=122)			
Pos. Einstellungen u. Emotionen (PES)	EA < GU	3.91 < 4.31 (1.05) (.88)	$F_{(2,359)}$=5.53
Keine Sorgen (SOS)	GA < GU	3.34 < 3.73 (1.09) (1.10)	$F_{(2,361)}$=4.45

Anmerkungen: m = männlich, w = weiblich; -13 = bis inkl. 13 Jahre alt, 14 = 14 Jahre alt, 15+ = 15 Jahre und älter; 7, 8, 9 = 7. bis 9. Klasse; GA = Unterricht mit Grundanforderungen, EA = Unterricht mit erweiterten Anforderungen, GU = gymnasialer Unterricht.

Tabelle 5-24: Signifikante Mittelwertsunterschiede (p<.01) der Skalen des Wohlbefindens in der Schule, Daten Amsterdam

	Vergleich	M, SD	t(df)
Identität (n_{nl}=368; n_{fremd}=77)			
Keine sozialen Probleme (SOP)	nl > fremd	5.34 > 5.05 (.80) (1.18)	$t_{(429)}$=2.60

Anmerkungen: nl = Kinder mit niederländischer Identität, fremd = Kinder mit fremdländischer Identität.

Tabelle 5-25: Signifikante Mittelwertsunterschiede (p<.01) der Skalen des Wohlbefindens in der Schule, Daten Hradec Králové

	Vergleich	M, SD	t(df)
Geschlecht (n_m=177; n_w=243)			
Freude in der Schule (FIS)	m < w	3.73 < 4.03	$t_{(418)}$=-3.20
		(.97) (.90)	
Keine Sorgen (SOS)	m > w	3.66 > 3.35	$t_{(417)}$=2.99
		(1.03) (1.04)	
Keine körperliche Beschwerden (KOB)	m > w	4.91 > 4.40	$t_{(417)}$=5.15
		(.90) (1.07)	
Keine sozialen Probleme (SOP)	m > w	4.99 > 4.63	$t_{(416)}$=3.41
		(.89) (1.15)	
Alter (n_{-13}=135; n_{14}=150; n_{15+}=125)			
Freude in der Schule (FIS)	-13 > 15+	4.06 > 3.69	$F_{(2,407)}$=5.25
		(1.00) (.94)	
Schultyp (n_{GA}=145; n_{EA}=125; n_{GU}=149)			
Schulischer Selbstwert (SSW)	GA > GU	4.18 > 3.88	$F_{(2,414)}$=6.38
		(.83) (.92)	
	EA > GU	4.21 > 3.88	
		(.84) (.92)	
Keine sozialen Probleme (SOP)	GA > GU	4.95 > 4.47	$F_{(2,415)}$=10.66
		(.94) (1.22)	
	EA > GU	4.97 > 4.47	
		(.91) (1.22)	

Anmerkungen: m = männlich, w = weiblich; -13 = bis incl. 13 Jahre alt, 14 = 14 Jahre alt, 15+ = 15 Jahre und älter; GA = Unterricht mit Grundanforderungen, EA = Unterricht mit erweiterten Anforderungen, GU = gymnasialer Unterricht.

Die dargestellten Differenzen zwischen Teilgruppen geben erste Hinweise auf Faktoren im Zusammenhang mit der Genese des Wohlbefindens in der Schule. Insgesamt kann festgehalten werden, dass Unterschiede in den untersuchten unabhängigen Variablen Schultyp, Alter, Schulstufe, Eintritt in die Klasse, Geschlecht und kulturelle Identität mit Unterschieden in Teilbereichen des schulischen Wohlbefindens in Verbindung stehen. Dies zeigt sich in den Antworten der Schüler/innen aus Bern. Die meisten Zusammenhänge scheinen aber stichprobenspezifisch zu sein: Die für die Berner Schüler/innen gefundenen Unterschiede lassen sich nur selten mit den Daten der zweiten Schweizer Stichprobe aus Spiez oder gar mit durch die Antworten der befragten Jugendlichen aus Magdeburg, Amsterdam und Hradec Králové bestätigen. Um dies an zwei Beispielen zu illustrieren:

1. Mädchen in Bern, Spiez und Hrádec Králové haben mehr körperliche Beschwerden als ihre Mitschüler. In Magdeburg und Amsterdam ist dies jedoch nicht der Fall.

2. Während sich in Bern die Unterschiede zwischen Schultypen bei der Skala ‚Freude in der Schule' widerspiegeln (Schüler/innen in Klassen mit Grundanforderungen erleben am meisten Freude), divergieren bei Schüler/innen aus Spiez und aus Magdeburg die Einstellungen zur Schule (Schüler/innen mit gymnasialem Unterricht besitzen positivere Einstellungen).

Je nach Stichprobe kann sogar nicht nur die Qualität, sondern auch die Richtung des Zusammenhangs verschieden sein (in Bern haben Schüler/innen der 7. Klassen positivere Einstellungen zur Schule als Neuntklässler/innen; in Spiez dagegen weisen die Schüler/innen der 9. Klasse positivere Einstellungen auf). Die Zusammenhänge scheinen zudem bereichsspezifisch zu sein: In jeder Stichprobe divergieren je nach unabhängiger Variablen die Teilstichproben unterschiedlich und nur in einzelnen Teilkomponenten. In Bern z.B. ist nur die Höhe der körperlichen Beschwerden vom Geschlecht abhängig, alle weiteren Wohlbefindensskalen ergeben keine Unterschiede. Die Skala ‚Keine körperlichen Beschwerden' weist ihrerseits keine weiteren Unterschiede auf, im Gegensatz zur Skala ‚Freude in der Schule', bei der sich Differenzen in Abhängigkeit des Alters, der Stufe, des Schultyps und des Eintritts in die Klasse ergeben. Diese Heterogenität weist darauf hin, dass es sinnvoll ist, die einzelnen Teildimensionen des Wohlbefindens in der Schule getrennt zu untersuchen. Zudem illustriert sie die Begrenztheit der Interpretation bestehender Ergebnisse aus anderen Forschungsarbeiten, die üblicherweise nur einen Aspekt (z.B. Freude) fokussieren.

Über die Quellen und Ursachen des Wohlbefindens geben die hier beschriebenen Mittelwertsvergleiche keine Auskunft. Deshalb werden in den folgenden beiden Teilkapiteln die Ergebnisse der Korrelationsanalysen dargestellt und Kausalmodelle anhand von LISREL-Analysen geprüft.

5.3.4.4   Korrelate des Wohlbefindens in der Schule

Während die untersuchten Faktoren Geschlecht, Alter, kulturelle Identität, Schultyp, Klassenstufe, Klasseneintritt als objektive Variablen gelten, da sie nicht vom Wohlbefinden der Schüler/innen beeinflusst werden können, stellt sich die Frage nach korrelativen Zusammenhängen besonders bei den erhobenen subjektiven Variablen der Schüler/innen. Diese stammten vor allem aus dem kognitiven (z.B. Schulleistungen), motivationalen (z.B. Zukunftsperspektiven der Schüler/innen) und psycho-sozialen (Interaktionen mit Mitschüler/innen und Lehrpersonen) Bereich. Zudem wurden Aspekte des Unterrichts aus der Sicht der Schüler/innen und die Bildungseinstellungen von Eltern und Freund/innen erhoben. Um eine Überladung des Texts mit Tabellen zu vermeiden, beziehen sich die nachfolgenden Ergebnisse nur auf die Daten der Schüler/innen aus Bern. Die entsprechenden Korrelationen für die anderen Stichproben werden anschliessend mit Bezug auf die Resultate der Stichprobe aus Bern kommentiert (ausführlich sind sie bei Hascher 2002 nachzulesen). Um auch hier eine Überbewertung der Ergebnisse zu vermeiden, werden zwar alle Korrelationen in den Tabellen aufgeführt, jedoch nur hochsignifikante Ergebnisse interpretiert.

Aus Tabelle 5-26 wird ersichtlich, dass gute Noten in den Fächern Mathematik, Deutsch und erste Fremdsprache (Französisch) bei den Schüler/innen aus Bern zwar mit den beiden Teilskalen ‚Positive Einstellungen' und ‚Schulischer Selbstwert' signifikant positiv korrelieren, jedoch nicht mit der Freude in der Schule. Es zeigt sich auch, dass die Schulleistungen in einem hochsignifikanten Zusammenhang mit den Sorgen der Schüler/innen und in einem eher schwachen Zusammenhang mit ihren körperlichen Beschwerden stehen. Das Konzept eigener Fähigkeiten dagegen korreliert positiv mit allen Wohlbefindensdimensionen ausser den sozialen Problemen in der Schule. Dies weist einerseits darauf hin, dass eher die subjektive Interpretation der Schulleistungen für das Wohlbefinden ausschlaggebend ist, andererseits, dass soziale Probleme in der Klasse weder mit den Leistungen der Schüler/innen noch mit der subjektiven Einschätzung des Leistungspotenzials zusammenhängen.

Tabelle 5-26: Stichprobe Bern, Korrelationen zwischen Wohlbefinden in der Schule und Skalen, welche die schulischen Leistungen thematisieren (p<.01)

	PES	FIS	SSW	SOS	KOB	SOP
Leistungsdurchschnitt (Noten in Mathematik, Deutsch, Französisch)	.27**	.09	.37**	.29**	.13*	-.03
Fähigkeitsselbstkonzept (6 Items, α=.88)	.37**	.25**	.60**	.30**	.25**	.09

Anmerkung: PES = Positive Einstellungen zur Schule; FIS = Freude in der Schule; SSW = Schulischer Selbstwert; SOS = Keine Sorgen in der Schule; KOB = Keine körperlichen Beschwerden; SOP = Keine sozialen Probleme.

Die Variablen zu den sozialen Interaktionen zwischen Schüler/innen weisen ausschliesslich signifikant positive Korrelationen zu den Teilkomponenten des Wohlbefindens auf (Tab. 5-27). Auffallend ist einerseits, dass alle fünf untersuchten Skalen mit zwei Dimensionen des Wohlbefindens in der Schule korrelieren: mit den sozialen Problemen in der Klasse und mit den körperlichen Beschwerden. Jugendliche, die über positive Interaktionen in den Schulpausen oder über wenig Diskriminierung in der Schulklasse berichten, Jugendliche, die sich in ihrer Klasse akzeptiert fühlen sowie Jugendliche, die ihre eigenen Kompetenzen in Bezug auf den Kontakt oder die Lösung von Konflikten mit Mitschüler/innen hoch einschätzen, haben wenig soziale Probleme und wenig körperliche Beschwerden. Sozialkontakte scheinen folglich direkt mit (psycho-)somatischen Beschwerden in der Schule in Verbindung zu stehen. Andererseits zeigt sich, dass die subjektiv eingeschätzte Fähigkeit, Konflikte im Umgang mit Mitschüler/innen zu lösen, die einzige Variable ist, die in einer Beziehung zu allen sechs Teilkomponenten des Wohlbefindens in der Schule steht. Dies hebt sich deutlich von den Korrelationen ab, die zwischen der Akzeptanz und den positiven Einstellungen und der Freude in der Schule sowie zwischen der Kontaktfähigkeit und den positiven Einstellungen zur Schule bestehen.

Tabelle 5-27: Stichprobe Bern, Korrelationen zwischen Dimensionen des Wohlbefindens in der Schule und Skalen, die Aspekte der sozialen Interaktion zwischen Schüler/innen thematisieren (p<.01)

	PES	FIS	SSW	SOS	KOB	SOP
Interaktionen in Schulpausen (5 Items, α=.83)	.11*	.15**	.11*	.04	.14**	.33**
Akzeptanz bei Mitschüler/innen (7 Items, α=.86)	.19**	.23**	.06	.12*	.19**	.53**
Kontaktfähigkeit bei Mitsch. (4 Items, α=.65)	.16**	.12*	.08	.11*	.20**	.38**
Konfliktfähigkeit bei Mitsch. (5 Items, α=.65)	.23**	.21**	.26**	.18**	.23**	.27**
Keine Diskriminierung (6 Items, α=.78)	.10*	.12*	.12*	.09	.25**	.28**

Anmerkung: PES = Positive Einstellungen zur Schule; FIS = Freude in der Schule; SSW = Schulischer Selbstwert; SOS = Keine Sorgen in der Schule; KOB = Keine körperlichen Beschwerden; SOP = Keine sozialen Probleme.

Um die Bedeutung der Lehrpersonen für das Wohlbefinden ihrer Schüler/innen zu erfassen, wurden zwei Perspektiven eingenommen: Zum einen wurde gefragt, wie sich Schüler/innen im Umgang mit ihren Lehrer/innen einschätzen, d.h., wie sehr sie sich von ihnen akzeptiert fühlen, wie leicht ihnen der Kontakt mit Lehrpersonen fällt und wie gut sie Konflikte mit ihnen meistern können. Zum anderen wurden die Schüler/innen gebeten, das Handeln ihrer Klassenlehrer/innen in Bezug auf Fürsorge, soziale Gerechtigkeit, Leistungsdruck und Unterrichtskompetenz einzuschätzen. Erwartungsgemäss ergaben sich ausschliesslich positive Korrelationen zwischen den fünf Skalen, die Aspekte im Kontakt mit Lehrpersonen und deren Unterrichtsverhalten thematisieren, und den Dimensionen des Wohlbefindens (vgl. Tab. 5-28). Zwei Skalen, nämlich die Akzeptanz bei Lehrpersonen und die Unterrichtsfähigkeit der Klassenlehrer/innen korrelieren mit fünf Skalen des Wohlbefindens. Die Fähigkeit der Schüler/innen, mit ihren Lehrer/innen in Kontakt zu kommen, hängt mit den positiven Einstellungen, der Freude, dem schulischen Selbstwert und der Absenz von Sorgen in der Schule zusammen. Dies ist gleichermassen für die Skala ‚Fürsorge der Lehrperson‘ der Fall. Ein gewandter Umgang mit Konflikten mit Lehrer/innen korreliert positiv mit der Freude in der Schule und dem schulischen Selbstwert sowie mit der Absenz von Sorgen und körperlichen Beschwerden. Werden Schüler/innen von ihren Klassenlehrer/innen nicht benachteiligt oder bevorzugt, so spiegelt sich das in positiven Werten bei den Einstellungen gegenüber der Schule, im Selbstwert der Schüler/innen und ebenfalls in der Absenz von Sorgen und Problemen wider. Ein hoher Leistungsdruck durch die Lehrperson hängt mit einem niedrigen schulischen Selbstwert, mit Sorgen und körperlichen Beschwerden zusammen. Insgesamt ergeben sich viele Korrelationen zwischen den Dimensionen des Wohlbefindens und den untersuchten Lehrer/innen-Variablen. Es ist zu beachten, dass das Selbstwertgefühl der Schüler/innen und die Sorgen in der Schule mit allen Skalen, die Aspekte im Kontakt mit Lehrer/innen und deren Unterrichtsverhalten thematisieren, korrelieren. Die anderen Dimensionen des Wohlbefindens, d.h. Freude in der Schule, die Absenz von Sorgen und das Fehlen körperlicher Beschwerden weisen ein leicht verändertes Korrelationsmuster auf.

Tabelle 5-28: Stichprobe Bern, Korrelationen zwischen Dimensionen des Wohlbefindens in der Schule und Skalen, die Aspekte im Kontakt mit Lehrerinnen und Lehrern und deren Unterrichtsverhalten thematisieren (p<.01)

	PES	FIS	SSW	SOS	KOB	SOP
Akzeptanz bei Lehrpersonen (4 Items, α=.76)	.46**	.26**	.36**	.28**	.17**	.06
Kontaktfähigkeit bei Lehrp. (4 Items, α=.58)	.35**	.30**	.27**	.13**	.09	.03
Konfliktfähigkeit bei Lehrp. (6 Items, α=.65)	.10*	.21**	.21**	.22**	.16**	.04
Fürsorge Lehrpersonen (8 Items, α=.86)	.36**	.28**	.17**	.20**	.06	.06
Keine Bevorzugung/Benacht. (11 Items, α=.90)	.23**	.05	.15**	.21**	.19**	.06
Kein Leistungsdruck (6 Items, α=.79)	.04	.06	.16**	.20**	.24**	.09
Unterrichtsfähigkeit Lehrp. (11 Items, α=.87)	.37**	.24**	.17**	.22**	.23**	.07

Anmerkung: PES = Positive Einstellungen zur Schule; FIS = Freude in der Schule; SSW = Schulischer Selbstwert; SOS = Keine Sorgen in der Schule; KOB = Keine körperlichen Beschwerden; SOP = Keine sozialen Probleme.

Durchwegs finden sich nur positive Korrelationen zwischen dem Schuleinsatz der Jugendlichen, ihren motivationalen Orientierungen und den Teildimensionen des Wohlbefindens (Tab. 5-29). Dabei muss allerdings beachtet werden, dass die beiden erfragten motivationalen Orientierungen, komparative und extrinsische Motivation, rekodiert worden waren. Für die Fragen zum Schuleinsatz allgemein ergaben sich positive Korrelationen mit allen sechs Aspekten des schulischen Wohlbefindens, sogar mit den sozialen Problemen in der Schule. Dies bedeutet: Je höher der Schuleinsatz der Jugendlichen, desto positiver sind ihre Einstellungen zur Schule, desto mehr Freude erleben sie und desto besser ist ihr schulischer Selbstwert; je höher ihr Schuleinsatz, desto weniger Sorgen und Beschwerden und soziale Probleme erleben sie in der Schule.

Dieses Ergebnis lässt sich weitgehend auch für den Einsatz im Fremdsprachenunterricht bestätigen, der zwar nicht mit den sozialen Problemen in der Schule, jedoch mit allen anderen fünf Faktoren des Wohlbefindens korreliert. Für den Einsatz im Mathematikunterricht ergeben sich Korrelationen ausschliesslich mit den positiven Einstellungen, der Freude und dem schulischen Selbstwert. Er weist somit keinen Zusammenhang zu schulischen Sorgen, Problemen und Beschwerden auf. Für die beiden untersuchten motivationalen Orientierungen ergeben sich folgende Korrelationen mit den Dimensionen des schulischen Wohlbefindens: Ist die extrinsische Motivation niedrig, so korreliert dies mit einem hohen schulischen Selbstwert und der Absenz von Sorgen und Beschwerden. Eine niedrige komparative Motivation steht in Zusammenhang mit der Absenz von sozialen Problemen, Sorgen sowie Beschwerden wegen der Schule.

Tabelle 5-29: Stichprobe Bern, Korrelationen zwischen Dimensionen des Wohlbefindens in der Schule und Skalen, die den Schuleinsatz von Schüler/innen und ihre motivationalen Orientierungen thematisieren (p<.01)

	PES	FIS	SSW	SOS	KOB	SOP
Schuleinsatz 1. Fremdsprache (5 Items, α=.83)	.33**	.16**	.21**	.16**	.11*	.05
Schuleinsatz Mathematik (5 Items, α=.88)	.30**	.19**	.31**	.12*	.04	.07
Schuleinsatz allgemein (9 Items, α=.83)	.66**	.33**	.46**	.25**	.22**	.14**
Keine extrinsische Motivation (5 Items, α=.63)	.13*	.01	.19**	.26**	.16**	.07
Keine komparative Motivation (5 Items, α=.82)	-.02	-.11*	.01	.15**	.20**	.16**

Anmerkung: PES = Positive Einstellungen zur Schule; FIS = Freude in der Schule; SSW = Schulischer Selbstwert; SOS = Keine Sorgen in der Schule; KOB = Keine körperlichen Beschwerden; SOP = Keine sozialen Probleme.

Für die Überprüfung des Zusammenhangs von Zielen und Wohlbefinden (Tab. 5-30) wurde den Schüler/innen eine Liste an relevanten Lernzielen vorgegeben und sie wurden nach deren subjektiven Bedeutung und deren Realisierung im Schulalltag gefragt. Zudem sollten sie die Wichtigkeit von fünf Hauptfunktionen der Schule und ihre Zukunftsperspektiven in Bezug auf die Schule und ihre persönliche Entwicklung einschätzen. Die Annahme lautete, dass ein schulisches Umfeld, das die individuellen Ziele der Schüler/innen berücksichtigt und Möglichkeiten für ihre Entwicklung bietet, positive Korrelationen mit den sechs Faktoren des Wohlbefindens in der Schule aufweisen würde. Auch hier erstaunt nicht, dass ausschliesslich positive Korrelationen zu finden sind. Es wird allerdings deutlich, dass individuelle Ziele primär mit den Skalen ‚Positive Einstellungen zur Schule', ‚Freude in der Schule' und ‚Schulischer Selbstwert' korrelieren. Es ergab sich nur ein Zusammenhang mit den Sorgen der Schüler/innen, nämlich in Bezug auf die Umsetzung puritanischer Lernziele wie Ordnung und Disziplin. Sorgen und körperliche Beschwerden wegen der Schule und soziale

Probleme in der Schule scheinen folglich unabhängig davon zu sein, ob Schüler/innen wichtige Ziele erreichen oder ob die Schule subjektiv wichtige Ziele verfolgt. Die Lern- und Bildungsziele stehen jedoch häufig in Zusammenhang mit ihren Einstellungen zur und ihrer Freude in der Schule. Auch korrelieren manche positiv mit dem schulischen Selbstwert der Jugendlichen. Für Schüler/innen, denen es sehr wichtig ist, in der Schule Leute zu treffen, mit denen sie gut auskommen, ergeben sich nur Korrelationen mit dem Erleben von Freude in der Schule.

Tabelle 5-30: Stichprobe Bern, Korrelationen zwischen Dimensionen des Wohlbefindens in der Schule und Skalen, welche die Lernziele von Schüler/innen und ihre Bedeutungen der Schule sowie ihre Zukunftsperspektiven thematisieren (p<.01)

	PES	FIS	SSW	SOS	KOB	SOP
Lernziele puritanisch (7 Items, α=.78)	.45**	.28**	.36**	.04	-.02	.05
Realisierung Lernziele puritan. (5 Items, α=.82)	.46**	.34**	.43**	.17**	.11*	.06
Lernziele kommunikativ (7 Items, α=.63)	.22**	.11*	.13*	-.05	-.08	-.03
Realisierung Lernziele kommun. (5 Items, α=.74)	.38**	.26**	.26**	.04	.01	.06
Ziel: Guter Abschluss (Einzelitem)	.23**	.27**	.15**	-.06	-.04	.06
Ziel: Dinge für später (Einzelitem)	.26**	.18**	.21**	.05	.00	.06
Ziel: Interessante Themen (Einzelitem)	.22**	.18**	.06	-.01	-.03	.04
Ziel: Leute treffen (Einzelitem)	.01	.16**	-.03	-.04	-.05	.04
Ziel: Auskommen mit Lehrpers. (Einzelitem)	.43**	.27**	.16**	.00	-.05	.01
Zukunft: Schule kurzfristig (6 Items, α=.77)	.50**	.35**	.29**	.15**	.07	.13*
Zukunft: Schule langfristig (4 Items, α=.62)	.41**	.33**	.55**	.32**	.27**	.12*
Zukunft: Entwicklung kurzfristig (5 Items, α=.63)	.37**	.21**	.37**	.24**	.20**	.02
Zukunft: Entwicklung langfristig (5 Items, α=.71)	.12*	.20**	.11*	-.14**	-.02	-.06

Anmerkung: PES = Positive Einstellungen zur Schule; FIS = Freude in der Schule; SSW = Schulischer Selbstwert; SOS = Keine Sorgen in der Schule; KOB = Keine körperlichen Beschwerden; SOP = Keine sozialen Probleme.

Alle vier erfragten Zukunftsperspektiven in Bezug auf die schulische und die persönliche Entwicklung korrelieren mit den Einstellungen zur Schule, der Freude in der Schule, dem schulischen Selbstwert und auch mit der Absenz von Sorgen. Dies bedeutet: Wenn Schüler/innen ihre Zukunftsperspektiven positiv beurteilen, dann besitzen sie auch positive Einstellungen gegenüber der Schule und machen sich wenige Sorgen wegen der Schule, sie berichten über Freude, die sie in der Schule erlebt haben, und besitzen einen hohen schulischen Selbstwert. Die Höhe der körperlichen Beschwerden hängt Vorbehalten gegenüber einer langfristigen Perspektive (z.B. Zweifel an einer guten Ausbildung nach der Schule) und mit einer als negativ beurteilten kurzfristigen Perspektive der individuellen Entwicklung (z.B. Gleichgültigkeit gegenüber eigenen Fähigkeiten und Begabungen) zusammen. Auch wenn die sozialen Probleme der Schüler/innen gänzlich unabhängig von ihren Zukunftsperspektiven zu sein scheinen, bestätigen die Ergebnisse, dass sowohl die Zukunftsperspektiven in Bezug auf die Schule als auch in Bezug auf die persönliche Entwicklung relevant für das Wohlbefinden in der Schule sind bzw. vice versa.

Wie aus Tabelle 5-31 ersichtlich, finden sich nur wenige Zusammenhänge zwischen dem Wohlbefinden und den Bildungseinstellungen von Eltern und Freund/innen. Besitzen Eltern allerdings positive Einstellungen gegenüber der Schule, so trifft dies auch für ihre Kinder zu. Die Einstellungen des Freundeskreises korrelieren positiv sowohl mit den Einstellungen der Schüler/innen als auch mit ihrer Freude in der Schule. Für alle weiteren Komponenten des Wohlbefindens lassen sich keine Verbindungen zu den Bildungseinstellungen des sozialen Umfeldes nachweisen. Dies bedeutet, dass das Interesse und die Anteilnahme an der Schule keinen Beitrag dazu liefern kann, dass Schüler/innen ein gutes Selbstwertgefühl entwickeln, dass sie frei von Sorgen, körperlichen Beschwerden und sozialen Problemen sind.

Tabelle 5-31: Stichprobe Bern, Korrelationen zwischen Wohlbefinden in der Schule und Skalen, welche die Bildungseinstellungen von Eltern und Freund/innen thematisieren (p<.01)

	PES	FIS	SSW	SOS	KOB	SOP
Bildungseinstellungen Eltern (5 Items, α=.57)	.27**	.08	.05	-.01	.01	.01
Bildungseinstellungen Freund. (4 Items, α=.65)	.24**	.23**	.03	.02	-.03	.12*

Anmerkung: PES = Positive Einstellungen zur Schule; FIS = Freude in der Schule; SSW = Schulischer Selbstwert; SOS = Keine Sorgen in der Schule; KOB = Keine körperlichen Beschwerden; SOP = Keine sozialen Probleme.

Zusammenfassend kann bestätigt werden, dass die untersuchten Variablen wesentliche Zusammenhänge mit den Komponenten des Wohlbefindens der Schüler/innen aus Bern aufweisen, selbst wenn ausschliesslich hochsignifikante Korrelationen interpretiert werden. Lässt sich dieses Ergebnis anhand der anderen vier Stichproben bestätigen? Dies soll im nachfolgenden Text erörtert werden. Zur Entlastung dieses Textes werden Gemeinsamkeiten und Unterschiede der Stichproben zum Datensatz aus Bern nur exemplarisch dargestellt. Die detaillierte Übersicht der Korrelationen in den Daten aus Spiez, Magdeburg, Amsterdam und Hradec Králové sowie eine schematische Darstellung der Abweichungen sind an anderer Stelle nachzulesen (Hascher 2002). Zudem erfolgt eine Beschränkung der Darstellung auf

a. hochsignifikante Zusammenhänge,
b. die Existenz, nicht auf die Höhe hochsignifikanter Zusammenhänge und
c. auf Zusammenhänge, die nicht in weiteren Analysen (vgl. Kap. 5.5) thematisiert werden.

Dies sind im Speziellen die Korrelationen der sechs Wohlbefindenskomponenten zu den folgenden Themenbereichen:

- das Selbstkonzept eigener (kognitiver) Fähigkeiten
- die Selbsteinschätzung der Akzeptanz bei Mitschüler/innen, der Kontakt- und Konfliktfähigkeit in Interaktionen mit Mitschüler/innen
- die Selbsteinschätzung der Akzeptanz bei Lehrpersonen, der Kontakt- und Konfliktfähigkeit in Interaktionen mit Lehrpersonen
- der Schuleinsatz und motivationale Orientierungen
- die Lernziele und Zukunftsperspektiven
- die Bildungseinstellungen von Eltern und Freund/innen

Völlig identische Korrelationsmuster bezüglich Teilfaktoren und Richtung sind – erwartungsgemäss – nur selten zu finden. Dies ist z.B. beim Vergleich der Stichproben aus Bern und Amsterdam: In beiden Datensätzen korreliert der allgemeine Schuleinsatz mit allen sechs Faktoren des Wohlbefindens, der Einsatz im Unterricht in der 1. Fremdsprache mit den positiven Einstellungen der Jugendlichen zur Schule, mit ihrer Freude in der Schule, ihrem schulischen Selbstwert und mit der Absenz von Sorgen und der Einsatz im Mathematikunterricht mit den positiven Einstellungen, der Freude der Schüler/innen und ihrem Selbstwert.

Geringfügige Abweichungen der Vergleichsstichproben zu den Daten in Bern ergeben sich z.B. in der Korrelation des Selbstkonzepts eigener kognitiver Fähigkeiten mit den Komponenten schulischen Wohlbefindens. Bei den befragten Berner Schüler/innen lassen sich hochsignifikante positive Korrelationen zu allen Wohlbefindenskomponenten mit Ausnahme der Variablen ‚Keine sozialen Probleme' nachweisen. Dies stimmt im Wesentlichen mit den Ergebnissen der anderen Stichproben überein: In den Daten aus Spiez und Hradec Králové finden sich ebenfalls Zusammenhänge mit allen Komponenten, in Magdeburg und Amsterdam fehlen hochsignifikante Korrelationen nur in Bezug auf die körperlichen Beschwerden und auf die sozialen Probleme.

Die meisten Unterschiede zwischen den Stichproben sind in zwei Bereichen auszumachen:

1. Bei den Korrelationen der Wohlbefindensdimensionen mit den einzelnen Lernzielen der Jugendlichen sind z.B. 9 Unterschiede im Vergleich der Schüler/innen-Antworten aus Bern und Hradec Králové zu verzeichnen, bei 8 Items finden sich Unterschiede zwischen den Daten aus Bern und Magdeburg. Dabei ist überwiegend zu beobachten, dass in den Berner Daten mehr Korrelationen bestehen. Nur vereinzelt ergeben sich in der Vergleichsstichprobe weitere hochsignifikante Zusammenhänge.

2. Die Wahrnehmung der eigenen Fähigkeiten im Umgang mit Mitschüler/innen (z.B. Kontakt- und Konfliktfähigkeit) zeigt recht heterogene Zusammenhänge zu den Faktoren des Wohlbefindens in der Schule. Dies wird im Vergleich mit allen vier Stichproben ersichtlich und soll anhand der Daten aus Spiez und Hradec Králové illustriert werden: Die Einschätzung der eigenen Kontaktfähigkeit im Umgang mit Mitschüler/innen korreliert in den Berner Daten positiv mit drei Wohlbefindenskomponenten: positive Einstellungen zur Schule, keine körperlichen Beschwerden und keine Sorgen wegen der Schule. Diese Korrelationen bestehen zwar auch im Datensatz Spiez, darüber hinaus aber lassen sich weitere Korrelationen mit der Freude in der Schule und dem Selbstwert der Schüler/innen nachweisen. In der Stichprobe aus Hradec Králové dagegen korrelieren nur die Freude in der Schule, der schulische Selbstwert und die Sorgen wegen der Schule hochsignifikant mit der Beurteilung der Kontaktfähigkeit in Interaktionen mit Mitschüler/innen.

Auch wenn die dargestellten Korrelationen und die Unterschiede in den Korrelationsmustern einen interessanten Einblick in die Zusammenhänge der untersuchten Variablen geben, sagen sie nichts über die Richtung des Zusammenhangs zwischen den Variablen aus. Da das Ziel der vorliegenden Studie darin bestand, die Aussagen über die Quellen bzw. Ursachen des Wohlbefindens in der Schule formulieren zu können, wurden die Querschnitts-Daten einer Kausalanalyse mit Hilfe des LISREL-Ansatzes unterzogen, der auf der Basis multipler Regressionsanalysen ermöglicht, die Beziehungen zwischen latenten Variablen zu überprüfen. Die Ergebnisse dazu werden im nachfolgenden Kapitel dargestellt.

5.4 Quellen und Ursachen des Wohlbefindens in der Schule

In Kapitel 4 wurde ein Überblick über potenzielle Einflussfaktoren auf das Wohlbefinden in der Schule gegeben. Für die vorliegende Untersuchung musste eine Reduktion der beschriebenen Komplexität in Kauf genommen werden. Die Vorüberlegungen und Kriterienselektion für die durchgeführten Auswertungen wurden in Kapitel 4.4 expliziert. Die Prämisse, ein aussagekräftiges und zugleich sparsames kontextspezifisches Modell der Erklärung schulischen Wohlbefindens erstellen zu wollen, bestimmte die Auswahl von fünf Faktoren:

1. Soziale und didaktische Merkmale des Unterrichts bei den Klassenlehrer/innen
2. Leistungsdruck im Unterricht
3. Leistungsniveau der Schüler/innen
4. Diskriminierung von Schüler/innen in der Klasse
5. Interaktionen in den Schulpausen

Im Folgenden werden zunächst die Hypothesen der vorliegenden Arbeit präzisiert, graphisch illustriert und die verwendeten Skalen beschrieben. Danach werden die Ergebnisse aus den fünf verschiedenen Stichproben dargestellt. Es wird davon ausgegangen, dass die ausgewählten Variablen je spezifische Effekte auf die Dimensionen des Wohlbefindens in der Schule ausüben (vgl. auch Ryff & Keyes 1995).

1. Soziale und didaktische Merkmale des Unterrichts der Klassenlehrperson

Bei der Stichprobe in Bern war die Klassenlehrperson in 90% der Fälle für drei und mehr Fächer in ihrer Klasse zuständig. Auch bei den anderen befragten Schüler/innen traf dies annähernd zu. Dies bestätigt, dass die Klassenlehrerin / der Klassenlehrer eine zentrale Person für die Jugendlichen sein kann. Es wurde davon ausgegangen, dass eine wichtige Quelle schulischen Wohlbefindens gesichert ist, wenn Klassenlehrpersonen von ihren Schüler/innen in drei Bereichen positiv beurteilt werden[63]: Gleichbehandlung von Schüler/innen, kompetenter Unterricht und Fürsorge gegenüber den Jugendlichen. Im Konkreten wurde angenommen, dass sich eine hohe soziale und didaktische Kompetenz der Klassenlehrer/innen positiv auf die Freude in der Schule, auf die Einstellungen zur Schule sowie auf den schulischen Selbstwert der Jugendlichen auswirkt und dazu beiträgt, die Sorgen wegen der Schule zu mindern (vgl. Abb. 5-6). Die drei gewählten Konzepte wurden dem LASSO (von Saldern & Littig 1987) entnommen, in welchem zu den Themen „Bevorzugung / Benachteiligung", „Unterrichtsfähigkeit" und „Fürsorge" von Lehrer/innen je eine Skala besteht, und auf die Klassenlehrperson umformuliert.

---

63 Die Perspektive der Schüler/innen ist hier besonders wichtig, da z.B. aus der Sozialklimaforschung bekannt ist, dass markante Unterschiede zwischen der (Selbst-) Einschätzung der Lehrer/innen und der (Fremd-) Einschätzung der Schüler/innen bestehen können.

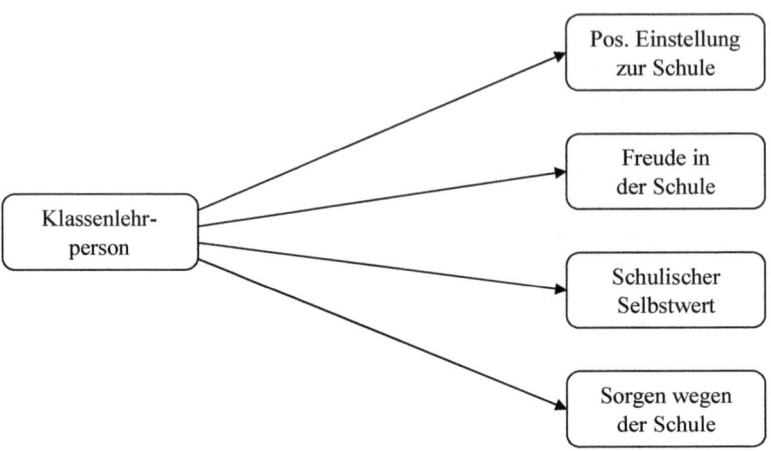

Abbildung 5-6:   Soziale und didaktische Kompetenzen der Klassenlehrperson als Einflussfaktoren auf Komponenten des Wohlbefindens in der Schule

2. Leistungsdruck im Unterricht

Wie an anderer Stelle ausführlich dargestellt (vgl. Kap. 4), zeichnet sich Wohlbefinden
neben positiven Emotionen und Kognitionen durch die Absenz von Sorgen und Beschwerden aus. Verschiedene Studien bestätigten, dass Sorgen von Schüler/innen
massgeblich durch den Leistungsdruck in der Schule ausgelöst werden und ihr Selbstwertgefühl gefährden (z.B. Grob 1997a). Deshalb wurde die Variable „Leistungsdruck" als eine Einflusskomponente des Wohlbefindens definiert.

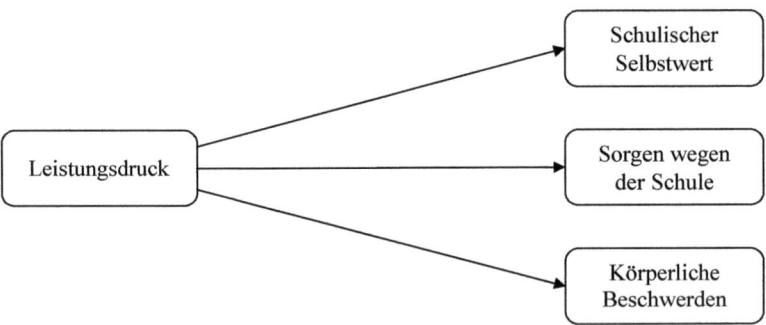

Abbildung 5-7:   Leistungsdruck im Unterricht als Einflussfaktor auf Komponenten des
Wohlbefindens in der Schule

Es sollte sich zeigen lassen, dass der von den Schüler/innen wahrgenommene Leistungsdruck in der Klasse zu Sorgen und (körperlichen) Beschwerden und zu einem reduzierten Selbstkonzept der Schüler/innen führt (vgl. Abb. 5-7). Auch für diese Variable wurde eine Skala aus dem LASSO (von Saldern & Littig 1987) auf die Klassenlehrperson umformuliert.

3. Leistungsniveau der Schüler/innen

Die Intention, den Schulalltag abzubilden, führte dazu, die Schulleistungen der Schüler/innen, operationalisiert anhand der letzten Zeugnisnoten in den drei zentralen Promotionsfächern Mathematik, Muttersprache und erste Fremdsprache, und nicht ihre über Tests objektivierten Leistungen oder ihre Leistungszufriedenheit als abhängige Variable auszuwählen. Es wurde nicht angenommen, dass gute Schulleistungen nach vorliegender Definition auf alle Dimensionen des Wohlbefindens in der Schule wirken. Aber es wurde davon ausgegangen, dass die Schulleistungen folgende Teilbereiche des Wohlbefindens beeinflussen (vgl. Abb. 5-8): Gute Schulleistungen fördern einerseits die Freude in der Schule, die positive Einstellung zur Schule und den schulischen Selbstwert, da sie einen Ausdruck der gelungenen Bewältigung schulischer Anforderungen darstellen. Andererseits wirken gute Noten der Entwicklung von Sorgen wegen der Schule entgegen. Körperliche Beschwerden im Sinne von Angst- und Belastungssymptomen können dennoch bestehen.

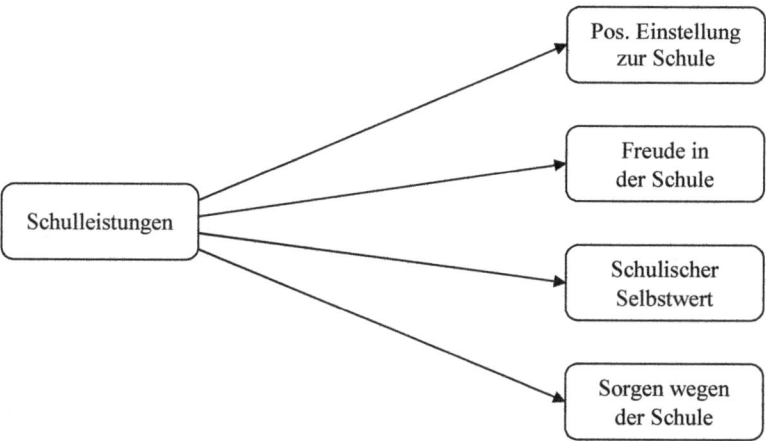

Abbildung 5-8:   Schulleistungen als Einflussfaktoren auf Komponenten des Wohlbefindens in der Schule

4. Diskriminierung von Mitschüler/innen

Da Klassen nach formellen Kriterien zusammengestellt werden, sind ein enger Klassenzusammenhalt und freundschaftliche Beziehungen zwischen Schüler/innen nicht selbstverständlich. Vielmehr gehören soziale Spannungen und Schwierigkeiten zwischen Kindern und Jugendlichen zum Alltag. Wenn allerdings Diskriminierung in der Klasse vorkommt, so ist dies eine destruktive Form des Kontaktes zwischen Gleichaltrigen und wirkt auf das gesamte Klassenklima, da Diskriminierung öffentlich ist und beobachtet werden kann. Deshalb wurde Diskriminierung als ein Einflussfaktor des Wohlbefindens in der Schule definiert und es wurde entschieden, nicht einzelne Opfer der Ablehnung und Ausgrenzung ausfindig zu machen, sondern den generellen Umgang zwischen Schüler/innen in einer Schulklasse zu thematisieren, wie dies in einer Skala des LASSO (von Saldern & Littig 1987) beschrieben wird. Es wurde angenommen (vgl. Abb. 5-9), dass Diskriminierung in der Klasse als eine Grundtönung der Interaktionen zwischen Schüler/innen einer Klasse zu sozialen Problemen einzelner Schüler/innen führt[64] und sogar körperliche Beschwerden auslösen kann.

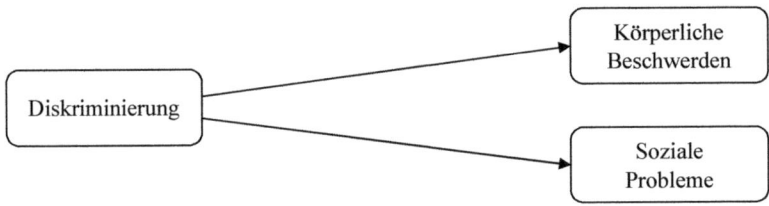

Abbildung 5-9:   Diskriminierung von Mitschüler/innen als Einflussfaktor auf Komponenten des Wohlbefindens in der Schule

5. Interaktionen in den Schulpausen

Sieht man von frei gestalteten Lehr-Lernformen ab, so bietet der Unterricht nur begrenzte Möglichkeiten, miteinander intensiv zu kommunizieren. Private und persönliche Kontakte müssen Schüler/innen auf die Zeit ausserhalb der Lektionen verschieben, damit ein weitgehend störungsfreier Unterricht erfolgen kann. Da spontane und freie Interaktionen nach Aussagen von Schüler/innen aber einen wesentlichen Teil des Schulalltags mitgestalten, tragen sie dazu bei, welche Emotionen und Kognitionen Schüler/innen gegenüber ihrer Schule entwickeln. So wurde erwartet, dass gute Interaktionen in den Schulpausen auch zur Absenz von sozialen Problemen in der Klasse führen und zugleich die positiven Einstellungen zur Schule und die Freude in der Schule stärken (vgl. Abb. 5-10). Mit der Formulierung einer neuen Skala wurde der

---

64 Für eine Prüfung dieser Hypothese spricht auch die Tatsache, dass die Skalen „Diskriminierung in der Klasse" und „Soziale Probleme" eine eher geringe Korrelation von r=.28 aufweisen (vgl. Tabelle 5-27).

Schwerpunkt darauf gelegt, wie Schüler/innen in den Schulpausen miteinander kommunizieren, wieviel Spass und Kontakt sie haben, wie integriert und sicher sie sich fühlen.

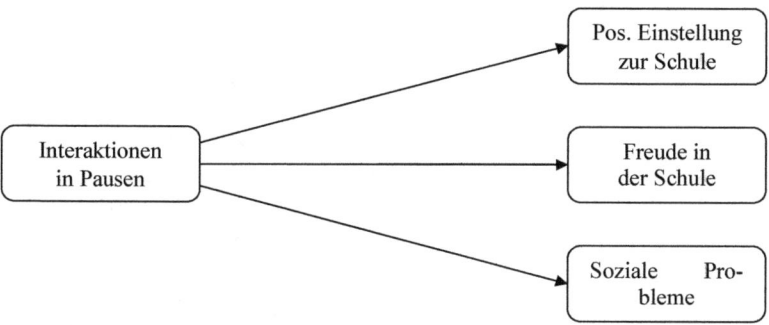

Abbildung 5-10:   Interaktionen in den Schulpausen als Einflussfaktoren auf Komponenten des Wohlbefindens in der Schule

Folgendes Modell in Abbildung 5-11 stellt die erwarteten Zusammenhänge im Überblick dar. Darin wird auch berücksichtigt, dass die ausgewählten Ursachen und Quellen des Wohlbefindens nicht völlig unabhängig voneinander sind. So ist z.B. anzunehmen, dass das Sozialverhalten der Klassenlehrperson in einem Zusammenhang mit dem Leistungsdruck im Unterricht und den Interaktionen zwischen den Schüler/innen steht, was auch während der Schulpausen zum Ausdruck kommt. Ebenso ist von Verbindungen zwischen Leistungsdruck in der Schule und Diskriminierung von Mitschüler/innen auszugehen, da Leistungsdruck mit sozialer Bezugsnormorientierung bei der Leistungsbewertung einhergeht, die Konkurrenzdenken, Neid und Missgunst fördert (z.B. Johnson & Johnson 1985). Diskriminierung von Mitschüler/innen kann des Weiteren mit den Schulleistungen zusammenhängen und sich in den Interaktionen im Schulhof widerspiegeln. Durchgehende Pfeile zeigen die Art und die Richtung der postulierten Einflussfaktoren an, die leicht gestrichelten Linien veranschaulichen die partielle Abhängigkeit der einzelnen Faktoren untereinander:

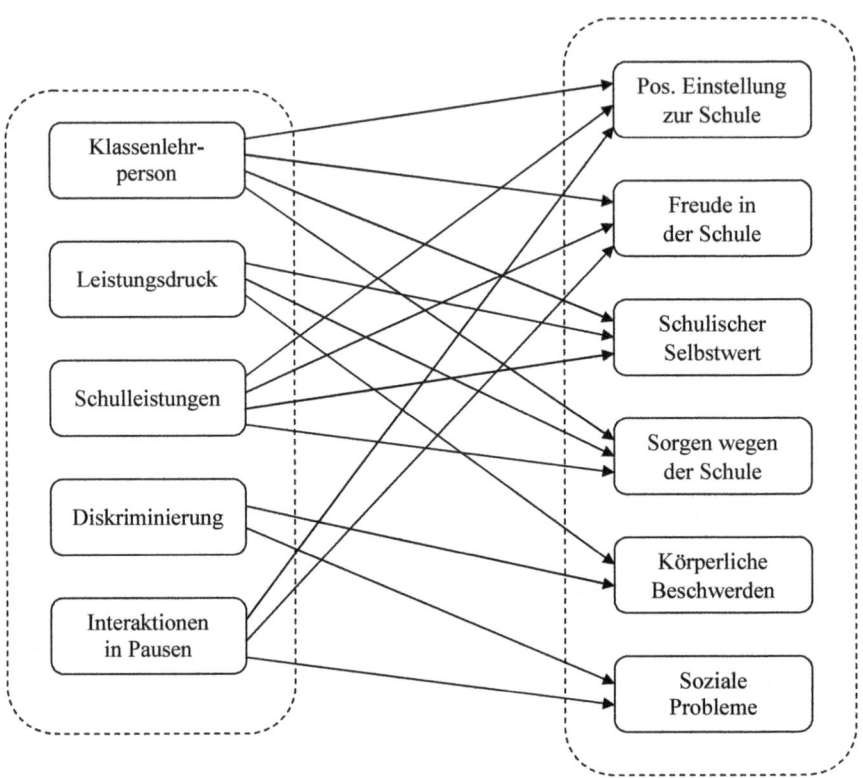

Abbildung 5-11: Überblick über die postulierten Einflussfaktoren auf Komponenten des Wohlbefindens in der Schule

Für die Überprüfung der oben dargestellten Hypothesen wurde auf den LISREL-Ansatz der Kausalanalyse zurückgegriffen (Backhaus, Erichson, Plinke & Weiber 1994; Jöreskog & Sörbom 1989). In diesem Verfahren werden auf der Basis von aggregierten Daten Beziehungen zwischen hypothetischen, nicht direkt messbaren und beobachtbaren Konstrukten (sog. latenten Variablen) in ihrer Gesamtheit analysiert. Die Auswertungen erfolgten getrennt für die fünf Stichproben in Bern, Spiez, Magdeburg, Amsterdam und Hradec Králové. Für jede unabhängige Variable wurden zwei bis drei Indikatoren bestimmt, ebenfalls wurden die abhängigen Variablen durch je zwei Indikatoren definiert. In der Regel wurde eine Skala anhand einer Faktorenanalyse in zwei gleich starke Subskalen gesplittet. Nur die latenten Variablen ‚Verhalten der Klassenlehrperson' und ‚Schulleistungen' setzen sich aus je drei spezifischen Variablen zusammen, da diese überwiegend hoch miteinander korrelierten: Für das Verhalten der Klassenlehrperson im Unterricht waren dies die Skalen ‚Unterrichtsfähigkeit der

256

Lehrperson', ,Bevorzugung bzw. Benachteiligung von Schüler/innen durch die Lehrperson' und ,Fürsorge der Lehrperson'. Die Schulleistungen wurden anhand der letzten Zeugnisnoten in den Fächern Mathematik, Muttersprache und erste Fremdsprache ermittelt. Dabei ist allerdings anzumerken, dass das Verhältnis der latenten Variable Schulleistungen zu ihren drei Indikatorvariablen in den verschiedenen Stichproben nicht immer ausgewogen war. Dies war vor allem bei den Daten aus Spiez und Amsterdam festzustellen, in denen einerseits die Noten im Sprachunterricht (Spiez), andererseits die Mathematiknote (Amsterdam) die Schulleistungen besser abbilden.

Bislang besteht kein Konsens darüber, welche Güteindizes zur Beurteilung der Modellpassung herangezogen werden sollen (z.B. Bentler 1990). Deshalb werden verschiedene Indizes gleichzeitig dokumentiert. Einerseits beschreibt der χ^2/df-Test, inwiefern das gewählte Modell mit den empirischen Daten übereinstimmt (vgl. Tab. 5-32). Andererseits wird der Comparative Fit Index (CFI; Bentler 1990), der als weitgehend stichprobenunabhängig gilt, als zentraler Güteindex angeführt. Ergänzend werden auch die Indizes GFI und AGFI (Jöreskog & Sörbom 1989) als LISREL-Vergleichsmasse beschrieben. Alle nachfolgenden Strukturgleichungsmodelle wurden mit dem Programm EQS (z.B. Bentler 1990) überprüft. Ausgangsbasis waren die Beziehungen der latenten Variablen bei den Schüler/innen aus Bern, die in der folgenden Abbildung (Abb. 5-12) illustriert sind.

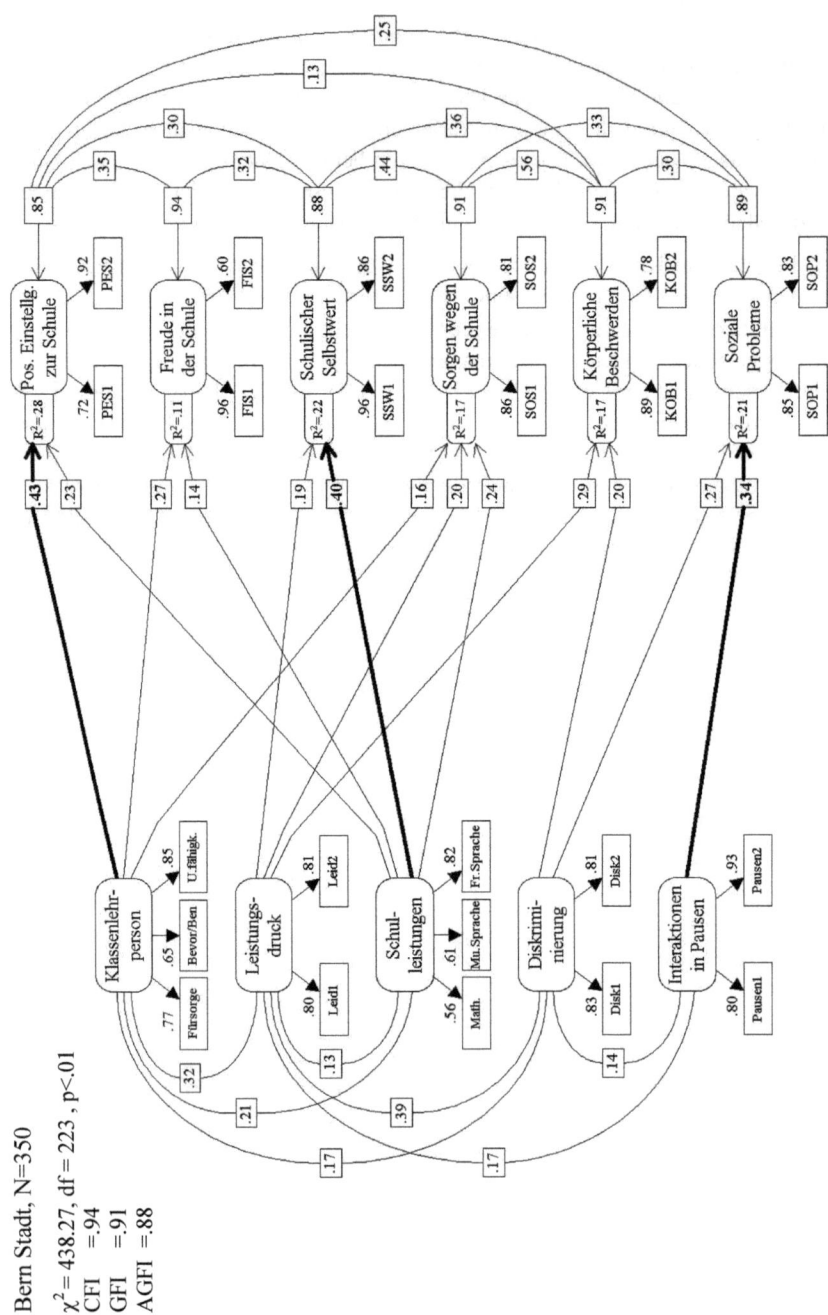

Bern Stadt, N=350
$\chi^2 = 438.27$, df = 223 , p<.01
CFI   =.94
GFI   =.91
AGFI =.88

258

Abbildung 5-12:   Strukturmodell der Komponenten des Wohlbefindens in der Schule, Stichprobe Bern

Tabelle 5-32: Modellstatistiken für die einzelnen Teilstichproben

	χ^2	df	CFI	GFI	AGFI
Modell Bern	438.27	223	.94	.91	.88
Modell Spiez	454.35	223	.93	.91	.88
Modell Magdeburg	472.67	224	.93	.90	.86
Modell Amsterdam	311.19	227	.95	.88	.84
Modell Hradec Králové	446.29	220	.94	.92	.89

In der Tabelle 5-32 sind die Modellstatistiken für die fünf Stichproben nachzulesen. Auch in der zweiten Schweizer Stichprobe und den Daten aus Deutschland, den Niederlanden und Tschechien ergaben sich gute Güteindices. Deshalb werden die Modelle ebenfalls im Detail dargestellt (vgl. Abb. 5-13 bis 5-16). Sie bestätigen, dass das Verhalten der Klassenlehrperson, der wahrgenommene Leistungsdruck und die erbrachten Schulleistungen, dass Diskriminierung im Klassenzimmern und Interaktionen in den Schulpausen wichtige Bedingungen für die Genese des Wohlbefindens in der Schule darstellen.

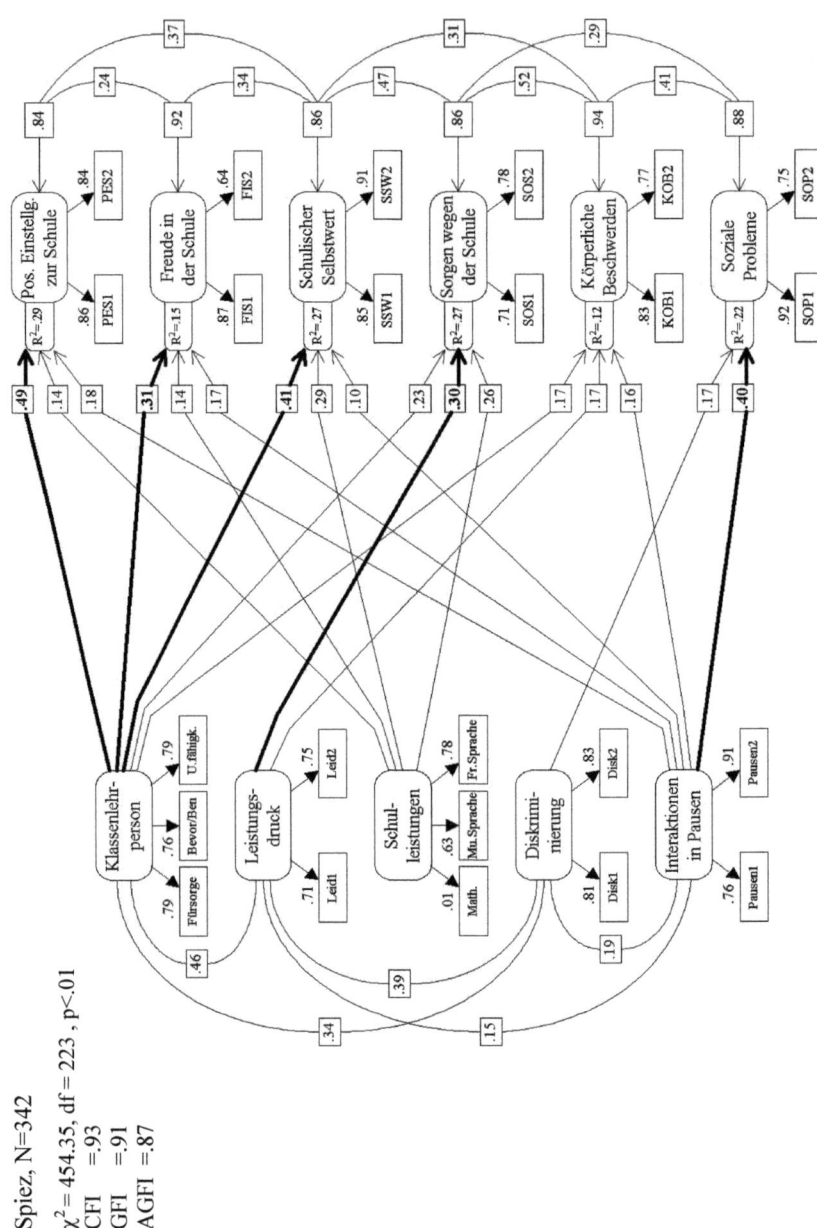

Spiez, N=342
χ^2 = 454.35, df = 223, p<.01
CFI = .93
GFI = .91
AGFI = .87

Abbildung 5-13: Strukturmodell der Komponenten des Wohlbefindens in der Schule, Stichprobe Spiez

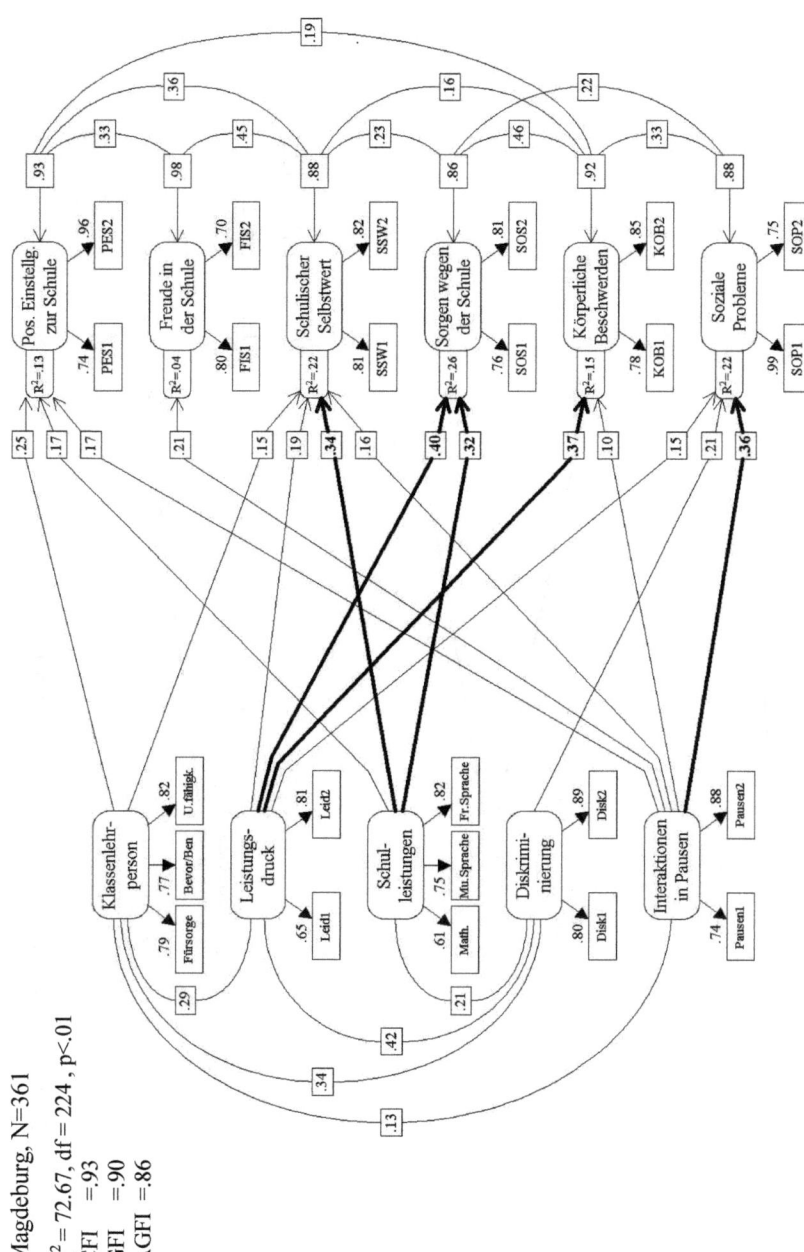

Magdeburg, N=361

$\chi^2 = 72.67$, df = 224 , p<.01
CFI = .93
GFI = .90
AGFI = .86

Abbildung 5-14: Strukturmodell der Komponenten des Wohlbefindens in der Schule, Stichprobe Magdeburg

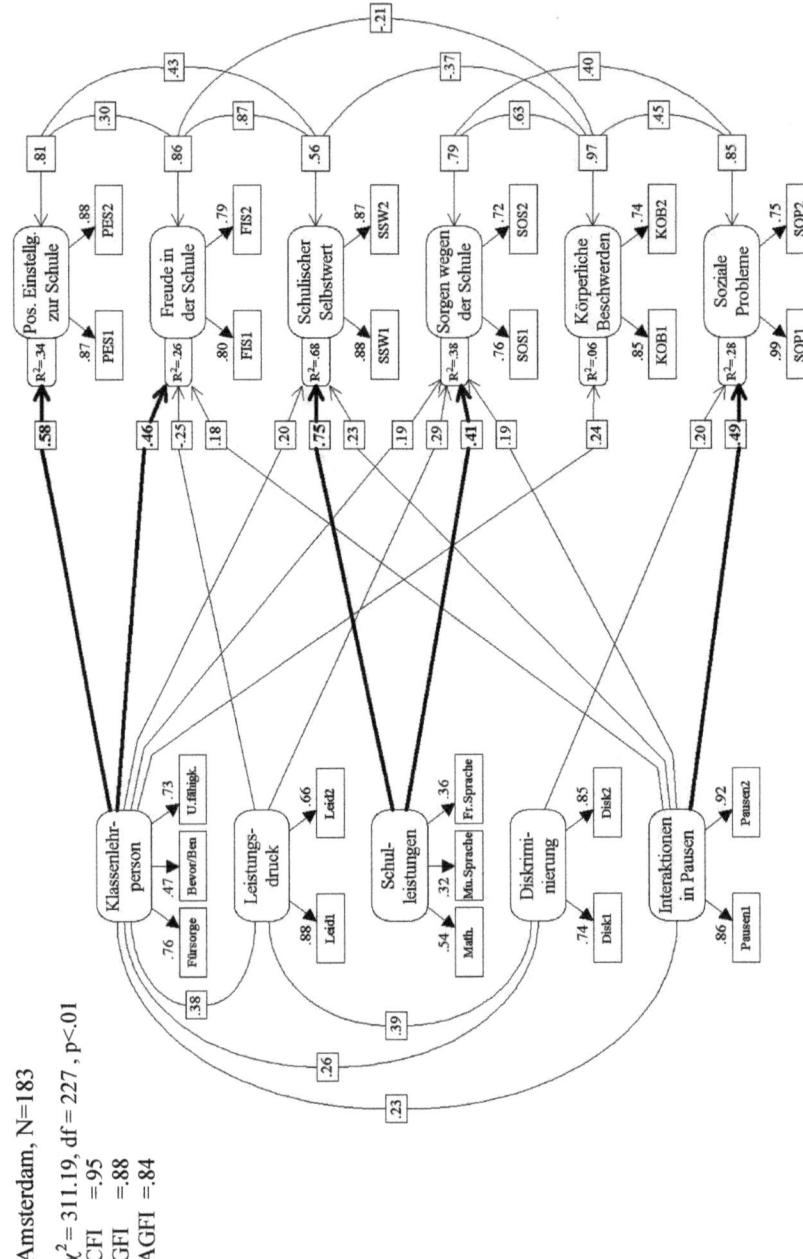

Amsterdam, N=183

$\chi^2 = 311.19$, df = 227 , p<.01

CFI = .95
GFI = .88
AGFI = .84

262

Abbildung 5-15: Strukturmodell der Komponenten des Wohlbefindens in der Schule, Stichprobe Amsterdam

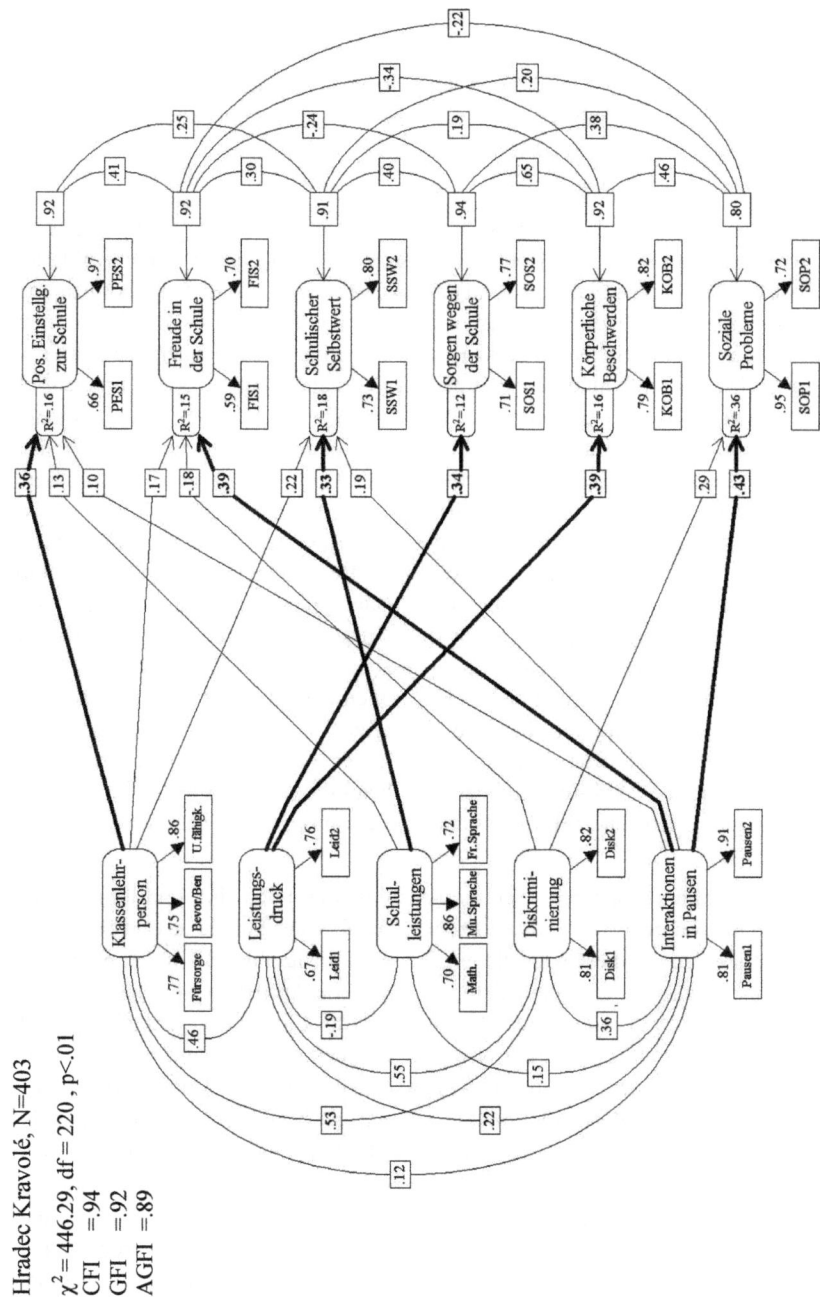

Hradec Kravolé, N=403

$\chi^2 = 446.29$, df = 220 , p<.01
CFI   =.94
GFI   =.92
AGFI =.89

Abbildung 5-16:   Strukturmodell der Komponenten des Wohlbefindens in der Schule, Stichprobe Hradec Kravolé

Die Ergebnisse sollen nun im Einzelnen dokumentiert werden. Dabei wird wie folgt vorgegangen: Jede Komponente des Wohlbefindens in der Schule wird einzeln betrachtet und im Hinblick auf ihre Einflussfaktoren erläutert. Ausgehend von den Ergebnissen der Stichprobe aus Bern, die in der Ergebnisdarstellung im Zentrum stehen, wird diskutiert, inwiefern Teilbereiche des Modells als stichprobenspezifisch angesehen werden müssen.

Positive Einstellungen zur Schule

Von allen sechs Komponenten des Wohlbefindens lassen sich in der Stichprobe Bern die positiven Einstellungen zur Schule am besten vorhersagen (der Anteil erklärter Varianz beträgt 28%). Zwei Faktoren sind dafür verantwortlich, dass Schülerinnen und Schüler gern zur Schule gehen, sich dort wohl fühlen und Schule als sinnvoll und interessant beurteilen (umschrieben mit dem Begriff ‚Positive Einstellungen zur Schule‘): das fürsorgliche, gerechte und fachkompetente Verhalten der Klassenlehrpersonen ($\beta=.43$) und gute Schulleistungen ($\beta=.23$). Von den anderen drei überprüften Faktoren (Leistungsdruck, Diskriminierung von Mitschüler/innen und Interaktionen in den Schulpausen) führen keine signifikanten Pfade zu den Einstellungen der Schüler/innen. Damit werden die Hypothesen teilweise bestätigt, da zwar der Einfluss der Schulleistungen und der Klassenlehrer/innen angenommen worden war, jedoch auch die Interaktionen in den Schulpausen, d.h. sozialintensive Begegnungen mit anderen Schüler/innen ausserhalb des Klassenzimmers als relevant angesehen worden waren. Werden die beiden Prädiktoren miteinander in Beziehung gesetzt, so zeigt sich, dass der Einfluss der Klassenlehrer/innen nahezu doppelt so stark ist wie der Effekt guter Leistungen. Die Bedeutung des Verhaltens der Klassenlehrperson bestätigt sich auch dann, wenn man die Wirkung, die von dieser unabhängigen Variablen ausgeht, vergleicht: Signifikante Pfade führen zwar auch zur Freude in der Schule und zu den Sorgen wegen der Schule, aber der stärkste Pfad bezieht sich auf die positiven Einstellungen. Bei den Schulleistungen liegt die Wirkungsstärke auf die positiven Einstellungen eher im unteren Bereich.

Auch in den anderen Stichproben üben die Klassenlehrer/innen eine Kernfunktion auf die Entwicklung von positiven Einstellungen gegenüber der Schule aus. In der Stichprobe aus Amsterdam ist dies sogar die einzige Einflussvariable ($\beta=.58$). Eine wichtige Funktion nehmen auch die Schulleistungen ein (eine Ausnahme sind hier, wie bereits erwähnt, die Schüler/innen aus Amsterdam), ihr Einfluss erweist sich jedoch durchgehend als deutlich schwächer (teilweise erreichen die Pfade nur ein Drittel der Stärke des Verhaltens der Klassenlehrpersonen; Spiez: $\beta=.14$; Magdeburg: $\beta=.17$; Hradec Králové: $\beta=.13$). Wesentlich und mindestens so bedeutsam wie die Schulleistungen sind für die Stichproben aus Spiez ($\beta=.18$), Magdeburg ($\beta=.17$) und Hradec Králové ($\beta=.10$) die Interaktionen in der unterrichtsfreien Zeit, ein Einflussfaktor, der postuliert worden war, sich aber bei den Schüler/innen aus Bern nicht bestätigt hat. Eine Verallgemeinerung des Modells anhand der Ergebnisse aus Bern würde folglich zu kurz greifen, da sich in anderen Stichproben bestätigte, dass es für die Entwicklung von positiven Einstellungen zur Schule auch eine Rolle spielt, was ausserhalb des Unterrichts abläuft. Interaktionen in den Schulpausen entscheiden mit darüber, wie Schüler/innen über Schule im Allgemeinen denken.

Freude in der Schule

Für die Erklärung der Wohlbefindenskomponente Freude in der Schule (R^2=.15) ergibt sich für die Stichprobe aus Bern ein ähnliches Bild wie für die positiven Einstellungen. Auch hier sind es die Klassenlehrpersonen (β=.27) und die Schulleistungen (β=.14), von denen signifikante Pfade zur abhängigen Variablen ‚Freude in der Schule' führen. Somit kann wiederum ein Teil der Hypothesen anhand der Daten aus Bern bestätigt werden. Ebenfalls ähnlich ist das Verhältnis der unabhängigen Variablen zueinander, da der Einfluss der Klassenlehrer/innen deutlich stärker ist als der der Schulleistungen. Weder der subjektiv wahrgenommene Leistungsdruck noch die Diskriminierung von Mitschüler /innen oder fehlende Interaktionen in der unterrichtsfreien Zeit können dazu führen, dass sich Berner Schüler/innen anerkannt fühlen und Freude erleben.

Die Bedeutung der Lehrpersonen lässt sich auch in den anderen Datensätzen bestätigen. Eine Ausnahme bilden die Daten aus Magdeburg, in denen die Freude in der Schule ausschliesslich durch die Interaktionen in den Schulpausen (β=.21) bestimmt ist. Das Verhalten der Klassenlehrer/innen erweist sich in den Daten aus Spiez und Amsterdam als wichtigster Faktor, ergänzt um die Interaktionen in den Schulpausen und die Schulleistungen (Spiez) bzw. um die Interaktionen in den Schulpausen und den Leistungsdruck (Amsterdam). In den Ergebnissen aus Hradec Králové dagegen sind die Interaktionen in den Schulpausen am einflussreichsten und erklären zusammen mit dem Verhalten der Klassenlehrperson und der Diskriminierung von Mitschüler/innen 15% der Varianz der Freude in der Schule. Ein Vergleich der Antworten der Schüler/innen aus Bern mit den Ergebnissen der anderen Stichproben zeigt einige Gemeinsamkeiten, aber auch Unterschiede: In vier von fünf Stichproben (einzige Ausnahme ist Magdeburg) erweist sich das Verhalten der Klassenlehrperson als gewichtige Einflussvariable. Ebenfalls in vier von fünf Stichproben (Ausnahme hier ist Bern) kann die Bedeutung der Schüler/innen-Interaktionen in den Schulpausen nachgewiesen werden. In drei Stichproben ergeben sich jedoch auch spezifische Einflussfaktoren, die im Vergleich der Stichproben nicht bestätigt werden können. Dies sind in Bern und Spiez die Schulleistungen (in beiden Stichproben; β=.14), in Amsterdam der Leistungsdruck (β=-.25) und in Hradec Králové die Diskriminierung von Mitschüler/innen (β=-.18)[65]. Damit ergibt sich für die Erklärung der Freude in der Schule ein eher heterogenes Bild und macht darauf aufmerksam, dass bei einer Generalisierung der Antworten der Schüler/innen aus Bern Vorsicht geboten ist und nur eine Variable als von Stichprobeneffekten weitgehend unabhängig und als wichtig interpretiert werden darf: das Verhalten der Klassenlehrpersonen.

---

65 Hinter diesen beiden negativen Pfadkoeffizienten stehen positive Korrelationen. Die Umkehrung der Vorzeichen ist folglich auf die Prozesse innerhalb der Regressionsanalysen zurückzuführen.

Schulischer Selbstwert

Es war angenommen worden, dass der schulische Selbstwert von Jugendlichen von drei Faktoren bestimmt ist: vom Verhalten der Lehrpersonen, vom wahrgenommenen Leistungsdruck und von den erbrachten Schulleistungen. In den Daten der Schüler/innen aus Bern spiegelt sich eine starke Leistungsorientierung wider, da die Schulleistungen und der Leistungsdruck 22% der Varianz des schulischen Selbstwerts erklären. Der Einfluss der erbrachten Schulleistungen ($\beta=.40$) ist dabei doppelt so stark wie die Wirkung des Leistungsdrucks ($\beta=.19$). Der Leistungsdruck, der massgeblich durch Lehrpersonen geprägt ist, vermag den Selbstwert folglich zwar zu schwächen, jedoch nicht mit der gleichen Intensität wie dies bei schlechten Noten der Fall ist. Oder anders formuliert: Gute Schulleistungen tragen entscheidend zum Selbstwert von Schüler/innen bei, aber auch eine Lernumgebung, die von den Schüler/innen als von Leistungsdruck frei empfunden wird. Das Verhalten ihrer Klassenlehrpersonen, erfragt anhand der Fürsorge der Lehrperson, ihrer Unterrichtskompetenzen und der Gleichberechtigung der Schüler/innen, ist für die Jugendlichen aus Bern entgegen der Hypothesen jedoch nicht massgeblich für ihren schulischen Selbstwert.

In den anderen Stichproben erweisen sich die Schulleistungen ebenfalls als ein valider, teilweise sehr starker Einflussfaktor, was auf die Bedeutung der Leistungsthematik für Schülerinnen und Schüler hinweist (Spiez: $\beta=.29$; Magdeburg: $\beta=.34$; Amsterdam: $\beta=.75$; Hradec Králové: $\beta=.33$). Mit Ausnahme der Daten aus Spiez bilden die Schulleistungen stets den stärksten Einflussfaktor auf den schulischen Selbstwert. Der Leistungsdruck dagegen ist nur noch bei den Schüler/innen aus Magdeburg wichtig ($\beta=.19$). Stattdessen nehmen die Klassenlehrpersonen, die sich in Spiez sogar als stärkster Pfad erweisen (Spiez: $\beta=.41$; Magdeburg: $\beta=.15$; Amsterdam: $\beta=.20$; Hradec Králové: $\beta=.22$), sowie die Interaktionen mit Mitschüler/innen in den Pausen (Spiez: $\beta=.10$; Magdeburg: $\beta=.16$; Amsterdam: $\beta=.23$; Hradec Králové: $\beta=.19$) eine zentrale Funktion für die Entwicklung des schulischen Selbstwertgefühls in den vier Vergleichsstichproben ein.

Diese Ergebnisse machen darauf aufmerksam, dass Leistungsaspekten in der Schule zwar eine hohe Bedeutung für den schulischen Selbstwert zugemessen werden muss, dass aber auch soziale Komponenten in schulischen Interaktionen mit Gleichaltrigen und Autoritätspersonen das Selbstwertgefühl stärken oder schwächen können. Das Modell der Stichprobe aus Bern würde demnach zu kurz greifen, da es den Schluss nahelegt, dass der Selbstwert von Schüler/innen ausschliesslich über die Leistungsthematik determiniert ist. Ebenfalls waren die Hypothesen zu sehr auf die Beziehungen zwischen Lehrpersonen und Schüler/innen fixiert. Auch Erlebnisse ausserhalb strukturierten Schulunterrichts mit Gleichaltrigen wirken sich darauf aus, ob sich Schüler/innen fähig fühlen, den schulischen Alltag mit seinen überwiegend kognitiven Anforderungen zu bewältigen.

Sorgen wegen der Schule

Für Schüler/innen kann die Schule eine Quelle von Sorgen und Problemen darstellen. Es sollte deshalb untersucht werden, wodurch diese entstehen. Wie bei der Analyse des schulischen Selbstwerts sind der Leistungsdruck (β=.20) und – jedoch hier in einem etwas abgeschwächten Mass – die Schulleistungen (β=.24) für die Sorgen der Schüler/innen in Bern verantwortlich. Hinzu kommt aber auch die Bedeutung des Verhaltens der Klassenlehrer/innen (β=.16), so dass insgesamt 17% der Varianz der schulischen Sorgen von Jugendlichen in Bern erklärt werden können. Die drei Pfade erweisen sich als etwa gleich stark, kein Prädiktor ist dominant. Dieses Ergebnis entspricht den formulierten Hypothesen, da angenommen worden war, dass die Häufigkeit der Sorgen rund um die Schule von den Leistungen und den Interaktionen mit den Lehrpersonen abhängt.

Der Vergleich mit den anderen vier Stichproben zeigt, dass der Leistungsdruck durchaus als eine allgemein wichtige Einflussgrösse angesehen werden kann (Spiez: β=.30; Magdeburg: β=.40; Amsterdam: β=.29; Hradec Králové: β=.34). Dies trifft mit Ausnahme der Schüler/innen-Antworten aus Hradec Králové auch auf die schulischen Leistungen zu (Spiez: β=.26; Magdeburg: β=.32; Amsterdam: β=.41). In Spiez (β=.23) und Amsterdam (β=.19) sind ebenso Effekte in Zusammenhang mit dem Verhalten der Klassenlehrperson zu berücksichtigen. Die Daten der beiden Stichproben aus dem Kanton Bern sind damit fast identisch, da nicht nur die gleichen unabhängigen Variablen einflussreich sind, sondern auch die Stärke der Pfadkoeffizienten vergleichbar und ausgewogen ist. Die Daten der Spiezer Schüler/innen lassen aber zu, einen höheren Anteil der Varianz zu erklären (Bern: R^2=.17; Spiez: R^2=.27). Dies trifft partiell auch für die Daten aus Magdeburg zu, bei denen jedoch die Klassenlehrpersonen keinen statistisch nachweisbaren Einfluss ausüben. Ein etwas anderes Gesamtbild zeigt sich für die Daten aus Amsterdam und Hradec Králové: Für Amsterdamer Schüler/innen sind die Interaktionen zwischen Peers in den Schulpausen eine weitere Quelle ihrer Sorgen (β=.19), ihre Sorgen sind allerdings hauptsächlich mit ihren Schulnoten verbunden (β=.41). In der Stichprobe aus Hradec Králové beschränkt sich der Einfluss auf die schulischen Sorgen auf den Leistungsdruck, der als Einzelvariable immerhin 12% der Varianz erklärt. Das Modell der Stichprobe aus Bern enthält damit relevante Einflussfaktoren auf die Sorgen von Schüler/innen, deckt jedoch nicht das gesamte Spektrum an möglichen Ursachen innerhalb der ausgewählten unabhängigen Variablen ab.

Körperliche Beschwerden wegen der Schule

Worauf kann es zurückgeführt werden, wenn Schülerinnen und Schüler unter Schmerzen und Unwohlsein, in den Modellen bezeichnet als körperliche Beschwerden, leiden? Es war angenommen worden, dass sowohl Leistungsdruck als auch Diskriminierung in der Klasse einen wesentlichen Anteil dazu beitragen. Diese Hypothese bestätigt sich für die Jugendlichen aus Bern: Die Bedeutung beider Faktoren lässt sich statistisch nachweisen (Leistungsdruck: β=.29; Diskriminierung: β=.20) und erklärt insgesamt 17% der Varianz der körperlichen Beschwerden wegen der Schule. Es sind also nicht die Schulleistungen per se, die zu Beschwerden führen (sie sind, wie oben gezeigt, eher mit Sorgen verbunden), sondern die wahrgenommene Belastung durch Selektion und Stofffülle sowie das ausgrenzende Verhalten von Mitschüler/innen. Beide Faktoren tragen in etwa gleichermassen zu körperlichen Beschwerden bei.

Wird die genannte Hypothese anhand der anderen Datensätze überprüft, so lässt sich in drei weiteren Stichproben, in Spiez (β=.17), Magdeburg (β=.37) und Hradec Králové (β=.39), die Bedeutung des Leistungsdrucks für die Existenz körperlicher Beschwerden bestätigen. In Hradec Králové bildet der Leistungsdruck sogar den einzigen Einflussfaktor, der mit einem starken Pfadkoeffizienten von β=.39 16% der Varianz erklärt. Die Diskriminierung von Mitschüler/innen dagegen scheint ein bernspezifischer Einflussfaktor zu sein, da in keiner anderen Stichprobe signifikante Pfade zu den körperlichen Beschwerden bestehen. Die Mitschüler/innen spielen aber durchaus eine Rolle für das Auftreten körperlicher Beschwerden. Sowohl in den Antworten der Jugendlichen aus Spiez (β=.16) als auch bei den befragten Schüler/innen in Magdeburg (β=.10) sind die Interaktionen in den Schulpausen mitverantwortlich für körperliche Beschwerden. Die angenommene Ursachenanalyse muss aber modifiziert werden, betrachtet man die Ergebnisse der Stichprobe aus Spiez und Amsterdam. In diesen Daten erweist sich das Verhalten der Klassenlehrperson (Spiez: β=.17; Amsterdam: β=.24) ebenfalls als relevanter Faktor. Diese Ergebnisse sollten als ein Hinweis darauf verstanden werden, dass nicht eine Beschränkung auf Leistungsdruck bei der Bekämpfung von körperlichen Beschwerden in der Schule stattfinden darf. Vielmehr muss eine theoretische Erweiterung um soziale Aspekte erfolgen, da sowohl die Interaktionen zwischen Lehrpersonen und Schüler/innen als auch die Interaktionen zwischen Schüler/innen eine wesentliche Rolle spielen.

Soziale Probleme in der Schule

Die sozialen Interaktionen zwischen Schüler/innen verlaufen nicht immer reibungslos. Ein besonderes Augenmerk wurde deshalb auch darauf gelegt, ob die befragten Jugendlichen soziale Probleme mit ihren Mitschüler/innen haben. Es wurde davon ausgegangen, dass diskriminierende Verhaltensmuster innerhalb der Schulklasse und die Interaktionen in der unterrichtsfreien Zeit die sozialen Probleme einer Schülerin / eines Schülers mitbestimmen. Diese Hypothese lässt sich für die Daten aus Bern durchaus bestätigen: Nur die beiden Variablen ‚Diskriminierung‘ (β=.27) und ‚Interaktionen in den Schulpausen‘ (β=.34) weisen signifikante Pfade zur abhängigen Variablen ‚Soziale Probleme in der Schule‘ auf. Gemeinsam erklären sie einen Anteil von 21% der Varianz. Ihr Einfluss kann als etwa gleich stark interpretiert werden.

Der Vergleich mit den vier anderen Stichproben führt zu einem sehr ähnlichen Ergebnis und bestätigt damit die formulierten Hypothesen: In jeder Stichprobe kann der Einfluss der Diskriminierung in der Schulklasse (Spiez: β=.17; Magdeburg: β=.21; Amsterdam: β=.20; Hradec Králové: β=.29) und der Interaktionen in den Schulpausen

(Spiez: β=.40; Magdeburg: β=.36; Amsterdam: β=.49; Hradec Králové: β=.43) statistisch nachgewiesen werden. In diesen Daten lassen sich jedoch auch zwei Unterschiede ausmachen: (1) Während das Verhältnis der beiden unabhängigen Variablen in Bern ausgeglichen war, dominiert in allen vier anderen Stichproben die Variable „Interaktionen in den Schulpausen'. Ihre Bedeutung ist für die Existenz sozialer Probleme mit Mitschüler/innen ist folglich aufgrund des durchgehend höheren Pfadkoeffizienten stärker zu gewichten. (2) In den Daten der Schüler/innen aus Magdeburg besitzt eine dritte Variable das etwa gleich starke Erklärungspotenzial wie die Diskriminierung von Mitschüler/innen: Dies ist der Leistungsdruck, der im Unterricht besteht. Wird dieser als hoch erlebt, so werden bei den Jugendlichen aus Magdeburg auch die sozialen Probleme verstärkt, was vermutlich auf die negativen Auswirkungen kompetitiver Unterrichtsformen und der Beurteilung anhand sozialer Bezugsnormen zurückgeführt werden kann. Insgesamt kann davon ausgegangen werden, dass das Modell der Stichprobe aus Bern valide Ursachen für soziale Probleme in der Schule liefert, wenn auch unterschiedliche Gewichtungen bestehen können.

Tabelle 5-33: Überblick über die Prädiktoren der Komponenten des Wohlbefindens in der Schule

	Bern	Spiez	Magdeburg	Amsterdam	Hradec Králové
Positive Einstellung zur Schule	Lehrpersonen Schulleistungen	Lehrpersonen Interaktionen in Pausen Schulleistungen	Interakt. in Pausen	Lehrpersonen Leistungsdruck Interakt. in Pausen	Interakt. in Pausen Diskriminierung Lehrpersonen
Freude in der Schule	Lehrpersonen Schulleistungen	Lehrpersonen Schulleistungen Interaktionen in Pausen	Lehrpersonen Schulleistungen Interakt. in Pausen	Lehrpersonen	Lehrpersonen Schulleistungen Interakt. in Pausen
Schulischer Selbstwert	Schulleistungen Leistungsdruck	Lehrpersonen Schulleistungen Interaktionen in Pausen	Schulleistungen Leistungsdruck Interakt. in Pausen Lehrpersonen	Schulleistungen Interakt. in Pausen Lehrpersonen	Schulleistungen Lehrpersonen Interakt. in Pausen
Sorgen wegen der Schule	Schulleistungen Leistungsdruck Lehrpersonen	Leistungsdruck Schulleistungen Lehrpersonen	Leistungsdruck Schulleistungen	Schulleistungen Leistungsdruck Lehrpersonen Interakt. in Pausen	Leistungsdruck
Körperliche Beschwerden in der Schule	Leistungsdruck Diskriminierung	Lehrpersonen Leistungsdruck Interaktionen in Pausen	Leistungsdruck Interakt. in Pausen	Lehrpersonen	Leistungsdruck
Soziale Probleme in der Schule	Interaktionen in Pausen Diskriminierung	Interakt. in Pausen Diskriminierung	Interakt. in Pausen Diskriminierung Leistungsdruck	Interakt. in Pausen Diskriminierung	Interakt. in Pausen Diskriminierung

Ein detaillierter Blick auf die Diskrepanzen zwischen den Modellen (vgl. Tab. 5-33) führt zu der folgenden Schlussfolgerung: Würde das Modell in Bern isoliert betrachtet, könnte dies zu stark den Eindruck hinterlassen, dass das Wohlbefinden in der Schule von den Leistungen der Schüler/innen abhängt, und gleichzeitig die Bedeutung vernachlässigen, die soziale Interaktionen in Lehrpersonen- oder Schüler/innen-kontrollierten Räumen inne haben. Bedenkt man zudem, dass in der vorliegenden Studie nur ein Ausschnitt der sozialen Interaktionen erfasst, indem eine Selektion auf das Verhalten der Klassenlehrer/innen und auf die freien Schüler/innen-Interaktionen in den Schulpausen vorgenommen wurde, ist durchaus vorstellbar, dass sich der Einfluss sozialer Faktoren noch stärker gestaltet. Der Vergleich der Ergebnisse der verschiedenen Stichproben illustriert auch, dass Unterschiede in Abhängigkeit des schulischen Kontextes bzw. der Stichprobe zu berücksichtigen sind. Dies sei an zwei Beispielen verdeutlicht:

1. Wie bereits erwähnt, führen signifikante Pfade der Variablen ‚Diskriminierung von Mitschüler/innen' fast nur zu den sozialen Problemen in der Klasse. Es bestehen jedoch zwei Ausnahmen: Bei den Berner Schüler/innen trägt die Diskriminierung in der Klasse dazu bei, dass Schüler/innen unter körperlichen Beschwerden leiden, in Hradec Králové überschattet eine bestehende Diskriminierung die positiven Einstellungen zur Schule. Asoziales Verhalten zwischen Mitschüler/innen kann demnach weitergreifende Konsequenzen mit sich bringen.

2. Der von den Schüler/innen wahrgenommene Leistungsdruck führt in allen Stichproben dazu, dass sie Sorgen haben, und mit Ausnahme der Schüler/innen aus Amsterdam auch dazu, dass körperliche Beschwerden erlebt werden. Für die Jugendlichen aus Bern und Magdeburg schmälert Leistungsdruck darüber hinaus auch ihren schulischen Selbstwert und unterstützt in Magdeburg sogar das Auftreten sozialer Probleme in der Klasse. Da sich der Leistungsdruck in der Stichprobe aus Amsterdam ausserdem negativ auf die Einstellungen zur Schule auswirkt, muss davon ausgegangen werden, dass dieser von den Lehrpersonen beeinflussbare Aspekt des Unterrichtsklimas vielseitige Auswirkungen haben können.

Kritisch anzumerken ist bei den erhaltenen Ergebnissen, dass die Stichproben selektiv und nicht repräsentativ waren und dass innerhalb einer Stichprobe zum Teil erhebliche Unterschiede in der Höhe der erklärten Varianz bestehen. Dies ist besonders aus den Daten in Amsterdam ersichtlich, in denen z.B. 68% der Varianz des schulischen Selbstwerts, aber nur 6% der Varianz des körperlichen Beschwerden in Zusammenhang mit der Schule erklärt werden kann.

5.5 Zusammenfassung

Als Komponenten des Wohlbefindens konnten die folgenden sechs Faktoren als miteinander verbunden, aber zugleich unabhängig bestätigt werden:

1. Positive Einstellungen und Emotionen zur Schule
2. Freude und Anerkennung in der Schule
3. Schulischer Selbstwert
4. Keine Sorgen wegen der Schule
5. Keine körperlichen Beschwerden wegen der Schule
6. Keine sozialen Probleme in der Schule

Die Ergebnisse von fünf verschiedenen Stichproben ermöglichten, die Resultate der Schüler/innen aus Bern besser zu positionieren. Obwohl die absolute Höhe der Teilkomponenten schwierig zu interpretieren ist und die Daten auf Querschnitts-Analysen beruhen, können aus pädagogischer Sicht folgende Ergebnisse als durchaus positiv interpretiert werden:

- Nur wenige Schüler/innen leiden unter (häufigen) körperlichen Beschwerden und sozialen Problemen.
- Die Mehrheit der befragten Jugendlichen zeigt eher positive Einstellungen und Emotionen gegenüber der Schule.
- Geschlechtsspezifische Unterschiede zu Ungunsten der Mädchen oder Jungen konnten nicht bestätigt werden.
- Eine Verschlechterung der Komponenten des Wohlbefindens in der Schule mit zunehmendem Alter und grösserer Schulerfahrung ist nicht festzustellen.

Zu denken gibt jedoch die Tatsache, dass die Schüler/innen eher häufig von Sorgen geplagt werden und dass der Schulalltag eher wenige Möglichkeiten bietet, Freude zu erleben. Zu berücksichtigen ist auch, dass je nach Bereich bis zu 30% der Schüler/innen unerwünscht niedrige Werte aufweisen.

Die Auswertungen in Bezug auf korrelative Zusammenhänge bestätigt die Aussage von Diener (1984), dass das Wohlbefinden bzw. Komponenten des Wohlbefindens mit einer Vielzahl von Variablen zusammenhängen. Selbst wenn nur eine Interpretation hochsignifikanter Korrelationen erfolgt (eine Einschränkung, die bei der Grösse der Stichprobe sinnvoll ist), so finden sich viele, durchwegs positive Korrelationen mit den erhobenen psychologischen Variablen aus dem kognitiven, motivationalen und sozialen Bereich. Motivationale Orientierungen und Zukunftsperspektiven, die Ziele der Schüler/innen, ihre Schulleistungen und ihre Selbstwertgefühle, das Verhalten von Lehrpersonen und die Beziehungen zwischen Lehrpersonen und Schüler/innen sowie die Interaktionen zwischen Schüler/innen stehen in einer zum Teil engen Verbindung mit meist mehreren Komponenten des Wohlbefindens der Jugendlichen. Ein Vergleich der Ergebnisse der verschiedenen Teilstudien zeigt jedoch auch, dass die erhaltenen Resultate nicht einfach generalisierbar sind, sondern stichprobenspezifische Effekte bestehen. Es muss zum gegenwärtigen Zeitpunkt offen bleiben, wie diese Effekte zu interpretieren sind.

Die Kausalanalysen mittels LISREL ergaben, dass folgende fünf Bereiche für das Wohlbefinden der Schüler/innen relevant sind:

1. Soziale und didaktische Merkmale des Unterrichts bei den Klassenlehrer/innen
2. Der empfundene Leistungsdruck im Unterricht
3. Die Schulleistungen der Schüler/innen.
4. Die Diskriminierung von Mitschüler/innen
5. Die Interaktionen in den Schulpausen

Das erwartete Gesamtmodell konnte nicht nur im Datensatz der Schüler/innen aus Bern, sondern auch anhand der Stichproben aus Spiez, Magdeburg, Amsterdam und Hradec Králové bestätigt werden. Aus den Ergebnissen der fünf verschiedenen Stichproben wird deutlich, dass die fünf ausgewählten unabhängigen Variablen – wie postuliert – einen wichtigen Beitrag zu den sechs Komponenten des Wohlbefindens in der Schule leisten. Als empirische Basis diente das Modell, das anhand der Ergebnisse der Schüler/innen aus Bern erstellt wurde. Der Vergleich mit den Modellen anhand der Ergebnisse anderer Stichproben (aus Spiez, Magdeburg, Amsterdam und Hradec Králové) ermöglichte sowohl eine Präzisierung als auch eine Erweiterung des Modells und damit einen fundierteren Blick auf die Ursachen des Wohlbefindens in der Schule. Dies trifft auch dann zu, wenn explizit berücksichtigt wird, dass die in kulturübergreifenden Studien untersuchten Phänomene nicht absolut identisch sind, sondern aufgrund von Übersetzungen und Transfer nur Annäherungen darstellen können. Die Gemeinsamkeiten und Unterschiede der fünf Stichproben sind in Tabelle 5-33 im Überblick dargestellt: Schattierungen symbolisieren Übereinstimmungen der Stichproben mit dem Modell, die Reihenfolge der Auflistung der unabhängigen Variablen spiegelt die Höhe der Pfadkoeffizienten wider. Auch gibt die Tabelle eine Übersicht über die Bereichsspezifität und die Häufigkeit, mit der ein Prädiktor zur Vorhersage der Teilkomponenten des Wohlbefindens diente: Am häufigsten liess sich der Bedeutung der Interaktionen in den Schulpausen und des Verhaltens der Klassenlehrpersonen, gefolgt von den Schulleistungen und dem subjektiv empfundenen Leistungsdruck nachweisen. Die Diskriminierung von Mitschüler/innen dagegen spielte fast nur für die Erklärung sozialer Probleme eine Rolle.

Methodische Einschränkungen der Arbeit liegen insofern vor, als das Wohlbefinden der Schüler/innen nur in einem Altersbereich, mit nicht-repräsentativen Stichproben und nahezu ausschliesslich anhand von Querschnitt-Studien untersucht wurde. Zudem wurden keine Wechselwirkungen zwischen Variablen, z.B. zwischen den Leistungen der Schüler/innen und ihrem Wohlbefinden, analysiert. Kritische Anmerkungen richten sich auch an die Generalisierbarkeit der Ergebnisse. Wie der Überblick über Konzepte des Wohlbefindens zeigte (vgl. Kap. 2), gibt es je verschiedene Zugänge zu diesem psychologischen Phänomen. Somit sind die erhaltenen Ergebnisse eng an die für die vorliegende Arbeit gewählte Konzeptualisierung des Wohlbefindens gebunden. Auch muss einschränkend bedacht werden, dass der Komplexität des Wohlbefindenserlebens und der Komplexität des schulischen Alltags sowohl theoretisch als auch empirisch nur bedingt Rechnung getragen werden konnte. So z.B. bleibt künftigen Forschungsarbeiten überlassen zu prüfen, ob die gewählten Komponenten des Wohlbefindens konstitutiv sind und wie emotionale und kognitive Komponenten des Wohlbefindens miteinander verbunden sind. Zu klären ist auch die Frage, wie sich das Wohlbefinden im Laufe der Schulzeit entwickelt.

Wenn auch Unterschiede zwischen den Stichproben dahingehend bestehen, welche der gewählten fünf unabhängigen Variablen als Prädiktoren für die einzelnen Komponenten des Wohlbefindens dienen, lassen sich aus den Ergebnissen zentrale Hinweise für die Vision einer Schule zum Wohlfühlen ableiten. Dies soll im Abschlusskapitel (Kap. 6) dargestellt werden.

6. Eine Schule zum Wohlfühlen

Ausgangspunkt der vorliegenden Arbeit war die Überzeugung, dass das Wohlbefinden von Kindern und Jugendlichen in der Schule einen Wert darstellt, den es zu stützen und zu fördern gilt. Hinter dieser Überzeugung steht ein Menschenbild, das auf Humanität, Gleichberechtigung und Emotionalität beruht. Emotionen sind im Leben nicht nur eine wichtige Quelle der Motivation, sondern verleihen dem (Schul-)Alltag aufgrund ihrer impliziten subjektiven Bewertungen Sinn und Bedeutung, Farbe und Dynamik. Auf dieser Basis erst wird pädagogisches Handeln möglich und effizient und deshalb wurde diesem Bereich der eher kognitiv-orientierten Regelschule besondere Beachtung geschenkt.

Zu Beginn der Arbeit wurde ein wesentliches Manko deutlich: Zwar wird heute viel vom Wohlbefinden – auch als pädagogischem Ziel – gesprochen, unklar war jedoch, was unter Wohlbefinden in der Schule zu verstehen ist und wie es sichergestellt bzw. gefördert werden kann. Deshalb wurde ein Schwerpunkt der vorliegenden Arbeit auf die Erarbeitung theoretischer Grundlagen gelegt und das Konzept des Wohlbefindens in der Schule anhand verschiedener Forschungsrichtungen – der (allgemeinen) Wohlbefindensforschung, der Emotionsforschung und der empirischen Schulforschung – entwickelt und mit Schüler/innen der Sekundarstufe I unter Anwendung qualitativer und quantitativer Verfahren empirisch überprüft. Der zweite Schwerpunkt der Arbeit bestand darin, aus der Perspektive der Schüler/innen[66] relevante Quellen des Wohlbefindens in der Schule zu identifizieren, um eine Alternative zu programmatischen pädagogischen Ausführungen und eine empirisch abgestützte Basis für Schulentwicklungsprojekte auf der Sekundarstufe I bieten zu können.

Die Arbeit war stets von einer Vielzahl an Fragen begleitet. Einige konnten beantwortet werden, andere mussten offen bleiben. Stellvertretend für letztere sollen im Abschlusskapitel die folgenden drei Fragen diskutiert werden:

1. Welche Bedeutung besitzen Emotionen der Schüler/innen für die Lehrpersonen (Kap. 6.1)?
2. Wie können sich Schulen zum einem Ort des Wohlbefindens entwickeln (Kap. 6.2)?
3. Können sich Schüler/innen trotz ungünstiger Rahmenbedingungen wohl fühlen (Kap. 6.3)?

Diese Fragen entstanden vor dem Hintergrund der Ergebnisse der vorliegenden Studie und sollen als Hinweise auf wichtige Fragestellungen und Linien künftiger For-

---

66 Die Perspektive der Schüler/innen wurde fokussiert, weil sie mit der Sichtweise der Lehrpersonen oftmals nicht übereinstimmt (z.B. Aster 1990), jedoch in jedem pädagogischen Handeln zentral zu berücksichtigen ist.

schungsarbeiten verstanden werden. Nochmals sollen die Schüler/innen selbst zu Wort kommen, indem die Bedeutung der nachfolgenden Ausführungen mit Aussagen aus den Tagebüchern der Schüler/innen im Schulhaus Spiez (vgl. Kap. 5.2) illustriert wird. Das Kapitel wird mit einem kurzen Ausblick geschlossen (Kap. 6.4).

6.1 Welche Bedeutung besitzen Emotionen der Schüler/innen für die Lehrpersonen?

Schule und Unterricht sollten im Leben von Kindern und Jugendlichen eine hohe Relevanz besitzen. Einige Aussagen der Schüler/innen illustrieren jedoch starke Gleichgültigkeit gegenüber der Schule und die negativen Auswirkungen, die damit verbunden sind: Es vollzieht sich eine innere Distanzierung, die Einstellungen zur Schule und zu den Lehrpersonen verschlechtern sich, die Schule verliert an Bedeutsamkeit, die Interaktionen mit Lehrer/innen werden gestört, ein Abschirmen gegenüber sozialen Kontakten erfolgt, Schule wird als emotionsfeindlicher Kontext definiert, Langeweile und Desinteresse werden als Normalität des Schulalltags verstanden. Nachfolgende Beispiele verdeutlichen dies:

Schüler 38618
„Wir bekamen eine Englischprobe zurück, es gab Motze von der Lehrerin, weil es nicht so doll gut war. Dabei hatte die halbe Klasse einen Fehler, weil die Lehrerin ein Bett zeichnete, das aussah wie ein Schreibtisch (es hatte Schubladen!). Die meisten verpassten dadurch eine halbe Note. Ich dachte mir, unsere sonst immer so kleinliche Lehrerin soll ein Bett zeichnen, so dass man es erkennen kann. Gefühle: Nicht speziell, weil man sich daran gewöhnt."

Schülerin 29501
„Es war eigentlich ein ganz normaler Tag. Im Handarbeiten war es locker. Am Nami hatten wir auch normal langweilig Schule. Ich hab mir nichts dabei gedacht und fühlte mich wie immer."

Schüler 29504
„Heute hat mich Fr. M. im Mathunterricht zusammen geschissen (4 Aufgaben nicht gehabt) und ich konnte ihr nicht beibringen, dass ich 1h 30 min zu Hause gearbeitet habe und dann noch den ganzen Abend einen Kurs hatte. Ich hab mir gedacht: Frau M. soll mal ihre blöde Fresse halten. Dabei habe ich mich so wie immer gefühlt. Frau M. hackt jeden Tag einmal auf mir rum und das stört mich schon gar nicht mehr."

Aus pädagogischer Sicht sind diese Aussagen erschütternd. Insbesondere in Anbetracht des gesellschaftlichen Auftrags der Schule und in Hinblick auf die Entwicklung der Kinder und Jugendlichen muss verhindert werden, dass Schülerinnen und Schüler Tage, Wochen, Monate und Jahre in solch emotionaler Adaption verbringen. Emotionen zu erleben impliziert, dass eine Person mitfühlt, eine Situation bewertet und diese emotionalen Erlebnisse machen einen wichtigen Kern unserer Lebensqualität aus. Für die Schule bedeutet dies: Im besten Fall finden die Kinder und Jugendlichen die Schule und den Unterricht (sehr) gut und dies bildet eine Grundlage für die Genese positiver Emotionen wie Stolz, Vorfreude, Spass, Freude, Entspannung, Interesse etc. Im schlechtesten Fall erleben sie den Schulalltag als schlecht, langweilig, angstauslösend, verunsichernd, anstrengend, nervig, beschämend, frustrierend etc. Ebenso schlecht ist allerdings, wenn Schüler/innen keinerlei Emotionen gegenüber ihrer Schule, ihrem Unterricht, ihren Lehrpersonen, ihren Mitschüler/innen entwickeln. Fehlt ihnen das „Involvement", von dem Ulich (1992a) spricht, so ist ihnen die Schule schlichtweg gleichgültig.

Emotionen beinhalten ein Motivationspotenzial: Angst kann dazu beitragen, eine ähnliche Situation aktiv zu vermeiden. Ärger kann dabei unterstützen, eine Situation verändern zu wollen. Die Freude über ein Erlebnis kann dazu führen, etwas wiederholen zu wollen. Doch dieses Motivationspotenzial stösst in der Schule schnell an Grenzen. Selbst wenn Schüler/innen Emotionen in der Schule erleben und ihnen diese Emotionen auf der Basis von der Informationstheorie von Schwarz (z.B. Schwarz & Clore 1983) Hinweise über die Situationsbewertung und im Sinne biologischer Konzepte Impulse für weiteres Handeln geben (vgl. auch Frijda 1986; Lantermann 1983), so haben sie nahezu keine Möglichkeit, ihren Schulalltag entsprechend mitzugestalten: Sie haben nur bedingt Zeit und Freiraum, etwas mehrmals zu machen, wenn es ihnen Spass macht. Sie besitzen nur wenige Gelegenheiten, einer gefürchteten Lehrperson zu entgehen oder eine gefürchtete Leistungssituation für sich zu verändern. Was nützt die Wut nach einer ungerechten Behandlung durch die Lehrperson, wenn Lehrer/innen stets am „längeren Hebel" sitzen? Wiederholte Erlebnisse mangelnder Einflussnahme und Gestaltungsmöglichkeiten führen auf Dauer im besten Fall zu resignativer Zufriedenheit (Bruggemann et al. 1975), im schlechtesten Fall zu Desinteresse, Resignation und gelernter Hilflosigkeit, wie dies Seligman (1986) überzeugend thematisiert hat. Burnout-Symptome sind dann nicht nur bei den Lehrpersonen, sondern auch bei Kindern und Jugendlichen zu beobachten. Damit verbunden ist eine innere Abkehr von der Schule, nicht nur von deren struktureller Seite, sondern auch von den fachlichen, inhaltlichen und sozialen Aspekten des Schulalltags.

Welche Möglichkeiten gibt es nun für die Schule, den Emotionen der Schüler/innen Raum zu lassen bzw. Schule so zu gestalten, dass Kinder und Jugendliche die gesamte Qualität dieser Institution, ihre Entwicklungs- und Lernmöglichkeiten erleben und nützen können? Was ist zu tun, damit Emotionen in der Schule als ein wichtiger Aspekt schulischen Lernens anerkannt werden? Zunächst dürfen Gefühle nicht nur ein wichtiges Thema für Kindergarten und Primarschule (wo der Umgang mit Emotionen sogar im Lehrmittel verankert ist, z.B. im Lehrmittel Kunterbunt von Gattiker, Grädel & Mühletaler 2001) bleiben, sondern müssen für sämtliche Bildungsinstitutionen und damit als ein Bestandteil von Schule und Unterricht auch auf der Sekundarstufe ernst genommen werden. Wohlbefinden in der Schule als Indikator für ein gelungenes

Schulleben, für die erfolgreiche Bewältigung der schulischen Anforderungen und für die Fähigkeit, die positiven Aspekte des Schulalltags zu geniessen, wird von Lehrpersonen, Schüler/innen und Eltern durchaus als erstrebenswertes Ziel anerkannt. Der Begriff Wohlbefinden entbindet Schulen allerdings nicht von der Notwendigkeit festzulegen, was Wohlbefinden in der Schule bedeutet und wie dies erreicht werden kann. Die vorliegende Arbeit sollte diese Lücke schliessen mit der Definition des Begriffs ‚Wohlbefinden in der Schule‘, seinen Indikatoren und Einflussfaktoren, abgestützt auf bestehende Arbeiten der Wohlbefindens-, Emotions- und der empirischen Schulforschung. Wohlbefinden in der Schule ist demnach ein Gefühlserleben, bei dem positive Emotionen und Kognitionen gegenüber der Schule und den Personen in der Schule sowie gegenüber negativen Emotionen und Kognitionen dominieren. Wohlbefinden in der Schule bezieht sich auf die individuellen emotionalen und kognitiven Bewertungen im sozialen Kontext schulischer bzw. schulbezogener Erlebnisse und Erfahrungen. Wohlbefinden in der Schule kann kurzfristig und aktuell entstehen oder sich über einen längerfristigen Zeitraum entwickeln und in seiner Intensität variieren.

In dieser Definition nehmen nicht nur Kognitionen, sondern auch Gefühle eine wichtige Rolle ein. Gefühle sind komplexe Phänomene und haben vielfältige Funktionen inne. Emotionen unterschiedlicher Qualität und Valenz führen oftmals zu verschiedenen Konsequenzen. In der Schule sollten nicht nur das Wohlbefinden, sondern sowohl negative (z.B. Ärger, Trauer, Scham) wie positive Emotionen (z.B. Freude, Stolz) Beachtung erhalten. Prinzipiell kann davon ausgegangen werden, dass alle Emotionen von Schüler/innen eine gewisse Bedeutung und eine pädagogische Funktion für Lehrpersonen besitzen können, wenn sie sich auf den schulischen Kontext beziehen, von den Schüler/innen zum Ausdruck gebracht und von den Lehrpersonen wahr- und ernstgenommen werden. Bekannt ist über diese Zusammenhänge bisher jedoch nur wenig. Einzelne Arbeiten fokussieren die Bedeutung und Wirkung, die Emotionen während schulischer Lern- und Leistungssituationen für Schüler/innen bzw. Student/innen innehaben (z.B. Pekrun & Jerusalem 1996). Was aber können Lehrpersonen anhand der Emotionen der Schüler/innen erkennen? Im Folgenden wird eine idealtyptische Differenzierung in vier Emotionsdimensionen nach (1) Valenz der Emotion (positiv-negativ), (2) Frequenz (häufig-selten), (3) Intensität (stark-schwach) und (4) Dauer (lang anhaltend-kurz) vorgenommen und es wird diskutiert, welche Informationen und Hinweise sie implizieren. Grundlage der Diskussion ist die Annahme, dass Emotionen einen Ausdruck von Situationsbewertungen darstellen.

Negative Emotionen geben Auskunft darüber, dass Schüler/innen ihre schulische Situation negativ bewerten, weil z.B. das Erreichen eines Leistungsziels blockiert ist, weil sie die Unterrichtsmethode ungeeignet finden, weil sie sich von Lehrpersonen vernachlässigt oder ungerecht behandelt fühlen. Das Erleben negativer Emotionen bietet einen zentralen Ansatzpunkt für Veränderungen von Schule und Unterricht – vorausgesetzt, die Situation ist offen für Veränderungen und Lehrpersonen bzw. Schüler/innen sind bereit dazu.

Schülerin 38617

„Wir hatten heute Turnen (Handball). Unser Lehrer sagte: „Wer zuletzt eintrifft, der wird abgeschossen." Natürlich war jemand zuletzt. Jetzt mussten wir uns alle parallel zueinander aufstellen und der, der zuletzt war, musste durchlaufen und die anderen mussten ihn mit Bällen abschiessen. Ich hab mir gedacht, was für einen blöden Turnlehrer wir haben, der gesagt hat, wir sollen unsere Kameraden abschiessen. Ich hatte Wut auf den Turnlehrer, weil wir die anderen abschiessen mussten."

Positive Emotionen sind Hinweise darauf, welche Erfahrungen in der Schule positiv bewertet werden und mit Freude, Spass, Vergnügen, Interesse etc. verbunden sind, weil die Erfahrung z.B. zur Erfüllung des Bedürfnisses nach Autonomie führt, weil sie als stressfrei empfunden wird oder weil die Unterrichtszeit schnell vergeht. Dies kann Lehrpersonen dazu dienen, Schüler/innen solche Erfahrungen vermehrt zu ermöglichen, wenn diese dem Erreichen schulischer Ziele dienen.

Schülerin 27101

„Am Nachmittag schauten wir einen Film über Luchse und wir gingen in die Pausenhalle, die Luchsausstellung anschauen. Ich dachte mir, die Schule macht viel verschiedenes Zeug, um einem / einer SchülerIn etwas beizubringen. Ich fühlte mich ziemlich gut, weil ich das herausgefunden hatte. und probiere seit dann einmal, die Schule von der Seite des Lehrers zu betrachten."

Starke Emotionen sind Ausdruck dafür, dass Schüler/innen durch ein Ereignis intensiv berührt wurden, weil sie z.B. viel für eine gute Leistung investiert haben, ihnen eine Person, die sie meidet, sehr wichtig ist oder weil die Konsequenzen des Ereignisses für sie bedeutungsvoll sind. Starke Emotionen machen Lehrpersonen auf die Perspektive, auf subjektive Bedeutungen und auf motivationale Orientierungen der Schüler/innen aufmerksam und darauf, dass der reguläre Handlungsablauf gestört werden kann, da starke Emotionen z.B. Verarbeitungskapazität brauchen. Zudem können sie die Haltung gegenüber der Schule und den Lehrpersonen prägen.

Schülerin 38601

„Da die erste Französischprobe sehr schlecht ausfiel, mussten wir sie wiederholen. Wieder hatte mehr als die Hälfte eine 4 oder darunter. Die Probe war zudem noch sehr schwer. Der Lehrer beschloss trotzdem, die Probe ein zweites Mal zu wiederholen und sie dieses Mal doppelt zu zählen. Ich war mit meiner Note sehr unzufrieden und ich finde es sehr unfair, die Probe so oft zu wiederholen und sie trotz des hohen Schwierigkeitsgrads alle doppelt zu zählen. Ich war total fertig und habe mich aufgeregt, weil ich eine schlechte Leistung erbracht hatte und der Lehrer meiner Meinung nach mit der Beurteilung vollkommen fehlschlug."

Schwache Emotionen zeigen an, dass eine Situation zwar bewertet wird, für die Schüler/innen aber weniger von Bedeutung ist, weil sie ihnen z.B. aufgrund anderer Erfahrungen zu wenig wichtig erscheint, weil sie die Ursachen als wenig beeinflussbar interpretieren oder weil ihnen der Unterrichtskontext (z.B. das Fach) zu wenig am Herzen liegt. Lehrpersonen können daraus die Information ableiten, wie ihr Unterricht und ihr Handeln bewertet werden und wie (wenig) die Schüler/innen in eine Sache involviert sind.

Schülerin 39614

„Heute ist mir im Italienisch-Unterricht aufgefallen, dass die Lehrerin immer die Schülerin auswählt zum Vorlesen, die aus Italien kommt. So haben wir anderen gar keine Chance die Aussprache zu lernen. Es ist doch nicht der Zweck der Schule einfach besonders nur eine Schülerin zu fordern und die Anderen weniger. Eigentlich ist es ja nur eine Kleinigkeit, aber man fühlt sich ein wenig zweitrangig.

Häufige Emotionen zeigen einerseits personenspezifische Neigungen und Dispositionen an, z.B. kann eine Schülerin, die häufig Angst vor Misserfolg empfindet, als misserfolgsängstlich bezeichnet werden. Andererseits geben häufig erlebte Gefühle einen Aufschluss über Routinen und Stereotypen des Unterrichts, z.B. wenn Prüfungen häufig ungenügend vorbereitet werden, wenn Schüler/innen unterfordert werden, der Umgang mit ihnen nicht angemessen ist oder wenn Unterrichtsanweisungen immer wieder zu Missverständnissen führen. Lehrpersonen können zum einen Konsequenzen für einen individuen-bezogenen Unterricht ableiten, zum anderen daraus lernen, häufig als negativ bewertete Unterrichtssituationen zu verändern und positive beizubehalten.

Schülerin 17215

„Im Deutsch schon wieder: Wir sangen und spielten, das fand ich schlecht. Da ich im Deutsch nicht sehr gut bin, hätte ich lieber richtiges Deutsch. Von mir aus kann man während einer Religionsstunde singen. Ich würde lieber etwas lernen. Ich habe mich nicht sehr gut gefühlt, da ich immer dachte, dass ich im Deutsch was verpasse. Ich dachte, wir sind Babys, weil der Lehrer die Vogelstimmen auf seiner Uhr als Zeichen zum Weiterfahren benutzte.“

Seltene Emotionen weisen neben Personendispositionen auf die Besonderheit einer Situation hin, in der die jeweilige Emotion erlebt wird, weil die Schüler/innen z.B. erstaunt sind, dass der Unterricht des Lehrers / der Lehrerin weniger streng als üblich ist, weil die schulischen Anforderungen von den Schülerinnen in der Regel gut bewältigt werden oder weil es sich objektiv um einen aussergewöhnlichen Anlass handelt. Dies zeigt Lehrpersonen Abweichungen vom Normalen – in positiver oder negativer Richtung – und gibt je nach Valenz auch Aufschluss über Veränderungsmöglichkeiten.

Schüler 28315

„Informatik war mal super, weil wir ein Mathematikspiel gemacht haben. Man sollte dies öfter tun. Ich fühlte mich locker, weil es lustig war.“

Kurzfristige Emotionen entstehen bei der vorübergehenden Bewertung einer Erfahrung in der Schule und symbolisieren die Kurzlebigkeit dieses Eindrucks bzw. der Betroffenheit, weil sich z.b. die Rahmenbedingungen schnell ändern, weil die Emotionen an einen bestimmten Kontext gebunden sind, weil andere emotional bedeutsame Erlebnisse dominieren oder weil sich Schüler/innen an die Situation gewöhnt haben. Kurzfristige Gefühle hängen möglicherweise auch mit den individuellen Coping-Strategien zusammen, die einem Individuum zur Verfügung stehen. Für Lehrpersonen beinhalten sie Informationen über die Nachhaltigkeit von Erlebnissen, die Fluktuation individueller Situationsbewertungen und individuellen Emotionserlebens.

Schülerin 18412
„Der Lehrer hatte heute eine sehr schlechte Laune. Dafür konnten wir nichts. Nur weil ihn seine Frau verlassen hat (hätte ich an ihrer Stelle auch gemacht), schimpft er uns an. Ich hab mich gut gefühlt, weil ich mir vom Lehrer die Laune nicht verderben lasse."

Lang anhaltende Emotionen sind ein Hinweis darauf, dass Schüler/innen noch in dieser Emotion verhaftet sind und dass das auslösende Erlebnis eine nachhaltige Wirkung ausübt, weil z.b. die Situation von hoher subjektiver Bedeutung ist, weil nachfolgende Erfahrungen das emotionale Erleben unterstützen oder die Situation keine neuen emotionalen Anreize bietet. Lehrpersonen können daraus ableiten, wie wichtig ein Erlebnis für die Schüler/innen war, wie Emotionen (ungenügend) verarbeitet werden und welchen Anteil bestimmte Situationen an der Emotionsgenese einnehmen.

Schüler 18404
„Heute haben wir mit unserem Mathematiklehrer das Messen vom Flächeninhalt eines Kreises wiederholt. Es war das Thema, wo ich meine Note verschlechtert habe. Plötzlich verstand ich das Problem und war überglücklich. So was habe ich nun wirklich noch nicht erlebt. Es ist eine riesen Motivation und natürlich ein super Einstieg nach den Ferien. Ich habe mich super gefühlt, weil ich das nie erwartet hätte und mich nun viel besser motivieren kann, gleich nach den Ferien wieder Aufgaben zu machen."

Die Beispiele wurden ausgewählt, um aufzuzeigen, dass der bewusste Umgang mit den Emotionen der Schüler/innen als eine wichtige Quelle für die Evaluation des Unterrichts und des Handelns von Lehrpersonen angesehen werden sollte, denn er trägt zum Wohlbefinden der Schüler/innen bei. Es kann nun kritisch gefragt werden, warum sich Schüler/innen in der Schule wohl fühlen sollen, wenn jegliche Form emotionaler Erfahrung eine positive Funktion ausüben kann. Warum ist es nicht genügend, wenn Schule und Unterricht frei von negativen Emotionen sind? Warum ist es nicht ausreichend, dass Schüler/innen hin und wieder Freude und Spass in der Schule erleben? Warum ist Wohlbefinden als ein dauerhaftes emotional-kognitives Phänomen in der Schule wichtig? Wohlbefinden in der Schule wurde in der vorliegenden Arbeit als eine emotional-kognitive Grundhaltung mit überdauerndem Charakter definiert. Wird das Erleben positiver Emotionen in der Schule gewährleistet, fördert dies die Entwicklung pädagogisch erwünschter motivationaler Orientierungen, ermöglicht dies aufgrund emotionaler Sicherheit in der Schule eine offene Haltung gegenüber Lernprozessen sowie sozialen Interaktionen und führt damit zu besseren Lernergebnissen (vgl. dazu auch Hascher 2002). Wohlbefinden in der Schule kann auch dazu beitragen, dass Schüler/innen temporäre unangenehme Erfahrungen leichter ertragen und aus diesen Erfahrungen lernen.

6.2 Wie können sich Schulen zu einem Ort des Wohlbefindens entwickeln?

Immer mehr Schulen setzen sich explizit das Ziel, sich zu einer Bildungsinstanz und einem Arbeitsumfeld zu entwickeln, in dem sich Schüler/innen und Lehrpersonen wohl fühlen können. Bedenkt man, wie viele verschiedene Faktoren einen Einfluss auf das Wohlbefinden ausüben können, so scheint die Schule vor einer nahezu unlösbaren Aufgabe zu stehen. Es kann aber auch argumentiert werden, dass mit dieser Heterogenität der Einflussfaktoren den Schulen eine Vielzahl von Handlungsmöglichkeiten offen steht, das Wohlbefinden ihrer Schüler/innen zu gewährleisten und zu fördern. Dabei reicht es nicht, Vorschläge zur Entlastung von Schüler/innen zu erarbeiten (vgl. z.B. Eder & Eder 1995), sondern es müssen spezifische Massnahmen für die Sicherstellung bzw. Verbesserung des Wohlbefindens aufgestellt werden, wie dies z.B. in ersten Ansätzen von Eder et al. (1995) unternommen wurde.

Allgemein formulierte pädagogische Ratschläge gibt es genügend: Pädagog/innen fordern z.B. besser qualifizierte Lehrpersonen, mehr Freude in der Schule, ganzheitliche Erziehung oder ein angenehmeres Klima in den Schulen (z.B. Seibert et al. 1994; Singer 1981; Zöpfl 1998). Bei diesen Forderungen entsteht jedoch mitunter der Eindruck, dass jede Form einer auf die Schüler/innen bezogenen Aktivität als ein Beitrag zum Aufbau und Erhalt des Wohlbefindens verstanden wird – sei es die Verbesserung der Beziehung zwischen Lehrerinnen und Schüler/innen, sei es die interessantere und vermehrt lernprozess-orientierte Gestaltung des Unterrichts, sei es die Öffnung der Schule nach aussen etc.

Die Wirkung solcher Massnahmen bleibt diffus, solange ihr Zusammenhang zum Wohlbefinden der Schüler/innen nicht nachgewiesen werden kann. In der vorliegenden Arbeit ist es gelungen, fünf relevante Prädiktoren des Wohlbefindens in der Schule empirisch zu bestätigen. Diese sind:

1. Das soziale und didaktische Verhalten der Klassenlehrpersonen
2. Diskriminierung unter Mitschüler/innen
3. Interaktionen in den Schulpausen
4. Der Leistungsdruck in der Klasse
5. Das Leistungsniveau der einzelnen Schüler/innen

Besonders zu beachten ist, dass die genannten Faktoren eine jeweils unterschiedliche Funktion für die Genese des Wohlbefindens besitzen, da sie auf die verschiedenen Komponenten des Wohlbefindens in der Schule spezifisch Einfluss nehmen. Die Leistungen der Schüler/innen (erhoben anhand des Notendurchschnitts in drei Hauptfächern) wirkten sich beispielsweise zwar auf den schulischen Selbstwert der Jugendlichen aus, nicht aber auf ihre körperlichen Beschwerden. Sorgt sich eine Schule um das Wohlbefinden ihrer Schüler/innen, gilt es deshalb in einem ersten Schritt zu überprüfen, in welchen Bereichen das Wohlbefinden gefördert werden soll. Erst wenn die änderungsbedürftigen Komponenten des Wohlbefindens identifiziert wurden, können pädagogische Strategien festgelegt werden, wie dies erfolgen kann. Körperliche Beschwerden in Bezug auf die Schule zu lindern erfordert ein anderes Vorgehen als Freude in der Schule zu ermöglichen, die Förderung des Selbstkonzepts der Schüler/innen ist mit anderen Massnahmen verbunden als die Prävention sozialer Probleme in einer Schulklasse. Dies soll nun in Bezug auf die Ergebnisse der vorliegenden Untersuchung geleistet werden. Die nachfolgenden Ausführungen verstehen sich als Handlungsempfehlungen, um eine Basis für die Entwicklung des Wohlbefindens in der Schule zu schaffen. Auch wird deutlich werden, dass manche Empfehlungen für mehrere Komponenten des Wohlbefindens Relevanz besitzen.

Leiden Schüler/innen unter den Sorgen, die sie sich um die Schule machen, so ist z.B. am bestehenden Leistungsdruck anzusetzen. Lehrpersonen können durchaus dazu beitragen, dass dieser nicht als (zu) hoch empfunden wird: Indem sie beispielsweise ihr Unterrichtstempo nach den Schüler/innen ausrichten, den Stoff gut strukturieren und keine Zeit verschwenden, indem sie nicht zu viele Prüfungen in einem kurzen Zeitabstand abhalten und Prüfungstermine koordinieren, indem sie Phasen der Beurteilung sowie Phasen des Übens und Lernens klar trennen und Zeit für Phasen der Erholung einplanen, indem sie ihre Anforderungen und Bewertungsgrundlagen gegenüber ihren Schüler/innen transparent machen etc. Leistungsdruck zu vermindern bedeutet nicht, den schulischen Auftrag der Selektion in Frage zu stellen. Vielmehr geht es darum, das schulische Umfeld so zu gestalten, dass Schüler/innen prinzipiell ihre bestmöglichen Leistungen erbringen können und Kenntnis davon haben, wie gute Leistungen erreicht und schlechtere Leistungen verbessert werden können. Kann das subjektive Empfinden von Leistungsdruck geschmälert werden, führt dies auch zur Prävention bzw. zum Abbau körperlicher Beschwerden.

Schülerin 39607

„Heute Nachmittag während der Physikstunde, mussten wir wieder eine ungeheuer schwierige Formel zur Astronomie ausrechnen. Keiner hat sie begriffen. Da sagt der Lehrer am Ende der Stunde, dass es am nächsten Montag über all diese Formeln und noch über älteren Stoff eine Probe gibt. Ich hätte den Lehrer am liebsten auf den Mond geschossen. In letzter Zeit hatten wir's nicht so streng, dann kam letzte Woche das Konfirmationslager und jetzt meinen alle Lehrer, nur weil wir's drei Tage schön hatten, müssten sie gleich überall Proben machen.

Morgen haben wir eine Deutsch- und Englischprobe, am Mittwoch eine Französischprobe, am Donnerstag eine Mathematikprobe und am Montag eine Physikprobe ... Ich war wütend und fühlte mich irgendwie wehrlos, weil nun das ganze Wochenende mit Lernen versaut ist. Wehrlos fühlte ich mich, weil wenn wir Schüler etwas sagen würden, dann sagen die Lehrer eh nur: ‚Ja, am Gymnasium wird's dann noch strenger. Damit müsst ihr jetzt lernen umzugehen'.“

Wollen Schulen das Selbstwertgefühl ihrer Schüler/innen stärken und Erlebnisse der Freude ermöglichen, so ist es wichtig, das Verhalten der Klassenlehrer/innen – und voraussichtlich auch der Fachlehrer/innen – zu reflektieren. Zu Recht wird immer wieder auf die wichtige Rolle der Lehrpersonen in Bezug auf ihre Beziehung zu den Schüler/innen und ihre Gestaltung des Unterrichts (Stichwort: Lehrer/in als Lernbegleiter/in) hingewiesen. Drei Faktoren, nämlich (1) die Fürsorge einer Lehrperson, (2) ihr sozial gerechtes Handeln und (3) ihre Unterrichtskompetenzen übten in der vorliegenden Studie eine gemeinsame Wirkung auf verschiedene Bereiche des Wohlbefindens der Schüler/innen aus. Sie sind nicht als Persönlichkeitsmerkmale, sondern als Indikatoren professionellen Handelns von Lehrer/innen zu verstehen. Gute Lehrer/innen werden nicht geboren – sie entwickeln sich in einem Prozess jahrelangen Lernens. Dafür ist es notwendig, diese eher abstrakten pädagogischen Begriffe zu konkretisieren, was im Folgenden geschehen soll:

1. Mit fürsorglichem Verhalten ist nicht die „Bemutterung“ von Schüler/innen gemeint, sondern die explizite Berücksichtigung ihrer Perspektiven, ihrer individuellen Lebensgeschichten und ihrer aktuellen Entwicklungssituationen (vgl. auch Oser 1998; Oser, Patry, Zutavern, Reichenbach, Klaghofer, Althof & Rothbucher 1991). Fürsorge bedeutet z.B. Anteil zu nehmen an den Sorgen und Problemen der Kinder und Jugendlichen, ein offenes Ohr und Zeit für ihre Anliegen zu haben sowie ihre Meinungen und Haltungen ernst zu nehmen, mitzudenken, wie ihre Lernprozesse verbessert werden können, sie in ihrer Entwicklung zu unterstützen, sie auf Gefahren hinzuweisen und auf Alternativen ihres Verhaltens aufmerksam zu machen. Diese Formen fürsorglichen Verhaltens von Lehrpersonen führt dazu, dass Schüler/innen ihre Lehrpersonen als wohlwollend und unterstützend wahrnehmen, und trägt dazu bei, dass sie die Schule nicht als Bedrohung oder Zeitverschwendung, sondern als zentralen Lern- und Entwicklungskontext erleben, sich diesem zugehörig und durch ihn gestützt fühlen.

Schülerin 27107
„Wir haben im Deutsch das Thema Vortrag und weil ich nie (mit anderen) abmachen darf, hat unser Lehrer gesagt, ich dürfe mit meiner Kollegin in der Deutschstunde beginnen. Ich war ziemlich froh, denn wie sollten wir den Vortrag sonst lernen? Ich war ziemlich paff, weil ich das nicht erwartet hätte von dem Lehrer. Ich dachte mir: Wenn wir doch mit den LehrerInnen sprechen und ihnen das Problem erklären, haben sie sehr viel Verständnis.“

2. Obwohl es als eine Selbstverständlichkeit erscheint, dass keine Schüler/innen bevorzugt oder benachteiligt werden dürfen, ist dies doch eine der anspruchvollsten pädagogischen Aufgaben. Die Schwierigkeiten in Bezug auf Gerechtigkeit in der Notengebung, Fairness beim Einbezug in den Unterricht und in der generellen Interaktion mit Schüler/innen sind spätestens seit dem Nachweis des Pygmalion-Effekts bekannt. Soziale Gerechtigkeit im Unterricht bedeutet, die Bedürfnisse der einzelnen Schüler/innen so gut wie möglich zu berücksichtigen, die Beurteilungskriterien transparent zu machen und nicht auf Leistungsunterschieden, sondern auf subjektiv unterschiedlichen Lernprozessen aufzubauen sowie die Handlungen der Lehrpersonen verständlich zu machen, ggf. zu begründen und die Interaktionen zwischen Lehrpersonen und Schüler/innen an der Idee der Reziprozität und wechselseitigen Kontingenz (Perrez, Huber & Geißler 1993) auszurichten. Bevorzugung bzw. Benachteiligung kann verhindert werden, wenn den Lehrpersonen ein breites Handlungsspektrum zur Verfügung steht, das ihnen einen differenzierten und reflexiven Umgang mit Schüler/innen und Unterrichtssituationen ermöglicht und sie nicht von Routinen, reaktiven Handlungsmustern und Stereotypisierungen abhängig macht.

Schülerin 27101

„Heute haben zwei ihren Vortrag gehabt. Sie waren deutlich schlechter als wir es waren. Alle anderen haben das gleiche gesagt. Doch sie haben die gleiche Note wie wir bekommen. Das fand ich mega fies. In der anderen Gruppe ist sein Lieblingsschüler. Darum haben sie eine so gute Note bekommen wie wir. Ich fühlte mich total mies behandelt, weil er ein paar Schüler bevorzugt."

3. Die Unterrichtskompetenzen einer Lehrperson lassen sich durch regelmässige Reflexion, Inter- bzw. Supervision und durch (schulinterne bzw. -externe) Fortbildung verbessern. Für das Wohlbefinden der Schüler/innen ist es wichtig, einen verständlichen und abwechslungsreichen Unterricht mit für die Schüler/innen möglichst sinnvollen Lerninhalten zu gestalten. Zentrale Ziele individueller Weiterbildung sollten deshalb z.B. sein, dass Lehrpersonen ihre Fähigkeiten, den Unterrichtsstoff zu erklären, und ihre Unterrichtssprache verbessern und dass sie eine offene Kultur der Fehlertoleranz entwickeln, die erlaubt im Unterricht aus Fehlern zu lernen anstatt zu sanktionieren. Auch sollten die Kompetenzen, den Unterricht sorgfältig zu planen und regelmässige Lernkontrollen durchzuführen, sichergestellt werden. Wenn Unterricht zudem Interessen der Schüler/innen berücksichtigt und auch aktiv-entdeckendes Lernen erlaubt, ermöglicht das, dass sich Schüler/innen den Stoff eigenverantwortlich aneignen, die Inhalte und Strukturen besser verstehen und tiefer verarbeiten.

Schüler 18404

„Heute behandelten wir im Deutschunterricht das Problem der Aktiv- und Passivsätze. Der Lehrer hat es uns sehr gut erklärt. Ich war sehr überrascht, dass er uns das Problem so schnell und einleuchtend erklären konnte. Ich habe mich gut gefühlt, weil ich es mir viel schwerer vorgestellt hatte. Ich war sehr glücklich."

Die empirischen Ergebnisse der vorliegenden Studie bestätigen die besondere Bedeutung sozialer Aspekte für das schulische Wohlbefinden der Jugendlichen: Einerseits ist der Kontakt zu den Lehrpersonen wichtig und ein professionelles Verhalten, mit dem Lehrpersonen ihre Interaktionen mit den Schüler/innen gestalten. Andererseits kommt es darauf an, wie die Schüler/innen miteinander umgehen. Die Resultate weisen zudem darauf hin, dass nicht alle Einflussfaktoren unmittelbar durch pädagogisches Handeln beeinflussbar sind. Zwar trifft dies für die Gestaltung des Unterrichts (Fachkompetenz der Lehrperson, Leistungsdruck im Unterricht) und in Bezug auf das Verhalten der Klassenlehrpersonen (Fürsorge und soziale Gerechtigkeit) zu. Für ihre Leistungen sind die Schüler/innen aber überwiegend selbst verantwortlich. Doch auch hier ergeben sich für Lehrpersonen viele Möglichkeiten, die Schüler/innen zu unterstützen, sei es in der Gestaltung von Leistungssituationen, bei den Kriterien der Leistungsbewertung oder der lang- und kurzfristigen Vorbereitung von Leistungsnachweisen. So z.B. müssen Schulleistungen nicht ausschliesslich anhand sozialer Bezugsnorm und in Form von Noten beurteilt werden, vielmehr können Bewertungen auf der Grundlage individueller und kriterienorientierter Bezugsnorm diese ergänzen. Unterricht sollte des Weiteren erbrachte Leistungen stets anerkennen und neben noten-relevanten (Miss-) Erfolgserlebnissen auch kleine Erfolgserlebnisse ermöglichen, wenn eine Schülerin z.B. einen Zusammenhang neu erkennt, eine richtige Antwort gibt oder einen Fehler korrigieren kann.

Schüler 38613

„In der Doppellektion Zeichnen fasste der Lehrer kurz die Leistungen, die das letzte Mal bei der Projektarbeit ‚Gelb' erbracht wurden, zusammen. Für meine Abhandlung, die ich über meinen Eindruck von der Farbe Gelb geschrieben hatte, fand er besonderes Lob. Er wusste meinen Text auch sehr treffend zusammenzufassen und bezeichnete meine Folgerungen als ‚erstaunlich'. Ich war zufrieden und stolz auf meine Gedankengänge, weil wir in der Schule noch praktisch nie eine Aufgabe gehabt hatten, bei der man sich mit Psychologie oder Philosophie hätte auseinandersetzen können. Dies war das erste Mal und die Themen interessieren mich also nicht nur, ich scheine sogar gut darin zu sein!"

Die Wirkung des sozialen Miteinanders von Schüler/innen ist von vielen Individuen abhängig. Aufgrund der empirischen Resultate kann den Interaktionen zwischen Schüler/innen in den Schulpausen (vgl. auch Wiedmer 2001) eine wichtige Bedeutung für die Genese des Wohlbefindens in der Schule zugesprochen werden. Auch diese erscheinen auf den ersten Blick weitgehend frei von pädagogischen Einflussmöglichkeiten. Deshalb sollen einige Anregungen formuliert werden, wie soziale Interaktionen zwischen Schüler/innen in diesen Zeiträumen gestützt und auch verbessert werden können: Schulpausen gewähren Freiräume, sind ein Ort der Begegnung und dienen der Erholung im Lern- und Leistungsprozess. In etlichen Schulen ist aber zu beobachten, dass Schüler/innen die Pausen – zumindest so wie sie gestaltet sind – nicht sehr schätzen. Sie müssen das Klassenzimmer verlassen und die Pause häufig sogar bei jeder

Witterung in einem plötzlich mit Kindern und Jugendlichen überfüllten Schulhof verbringen. In manchen Schulen werden sogar Kontrollen durchgeführt, ob auch wirklich alle Schüler/innen das Schulhaus verlassen haben. Sind sie erst einmal ausser Haus, so ist es mitunter schwierig, sie wieder in ihre Klassenzimmer zu bringen und eine ruhige Lernatmosphäre herzustellen.

Auch ein Blick auf den Pausenhof ergibt leider immer wieder ein trübes Bild. Meist handelt es sich um einen kahlen, betonierten Platz, der nur wenige Anreize zum Spielen, zur gestalterischen Betätigung und zur Kommunikation bietet. Sportliche Betätigungen sind oftmals auf Fussballspielen begrenzt, da weder das Umfeld noch Materialien für andere Aktivitäten zur Verfügung stehen. Trotz ihres zum Teil aufgestauten Bewegungsdrangs sind Kinder und Jugendliche in den Schulpausen häufig zum Nichtstun verurteilt – ganz im Gegensatz zu den Pausen in ihrer Freizeit, die sie frei gestalten können, indem sie z.B. etwas lesen, Musik hören, ihren Hobbys nachgehen etc. Viele Kontakte, Gespräche und Freundschaften im Alltag entstehen bei gemeinsamen Tätigkeiten. Die Schule sollte folglich den Schulraum bewusster gestalten, indem z.B. Sitzecken zum Reden, Gesprächsrunden, sog. „Ämtli", vielseitige Spiel- und Sportmöglichkeiten, Räume zum Malen und Gestalten, zum Musikhören und Musizieren geschaffen werden (vgl. z.B. auch Flückiger 1991; Rauch 1981, 1990; Voellmy & Wettstein 1992). Dazu müssen nicht zwingend neue Räumlichkeiten bereitgestellt werden. Wenn Schulen sich nicht nur nach aussen, sondern auch nach innen öffnen, können die Schul- und Unterrichtsräume genutzt werden. Warum sollte die Turnhalle nur während des Sportunterrichts geöffnet sein, der Zeichenraum nur während der Lektionen zur Verfügung stehen? Die Verantwortung für diese Nutzung kann schrittweise den Schüler/innen übertragen werden, so dass Lehrpersonen nicht zusätzlich belastet und Schüler/innen vermehrt in den Schulalltag einbezogen werden.

Schülerin 39607

„Während der Pause, wo der Lehrer etwa 29 Minuten zu spät kam, alberten wir etwas herum. Zwei Jungs sperrten einen anderen in den Schrank ein. Es war überhaupt nicht böse gemeint und R., der im Schrank war, machte es nichts aus und er machte den Spass mit. Oh Gott, wir haben uns halb zu Tode gelacht. So gelacht wie da habe ich schon ein Weilchen nicht mehr. Ich fühlte mich mega gut, weil ich mal wieder wahnsinnig lachte."

Wie kann die Schule zu einem Ort des Wohlbefindens werden? Die Antwort klingt einfach, ihre Umsetzung dagegen ist schwierig: Schule muss sich dem Auftrag stellen, sich zu einer gerechten, sozial-integrativen und bedeutungsvollen Lernwelt für ihre Schüler/innen zu entwickeln. Wohlbefinden in der Schule ist dabei nicht als Modetrend individueller Bedürfnisbefriedigung in einer modernen Gesellschaft zu missverstehen, sondern als eine zentrale Komponente, die das Zusammenleben von Menschen in der Gesellschaft – insbesondere, wenn es sich, wie in der Schule, um eine unfreiwillige Zusammensetzung der Gruppen handelt – erleichtert und bereichert. Wohlbefin-

den in der Schule ist nicht mit einem allgemeinen Gefühl des Sich-Wohl-Fühlens identisch, sondern eine spezifische Gefühlsqualität, die sich im Rahmen der schulischen
Kontextbedingungen entwickeln kann und von den allgemeinen Charakteristika der
Schule wie z.B. deren Funktionen als Qualifikations-, Allokations-, Selektions- und
Sozialisationsinstanz und ihren spezifischen Merkmalen wie Schulhauskultur, Zusammensetzung des Kollegiums oder Integration von Schüler/innen geprägt ist. Die
erwähnten Ziele, Massnahmen und Strategien beinhalten Vorschläge, wie Schule gestaltet werden kann, damit sich Schüler/innen wohl fühlen. In weiteren Schritten sollten nun ihre Relevanz und ihre Wirkung empirisch überprüft werden. Will eine Schule
das Wohlbefinden ihrer Schüler/innen z.B. im Rahmen eines Schulentwicklungspro-
jekts fördern, so ist dabei unverzichtbar, die Schüler/innen aktiv einzubeziehen. So
wäre es z.B. wenig sinnvoll, den Pausenhof ohne die Mitsprache und die Ideen der
Kinder und Jugendlichen neu zu gestalten (vgl. Magazin des Berner Lehrmittel- und
Medienverlag 2000). Schulentwicklungsprojekte im Rahmen der Förderung morali-
scher Entwicklung in der Schule (vgl. Althof 1998; Etienne & Althof 1997; Oser &
Althof 1992) bestätigen den Erfolg derart gestalteter Projekte.

Abschliessend ist festzuhalten, dass das Wohlbefinden in der Schule ebenfalls Auswirkungen auf die erwähnten Bedingungsfaktoren haben kann. So z.B. fördern gute
Leistungen den Aufbau positiver Einstellungen zur Schule, diese wiederum können
dazu beitragen, dass Schüler/innen leistungsbereit sind und gute Noten erhalten. Auch
ist die Reziprozität von Wohlbefinden und Sozialbeziehungen bekannt, so dass Bradburn bereits 1969 von einem „dynamic cycle" zwischen Wohlbefinden und sozialen
Interaktionen sprach. In der vorliegenden Arbeit wurden Wechselwirkungen an verschiedenen Stellen zwar theoretisch angesprochen, empirisch jedoch nicht untersucht.
Auch darin liegt ein wichtiges Postulat künftiger Forschung.

6.3 Wohlbefinden trotz Schule?

Geht man davon aus, dass für das Wohlbefinden in der Schule auch Anregungen aus
der allgemeinen Wohlbefindensforschung aufgenommen werden können, so sollten
Schulen als Lebensräume gestaltet werden, die Möglichkeiten bieten, individuelle Ziele zu verwirklichen, die viele Freuden und Erfolgserlebnisse ermöglichen, die auf guten und engen Sozialbeziehungen aufbauen und sich an dem orientieren, was Individu-
en glücklich macht etc. Es ist aber auch zu fragen, ob sich Schüler/innen wohl fühlen
können, wenn sich ihr schulisches Umfeld eher hemmend auf ihr Wohlbefinden auswirkt. Diese Fragestellung ist in der Stressforschung unter den Begriffen Stressresis-
tenz oder Resilienz (vgl. z.B. Haggerty, Sherrod, Garmezy & Rutter 1994) bekannt,
denn resiliente Individuen zeichnen sich dadurch aus, dass sie trotz widriger Umstände
ihr Leben gut meistern (vgl. Grob 1997b; siehe auch Kap. 2.3.3). Übertragen auf das
Wohlbefinden von Jugendlichen könnte dies heissen: Resiliente Jugendliche fühlen
sich in ihrer Schule trotz ungünstiger Rahmenbedingungen wohl (vgl. auch Ryff, Singer, Love & Essex 1998).

Vier Theorien sollen im Folgenden als Erklärungen für das Phänomen der Wohlbefindens-Resilienz herangezogen werden. Sie lassen sich teilweise aus den Ansätzen zum allgemeinen Wohlbefinden und der Emotionsforschung ableiten. Es handelt sich um:

1. Adaptionstheorien
2. Kognitive Theorien
3. Persönlichkeitstheorien
4. Stresstheorien

Jeder Ansatz soll nachfolgend kurz erklärt und mit Notizen aus den Tagebüchern der Schüler/innen illustriert werden. Die Beispiele beziehen sich aber nicht auf Aussagen resilienter Schüler/innen. Sie verstehen sich vielmehr als Hinweise darauf, dass Resilienz unterstützende Strategien und Prozesse von Schüler/innen auch eingesetzt werden, um mit aversiven schulischen Erfahrungen in der spezifischen Situation umgehen zu können.

6.3.1 Adaption

Wenn Personen sich anders fühlen, als aufgrund ihrer Lebensbedingungen zu erwarten wäre, so mag das daran liegen, dass Individuen sich diesen Bedingungen anpassen. Vor allem die Studien von Brickman und Mitarbeiter/innen (Brickman & Cambpell 1971; Brickman et al. 1978), die einen nur kurzfristigen Einfluss massiver situativer Veränderungen auf das Wohlbefinden der betroffenen Individuen nachweisen konnten (vgl. auch Kap. 3.3.1), legen diesen Schluss nahe. In ihrer strengen Formulierung lassen sich Adaptionstheorien jedoch nicht halten. Es ist aber durchaus denkbar, dass ein gewisser Grad der Anpassung in der Schule erfolgt und zu einer Art resignativer Zufriedenheit sowie zu Gewöhnungseffekten führt. Sind z.B. die Leistungsanforderungen sehr hoch (z.B. beim Wechsel in eine höhere Schule), so mag eine Schülerin / ein Schüler schon Freude erleben, wenn sie / er eine genügende Note erhält. Ist z.B. das Unterrichtstempo bei einer bestimmten Lehrperson sehr schnell, so können sich die damit verbundenen Sorgen wegen der Schule im Verlauf des Schuljahrs verringern, weil dieses Tempo den Schüler/innen vertraut wird, sie sich daran gewöhnen und ihre Lernaktivitäten und -energien diesem Tempo anzupassen versuchen.

Ist eine Lehrperson ernsthaft um das Wohlbefinden ihrer Schüler/innen besorgt, sollte sie sich allerdings nicht auf diese Adaptionsprozesse verlassen, da sie nicht zuverlässig sind und ein solches Vorgehen pädagogisch nicht vertretbar wäre.

Schüler 17411
„Heute Abend war ich ziemlich fertig, es hat sich aber sonst nichts von Bedeutung ereignet. Ich dachte mir: Dass es halt 9 Lektionen am Donnerstag sind und du durchmusst. Ich fühlte mich mittelmässig, weil eigentlich niemand gerne soviel Schule am Tag hat. Es geht jeder Tag mal zu Ende."

6.3.2 Individuelle Bewertungen

An verschiedenen Stellen wurde darauf hingewiesen, wie wichtig subjektive Bewertungen für die Genese von Emotionen und des Wohlbefindens sind (vgl. Kap. 3.3.3 und 5.2). Nicht die tatsächlichen Lebensumstände, sondern ihre Wahrnehmung durch die Person ist entscheidend, ob sich jemand wohl fühlt. So können individuelle Vorerfahrungen, Erwartungen und Ansprüche z.b. dazu führen, dass jemand eine Situation, einen Kontext, einen Prozess als negativ, jemand anderes als positiv bewertet. In der Schule zeigt sich dies z.b. in der individuellen Bewertung der Lehrpersonen und der Leistungsanforderungen:

- Lehrerinnen und Lehrer werden von den Schüler/innen nicht einheitlich beurteilt. Manche Schüler/innen schätzen z.b. die resolute und eher strenge Art eines Lehrers, während dieser anderen Schüler/innen eher Furcht einflösst. Die Einschätzung von Lehrpersonen ist abhängig von ihrem Auftreten gegenüber Schüler/innen, ihrer pädagogischen Authentizität und ihrem beruflichen Engagement sowie von der gegenseitigen Sympathie. Von einer Lehrperson wird vor allem erwartet, dass sie in ihrem Fach kompetent ist, gut unterrichten kann, gerecht gegenüber Schüler/innen ist und gern mit Kindern bzw. Jugendlichen arbeitet. Erfüllen Lehrer/innen diese Ansprüche, werden sie überwiegend positiv bewertet und diese Bewertung trägt wiederum zum Wohlbefinden der Schüler/innen bei. Fühlen sich Schüler/innen aus ihrer Sicht aber ungerecht behandelt oder langweiligem bzw. schlechtem Unterricht ausgeliefert, so spiegelt sich dies auch in ihren Meinungen über die entsprechende Lehrperson wider.

- Da die Leistungsschere in vielen Klassen zum Teil weit geöffnet ist, aber Anforderungen und Prüfungen in der Regel nicht differenziert werden, führt dies zu einer unterschiedlichen Beurteilung von Leistungssituationen. Eine Prüfung kann von verschiedenen Schüler/innen zugleich als leicht, bewältigbar, schwierig oder nahezu unlösbar beurteilt werden, je nach individuellen Voraussetzungen und Kompetenzen, Selbsteinschätzungen und Erwartungen. Damit positive Emotionen entstehen können und Sorgen bzw. Beschwerden ausbleiben, muss die Leistungssituation als eher angenehm, als positiv beurteilt werden – sofern dies bei Leistungssituationen möglich ist. Hoffnung auf Erfolg sowie eine Überein-stimmung mit den Erwartungen kann zu dieser positiven Bewertung beitragen, ebenso der Eindruck, eine faire Prüfung erhalten oder die Überzeugung, eine bestmögliche Prüfungsleistung erbracht haben zu können.

Schülerin 19220

„Kein April-Scherz: Die angekündigte Mathematikprobe war wieder einmal viel zu schwer, obwohl ich am Mittwoch stundenlang gelernt hatte. Ich fragte mich, ob die Lehrer wissen, wieviel Zeit man braucht, um so eine Mathematikprobe zu lernen? Ich fühlte mich schlecht, weil immer noch viel schwierigere Aufgaben kommen als die im Buch. Das finde ich unfair."

6.3.3 Persönlichkeitsunterschiede

Theoretische Konzepte, die den Einfluss von Persönlichkeitsfaktoren auf das Wohlbefinden betonen (vgl. auch Kap. 3.3.2 und 3.3.3), gehen davon aus, dass häufige, positive Erfahrungen zu Wohlbefinden führen und dass es in der Persönlichkeit eines Individuums verankert ist, welche Erfahrungen gemacht werden. Sie erklären diesen Einfluss anhand von zwei Merkmalen:

1. Je nach Persönlichkeit erlebt ein Individuum bestimmte Ereignisse häufiger (sog. Bottom-up-Theorien). Diese Erklärung könnte auch für den Kontakt zwischen Schüler/innen zutreffen und z.b. für Interaktionen in weitgehend unkontrollierten Zeiträumen (z.b. Pausen) oder unfreiwilligen Interaktionen (z.b. von der Lehrperson bestimmten Partnerarbeiten) verantwortlich sein. Im schulischen Leistungskontext ist des Weiteren denkbar, dass aktive, leistungsbereite und an der Schule bzw. dem Unterricht interessierte Schüler/innen häufiger positives Feedback von Lehrpersonen erhalten, da Lehrer/innen solche Eigenschaften von Schüler/innen positiv bewerteten.

2. Je nach Persönlichkeit interpretiert ein Mensch die erlebten Ereignisse häufiger in einer bestimmten Art und Weise (sog. Top-down-Theorien). So sind z.b. aus der Koedukationsforschung folgende geschlechtsspezifische Unterschiede bekannt: Die Leistungsattributionen von Jungen sind im naturwissenschaftlichen Unterricht weitaus weniger selbstwertbedrohend und -schädigend als die Attributionen von Mädchen (Herzog, Labudde, Gerber, Neuenschwander & Violi 1997; Herzog, Neuenschwander, Violi, Labudde & Gerber 1999), da Jungen Misserfolge eher extern variabel (z.B. Formulierung der Aufgaben), Erfolge eher intern stabil (d.h. bezogen auf ihre individuelle Begabung) interpretieren. Mädchen dagegen neigen eher dazu, ihre Misserfolge als intern stabil, ihre Erfolge als variabel zu betrachten.

Schülerin 29511
„In Mathematik hab ich etwas an der Tafel erklärt ohne Herzklopfen zu kriegen! Es ging sehr gut! Ich fühlte mich gut und glücklich, weil ich wieder etwas geschafft habe, was ich vorher noch nicht geschafft habe. Man kann Sachen schaffen, die man nicht glaubt."

6.3.4 Bewältigungsstrategien

Individuen sind keine Opfer ihrer eigenen Persönlichkeitsmerkmale, sondern im Sinne konstruktivistischer Lerntheorien aktiv entdeckend und sie gestalten ihren Lebensraum wesentlich mit. Es ist deshalb auch interessant, den Blick auf Selbstregulationsprozesse zu richten (vgl. Grob 1997b; Mischel, Cantor & Feldman 1996). Als solche Prozesse können Strategien bezeichnet werden, die Schüler/innen entwickeln, um sich in der Schule wohl fühlen zu können, da niemand 20 000 Stunden in neutraler Haltung oder gar in negativer Emotionsvalenz verbringen kann ohne ernsthaft Schaden zu nehmen. Hosen (1990) gibt einen Überblick über neun individuelle Verhaltensstrategien, die im

Alltagsleben zu positiven Gefühlserlebnissen verhelfen. Diese Strategien lassen sich wie folgt exemplarisch auf den Schulalltag übertragen:

1. *Diversifikation: Individuen gestalten Sozialbeziehungen aktiv und sie führen z.B. solche sozialen Tätigkeiten häufig aus, die zufriedenstellend und freiwillig sind (z.B. Einladungen zum Abendessen).*
Schüler/innen suchen sich ihre Freund/innen aus, sie halten gewünschte Kontakte aufrecht und treffen sich auch in der Freizeit mit Mitschüler/innen, mit denen sie sich gut verstehen.

2. *Einfache Vergleiche: Die Bewertungen von negativen Ergebnissen wird abgeschwächt, indem z.B. das schlechte Ergebnis in eine Kette von überwiegend guten Resultaten eingebunden wird.*
Eine Schülerin relativiert eine ungenügende oder schlechte Note im Englisch, indem sie gleichzeitig erwähnt, welche guten Noten sie in Englisch in diesem Schuljahr bereits erhalten hat und welche guten Leistungen sie in dieser Woche schon erbracht hat.

3. *Strategische Investitionen: Es wird bewusst solchen Tätigkeiten nachgegangen, die individuelle Fähigkeiten, Wissen und Beziehungen verbessern (z.B. das Erlernen einer Fremdsprache).*
Ein Schüler entscheidet sich dafür, Nachhilfeunterricht in Mathematik zu nehmen, um seine mittelmässigen Leistungen in diesem Fach zu verbessern. Dank regelmässigen Übens und den zusätzlichen Erklärungen der Nachhilfelehrerin steigern sich seine Leistungen.

4. *Altruistisches Verhalten (z.B. einer alten Frau die Einkaufstasche tragen).*
Schüler/innen unterstützen sich gegenseitig, wenn sie Probleme haben, den Stoff zu verstehen oder die Fülle an Hausaufgaben zu bewältigen. Sie bringen einer Mitschülerin / einem Mitschüler, die / der krank war, die Unterrichtsmaterialien nach Hause und helfen Einzelnen, die Anforderungen des Schulalltags zu meistern, indem sie sie z.B. in einer Probe abschreiben lassen.

5. *Aktive Einbindung in die soziale Umwelt, um nützliche kollegiale und freundschaftliche Beziehungen aufzubauen (z.B. freundliche Gespräche in der Kaffeepause).*
Eine Schülerin sucht den Kontakt zu einer Mädchengruppe in der Klasse, um mit ihnen bei Projekten und klassenübergreifenden Aktivitäten zusammenarbeiten zu können. Sie unterhält sich mit ihnen in den Schulpausen, spricht Lob und Anerkennung aus und solidarisiert sich mit ihnen.

6. *Entwicklung eines offenen Selbstkonzepts, das sich auf vielerlei Komponenten stützt (z.B. auf die verschiedenen Rollen, die man ausübt).*
Ein Schüler definiert sich nicht nur über seine Schulleistungen, sondern auch anhand seiner Beliebtheit in der Klasse, seines Erfolgs bei Mädchen und anhand seiner sportlichen Erfolge ausserhalb der Schule.

7. *Verbale Desensibilisierung durch Gespräche mit unterstützenden Personen über vergangene und künftige Stressfaktoren (z.B. Diskussionen über die Angst vor einer anstehenden Prüfung).*

Eine Gruppe Schüler/innen diskutiert nach einer als sehr schwierig erlebten Prüfung die Probleme und überlegt Strategien, wie die voraussichtlich schlechten Noten ausgeglichen werden können. Sie sprechen darüber, wie schwierig es ist, bei diesem Lehrer eine gute Note zu erzielen.

8. *Positive Abhängigkeit, d.h. die häufige Wiederholung von bestimmten Handlungen, die Spass machen und Erfolge versprechen (z.B. regelmässiges Jogging).*

Eine Gruppe an Schülern aus verschiedenen Klassen trifft sich immer in der Pause im Schulhof, um Fussball zu spielen. Manchmal spielen sie auch schon morgens vor Schulbeginn oder nach Ende des Unterrichts.

9. *Bindung an physische Gegebenheiten und an Objekte, was zu positiven Erlebnissen im Lebensumfeld fühlt (z.B. den Wohnraum behaglich gestalten).*

Eine Schülerin gestaltet zu Schuljahresbeginn schöne Umschläge für ihre Schulbücher, kauft attraktive Stifte und achtet darauf, dass ihre Heftführung ordentlich ist und kreativ wirkt.

Aus diesen Ausführungen wird deutlich, dass Kindern und Jugendlichen in der Schule potenziell eine grosse Anzahl an Möglichkeiten zur Verfügung steht, ihr Verhalten zu steuern, ihr emotionales Erleben und ihren schulischen Alltag zu gestalten. Ein wichtiges pädagogisches Ziel könnte darin bestehen, dass Lehrerinnen und Lehrer ihre Schüler/innen bei der Entwicklung solcher Strategien unterstützen. Auch können Mitschüler/innen einen Beitrag dazu leisten. Bei genauerer Betrachtung zeigt sich aber ebenfalls, dass diese Gestaltungsmöglichkeiten der Schüler/innen begrenzt sind. Insbesondere erweist sich die Strategie der positiven Abhängigkeit in der Schule als sehr begrenzt und beschränkt auf Zeiteinheiten, die weitgehend frei von der Kontrolle der Lehrpersonen sind. Dagegen ist anzunehmen, dass die Klassenkohäsion und angenehme Klassenaktivitäten eine wichtige Quelle darstellen können.

Schülerin 18408

„In der 1. Lektion hatten wir Singen. Obwohl unsere Klasse überhaupt kein Sing-Genie ist, hat es doch Spass gemacht. Ich musste während dem Tanzen viel lachen und mir ist bewusst geworden, dass ich nie aus unserer Klasse möchte. Ich fühle mich sehr wohl in dieser Klasse und allein der Gedanke, mich in 1½ Jahren davon zu trennen, macht mich fertig. Wieso kann man nicht länger in die Schule gehen? Mir stinkt's zwar sehr oft in der Schule, doch im Grossen und Ganzen gehe ich gerne, weil ich all meine Kollegen sehe."

6.4 Einige Worte zum Schluss

Das Ziel der vorliegenden Arbeit war, anhand der theoretischen Ausführungen und empirischen Ergebnisse Grundlagen und Ansatzpunkte für die Gestaltung der Schule als Kontext des Wohlbefindens ihrer Schüler/innen zu liefern. Die erhaltenen qualitativen und quantitativen Ergebnisse der durchgeführten Studien stützen die Perspektive, dass Schulen und Unterricht trotz enger Rahmenbedingungen und Strukturen so gestaltet werden können, dass sich Schüler/innen darin wohl fühlen. Wollen Schulen ihren Leitgedanken ‚Unsere Schule ist ein Ort, an dem sich alle wohl fühlen' nicht nur zu einer leeren pädagogischen Formel verkommen lassen, dann können sie an den hier nachgewiesenen Punkten ansetzen. Es bleibt eine Aufgabe künftiger Forschungsarbeiten, das Phänomen des Wohlbefindens in der Schule zu konkretisieren und das Feld der Möglichkeiten der Gewährleistung und Förderung des Wohlbefindens in der Schule sowohl zu präzisieren als auch zu erweitern.

7. Literatur

Abele, A. (1994). Auswirkungen von Wohlbefinden. Oder: Kann gute Laune schaden? In A. Abele & P. Becker (Hrsg.), *Wohlbefinden* (S. 297–325). Weinheim: Juventa.

Abele, A. (1996). Zum Einfluss positiver und negativer Stimmung auf die kognitive Leistung. In J. Möller & O. Köller (Hrsg.), *Emotionen, Kognitionen und Schulleistung* (S. 91–111). Weinheim: Beltz.

Abele, A. (1999). Motivationale Mediatoren von Emotionseinflüssen auf die Leistung: Ein vernachlässigtes Forschungsgebiet. In M. Jerusalem & R. Pekrun (Hrsg.), *Emotion, Motivation und Leistung* (S. 31–49). Göttingen: Hogrefe.

Abele, U. (2000). Die Klasse als Gruppe. In G. Bovet & V. Huwendiek (Hrsg.), *Leitfaden Schulpraxis* (S. 326–345). Berlin: Cornelson.

Ainsworth, M.D.S., Blehar, M.C., Waters, E., & Wall, S. (1978). *Patterns of attachment: A psychological study of the strange situation*. Hillsdale, NJ: Erlbaum.

Allport, F.H. (1937). Teleonomic description in the study of personality. *Character and Personality, 5*, 202–214.

Althof, W. (1998). Ideen aus einem Schulprojekt – „Schule als gerechte und fürsorgliche Gemeinschaft gestalten". *Revue Interdialogos, 1*, 41–45.

Ames, C., Ames, R., & Felker, D.W. (1977). Effects of competitive reward structure and valence of outcome on children's achievement attributions. *Journal of Educational Psychology, 69*, 1–8.

Andreas, R. (1975). Emotion und sozialer Konflikt in Schule und Unterricht. In R. Oerter & E. Weber (Hrsg.), *Der Aspekt des Emotionalen in Unterricht und Erziehung* (S. 184–208). Donauwörth: Auer.

Andrews, F.M., & Withey, S.B. (1976). *Social indicators of well-being. American's perception of life quality*. New York: Plenum Press.

Andrews, F.M., & Inglehart, R.F. (1979). The structure of subjective well-being in nine western societies. *Social Indicators Research, 6*, 73–90.

Andrews, F.M., & McKennell, A.C. (1980). Measures of self-reported well-being. *Social Indicators Research, 8*, 127–156.

Andrews, F.M., & Robinson, J.P. (1991). Measures of subjective well-being. In J.P. Robinson, P.R. Shaver, & L.S. Wrightsman (Eds.), *Measures of personality and social psychological attitudes* (pp. 61–114). San Diego: Academic Press.

Antonovsky, A. (1987). *Unraveling the mystery of health. How people manage stress and stay well*. San Francisco: Jossey-Bass.

Antonovsky, A. (1997). *Salutogenese – Zur Entmystifizierung der Gesundheit. Dt. erweiterte Ausgabe von A. Franke*. Tübingen: DGVT.

Apter, M.J. (1984). Reversal theory and personality: A review. *Journal of Research in Personality, 18*, 265–288.

Argyle, M. (1987). *The psychology of happiness*. London: Methuen.

Arnold, M.B. (1960). *Emotion and personality (Vol. 1 & 2)*. New York: Columbia University Press.

Aster, R. (1990). *Schule und Kultur. Zur Rekonstruktion schulischer Wirklichkeit aus dem Blickwinkel von Schülern und Lehrern.* Frankfurt a.M.: Lang.

Atkinson, J.W. (1964). *An introduction to motivation.* Princeton, NJ: Van Nostrand.

Averill, J.R., & More, T.A. (1993). Happiness. In M. Lewis & J.M. Haviland (Eds.), *Handbook of Emotions* (pp. 617–629). New York: Guilford Press.

Baacke, D. (1991). *Die 13–18-jährigen. Einführung in die Probleme des Jugendalters.* Weinheim: Beltz.

Backhaus, K., Erichson, B., Plinke, W., & Weiber, R. (1994). *Multivariate Analysemethoden.* Berlin: Springer.

Bandura, A. (1977). Self-efficacy: Toward a unifying theory of behavioral change. *Psychological Review, 84,* 191–215.

Bandura, A. (1982). The self and mechanisms of agency. In J. Suls (Ed.), *Psychological perspectives on the self* (Vol. 1, pp. 3–39). Hillsdale, NJ: Erlbaum.

Becker, P. (1980). Prävention von Verhaltensstörungen und Förderung der psychischen Gesundheit. In W. Wittling (Hrsg.), *Handbuch der Klinischen Psychologie. Band 2: Psychotherapeutische Interventionsmethoden* (S. 47–77). Hamburg: Hoffmann & Campe.

Becker, P. (1982). *Psychologie der seelischen Gesundheit. Band 1.* Göttingen: Hogrefe.

Becker, P. (1986). Theoretischer Rahmen. In P. Becker & B. Minsel (Hrsg.), *Psychologie der seelischen Gesundheit. Band 2* (S. 1–90). Göttingen: Hogrefe.

Becker, P. (1989). *Der Trierer Persönlichkeitsfragebogen (TPF). Testmappe mit Handanweisung.* Göttingen: Hogrefe.

Becker, P. (1994). Theoretische Grundlagen. In A. Abele & P. Becker (Hrsg.), *Wohlbefinden* (S. 13–49). Weinheim: Juventa.

Becker, P., Krieger, W., Kamm, U., & Schoerer, S. (1989). Alltagkorrelate und -verläufe der emotionalen Befindlichkeit: Literaturüberblick sowie zeitreihenanalytische Studien an fünf Paaren über 100 Zeitpunkte. *Trierer Psychologische Berichte, Band 16, Heft 3.* Universität Trier: Fachbereich I-Psychologie

Becker, P., & Minsel, B. (1986). *Psychologie der seelischen Gesundheit. Band 2.* Göttingen: Hogrefe.

Bengel, J., & Belz-Merk, M. (1997). Subjektive Gesundheitsvorstellungen. In R. Schwarzer (Hrsg.), *Gesundheitspsychologie* (S. 23–41). Göttingen: Hogrefe.

Bentler, P.M. (1990). Comparative fit indexes in structural models. *Psychological Bulletin, 107,* 238–246.

Bergman, M.M., & Scott, J. (2001). Young adolescents‘ wellbeing and health-risk behaviours: Gender and socio-economic differences. *Journal of Adolescence, 24,* 183–197.

Bergmann, C., & Eder, F. (1995). Das Befinden von Schülerinnen und Schülern – eine Untersuchung mit dem Befindenstagebuch. In F. Eder (Hrsg.), *Das Befinden von Kindern und Jugendlichen in der Schule* (S. 169–207). Innsbruck: Studienverlag.

Berlyne, D.E. (1976). The affective significance of uncertainty. In G. Serban (Ed.), *Psychopathology of human adaption* (pp. 319–341). New York: Plenum Press.

Berner Lehrmittel- und Medienverlag BLMV (2000). *Mitbestimmung. Zur Zeit – Magazin für Schülerinnen und Schüler.* Bern: BLMV.

Berry, D.S., & Hansen, J.S. (1996). Positive affect, negative affect, and social interaction. *Journal of Personality and Social Psychology, 71*(4), 796–809.

Bessoth, R. (1989). *Verbesserung des Unterrichtsklimas.* Neuwied: Luchterhand.

Bessoth, R., & Weibel, W. (2000). *Unterrichtsqualität an Schweizer Schulen.* Zug: Klett und Balmer.

Bleicher, M., Fix, M., Fuss, S., Gläser-Zikuda, M., Laukenmann, M., Mayring, P., Melenk, H., & von Rhöneck, C. (1999). *Einfluss emotionaler Faktoren auf das Lernen in den Fächern Physik und Deutsch – erste Ergebnisse aus dem Forschungsprojekt* (Forschungsbericht 1). Ludwigsburg: Forschungsstelle der Pädagogischen Hochschule Ludwigsburg.

Bodmer, N.M. (1997). Befindlichkeit Jugendlicher verschiedener Familienstrukturen. In A. Grob (Hrsg.), *Kinder und Jugendliche heute: belastet – überlastet?* (S. 91–110). Chur & Zürich: Rüegger.

Boekaerts, M. (1992). The adaptable learning process: Initiating and maintaining behavioural change. *Applied Psychology: An International Review, 41*(4), 377–397.

Boekaerts, M. (2001). Context sensitivity: Activated motivational beliefs, current concerns and emotional arousal. In S. Volet & S. Järvelä (Eds.), *Motivation in Learning Contexts* (pp. 17–31). Amsterdam: Pergamon.

Bohner, G., Hormuth, S.E., & Schwarz, N. (1991). Die Stimmungs-Skala: Vorstellung und Validierung einer deutschen Version des "Mood Survey". *Diagnostica, 37,* 135–148.

Bostic, T.J., & Ptacek, J.T. (2001). Personality factors and the short-term variability in subjective well-being. *Journal of Happiness Studies, 2,* 355–373.

Bönsch, M. (1994). Zur Neubestimmung der Lehrerrolle: Zum Verhältnis von Schule und LehrerInnen. *Unterrichtswissenschaft, 22*(1), 75–87.

Bradburn, N.M. (1969). *The structure of psychological well-being.* Chicago: Aldine.

Bradburn, N.M., & Caplovitz, D. (1965). *Reports on happiness: A pilot study of behavior related to mental health.* Chicago: Aldine.

Brandstätter, H. (1977). Wohlbefinden und Unbehagen. Entwurf eines Verfahrens zur Messung situationsabhängiger Stimmungen. In W.H. Track (Hrsg.), *Bericht über den 30. Kongress der Deutschen Gesellschaft für Psychologie in Regensburg* (S. 60–62). Göttingen: Hogrefe.

Bray, D.W., & Howard, A. (1980). Career success and life satisfaction of middle-aged managers. In L.A. Bond & J.C. Rosen (Eds.), *Competence and coping during adulthood* (pp. 258–287). Hanover, NH: University Press of New England.

Brickman, P., & Campbell, D.T. (1971). Hedonic relativism and planning the good society. In M.H. Appley (Ed.), *Adaptation level theory: A symposium.* New York: Academic Press.

Brickman, P., Coates, D., & Janoff-Bulman, R. (1978). Lottery winners and accident victims: Is happiness relative? *Journal of Personality and Social Psychology, 36*(8), 917–927.

Brown, D. (1993). Stress and emotion implications for illness development and wellness. In S.L. Ablon, D. Brown, E.J. Khantzian, & J.E. Mack (Eds.), *Human Feelings: Explorations in Affect Development and Meaning* (pp. 281–301). Hillsdale, NJ: Analytic Press.

Bruck, P.A., & Geser, G. (2000). *Schulen auf dem Weg in die Informationsgesellschaft.* Innsbruck: Studienverlag.

Bruggemann, A., Groskurth, P., & Ulich, E. (1975). *Arbeitszufriedenheit.* Bern: Huber.

Brunstein, J.C. (1993). Personal goals and subjective well-being: A longitudinal study. *Journal of Personality and Social Psychology, 65*(5), 1061–1070.

Brunstein, J.C., Schultheiss, O.C., & Grässmann, R. (1998). Personal goals and emotional well-being: The moderating role of motive dispositions. *Journal of Personality and Social Psychology, 75*(2), 494–508.

Buss, A.H., & Plomin, R. (1975). *A temperament theory of personality.* New York: Wiley.

Butz, P., & Boehnke, K. (1997). Auswirkungen von ökonomischem Druck auf die psychosoziale Befindlichkeit von Jugendlichen. *Zeitschrift für Pädagogik, 43,* 79–92.

Bund-Länder-Kommission für Bildungsplanung und Forschungsförderung (1982). *Modellversuche mit Gesamtschulen.* Bühl & Baden: Konkordia.

Cacioppo, J.T., & Gardner, W.L. (1999). Emotion. *Annual Review of Psychology, 50,* 191–214.

Call, K.T., Riedel, A.A., Hein, K., McLoyd, V., Petersen, A., & Kipke, M. (2002). Adolescent health and well-being in the twenty-first century: A global perspective. *Journal of Research on Adolescence, 12,* 69–98.

Cameron, P. (1975). Mood as an indicate of happiness: Age, sex, social class, and situation differences. *Journal of Gerontology, 30,* 216–224.

Campbell, A. (1976). Subjective measures of well-being. *American Psychologist, 31,* 117–124.

Campbell, A. (1981). *The sense of well-being in America: Recent patterns and trends.* New York: McGraw-Hill.

Campbell, A., Converse, P.E., & Rodgers, W.L. (1976). *The quality of American life: Perceptions, evaluations, and satisfaction.* New York: Russel Sage Foundation.

Cantril, H. (1965). *The pattern of human concerns.* New Brunswick, NJ: Rutgers University Press.

Carver, C.S., & Scheier, M.F. (1990). Principles of self-regulation: Action and emotion. In E.T. Higgins & R.M. Sorrentino (Eds.), *Handbook of Motivation and Cognition* (Vol. 2, pp. 3–52). New York: Guilford Press.

Cheng, H., & Furnham, A. (2001). Attributional style and personality as predictors of happiness and mental health. *Journal of Happiness Studies, 2*(3), 307–327.

Christakopoulou, S., Dawson, J., & Gari, A. (2001). The community well-being questionnaire: Theoretical context and initial assessment of its reliability and validility. *Social Indicators Research, 56*(3), 319–349.

Closs, C., & Kempe, P. (1986). Eine differenzierende Betrachtung und Validierung des Konstruktes Lebenszufriedenheit. *Zeitschrift für Gerontologie, 19,* 47–55.

Cohen, S., & Syme, S.L. (1985). *Social support and health.* New York: Academic Press.

Cohler, B.J., & Boxer, A.M. (1984). Personal adjustment, wellbeing and life events. In C.Z. Malatesta & C.E. Izard (Eds.), *Emotion in Adult Development* (pp. 85–100). Beverly Hills, CA: Sage.

Compton, W.C. (2001). Toward a tripartite factor structure of mental health: Subjective well-being, personal growth, and religiousity. *Journal of Psychology, 135*(5), 486–500.

Costa, P.T., & McCrae, R.R. (1980). Influence of extraversion and neuroticism on subjective well-being: Happy and unhappy people. *Journal of Personality and Social Psychology, 38*(4), 668–678.

Costa, P.T., & McCrae, R.R. (1984). Personality as a lifelong determinant of well-being. In C.Z. Malatesta & C.E. Izard (Eds.), *Emotions in Adult Development* (pp. 141–157). Beverly Hills, CA: Sage.

Costa, P.T., & McCrae, R.R. (1988). Personality in adulthood: A six–year longitudinal study of self-reports and spouse ratings on the NEO Personality Inventory. *Journal of Personality and Social Psychology, 54*, 853–863.

Costa, P.T., McCrae, R.R., & Norris, A.H. (1981). Personal adjustment to aging: Longitudinal prediction from neuroticism and extraversion. *Journal of Gerontology, 36*, 78–85.

Costa, P.T., McCrae, R.R., & Zondermann, A.B. (1987). Environmental and dispositional influences on well-being: Longitudinal follow-up of an American national sample. *British Journal of Psychology, 78*, 299–306.

Csikszentmihalyi, M. (1975). *Beyond boredom and anxiety.* San Francisco, CA: Jossey-Bass.

Csikszentmihalyi, M. (1985). *Das Flow-Erlebnis: Jenseits von Angst und Langeweile: Im Tun aufgehen.* Stuttgart: Klett-Cotta.

Csikszentmihalyi, M. (1990). *Flow – The Psychology of Optimal Experience.* New York: Harper & Row.

Csikszentmihalyi, M., & Larson, R. (1987). Validity and reliability of the Experience-Sampling Method. *Journal of Nervous and Mental Disease, 175*(9), 526–536.

Csikszentmihalyi, M., Rathunde, K., & Whalen, S. (1993). *Talented Teenagers.* New York: Cambridge University Press.

Csikszentmihalyi, M., & Schiefele, U. (1993). Die Qualität des Erlebens und der Prozess des Lernens. *Zeitschrift für Pädagogik, 39*(2), 207–221.

Csikszentmihalyi, M., & Wong, M.M.-H. (1991). The situational and personal correlates of happiness: A cross-national comparison. In F. Strack, M. Argyle, & N. Schwarz (Eds.), *Subjective Well-Being* (pp. 193–212). Oxford: Pergamon Press.

Czerwenka, K., Nölle, K., Pause, G., Schlotthaus, W., Schmidt, H.J., & Tessloff, J. (1990). *Schülerurteile über die Schule. Bericht über eine internationale Untersuchung.* Frankfurt a.M.: Lang.

Dalbert, C. (1992). Subjektives Wohlbefinden junger Erwachsener: Theoretische und empirische Analysen der Struktur und Stabilität. *Zeitschrift für Differentielle und Diagnostische Psychologie, 13*, 207–220.

Dalbert, C., Montada, L., Schmitt, M., & Schneider, A. (1984). *Existentielle Schuld: Ergebnisse der Item- und Skalenanalysen. Bericht aus der Arbeitsgruppe "Verantwortung, Gerechtigkeit, Moral" Nr. 24.* Trier: Universität Trier, FB I-Psychologie.

Davis, M.H., Morris, M.M., & Kraus, L.A. (1998). Relationship-specific and global perceptions of social support: Associations with well-being and attachment. *Journal of Personality and Social Psychology, 74*(2), 468–481.

Deci, E.L., & Ryan, R.M. (1985). *Intrinsic motivation and self-determination in human behavior.* New York: Plenum Press.

Deci, E.L., & Ryan, R.M. (1993). Die Selbstbestimmungstheorie der Motivation und ihre Bedeutung für die Pädagogik. *Zeitschrift für Pädagogik, 39*, 223–238.

Deusinger, I. (1986). *Die Frankfurter Selbstkonzeptskalen (FSKN).* Göttingen: Hogrefe.

Diederich, J., & Tenorth, H.E. (1997). *Theorie der Schule. Ein Studienbuch zu Geschichte, Funktion und Gestaltung.* Berlin: Cornelsen.

Diener, E. (1984). Subjective well-being. *Psychological Bulletin, 95*(3), 542–575.

Diener, E. (2000). Subjective well-being. The science of happiness and a proposal for a national index. *American Psychologist, 55*(1), 34–43.

Diener, E., & Biswas-Diener, R. (2000). *New directions in subjective well-being research: The cutting edge.* Champaign, IL: University of Illinois, Department of Psychology

Diener, E., & Biswas-Diener, R. (2002). Will money increase subjective well-being? A literature review and guide to needed research. *Social Indicators Research, 57,* 119–169

Diener, E., Colvin, C.R., Pavot, W.G., & Allman, A. (1991). The physic costs of intense positive affect. *Journal of Personality and Social Psychology, 61*(3), 492–503.

Diener, E., Diener, M., & Diener, C. (1995). Factors predicting the subjective well-being of nations. *Journal of Personality and Social Psychology, 69*(5), 851–864.

Diener, E., Emmons, R.A., Larsen, R., & Griffin, S. (1985). The satisfaction with life scale. *Journal of Personality Assessment, 49,* 71–75.

Diener, E., & Larsen, R.J. (1984). Temporal stability and cross-situational consistency of affective, behavioral, and cognitive responses. *Journal of Personality and Social Psychology, 47,* 871–883.

Diener, E., & Larsen, R.J. (1993). The experience of emotional well-being. In M. Lewis & J.M. Haviland (Eds.), *Handbook of Emotions* (pp. 405–415). New York: Guilford Press.

Diener, E., Larsen, R.J., Levine, S., & Emmons, R.A. (1985). Intensity and frequency: Dimensions underlying positive and negative affect. *Journal of Personality and Social Psychology, 48,* 1253–1265.

Diener, E., & Lucas, R.E. (1999). Personality and subjective well-being. In D. Kahnemann, E. Diener, & N. Schwarz (Eds.), *Well-Being: The foundation of hedonic psychology* (pp. 213–229). New York: Russell Sage Foundation.

Diener, E., & Lucas, R.E. (2000a). Explaining differences in societal levels of happiness: Relative standards, need fulfillment, culture, and evaluation theory. *Journal of Happiness Studies, 1*(1), 41–78.

Diener, E., & Lucas, R.E. (2000b). Subjective emotional well-being. In M. Lewis & J. M. Haviland (Eds.), *Handbook of Emotions* (pp. 325–337). New York: Guilford Press.

Diener, E., Scollon, C.K., Oishi, S., Dzokoto, V. & Suh, E.M. (2000). Positivity and the construction of life satisfaction judgments: Global happiness is not the sum of its parts. *Journal of Happiness Studies, 1*(1), 159–176.

Diener, E., Sandvik, E., & Larsen, R.J. (1985). Age and sex effects for affect intensity. *Developmental Psychology, 21,* 542–546.

Diener, E., Sandvik, E., Pavot, W., & Fujita, F. (1992). Extraversion and subjective well-being in a U.S. national probability sample. *Journal of Research in Personality, 26,* 205–215.

Diener, E., Sandvik, E., Seidlitz, L., & Diener, M. (1993). The relationship between income and subjective well-being: Relative or absolute? *Social Indicators Research, 28,* 195–223.

Diener, E., & Suh, E. (1999). National differences in subjective well-being. In D. Kahneman, E. Diener, & N. Schwarz (Eds.), *Well-being: The foundation of hedonic psychology* (pp. 434–450). New York: Russell Sage Foundation.

Diener, E., & Suh, E. (2000). *Culture and subjective well-being.* Cambridge: The MIT Press.

Diener, E., Suh, E., & Oishi, S. (1997). Recent findings on subjective well-being. *Indian Journal of Clinical Psychology, 24,* 25–41.

Domke, H. (1975). Unterricht als gestörte Kommunikation. In R. Oerter & E. Weber (Hrsg.), *Der Aspekt des Emotionalen in Unterricht und Erziehung* (S. 209–223). Donauwörth: Auer.

Döbertin, W. (1996). *Bildungsnotstand – Warum Eltern, Lehrer und Schüler gefordert sind.* Berlin: Ullstein.

Dupuy, H.J. (1972, June). *The psychological section of the current health and nutrition examination survey.* Paper presented at the National Conference on Health Statistics, Washington, D.C. (12.–15.6.1972).

Dzuka, J., & Dalbert, C. (1996). Subjektives Wohlbefinden niederösterreichischer und ostslowakischer Jugendlicher im Vergleich. *Psychologie, Erziehung, Unterricht, 43,* 281–290.

Eckerle, G.-A., & Kraak, B. (1993). *Selbst- und Weltbild von Schülern und Lehrern.* Göttingen: Hogrefe.

Eder, A., & Eder, F. (1995). Gespräche mit Schülern. In F. Eder (Hrsg.), *Das Befinden von Kindern und Jugendlichen in der Schule* (S. 208–231). Innsbruck: Studienverlag.

Eder, F. (1986). Schulumwelt und Schulzufriedenheit. *Zeitschrift für Erziehungswissenschaftliche Forschung, 20*(2), 83–103.

Eder, F. (1995a, Hrsg.). *Das Befinden von Kindern und Jugendlichen in der Schule.* Innsbruck: Studienverlag.

Eder, F. (1995b). Die Gesamtkonzeption der Befindensuntersuchung. In F. Eder (Hrsg.), *Das Befinden von Kindern und Jugendlichen in der Schule* (S. 13–23). Innsbruck: Studienverlag.

Eder, F. (1995c). Das Befinden von Schülerinnen und Schülern in öffentlichen Schulen – Ergebnisse der Repräsentativerhebung. In F. Eder (Hrsg.), *Das Befinden von Kindern und Jugendlichen in der Schule* (S. 24–168). Innsbruck: Studienverlag.

Eder, F., Buschmann, I., Mayr, J., Mitschka, R., Schrodt, H., & Thonhauser, J. (1995). Massnahmen zur Verbesserung des Befindens in der Schule. In F. Eder (Hrsg.), *Das Befinden von Kindern und Jugendlichen in der Schule* (S. 232–252). Innsbruck: Studienverlag.

Eid, M., & Diener, E. (1999). Intraindividual variability in affect: Reliability, validity, and personality correlates. *Journal of Personality and Social Psychology, 76*(4), 662–676.

Emmons, R.A. (1986). Personal strivings: An approach to personality and subjective well-being. *Journal of Personality and Social Psychology, 51*(5), 1058–1068.

Emmons, R.A. (1989). The personal striving approach to personality and subjective well-being. In L.A. Pervin (Ed.), *Goal concepts in personality and social psychology* (pp. 87–126). Hillsdale, NJ: Erlbaum.

Emmons, R.A., & Diener, E. (1985). Personality correlates of subjective well-being. *Personality and Social Psychology Bulletin, 11*, 89–97.

Emmons, R.A., & Diener, E. (1986). Influence of impulsivity and sociability on subjective well-being. *Journal of Personality and Social Psychology, 50*(6), 1211–1215.

Epstein, S. (1984). Controversial issues in emotion theory. In P. Shaver (Ed.), *Review of Personality and Social Psychology: Vol. 5. Emotions, relationships, and health* (pp. 64–88). Beverly Hills, CA: Sage.

Erziehungsdirektion des Kantons Bern (1995). *Lehrplan Volksschule*. Bern: Staatlicher Lehrmittelverlag des Kantons Bern.

Etienne, J.-B., & Althof, W. (1997). Eine Schule, in der sich Kinder wohl fühlen. *Die neue Schulpraxis, 5*, 31–36.

Ewert, O. (1983). Ergebnisse und Probleme der Emotionsforschung. In H. Thomae (Hrsg.), *Theorien und Formen der Motivation* (S. 398–452). Göttingen: Hogrefe.

Eysenck, H.J., & Eysenck, M.W. (1967). On the unitary nature of extraversion. *Acta Psychologica, 26*, 383–390.

Eysenck, H.J., & Eysenck, M.W. (1985). *Personality and individuel differences: A natural science approach.* New York: Plenum Press.

Fahrenberg, J., Hampel, R., & Selg, H. (1984). *Das Freiburger Persönlichkeitsinventar*. Göttingen: Hogrefe.

Feather, N.T., & O'Brien, G.E. (1986). A longitudinal study of the effects of employment and unemployment on school-leavers. *Journal of Occupational Psychology, 59*, 121–144.

Felder, W. (1997). Wie gesund sind unsere Jugendlichen? In A. Grob (Hrsg.), *Kinder und Jugendliche heute: belastet – überlastet?* (S. 111–128). Chur & Zürich: Rüegger.

Fend, H. (1980). *Theorie der Schule*. München: Urban & Schwarzenberg.

Fend, H. (1997). *Der Umgang mit Schule in der Adoleszenz.* (Band IV). Bern: Huber.

Fend, H. (1998). *Qualität im Bildungswesen*. Weinheim: Juventa.

Fend, H. (2001). *Entwicklungspsychologie des Jugendalters*. Opladen: Leske & Budrich.

Fend, H., Knörzer, W., Nagl, W., Specht, W., & Väth-Szusdziara, R. (1976). *Sozialisationseffekte der Schule*. Weinheim: Beltz.

Festinger, L. (1957). *Theory of cognitive dissonance*. Stanford: Stanford University Press.

Fichten, W. (1993). *Unterricht aus Schülersicht: Die Schülerwahrnehmung von Unterricht als erziehungswissenschaftlicher Gegenstand und ihre Erarbeitung im Unterricht.* Frankfurt a.M.: Lang.

Flammer, A., Grob, A., & Lüthi, R. (1987). *Kontrollattributionen und Wohlbefinden von Schweizer Jugendlichen I* (Forschungsbericht 1987-4). Bern: Psychologisches Institut der Universität.

302

Flammer, A., Grob, A., Lüthi, R., & Kaiser, F. (1989). *Kontrollattributionen und Wohlbefinden von Schweizer Jugendlichen II* (Forschungsbericht 1989–4). Bern: Psychologisches Institut der Universität.

Flick, U. (2000). *Qualitative Forschung*. Reinbeck bei Hamburg: Rowohlt.

Flückiger, E.H. (1991). *Handbuch Pausenplatz. Pausenplätze aktiv gestalten und nutzen*. Zumikon: Verband für Sport in der Schule.

Franzkowiak, P. (1999). Gesundheit. In: Bundeszentrale für gesundheitliche Aufklärung (Hrsg.), *Leitbegriffe der Gesundheitsförderung* (S. 24–27). Schwabenheim a.d. Selz: Sabo.

Freedman, J. (1978). *Happy people: What happiness is, who has it, and why*. New York: Harcourt Brace Jovanovich.

French, J.R.P.Jr., Rodgers, W., & Cobb, S. (1974). Adjustment as person-environment fit. In G.V. Coelho, D.A. Hamburg, & J.E. Adams (Eds.), *Coping and adaptation*. New York: Basic Books.

Frey, C.U., & Röthlisberger, C. (1994). Die soziale Unterstützung von jugendlichen Schülern. *Zeitschrift für Entwicklungspsychologie und Pädagogische Psychologie, 26*(3), 262–277.

Frijda, N.H. (1986). *The emotions*. Cambridge: Cambridge University Press.

Frijda, N.H. (1993). Moods, emotion episodes, and emotions. In M. Lewis & M.J. Haviland (Eds.), *Handbook of Emotions* (pp. 381–403). New York: Guilford Press.

Fuchs, O. (1995). *Kontrollmeinungen, Wohlbefinden und Ziele Jugendlicher aus Gymnasien und Gewerbeschulen*. Unveröffentlichte Lizentiatsarbeit. Bern: Psychologisches Institut der Universität Bern.

Fujita, F., Diener, E., & Sandvik, E. (1991). Gender differences in negative affect and well-being: The case for emotional intensity. *Journal of Personality and Social Psychology, 61*, 427–434.

Gardner, P.L. (1976). Attitudes towards physics: Personal and environmental influences. *Journal of Research in Science Teaching, 13*, 111–125.

Gattiker, S., Grädel, R., & Mühletaler, D. (2001). Gefühle. In: Kommission für Lehrplan- und Lehrmittelfragen der Erziehungsdirektion des Kantons Bern (Hrsg.), *Kunterbund: Ich und die Gemeinschaft* (S. 18–22). Bern: blmv.

Giaconia, R., & Hedges, L. (1982). Identifying features of effective open education. *Review of Educational Research, 52*(4), 579–602.

Giesecke, H. (1996). *Wozu ist die Schule da? Die neue Rolle von Eltern und Lehrern*. Stuttgart: Klett-Cotta.

Glatzer, W. (1984). Lebenszufriedenheit und alternative Masse des subjektiven Wohlbefindens. In W. Glatzer & W. Zapf (Hrsg.), *Lebensqualität in der Bundesrepublik*. Frankfurt a.M.: Campus.

Gläser-Zikuda, M. (2000, Oktober). *Lernstrategien und Lernemotionen in schulischen Lernsituationen – eine quantitativ-qualitative Studie*. Papier präsentiert am Workshop "Qualitative Research in Psychology", Blaubeuren b. Ulm, Universität Tübingen (20.–22.10.2000).

Gläser-Zikuda, M., & Mayring, P. (1999, September). *Qualitative Untersuchung des Einflusses von Emotionen auf das Lernen in Physik und Deutsch – erste Ergebnisse*. Papier präsentiert an der Herbsttagung der Arbeitsgruppe für empirisch-pädagogische Forschung, Nürnberg (27.–29.9.1999).

Gohm, C.L., Darlington, J., Diener, E., & Oishi, S. (1998). The effects of marital conflict, marital status, and culture on the subjective well-being of young adults. *Journal of Marriage and the Family, 60*, 319–334.

Goldberg, D.P. (1972). *The detection of psychiatric illness by questionnaire*. London, U.K.: Oxford University Press.

Goldberg, D.P. (1978). *Manual of the General Health Questionnaire*. Windsor, U.K.: NFER Publishing Co.

Good, T., Biddle, B., & Brophy, J. (1975). *Teachers make a difference*. New York: Holt, Rinehart and Winston.

Gottman, J.M. (1993). Studying emotion in social interaction. In M. Lewis & J.M. Haviland (Eds.), *Handbook of Emotions* (pp. 475–487). New York: Guilford Press.

Grob, A. (1995). Subjective well-being and significant life-events across the life span. *Swiss Journal of Psychology, 54*(1), 3–18.

Grob, A. (1997a, Hrsg.). *Kinder und Jugendlichen heute: belastet – überbelastet?* Chur & Zürich: Rüegger.

Grob, A. (1997b). Stressresistente Kinder und Jugendliche. In A. Grob (Hrsg.), *Kinder und Jugendliche heute: belastet – überbelastet?* (S. 149–168). Chur & Zürich: Rüegger.

Grob, A., Flammer, A., Kaiser, F.G., & Lüthi, R. (1989). Wohlbefinden und Kontrolle bei jugendlichen Delinquenten und Nicht-Delinquenten. *Schweizerische Zeitschrift für Psychologie, 48*(2), 75–85.

Grob, A., Flammer, A., & Neuenschwander, M. (1992). *Kontrollattributionen und Wohlbefinden von Schweizer Jugendlichen III* (Forschungsbericht 1992–4). Bern: Psychologisches Institut der Universität Bern.

Grob, A., Lüthi, R., Kaiser, F.G., Flammer, A., Mackinnon, A., & Waering, A.J. (1991). Berner Fragebogen zum Wohlbefinden Jugendlicher (BFW). *Diagnostica, 37*(1), 66–75.

Grob, A., Wearing, A.J., Little, T.D., Wanner, B. & Euronet (1996). Adolescents' well-being and perceived control across 14 sociocultural contexts. *Journal of Personality and Social Psychology, 71*(4), 785–795.

Gruehn, S. (1995). Vereinbarkeit kognitiver und nichtkognitiver Ziele im Unterricht. *Zeitschrift für Pädagogik, 41*(4), 531–553.

Haggerty, R., Sherrod, L.R., Garmezy, N., & Rutter, M. (1994, Eds.). *Stress, risk, and resilience in children and adolescents: Processes, mechanisms, and interventions*. Cambridge: Cambridge University Press.

Hascher, T. (1994). *Emotionsbeschreibung und Emotionsverstehen*. Münster: Waxmann.

Hascher, T. (2002). *Das Wohlbefinden Jugendlicher in der Schule – Analyse und Entwicklung eines psychologischen Konzepts unter empirischen und pädagogischen Gesichtspunkten*. Universität Freiburg: Habilitationsschrift.

Hascher, T., & Baillod, J. (2000). Auf der Suche nach dem Wohlbefinden in der Schule. *Schweizer Schule, 3*, 3–12.

Hascher, T., Bieri, T., Kocher, B., & Lobsang, K. (1999). *Das Wohlbefinden der Schüler/innen im Längenstein. Schlussbericht zur quantitativen Befragung der Schüler/innen im Projekt "Wohlbefinden von Schüler/innen im Längenstein".* Bern: Forschungsstelle für Schulpädagogik und Fachdidaktik, Sekundarlehramt der Universität Bern.

Hascher, T., Bieri, T., Kocher, B., Lobsang, K., Abbühl, B., & Kocherhans, S. (1999). *Das Wohlbefinden der Schüler/innen im Längenstein. Jahresbericht Schulzentrum Längenstein, Schuljahr 1998/1999.* Spiez: Schulzentrum Längenstein.

Hascher, T., Suter, T., & Kolip, P. (2001). *Terminologie-Dossier zur Gesundheitsförderung.* Bern, Bremen &Lausanne: FSF Universität Bern/Universität Bremen/Schweizerische Stiftung für Gesundheitsförderung.
http://www.kl.unibe.ch/kl/sla/fsf/Gesundheitsfoerderung.pdf

Hauck-Bühler, B. (1994). Schule als Erfahrungsraum. In G. Bovet & V. Huwendiek (Hrsg.), *Leitfaden Schulpraxis* (S. 63–90). Berlin: Cornelsen.

Havighurst, R.J. (1948). *Developmental tasks and education.* New York: Longman.

Headey, B., Holmström, E., & Wearing, A. (1984a). The impact of life events and changes in domain satisfaction on well-being. *Social Indicators Research, 15,* 203–227.

Headey, B., Holmström, E., & Wearing, A. (1984b). Well-being and ill-being: Different dimensions? *Social Indicators Research, 14*(2), 115–139.

Headey, B., & Wearing, A. (1989). Personality, life events and subjective well-being: Towards a dynamic equilibrium Model. *Journal of Personality and Social Psychology, 57,* 731–739.

Headey, B., & Wearing, A. (1992). *Understanding happiness: A theory of subjective well-being.* Melbourne: Longman Cheshire.

Heckhausen, H. (1974). *Leistung und Chancengleichheit.* Göttingen: Hogrefe.

Heckhausen, H. (1978). Selbstbewertung nach erwartungswidrigem Leistungsverlauf: Einfluss von Motiv, Kausalattribution und Zielsetzung. *Zeitschrift für Entwicklungspsychologie und pädagogische Psychologie, 10,* 191–216.

Heckhausen, H. (1980). *Motivation und Handeln.* Berlin: Springer.

Heckhausen, H. (1989). *Motivation und Handeln.* Berlin: Springer.

Heckhausen, H., & Rheinberg, F. (1980). Lernmotivation im Unterricht, erneut betrachtet. *Unterrichtswissenschaft, 8,* 7–47.

Helmke, A. (1992). *Selbstvertrauen und schulische Leistung.* Göttingen: Hogrefe.

Helmke, A. (1993). Die Entwicklung der Lernfreude vom Kindergarten bis zur 5. Klassenstufe. *Zeitschrift für Pädagogische Psychologie, 7,* 77–86.

Helmke, A., & Dreher, E. (1979). *Gesamtschule und dreigliedriges Schulsystem in Nordrhein-Westfalen – Erzieherische Wirkungen und soziales Umfeld.* Paderborn: Schöning.

Helmke, A., & Schrader, F.-W. (1990). Zur Kompatibilität kognitiver, affektiver und motivationaler Zielkriterien des Schulunterrichts – Clusterähnliche Studien. In M. Knopf & W. Schneider (Hrsg.), *Entwicklung: Allgemeine Verläufe – Individuelle Unterschiede – Pädagogische Konsequenzen* (S. 180–200). Göttingen: Hogrefe.

Helmke, A., & Weinert, F.E. (1997). Bedingungsfaktoren schulischer Leistungen. In F.E. Weinert (Hrsg.), *Psychologie des Unterrichts und der Schule. Enzyklopädie der Psychologie, Serie Pädagogische Psychologie. Band 3* (S. 71–176). Göttingen: Hogrefe.

Helson, H. (1964). *Adaptation-level theory.* New York: Harper & Row.

Helsper, W. (1993). Jugend und Schule. In H.-H. Krüger (Hrsg.), *Handbuch der Jugendforschung* (S. 351–382). Opladen: Leske & Budrich.

Henry, J. (1973). Der erlebte Alptraum. *Betrifft: Erziehung, 5,* 23–26.

Herrmann, U. (2001). *Leitbild "Gesprächskultur Lehrer-Eltern-Schüler".* Ulm: Universität Ulm, Seminar für Pädagogik. http://www.uni-ulm.de/paedagogik.

Herzog, W., Labudde, P., Gerber, C., Neuenschwander, M.P., & Violi, E. (1997). Koedukation im Physikunterricht. Eine Interventionsstudie auf der Sekundarstufe II. *Bildungsforschung und Bildungspraxis, 19,* 132–158.

Herzog, W., Neuenschwander, M.P., Violi, E., Labudde, P., & Gerber, C. (1999). Mädchen und Jungen im koedukativen Physikunterricht. *Bildungsforschung und Bildungspraxis, 21,* 99–124.

Hobmair, H., Altenthan, S., Dirrigl, W., Gotthardt, W., Höhlein, R., & Ott, W. (1996). *Psychologie für Fachoberschulen.* Köln: Stam.

Hollenstein, A., & Eggenberg, F. (1998). *mosima – Materialien für offene Situationen im Mathematikunterricht.* Zürich: Orell Füssli.

Holtappels, H.G. (1995). Schulkultur und Innovation – Ansätze, Trends und Perspektiven der Schulentwicklung. In H.G. Holtappels (Hrsg.), *Entwicklung von Schulkultur: Ansätze und Wege schulischer Erneuerung* (S. 6–36). Berlin: Luchterhand.

Hollstein, B. (2001). *Grenzen sozialer Integration.* Opladen: Leske & Budrich.

Hosen, R. (1990). Strategies for enhancing psychological well-being. *Psychology. A journal of human behavior, 27*(2), 20–29.

Hotard, S.R., McFatter, R.M., McWhirter, R.M., & Stegall, M.E. (1989). Interactive effects of extraversion, neuroticism, and social relationships on subjective well-being. *Journal of Personality and Social Psychology, 57*(2), 321–331.

Hotz, A. (1997). *Qualitatives Bewegungslernen.* Bern: Schweizerischer Verband für Sport in der Schule (SVSS).

House, J.S., & Kahn, R.L. (1985). Measures and concepts of social support. In S. Cohen & S.L. Syme (Eds.), *Social support and health* (pp. 83–108). New York: Academic Press.

Höhn, E., & Seidel, G. (1976). *Das Soziogramm. Die Erfassung von Gruppenstrukturen.* Göttingen: Hogrefe.

Huber, M. (1998). Schulinterne Koordination – was trägt sie zur Schulqualität bei? Eine Untersuchung von Lehrpersonen, Schülerinnen und Schülern der Sekundarstufe 1 in den Kantonen Basel-Land, Bern und Zürich. *Bildungsforschung und Bildungspraxis, 20*(1), 135–156.

Hurrelmann, K. (1997). *Lebensphase Jugend.* Weinheim: Juventa.

Hurrelmann, K., & Schultz, H. (1985). Die Wahrnehmung der Schule durch Eltern in verschiedenen Lebenslagen. In W. Melzer (Hrsg.), *Eltern – Schüler – Lehrer*. Weinheim: Juventa.

Isen, A.M. (1993). Positive affect and decision making. In M. Lewis & J.M. Haviland (Eds.), *Handbook of Emotions* (pp. 261–277). New York: Guilford Press.

Izard, C.E. (1971). *The face of Emotion*. New York: Meredith.

Izard, C.E. (1981). *Die Emotionen des Menschen*. Weinheim: Beltz.

Izard, C.E. (1994). *Die Emotionen des Menschen*. Weinheim: Beltz.

Izard, C.E., & Buechler, S. (1980). Aspect of consciousness and personality in terms of differential emotions theory. In R. Plutchik & H. Kellerman (Eds.), *Emotion. Theory, Research, and Experience* (pp. 165–187). New York: Academic Press.

Jackson, P. (1973). Was macht die Schule? *Betrifft: Erziehung, 5*, 18–22.

Jerusalem, M. (1984). Kumulative Misserfolge und Hilflosigkeit in der Schule: Ein Entwicklungsmodell und erste empirische Hinweise. In K.-H. Ingenkamp (Hrsg.), *Sozialemotionales Verhalten in Lehr- und Lernsituationen* (S. 223–234). Landau: Erziehungswissenschaftliche Hochschule.

Jerusalem, M., & Mittag, W. (1999). Selbstwirksamkeit, Bezugsnormen, Leistung und Wohlbefinden in der Schule. In M. Jerusalem & R. Pekrun (Hrsg.), *Emotion, Motivation und Leistung* (S. 223–245). Göttingen: Hogrefe.

Jerusalem, M., & Pekrun, R. (1999). *Emotion, Motivation und Leistung*. Göttingen: Hogrefe.

Johnson, D.W., & Johnson, R.T. (1985). Motivational processes in cooperative, competitive, and individualistic learning situations. In C. Ames & R. Ames (Eds.), *Research on Motivation in Education. The Classroom Milieu.* (Vol. 2, pp. 249–286). Orlando, FL: Academic Press.

Johnson-Laird, P.N., & Oatley, K. (1989). The language of emotions: An analysis of a semantic field. *Cognition and Emotion, 3*, 81–123.

Jöreskog, K.G., & Sörbom, D. (1989). *Lisrel 7: A guide to the program and applications*. Chicago: SPSS.

Kafka, G., & Kozma, A. (2002). The construct validity of Ryff's scale of psychological well-being (SPWB) and their relationship in measures of subjective well-being. *Social Indicators Research, 57*(2), 171–190.

Kamman, R., & Flett, R. (1983). Affectometer 2: A scale to measure current level of general happiness. *Australian Journal of Psychology, 35*, 259–265.

Keyes, C.L.M., Shmotkin, D., & Ryff, C.D (2002). Optimizing well-being: The empirical Encounter of two traditions. *Journal of Personality and Social Psychology, 82*(6), 1007–1022.

King, L.A., & Napa, C.K. (1998). What makes a life good? *Journal of Personality and Social Psychology, 75*(1), 156–165.

Kleine, D., & Schmitz, B. (1999). Stimmung im Kontext von Schule: Rahmenbedingungen und Korrelate. In M. Jerusalem & R. Pekrun (Hrsg.), *Emotion, Motivation und Leistung* (S. 205–221). Göttingen: Hogrefe.

Klink, F., & Kieselbach, T. (1990). Jugendarbeitslosigkeit als gesundheitlicher Risikofaktor. *Bremer Beiträge zur Psychologie, 90*, 1–22.

Klinnert, M. (1984). The regulation of infant behavior by maternal facial expression. *Infant Behavior and Development, 58*, 937–944.

Klinnert, M., Campos, J.J., Sorce, J., Emde, R.N., & Svejda, M. (1983). Emotions as behavior regulators: Social referencing in infancy. In R.P.H. Kellermann (Ed.), *Emotions in early development* (Vol. 2, pp. 57–86). New York: Academic Press.

Kolip, P. (1994). *Lebenslust und Wohlbefinden: Beiträge zur geschlechtsspezifischen Jugendgesundheitsforschung.* Weinheim: Juventa.

Kron, F.W. (1996). *Grundwissen Pädagogik.* München: Reinhardt.

Kuhl, J. (1983). Emotion, Kognition und Motivation: Auf dem Wege zu einer systemtheoretischen Betrachtung der Emotionsgenese. *Sprache und Kognition, 2*, 1–27.

Kunzendorff, E. (1991). Arbeitslosigkeit: Psychosoziale Begleiterscheinungen, mögliche gesundheitliche Auswirkungen und ihre Bewältigung. *Zeitschrift ärztlicher Fortbildung, 91*(85), 1139–1146.

Lachman, M.E., & Weaver, S.L. (1998). The sense of control as a moderator of social class differences in health and well-being. *Journal of Personality and Social Psychology, 74*(3), 763–773.

Land, K.C., Lamb, V.L., & Kahler Mustillo, S. (2001). Child and youth well-being in the United States, 1975–1998: Some findings from a new index. *Social Indicators Research, 56*, 241–318.

Landua, D. (1992). Satisfaction changes. *Social Indicators Research, 26*, 221–241.

Lantermann, E.D. (1983). Handlung und Emotion. In H.A. Euler & H. Mandl (Hrsg.), *Emotionspsychologie* (S. 273–282). München: Urban & Schwarzenberg.

Larsen, R.J., & Diener, E. (1987). Affect intensity as an individual difference characteristic: A review. *Journal of Research in Personality, 21*, 1–39.

Larsen, R.J., & Ketelaar, T. (1991). Personality and susceptibility to positive and negative emotional states. *Journal of Personality and Social Psychology, 61*, 132–140.

Lauer, U., Rechsteiner, M., & Ryter, A. (1997, Hrsg.). *Dem heimlichen Lehrplan auf der Spur – Koedukation und Gleichstellung im Klassenzimmer.* Chur & Zürich: Rüegger.

Lawton, M.P. (1972). The dimensions of morale. In D. Kent, R. Kastenbaum, & S. Sherwood (Eds.), *Research, planing, and action for the elderly* (pp. 144–165). New York: Behavioral Publication.

Lawton, M.P. (1983). Environment and other factors of well-being in the aged. *The Gerontologist, 23*, 349–357.

Lawton, M.P. (1984). The varieties of well-being. In C. Z. Malatesta & C.E. Izard (Eds.), *Emotions in Adult Development* (pp. 67–84). Beverly Hills, CA: Sage.

Lazarus, R.S. (1991). *Emotion and Adaption.* New York: Oxford University Press.

Lazarus, R.S., & Averill, J.R. (1972). *Emotion and cognition: With special reference to anxiety. Current trends in theory and research.* New York: Academic Press.

Lazarus, R.S., & Folkman, S. (1987). Transactional theory and research on emotions and coping. *European Journal of Personality, 1*, 141–170.

Leeper, R.M. (1970). The motivational and perceptual properties of emotions as indicating their fundamental character and role. In M. Arnold (Ed.), *Feelings and motions* (pp. 151–168). New York: Academic Press.

Levine, D.U., & Lezotte, W.W. (1995). Effective school research. In J.A. Banks & C.A.M. Banks (Eds.), *Handbook of research on multicultural education* (pp. 525–547). New York: Macmillan Publishing.

Lewin, K. (1963). *Feldtheorie in den Sozialwissenschaften*. Bern: Huber.

Lewis, M., & Haviland, J.M. (1993, Eds.). *Handbook of Emotions*. New York: Guilford Press.

Liebert, R.M., & Morris, L.W. (1967). Cognitive and emotional components of test anxiety. A distinction and some initial data. *Psychological Reports, 20*, 975–978.

Lill, R., Dröschel, A., & Groos, H. (1981). *Konstruktion eines Fragebogens zur psychischen Gesundheit bei Jugendlichen.* Unveröffentlichte Diplomarbeit. Saarbrücken: Universität des Saarlandes.

Little, B.R. (1983). Personal projects: A rational and method for investigation. *Environment and Behavior, 15,* 273–309.

Little, B.R. (1989). Personal projects analysis: Trivial pursuits, magnificient obsessions, and the search for coherence. In D.M. Buss & N. Cantor (Eds.), *Personality psychology: Recent trends and emerging directions* (pp. 15–31). New York: Springer.

Lowenthal, M.F., Thurner, M., & Chiriboga, D. (1975). *Four stages of life.* San Francisco: Jossey-Bass.

Lucas, R.E., & Diener, E. (2000). Personality and subjective well-being across the life span. In D. Molfese & V. Molfese (Eds.), *Temperament and personality development across the life span* (pp. 211–234). Hillsdale, NJ: Erlbaum.

Lucas, R.E., Diener, E., & Suh, E. (1996). Discriminant validity of well-being measures. *Journal of Personality and Social Psychology, 71*(3), 616–628.

Maier, G.W. & Brunstein, J.C. (1998). Persönliche Ziele: Ein teleonomischer Ansatz zum subjektiven Wohlbefinden. *Zeitschrift für Differentielle und Diagnostische Psychologie, 19,* 38.

Mansel, J. (1996). Lebenszufriedenheit und Wohlbefinden bei Jugendlichen und Erwachsenen im Vergleich. Befunde aus 2 Repräsentativbefragungen. *Zeitschrift für Pädagogische Psychologie, 10,* 199–209.

Martin, L.R. (1996). *Klassenlehrer- und Tutor/Innen.* Bad Heilbrunn: Klinkhardt.

Maslow, A.H. (1977). *Motivation und Persönlichkeit.* Olten: Walter.

Mauermann, L. (1975). Emotionale Lernziele in der Unterrichtsplanung. In R. Oerter & E. Weber (Hrsg.), *Der Aspekt des Emotionalen in Unterricht und Erziehung* (S. 296–339). Donauwörth: Auer.

Mayers, R. (1978). *Flow in adolescence and its relation to the school experience.* Unpublished Doctoral Dissertation. Chicago: University of Chicago.

Mayring, P. (1987). Subjektives Wohlbefinden im Alter: Stand der Forschung und theoretische Weiterentwicklung. *Zeitschrift für Gerontologie, 20,* 367–376.

Mayring, P. (1991). *Psychologie des Glücks.* Stuttgart: Kohlhammer.

Mayring, P. (1992a). Erfassung von Emotionen. In D. Ulich & P. Mayring (Hrsg.), *Psychologie der Emotionen* (Vol. 5, S. 58–72). Stuttgart: Kohlhammer.

Mayring, P. (1992b). Klassifikation und Beschreibung einzelner Emotionen. In D. Ulich & P. Mayring (Hrsg.), *Psychologie der Emotionen* (Vol. 5, S. 131–181). Stuttgart: Kohlhammer.

Mayring, P. (1994). Die Erfassung subjektiven Wohlbefindens. In A. Abele & P. Becker (Hrsg.), *Wohlbefinden* (S. 51–70). Weinheim: Juventa.

McIntosh, W.D., & Martin, L.L. (1992). The cybernetics of happiness – The relation of goal attainment, rumination, and affect. In M.S. Clark (Ed.), *Emotion and Social Behavior* (Vol. 14, pp. 223–246). Newbury Park: Sage.

McNair, D.M., Lorr, M., & Doppleman, L.F. (1971). *EITS – manuel for the Profile of Mood States*. San Diego, CA: Educational and Industrial Testing Service.

Meehl, P.E. (1975). Hedonic capacity: Some conjectures. *Bulletin of the Menninger Clinic, 39*, 295–307.

Mees, U. (1985). Was meinen wir, wenn wir von Gefühlen reden? Zur psychologischen Textur von Emotionswörtern. *Sprache & Kognition, 1*, 2–20.

Mees, U. (1991). *Die Struktur der Emotionen*. Göttingen: Hogrefe.

Meulemann, H. (2001). Life satisfaction from late adolescence to mid-life: The impact of life success and success evaluation on the life satisfaction of former gymnasium students between ages 30 and 40. *Journal of Happiness Studies, 2*, 445–465.

Michalos, A.C. (1980). Satisfaction and Happiness. *Social Indicators Research, 8*, 385–422.

Michalos, A.C. (1985). Multiple Discrepancies Theory (MDT). *Social Indicators Research, 16*, 347–413.

Michalos, A.C. (1991). *Global report on student well-being*. New York: Springer.

Midgley, C., Maehr, M.L., & Urdan, T. (1993). *Manual: Patterns of Adaptive Learning Survey*. Ann Arbor, MI: School of Education, University of Michigan.

Mischel, W., Cantor, N., & Feldman, S. (1996). Principles of self-regulation: The nature of willpower and self-control. In E.T. Higgins & A. Kruglanski (Eds.), *Social psychology: A handbook of basic principles* (pp. 329–360). New York: Guilford Press.

Moreno, J.L. (1967). *Die Grundlagen der Soziometrie: Wege zur Neuordnung der Gesellschaft*. Köln: Westdeutscher Verlag.

Morris, L.W., & Liebert, R.M. (1980). Relationship of cognitive and emotional components of test anxiety to psychological arousal and academic performance. *Journal of Consulting and Clinical Psychology, 2*(5), 99–109.

Mroczek, D.K., & Kolarz, C.M. (1998). The effect of age on positive and negative affect: A developmental perspective on happiness. *Journal of Personality and Social Psychology, 75*(5), 1333–1349.

Myers, D.G., & Diener, E. (1995). Who is happy? *Psychological Science, 6*, 10–19.

Neugarten, B.L., Havighurst, R.J., & Tobin, S.S. (1961). The measurement of life satisfaction. *Journal of Gerontology, 16*, 134–143.

Nicholls, J.G. (1975). Causal attributions and other achievement-related cognitions: Effects of task-outcome, attainment value, and sex. *Journal of Personality and Social Psychology, 31*, 379–389.

Niggli, A. (2000). *Lehrarrangements erfolgreich planen – Didaktische Anregungen zur Gestaltung offener Unterrichtsformen.* Aarau: Sauerländer.

Nuissl, E. (1997). Institutionen im lebenslangen Lernen. *Report-Literatur und Forschungsreport Weiterbildung, 39*(1), 41–49.

Oerter, R., & Weber, E. (1975, Hrsg.). *Der Aspekt des Emotionalen in Unterricht und Erziehung.* Donauwörth: Auer.

Oishi, S., & Diener, E. (2001). Re-Examining the general positivity model of subjective well-being: The discrepancy between specific and global domain satisfaction. *Journal of Personality, 69*(4), 641–666.

Orthony, A., Clore, G.L., & Collins, A. (1988). *The cognitive structure of emotions.* Cambridge: Cambridge University Press.

Oser, F. (1998). *Ethos – die Vermenschlichung des Erfolgs. Zur Psychologie der Berufsmoral von Lehrpersonen.* Opladen: Leske & Budrich.

Oser, F., & Althof, W. (1992). *Moralische Selbstbestimmung. Modelle der Entwicklung und Erziehung im Wertebereich. Ein Lehrbuch.* Stuttgart: Klett-Cotta.

Oser, F., Patry, J.-L., Zutavern, M., Reichenbach, R., Klaghofer, R., Althof, W., & Rothbucher, H. (1991). *Der Prozess der Verantwortung. Berufsethische Ent-scheidungen von Lehrerinnen und Lehrern.* (Bericht zum Forschungsprojekt 1.188–0.85 und 11.24470.88/2 des Schweizerischen Nationalfonds zur Förderung der wissenschaftlichen Forschung). Freiburg: Pädagogisches Institut der Universität Freiburg.

Osten, I. (1997). Wer weiss am besten, was eine gute Schule ausmacht? Klärungsversuche zu den divergierenden Interessen an der Schule. In R. Girmes (Hrsg.), *Modernisierungsdruck als Bildungschance?* (S. 68–101). Münster: LIT.

Palmore, E., Busse, E.W., Maddox, G.L., Nowlin, J.B., & Siegler, I.C. (1985). *Normal aging III.* Durham: Duke University Press.

Palmore, E., & Luikart, C. (1972). Health and social factors related to life satisfaction. *Journal of health and social behavior, 13*, 68–80.

Palys, T.S., & Little, B.R. (1983). Perceived life satisfaction and the organization of personal project systems. *Journal of Personality and Social Psychology, 44*, 1221–1230.

Parducci, A. (1984). Value judgments: Toward a relational theory of happiness. In J.R. Eiser (Ed.), *Attitudinal judgments* (pp. 3–21). New York: Springer.

Parkinson, B. (1996). Emotions are social. *British Journal of Psychology, 87*, 663–683.

Parkinson, B., & Colman, A.M. (1995). *Emotion and Motivation.* Harlow: Longman.

Patrick, B.C., Skinner, E.A., & Connell, J.P. (1993). What motivates children's behavior and emotion? Joint effects of perceived control and autonomy in the academic domain. *Journal of Personality and Social Psychology, 65*(4), 781–791.

Pavot, W., Diener, E., & Fujita, F. (1990). Extraversion and happiness. *Personality and Individual Differences, 11*, 1299–1306.

Peetsma, T.T.D. (2000). Future time perspective as a predictor of school investment. *Scandinavian Journal of Educational Research, 44*(2), 179–194.

Peetsma, T.T.D., Wagenaar, E., & De Kat, E. (2002). School motivation, future time perspective and well being of high school students in segregated and integrated schools in The Netherlands and the role of ethnic self-description. In J.K. Koppen, I. Lunt, & C. Wulf (Eds.) *Education in Europe; Cultures, Values, Institutions in transition.* Münster & New York: Waxmann.

Pekrun, R. (1992a). Kognition und Emotion in studienbezogenen Lern- und Leistungssituationen: Explorative Analysen. *Unterrichtswissenschaft, 20*(4), 308–324.

Pekrun, R. (1992b). The impact of emotions on learning and achievement: Towards a theory of cognitive/motivational mediators. *Applied Psychology: An International Review, 41*(4), 359–376.

Pekrun, R. (1993a). Themenschwerpunkt "Lernmotivation": Einführung. *Zeitschrift für Pädagogische Psychologie, 7*, 71–76.

Pekrun, R. (1993b). Entwicklung von schulischer Aufgabenmotivation in der Sekundarstufe: Ein erwartungs-wert-theoretischer Ansatz. *Zeitschrift für Pädagogische Psychologie, 7*, 87–97.

Pekrun, R. (1997). Emotionen beim Lernen und Leisten. In H. Mandl (Hrsg.), *Bericht über den 40. Kongress der Deutschen Gesellschaft für Psychologie in München* (S. 796–801). Göttingen: Hogrefe.

Pekrun, R. (1998). Schüleremotionen und ihre Förderung: Ein blinder Fleck der Unterrichtsforschung. *Psychologie in Erziehung und Unterricht, 44*, 230–248.

Pekrun, R. (1999). Sozialisation von Leistungsemotionen. *Zeitschrift für Sozialisationsforschung und Erziehungssoziologie, 19*, 20–34.

Pekrun, R., & Hofmann, H. (1999). Lern- und Leistungsemotionen: Erste Befunde eines Forschungsprogrammes. In M. Jerusalem & R. Pekrun (Hrsg.), *Emotion, Motivation und Leistung* (S. 247–267). Göttingen: Hogrefe.

Pekrun, R., & Jerusalem, M. (1996). Leistungsbezogenes Denken und Fühlen: Eine Übersicht zur psychologischen Forschung. In J. Möller & O. Köller (Hrsg.), *Emotionen, Kognitionen und Schulleistung* (S. 3–22). Weinheim: Beltz.

Pell, A. W. (1985). Enjoyment and attainment in secondary school physics. *British Educational Research Journal, 11*(2), 123–132.

Perrez, M., Huber, G.L., & Geissler, K.A. (1993). Psychologie der pädagogischen Interaktion. In B. Weidenmann, A. Krapp, M. Hofer, G.L. Huber, & H. Mandl (Hrsg.), *Pädagogische Psychologie* (S. 361–445). Weinheim: Beltz.

Pervin, L.A. (1968). Performance and satisfaction as a function of individual environment fit. *Psychological Bulletin, 69*, 56–68.

Petillon, H. (1980). *Soziale Beziehungen in Schulklassen.* Weinheim: Beltz.

Plath, M. (1997). Wie wohl fühlen sich Schüler? – Ein Beitrag zur Diskussion um die innere Schulreform. In P. Zedler & H. Weishaupt (Hrsg.), *Kontinuität und Wandel* (S. 91–113). Weinheim: Deutscher Studien-Verlag.

Pomerantz, E.M., Saxon, J.L., & Oishi, S. (2000). The psychological trade-offs of goal investment. *Journal of Personality and Social Psychology, 79*(4), 617–630.

Prenzel, M. (1996). Bedingungen für selbstbestimmt motiviertes und interessiertes Lernen im Studium. In J. Lompscher & H. Mandl (Hrsg.), *Lehr- und Lernprobleme im Studium: Bedingungen und Veränderungsmöglichkeiten* (S. 11–22). Bern: Huber.

Prenzel, M., Kristen, A., Dengler, P., Ettle, R., & Beer, T. (1996). Selbstbestimmt motiviertes und interessiertes Lernen in der kaufmännischen Erstausbildung. *Zeitschrift für Berufs- und Wirtschaftspädagogik*, Beiheft 13, 108–127.

Pressey, S., & Kuhlen, R. (1957). *Psychological development through the life span.* New York: Harper & Row.

Preuss-Lausitz, U. (1998). Bewältigung von Vielfalt – Untersuchungen zu Transfereffekten gemeinsamer Erziehung. In A. Hildeschmidt & I. Schnell (Hrsg.), *Integrationspädagogik. Auf dem Weg zu einer Schule für alle* (S. 223–240). Weinheim: Juventa.

Rauch, M. (1981). *Schulhofhandbuch: Planung und Veränderung von Freiräumen an Schulen.* Langenau-Albeck: Vaas.

Rauch, M. (1990). Der Schulhof als Frei-Raum und Teil der Lernumwelt. *Friedrich Jahresheft* (8), 66–69.

Reichhard, S., Livson, R., & Peterson, P.C. (1962). *Aging and personalities.* New York: Wiley.

Reinhard, A. (1975). Emotion und sozialer Konflikt in Schule und Unterricht. In R. Oerter & E. Weber (Hrsg.), *Der Aspekt des Emotionalen in Unterricht und Erziehung* (S. 184–208). Donauwörth: Auer.

Reis, H.T. , Sheldon, K.M., Gable, S.L. & Ryan, R.M. (2000). Daily well-being: The role of autonomy, competence, and relatedness. *Personality and Social Psychology, 26,* 419–435.

Reker, G.T., & Wong, P.T.P. (1985). Personal optimism, physical and mental health: The triumph of successfull aging. In J.E. Birren & J. Livingston (Eds.), *Cognition, stress and aging* (pp. 134–173). Englewood Cliffs, NJ: Prentice-Hall.

Rheinberg, F. (1999). Motivation und Emotionen im Lernprozess: Aktuelle Befunde und Forschungsperspektiven. In M. Jerusalem & R. Pekrun (Hrsg.), *Emotion, Motivation und Leistung* (S. 189–204). Göttingen: Hogrefe.

Ridley, D.S., & Walther, B. (1995). *Creating Responsible Learners.* Washington D.C.: American Psychological Association.

Robinson, J.P. (1969). Life satisfaction and happiness. In J.P. Robinson & P.R. Shaver (Eds.), *Measures of social psychological attitudes* (pp. 11–43). Ann Arbor, Mich.: Institute for Social Research.

Roede, E. (1989). *Explaining student investment; an investigation of high school student' retrospective causal accounts of their investment in school.* Amsterdam: Stichting Centrum voor Onderzwijsonderzoek van de Universiteit van Amsterdam.

Rost, D.H. (1991). Einführung. Themenheft "Leistungsängstlichkeit". *Zeitschrift für Pädagogische Psychologie, 5,* 81–84.

Rost, D.H., & Schermer, F. J. (1997). *Differentielles Leistungsangst Inventar (DAI). Handbuch.* Frankfurt: Swets Test Services.

Roth, E. (1989). *Denken und Fühlen. Aspekte kognitiv-emotionaler Wechselwirkung.* Berlin: Springer.

Roth, H. (1971). *Pädagogische Anthropologie. Bd. II Entwicklung und Erziehung*. Hannover: Schroedel.

Roysamb, E., Harris, J.R., Magnus, P., Vitterso, J. & Tambs, K. (2002). Subjective well-being: Sex-specific effects of genetic and environmental factors. *Personality and Individual Differences, 32*, 211–223.

Ruehlman, L.S., & Wolchik, S.A. (1988). Personal goals and interpersonal support and hindrance as factors in psychological distress and well-being. *Journal of Personality and Social Psychology, 55*(2), 293–301.

Rutter, M., Maughan, B., Mortimer, P., & Ouston, J. (1980). *Fünfzehntausend Stunden – Schulen und ihre Wirkung auf die Kinder*. Weinheim: Beltz.

Ryan, R.M., & Deci, E.L. (2000). Self-Determination theory and the faciliation of intrinsic motivation, social development, and well-being. *American Psychologist, 55*, 68–78.

Ryan, R.M., & Deci, E.L. (2001). On happiness and human potentials: A review of research on hedonic and endaimonic well-being. *Annual Review Psychology, 52*, 141–166.

Ryff, C.D., & Keyes, C.L.M. (1995). The structure of psychological well-being revisited. *Journal of Personality and Social Psychology, 69*, 719–727.

Ryff, C.D., Singer, B., Love, G.D. & Essex, M.J. (1998). Resilience in adulthood and later life: Defining features and dynamic processes. J. Lomranz (Ed.), *Handbook of mental health and aging* (pp. 59–96). New York: Springer-Verlag.

Saldern, von, M., & Littig, K.-E. (1987). *Landauer Skalen zum Sozialklima. Lasso 4–13*. Weinheim: Beltz.

Salzberger-Wittenberg, I., Henry-Williams, G., & Osborne, E. (1997). *Die Pädagogik der Gefühle*. Wien: WUV Universitätsverlag.

Samdal, O., & Dür, W. (2000). The school environment and the health of adolescents. In C. Currie, K. Hurrelmann, W. Settertobulte, R. Smith, & J. Todd (Eds.), *Health and Health Behaviour among Young People* (pp. 49–64). Copenhagen: World Health Organization.

Sarason, I.G., Potter, E.H., & Sarason, B.R. (1986). Recording and recall of personal events: Effects on cognitions and behavior. *Journal of Personality and Social Psychology, 51*, 347–356.

Satow, L., & Bässler, J. (1998). Selbstwirksamkeit und körperliches Befinden Jugendlicher. *Unterrichtswissenschaft, 26*(2), 127–139.

Schachter, S. (1971). *Emotion, obesity, and crime*. New York: Academic Press.

Scheele, B. (1990). *Emotionen als bedürfnisrelevante Bewertungszustände (Grundriss einer epistemologischen Emotionstheorie)*. Tübingen: Francke.

Scherer, K.R. (1990). Theorien und aktuelle Probleme der Emotionspsychologie. In K.R. Scherer (Hrsg.), *Psychologie der Emotionen* (S. 1–38). Göttingen: Hogrefe.

Schiefele, H. (1978). *Lernmotivation und Motivlernen*. München: Ehrenwirth.

Schiefele, U., & Schreyer, A. (1994). Intrinsische Lernmotivation und Lernen: Ein Überblick zu Ergebnissen der Forschung. *Zeitschrift für pädagogische Psychologie, 8*, 1–13.

Schimmack, U., Oishi, S., Diener, E., & Suh, E. (2000). Facts of affective experiences: A framework for investigations of trait affect. *Personality and Social Psychology Bulletin, 26*(6), 655–668.

Schimmack, U., Radhakrishnan, P., Oishi, S., Dzokoto, V., & Ahadi, S. (2002). Culture, personality, and subjective well-being: Integration process models of life-satisfaction. *Journal of Personality and Social Psychology, 82*(4), 582–593.

Schmidt-Atzert, L. (1981). *Emotionspsychologie.* Stuttgart: Kohlhammer.

Schmidt-Atzert, L. (1993). *Die Entstehung von Gefühlen: Vom Auslöser zur Mitteilung.* (Vol. 47). Berlin: Springer.

Schmitt-Rodermund, E., Silbereisen, R.K., & Wiesner, M. (1996). Junge Aussiedler in Deutschland: Prädiktoren emotionaler Befindlichkeit nach der Immigration. *Zeitschrift für Entwicklungspsychologie und Pädagogische Psychologie, 28*(4), 357–379.

Schmitz, B., & Wurm, S. (1999). Soziale Beziehungen, aktuelle und habituelle Befindlichkeit in der Adoleszenz. *Zeitschrift für Pädagogische Psychologie, 13*(4), 223–235.

Schmutte, P.S., & Ryff, C.D. (1997). Personality and well-being: Reexamining methods and meanings. *Journal of Personality and Social Psychology, 73*(3), 549–559.

Schnabel, K. (1996). Leistungsangst und schulisches Lernen. In J.M.O. Köller (Hrsg.), *Emotionen, Kognitionen und Schulleistung* (S. 53–67). Weinheim: Psychologie Verlags Union.

Schofield, H.L. (1981). Teacher effects on cognitive and affective pupil outcomes in elementary school mathematics. *Journal of Educational Psychology, 73*, 462–471.

Schumacher, E. (1986). *Arbeitslosigkeit und psychische Gesundheit.* München: Profil.

Schwarz, N. (1987). *Stimmung als Information.* (Vol. 24). Berlin: Springer.

Schwarz, N., & Clore, G.L. (1983). Mood, misattribution, and judgments of well-being: Informative and directive functions of affective states. *Journal of Personality and Social Psychology, 45*, 513–523.

Schwarz, N., Strack, F., Kommer, D., & Wagner, D. (1987). Soccer, rooms, and the quality of your life: Mood effects on judgments of satisfaction with life in general and with specific domains. *European Journal of Social Psychology, 17*, 69–79.

Schwarzer, R. (1997a). *Gesundheitspsychologie – Ein Lehrbuch.* Göttingen: Hogrefe.

Schwarzer, R. (1997b). Ressourcen aufbauen und Prozesse steuern: Gesundheitsförderung aus psychologischer Sicht. *Unterrichtswissenschaft, 25*(2), 99–112.

Schwarzer, R., & Leppin, A. (1989). *Sozialer Rückhalt und Gesundheit.* Göttingen: Hogrefe.

Schwarzer, R., & Leppin, A. (1994). Soziale Unterstützung und Wohlbefinden. In A. Abele & P. Becker (Hrsg.), *Wohlbefinden* (S. 175–189). Weinheim: Juventa.

Schwenkmezger, P. (1994). Persönlichkeit und Wohlbefinden. In A. Abele & P. Becker (Hrsg.), *Wohlbefinden* (S. 119–138). Weinheim: Juventa.

Scott, C. (1991). *Marriage, personality, and well-being.* Unpublished doctoral dissertation. Chicago: University of Illinois.

Seibert, N., Wittmann, H., Zöpfl, H., & Igerl, F. (1994). *Humor und Freude in der Schule.* Donauwörth: Auer.

Seligman, M.E.P. (1986). *Erlernte Hilflosigkeit.* Weinheim: Psychologie Verlags Union.

Sheldon, K.M., & Elliot, A.J. (1999). Goal striving, need satisfaction, and longitudinal well-being: The shel-concordance model. *Journal of Personality and Social Psychology, 76*(3), 482–497.

Siddique, C.M., & D'Arcy, C. (1984). Adolescence, stress, and psychological well-being. *Journal of Youth and Adolescence, 13*(6), 459–473.

Singer, K. (1981). *Massstäbe für eine humane Schule.* Frankfurt a.M.: Fischer.

Slavin, R.E., & Karweit, N.L. (1981). Cognitive and affective outcomes of an intensive student team learning experience. *Journal of Experimental Education, 50*(1), 29–35.

Smith, C.A., Haynes, K.N., Lazarus, R.S., & Pope, L.K. (1993). In search of the ‚hot' cognitions: Attributions, appraisals, and their relation to emotion. *Journal of Personality and Social Psychology, 65*(5), 916–929.

Smith, C.A., & Pope, L.K. (1992). The interactional contributions of dispositional and situational factors. In M.S. Clark (Ed.), *Emotion and Social Behavior* (pp. 32–62). Newbury Park: Sage.

Smith, H.C. (1961). *Personality adjustment.* New York: McGraw Hill.

Sohn, D. (1977). Affect-generating powers of effort and ability self attributions of academic success and failure. *Journal of Educational Psychology, 69*(5), 500–505.

Sorce, J.E., Emde, R.N., Campos, J.J., & Klinnert, M.D. (1985). Maternal emotional signaling: Its effects on the visual cliff behavior in 1–year-olds. *Developmental Psychology, 21*, 195–200.

Staudinger, U.M., Fleeson, W., & Baltes, P.B. (1999). Predictors of subjective physical health and global well-being: Similarities and differences between the United States and Germany. *Journal of Personality and Social Psychology, 76*(2), 305–319.

Stein, N.L., Folkman, S., Trabasso, T., & Richards, T.A. (1997). Appraisal and goal processes as predictors of psychological well-being in bereaved caregivers. *Journal of Personality and Social Psychology, 72*(4), 872–884.

Stein, N.L., Trabasso, T., & Liwag, M. (1992). The representation and organization of emotional experience: Unfolding the emotion episode. In M. Lewis & J.M. Haviland (Eds.), *Handbook of Emotions* (pp. 279–300). New York: Guilford Press.

Steinhausen, H.C. (1999). *Jugendliche im Kanton Zürich.* Zürich: Zentrum für Kinder- und Jugendpsychiatrie der Universität Zürich.

Steptoe, A., & Wardle, J. (2001). Health behaviour, risk awareness and emotional well-being in students from Eastern Europe and Western Europe. *Social Science and Medicine, 53*, 1621–1630.

Stevens, J.T., & Atwood, R.K. (1978). Interest scores as predictors of science process performance for junior highschool students. *Science Education, 62*, 303–308.

Stones, M.J., & Kozma, A. (1986). Happiness and activities as propensities. *Journal of Gerontology, 40*, 85–90.

Stouthard, M.E.A., & Peetsma, T.T.D. (1999). Future-time perspective: Analysis of a facet-designed questionnaire. *European Journal of Psychological Assessment, 15*(2), 99–105.

Strack, F., Schwarz, N., & Gschneidinger, E. (1985). Happiness and reminiscing: The role of time perspective, affect, and mode of thinking. *Journal of Personality and Social Psychology, 49*(6), 1460–1469.

Suh, E., Diener, E., & Fujita, F. (1996). Events and subjective well-being: Only recent events matter. *Journal of Personality and Social Psychology, 70*(5), 1091–1102.

Suh, E., Diener, E., Oishi, S., & Triandis, H.C. (1998). The shifting basis of life satisfaction judgments across cultures: Emotions versus Norms. *Journal of Personality and Social Psychology, 74*(2), 482–493.

Taylor, S.E., & Brown, J.D. (1988). Illusion and well-being: A social psychological perspective on mental health. *Psychological Bulletin, 103*(2), 193–210.

Tellegen, A. (1985). Structures of mood and personality and their relevance to assessing anxiety, with an emphasis on self-report. In A.H. Thuma & J.D. Maser (Eds.), *Anxiety and the anxiety disorders* (pp. 681–706). Hillsdale, NJ: Erlbaum.

Tewes, U., & Wildgrube, K. (1992). *Psychologie-Lexikon*. Wien: Oldenburg.

Tischer, B. (1993). *Die vokale Kommunikation von Gefühlen*. (Vol. 18). Weinheim: Psychologie Verlags Union.

Tomkins, S.S. (1962). *Affect, imagery, consciousness: Vol. 1. The positive affects*. New York: Springer.

Tschanz, U. (1997). Was tun Kinder und Jugendliche in ihrer Freizeit? In A. Grob (Hrsg.), *Kinder und Jugendliche heute: belastet – überlastet? Beschreibung des Alltags von Schülerinnen und Schüler in der Schweiz und in Norwegen* (S. 69–77). Chur & Zürich: Rüegger.

Tschanz, U., Salm, E., & Zumstein, M. (1998). *Wie hat sich die Schulreform auf das Befinden der Schulkinder ausgewirkt?* Bern: Amt für Bildungsforschung, Erziehungsdirektion des Kantons Bern.

Tuddenham, R.D. (1962). Constancy of personal morale over a fifteen–year interval. *Child Development, 33*, 663–673.

Ulich, D. (1992a). Begriffsbestimmungen und Theoriediskussion. In D. Ulich & P. Mayring (Hrsg.), *Psychologie der Emotionen* (Vol. 5, S. 28–57). Stuttgart: Kohlhammer.

Ulich, D. (1992b). Entstehung von Emotionen: Aktualgenese. In D. Ulich & P. Mayring (Hrsg.), *Psychologie der Emotionen* (Vol. 5, S. 73–102). Stuttgart: Kohlhammer.

Ulich, D. (1992c). Sozialisation und Entwicklung von Emotionen. In D. Ulich & P. Mayring (Hrsg.), *Psychologie der Emotionen* (Vol. 5, S. 103–118). Stuttgart: Kohlhammer.

Ulich, D., Mayring, P., & Strehmel, P. (1983). Stress. In H. Mandl & G.L. Huber (Hrsg.), *Emotion und Kognition* (S. 183–216). München: Urban & Schwarzenberg.

Ulich, E. (1994). *Arbeitspsychologie*. Zürich: vdf Hochschulverlag.

Underwood, B., & Froming, W.J. (1980). The mood survey: A personality measure of happy and sad moods. *Journal of Personality Assessments, 44*, 404–414.

Veenhoven, R. (1984a). *Conditions of happiness*. Dordrecht: Reidel.

Veenhoven, R. (1984b). *Databook of happiness*. Dordrecht: Reidel.

Veenhoven, R. (1989b). Does happiness bind? In R. Veenhoven (Ed.), *How harmfull is happiness? Consequences of enjoying life or not* (pp. 44–60). Rotterdam: University Press Rotterdam.

Veenhoven, R. (1991a). Questions on happiness: Classical topics, modern answers, blind spots. In F. Strack, I. Argyle, & N. Schwarz (Eds.), *Subjective Well-Being* (pp. 7–26). Oxford: Pergamon Press.

Veenhoven, R. (1991b). Is happiness relative? *Social Indicators Research, 24*, 1–34.

Veenhoven, R. (1994). Is happiness a trait? Tests of the theory that a better society does not make people any happier. *Social Indicators Research, 32*, 101–160.

Veenhoven, R., & Verkuyten, M. (1989). The well-being of only children. *Adolescence, 93*, 155–166.

Veit, C.T., & Ware, J.J.E. (1983). The structure of psychological distress and well-being in general populations. *Journal of Consulting and Clinical Psychology, 51*(5), 730–742.

Vittersø, J. (1998). *Happy people and wonderful experiences*. Oslo: University of Oslo, Department of Psychology.

Vittersø, J., & Nilsen, F. (2002). The conceptual and relational structure of subjective well-being , neuroticism, and extraversion: Once again, neuroticism is the important predictor of happiness. *Social Indicators Research, 57*, 89–118.

Voellmy, L., & Wettstein, F. (1992). *Pause: Schulgelände beleben und gestalten*. Zürich: Pro Juventute.

Vollebergh, W.A.M., & Huiberts, A.M. (1997). Stress and ethnic identity in ethnic minority youth in the Netherlands. *Social behavior and personality, 25*(3), 249–258.

Walberg, H.J. (1990). A theory of educational productivity: Fundamental substance and method. In R. Vedder (Ed.), *Fundamental studies in educational research* (pp. 19–34). Lisse: Swets & Zeitlinger.

Warr, P. (1987, Ed.). *Work, unemployment, and mental health*. Oxford: Oxford University Press.

Warr, P., Barter, J., & Brownbridge, G. (1983). On the independence of positive and negative affect. *Journal of Personality and Social Psychology, 44*, 644–651.

Watson, D., Clark, L.A., & Tellegen, A. (1988). Development and validation of brief measures of positive and negative affect: The PANAS scales. *Journal of Personality and Social Psychology, 54*(6), 1063–1070.

Weber, E. (1975). Emotionalität und Erziehung. In R. Oerter & E. Weber (Hrsg.), *Der Aspekt des Emotionalen in Unterricht und Erziehung* (S. 69–128). Donauwörth: Auer.

Weiner, B. (1972). *Theories of motivation*. Chicago: Markham.

Weiner, B. (1980). A cognitive attribution-emotion-action model of motivated behavior. *Journal of Personality and Social Psychology, 39*, 186–200.

Weiner, B. (1985). An attributional theory of achievement motivation and emotion. *Psychological Review, 92*(4), 548–573.

Weiner, B., Russel, D., & Lerman, D. (1978). Affektive Auswirkungen von Attributionen. In D. Görlitz, W.-U. Meyer, & B. Weiner (Hrsg.), *Bielefelder Symposium über Attribution* (S. 139–174). Stuttgart: Klett-Cotta.

Weiner, B., Russel, D., & Lerman, D. (1979). The cognition-emotion process in achievement-related contexts. *Journal of Personality and Social Psychology, 37*, 1211–1220.

Wengert, H.G. (2000). Leistungsbeurteilung in der Schule. In G. Bovet & V. Huwendiek (Hrsg.), *Leitfaden Schulpraxis* (S. 240–263). Berlin: Cornelsen.

Werres, W. (1996a). *Schüler in Schule und Unterricht*. Frankfurt a.M.: Lang.

Werres, W. (1996b). Schülermeinungen über Schule und Unterricht in Grundschulen. In W. Werres (Hrsg.), *Schüler in Schule und Unterricht* (S. 29–39). Frankfurt a.M.: Lang.

Wessmann, A.E., & Ricks, D.F. (1966). Mood and personality. *Experimental Aging Research, 10*, 197–200.

Westerhof, G.J., Dittmann-Kohli, F., & Thissen, T. (2001). Beyond life satisfaction: Lay conceptions of well-being among middle-aged and elderly Adults. *Social Indicators Research, 56*(2), 179–203.

WHO (1946, June). *WHO Definition of health: Preamble to the Constitution of the World Health Organisation as adopted by the International Health Conference*. International Health Conference, New York.

WHO (2000). *Health and Health Behaviour among Young People. A WHO–Cross-National-Survey*. Copenhagen: World Health Organisation.

Wiedmer, R. (2001). *Interaktion auf dem Pausenplatz*. Bern: Sekundarlehramt der Universität Bern.

Wild, K.P., & Krapp, A. (1996a). Lernmotivation in der kaufmännischen Erstausbildung. *Zeitschrift für Berufs- und Wirtschaftspädagogik, Beiheft 13*, 90–107.

Wild, K.P., & Krapp, A. (1996b). Die Qualität subjektiven Erlebens in schulischen und betrieblichen Lernumwelten: Untersuchungen mit der Erlebens-Stichprobe-Methode. *Unterrichtswissenschaft, 24*, 195–216.

Wilson, W. (1967). Correlates of avowed happiness. *Psychological Bulletin, 67*, 294–306.

Wittkowski, I. (1986). *Faktorenstruktur subjektiven Wohlbefindens bei über 60jährigen*. Vortrag anlässlich des ‚Gerontopsychologischen Symposiums‘ vom 20./21.6.1986. Erlangen: Institut für Psychologie–II der Universität Erlangen-Nürnberg.

Ybema, J.F., Buunk, B.P., & Heesink, A.M. (1996). Affect and identification in social comparison after loss of work. *Basic and Applied Social Psychology, 18*, 151–169.

Zautra, A.J. (1991, August). Small events are not always hassles: Sometimes they are worse. Paper presented at the 99th Annual Convention of the American Psychological Association, San Francisco.

Zautra, A.J., & Hempel, A. (1984). Subjective well-being and physical health: A narrative literature review with suggestions for future research. *Aging and Human Development, 19*(2), 95–110.

Zimbardo, P.G. (1992). *Psychologie*. Berlin: Springer.

Zöpfl, H. (1998). Freude als Grundlage jeder Schulkultur. In H.-W. Jendrowiak (Hrsg.), *Humane Schule in Theorie und Praxis* (S. 155–172). Frankfurt a.M.: Lang.